Tabla de Contenido

La conciencia en comunidad:
Incursión por conceptos y pensamientos

JOSÉ ADRIÁN FIGUEROA HERNÁNDEZ

DEDICATORIA

A todos aquellos atrevidos, curiosos, entusiastas y persistentes de querer vivir conscientes, sus situaciones presentes y las circunstancias de su entorno; también está dirigido hacia quienes han descubierto que son finitos, temporales y aman lo que están haciendo día a día.

. . . .

AGRADECIMIENTOS

A mi familia Ana Delia, Luna, Morena y Gerania quienes han sido un pilar para poder terminar este libro, especialmente por su paciencia y apoyo en las largas horas de ensimismamiento y de lecturas. A mi hija Sofía por su apoyo en la reflexión de lecturas, conceptos y el diseño, igualmente a amiga Ollin Segovia por ayudarme en la revisión de senderos de la conciencia.

. . . .

PRESENTACIÓN

El presente libro fue pensado y escrito para contribuir en la formación técnica y profesional de quienes participan en actividades o proyectos de desarrollo comunitario, responsabilidad social, psicología comunitaria y filosofía práctica. En este mundo cambiante es necesario tener una perspectiva plural, científica, empírica y artística sobre los diversos asuntos socioambientales, en este tenor, los temas de esta obra se entrelazan con un enfoque integral a través de ideas reflexivas, hipótesis, teorías, métodos y herramientas, de manera complementaria y de reforzamiento a lo conceptual, se presentan actividades prácticas (ejercicios) basadas en el trabajo colaborativo y de transdisciplinariedad.

Esta obra titulada "El poder de la comunidad: Guía para el cambio social consciente" por asuntos prácticos fue dividida en tres tomos; de manera general tiene como objetivo proporcionar al lector una estructura que facilite la asimilación y comprensión de la intrincada relación entre comunidad y conciencia. El presente volumen que tiene como título "La conciencia en comunidad: Incursión por conceptos y pensamientos", es el primero de la serie, el cual plantea una cuestión fundamental: ¿Cómo se entrelazan intrínsecamente la comunidad y la conciencia?

A lo largo de las páginas de este compendio, se emprenderá un análisis detenido de las diversas dimensiones y conceptos que conforman la conciencia, tanto en su expresión individual como en el ámbito colectivo. Se explorarán los matices y significados de la conciencia desde perspectivas que abarcan desde las lentes de la psicología hasta los intrincados senderos de la filosofía, sin soslayar la enriquecedora experiencia comunitaria que también influye en este complejo entramado.

Las reflexiones que se presentarán a lo largo de estas páginas estarán fundamentadas, arrojando luz sobre el papel esencial que desempeña la comunidad en el desarrollo simultáneo de la conciencia individual y colectiva. De manera complementaria, se ofrecerán ejercicios prácticos con el propósito de invitar al lector a explorar su propia conciencia y, al mismo tiempo, fortalecer la conexión con el concepto de comunidad.

Trabajar con una comunidad es un gran reto, un placer. Es un constante conocer-aprender sobre nuevas formas de relacionarse y poder construir de forma conjunta un futuro con mayor certidumbre. La lectura de este libro requiere habilidades y curiosidad para aprender conceptos, cierta reflexión sobre filosofía, teoría y métodos, y conocimiento de técnicas y herramientas para el trabajo colectivo. Si lo anterior te interesa, entonces... sigue la lectura hasta el final, disfrútala es para ti.

Los contenidos de este libro se crearon para que, a través de incorporar la idea de Comunidad y la producción de conocimiento consciente, se tengan opciones para colaborar con los habitantes de las comunidades. Se le ha dado énfasis especial en esta obra a ofrecer ideas que sirvan en la formación académica y técnica para facilitadores o promotores interesados en el trabajo comunitario.

Lo que hallará el lector son diferentes temas que forman parte del compendio de tres tomos, los cuales ayudarán a fortalecer la práctica cotidiana de trabajo comunitario, desde fundamentos teóricos e históricos, hasta recomendaciones, métodos, técnicas y ejercicios que están conexos para darles un uso más efectivo e integral. Se incluye una sección final extensa titulada *La otra cara del sol*, donde se presenta una sección de Anexos y Notas Finales que refuerzan el contenido de esta obra.

No importan las distintas lógicas que existan, ya sean de trabajo institucional, objetivos y metas específicas, lo primordial es conseguir que se generen acciones o proyectos que vayan creando un desarrollo sustentable en las comunidades.

Una gran parte del texto está enfocada a los facilitadores o promotores comunitarios interesados en lo ambiental y el desarrollo comunitario. Se les reconoce como agentes de cambio socioambiental, quienes contribuyen a provocar y descubrir en las personas su propio valor, además, de motivarlos a reconocer la necesidad de ejercitar y equilibrar el pensamiento racional y la inteligencia emocional, generando transformaciones físicas, biológicas y emocionales de manera individual y colectiva.

A lo largo de esta obra se presentan más de cincuenta ejercicios que ayudan a diseñar y construir ideas/acciones conscientes de manera sencilla y eficaz, con el propósito de pensar, ordenar, organizar, analizar, decidir y desarrollar otras habilidades/capacidades tanto en el nivel personal, como colectivo.

En el libro se propondrán estrategias para generar procesos socioambientales, los cuales contribuirán a mantener una constante comprensión sobre la realidad que se vive como parte de una comunidad, favoreciendo a un actuar consciente y, sobre todo, saber andar por el planeta Tierra con responsabilidad para asumir los cambios desde diferentes ámbitos (social, económico y ecológico), tanto en lo individual, como colectivamente.

El facilitador o promotor que trabaja en comunidades debe tener encendida, casi siempre, una luz de atención o de alerta, obligándose a ser reflexivo sobre quién es, qué quiere y desea, así como cuál es su visión de futuro, además de saber qué está pasando con su propio *curriculum vitae* oculto, siendo un ser social el cual influirá siempre en donde esté laborando.

EL CAMBIO INMINENTE del funcionamiento/estructura de las ciudades actuales y la desruralización son temas importantes para considerar para trabajar con comunidades (incluido el reconceptualizar la idea de "lo rural") tanto las de reciente creación, las que se están adaptando, como las que prefieren mantenerse igual que hace muchos años. Esto implica crear y acondicionar nuevas estrategias con cambios de paradigmas, materiales y uso de tecnologías.

Con la aplicación de algunos ejercicios de este libro se dan herramientas para abordar la encrucijada del cambio, tanto el lector, como los comunitarios, al compartir nuevas ideas, emociones y experiencias, las cuales transformarán su cosmovisión, por ende, su mundo tendrá la oportunidad de modificarse y de reconocer que cada uno tiene la posibilidad de ser partícipe de ese cambio.

Una contribución del facilitador comunitario hacia el desarrollo de la comunidad será la aplicación de estos juegos y ejercicios al proyectar de manera dinámica su imaginación, creatividad y sentido de colectividad; por supuesto esto implicará un esfuerzo para comprender que un futuro se teje a partir de decisiones y transformaciones generadas por una o más personas (incluido uno mismo), ya sea por pensar o actuar, de este modo, los mundos humanos diversos, podrán construirse y observarse de manera distinta.

Algunos planteamientos teóricos y prácticos llevarán a un autoanálisis del facilitador y así podrá visualizar conscientemente su trabajo en la comunidad; quizá alcance a reconocer los orígenes, causas y posibles consecuencias de la realidad, de tal manera que, con las propuestas expuestas en este libro, pueda llegar a un nivel de reflexión profunda y colaborativamente ayude a crear un respeto y libertad de los participantes en las comunidades, con lo cual contribuya a generar sus propias tomas de decisiones más certeras y asertivas.

Al creer que el desarrollo comunitario sustentable es tan solo un modelo de estilo de vida, limita la visión para trabajar con los comunitarios, por lo tanto, habrá que considerar lo social colectivo, como un gran potencial dinámico hacia una comprensión/conciencia de sí mismos y de sus múltiples relaciones con el mundo, las cuales les permitan potenciar las variadas habilidades, inteligencias y capacidades para atender problemas y asuntos de diferente índole y bajo distintas circunstancias, donde podrán integrar a través de percepciones e interpretaciones el incierto devenir del que son partícipes los comunitarios; en un constante cambio social que iniciará al ser conscientes de sus propias trasformaciones e interacciones con el medio social, natural y sideral.

¿De qué trata el libro?

El propósito de este trabajo es ofrecer una alternativa que permita explorar nuevas formas de involucramiento con las comunidades. En lugar de imponer metodologías institucionalizadas con sus propias lógicas y estructuras, se busca fomentar la participación de las comunidades desde su propia cosmovisión e historia.

La formación de profesionales vinculados con comunidades constituye un proceso crucial que requiere un enfoque integral. Resulta esencial que estos profesionales no solo adquieran conocimientos teóricos, sino también habilidades prácticas y metodologías efectivas que les permitan desempeñar sus funciones de manera competente y contribuir al bienestar comunitario.

La integración equilibrada de conocimientos teóricos con habilidades prácticas emerge como un requisito fundamental en el panorama contemporáneo, donde los profesionales están llamados a abordar la intrincada red de desafíos sociales y generar soluciones efectivas para el progreso de las comunidades.

Esta capacidad como parte de la formación y la experiencia llevará a una comprensión integral de las problemáticas comunitarias y fortalecerá la eficacia de las intervenciones profesionales en la búsqueda constante bienestar socioambiental.

En el contexto del siglo XXI, caracterizado por desafíos cambiantes en la organización social y la comunicación, se vuelve imperioso realizar un análisis profundo sobre cómo abordar el trabajo con las comunidades. La dinámica y complejidad constante de este constructo social demanda estrategias de convivencia efectiva a largo plazo, y la comprensión de su funcionamiento se convierte en una herramienta esencial para enfrentar los retos actuales y futuros.

En este sentido, sobre la formación de profesionales, no solo se necesitarán adquirir conocimientos teóricos, sino de desarrollar la sensibilidad y adaptabilidad necesarias para enfrentar la complejidad de las interacciones humanas.

Este libro es una contribución hacia la mejora de las comunidades, donde se encontrarán ideas, conceptos, sugerencias, técnicas, herramientas y ejercicios de trabajo colectivo, es preciso aclarar que este trabajo no parte de la premisa de que el desarrollo comunitario equivale a una meta ideal previamente establecida o concebida únicamente en términos teóricos. Tampoco busca alcanzar una utopía en la que los miembros de la comunidad vivan perpetuamente en un estado de felicidad, ni pretende ser un modelo de trabajo con objetivos predefinidos, como si se tratara de un proyecto social institucional con metas específicas ya determinadas.

El enfoque que se da a través de los capítulos considera a los comunitarios como individuos únicos, en lugar de verlos como una entidad con roles y responsabilidades predefinidos. No se busca imponer un pensamiento o lenguaje específico, ni apoya proyectos que no consideren el contexto local-histórico o excluyan la participación auténtica de la comunidad. El objetivo es promover la colaboración genuina de quienes intervengan en comunidad y sobre todo se ayude a empoderar a las comunidades para que tomen un papel activo en su propio desarrollo.

Esta propuesta paradigmática surge como resultado de años de experiencia Nota final [i] y participación en diversas comunidades rurales y suburbanas. Su fundamento e interés radican en el aprendizaje continuo, fomentado por el uso de experiencias y diversos tipos de conocimientos, con un énfasis especial en la conciencia, con el objetivo de llevar a cabo investigaciones colectivas y abordar cuestiones comunitarias. Se busca generar un conocimiento consciente que se relacione directamente con acciones inteligentes.

La riqueza de esta propuesta proviene de la interacción con cientos de personas de diferentes edades y estratos socioeconómicos a lo largo de los años, siendo esta diversidad de experiencias inestimable e irrepetible. El material presentado en este libro ofrece situaciones, reflexiones y recomendaciones para contribuir a un mejor entendimiento y equilibrio de los procesos sociales, económicos, culturales, ecológicos y políticos.

Es importante destacar que lo que se presenta aquí, no pretende ser una solución mágica para los problemas comunitarios, ni se basa en ideas fijas que aborden los asuntos como inherentemente malos o que proporcionen un único camino necesario para la resolución. El verdadero desafío es tomar conciencia de un propio pensamiento y acción como facilitadores para contribuir a la construcción, tanto individual, como colectiva, de opciones que promuevan la comprensión, la compasión y la mejora de un entorno inmediato. La colaboración y la resolución profunda de los problemas comunitarios son lo que realmente importa.

Esta propuesta de formación para los promotores ayudará en el acompañamiento de los procesos comunitarios. Es importante señalar que la mayoría de los ejercicios implican un trabajo que se extiende a lo largo de varios días y requiere una exploración profunda de los temas por parte de los participantes y el facilitador.

Esto permite distinguir entre un enfoque colectivo general y otro que profundice en la obtención y análisis de información. Por ejemplo, se puede abordar un asunto de la comunidad como una preocupación que debe ser atendida para cierta necesidad, pero también es posible descubrir el interés y el propósito detrás de ese asunto, junto con una rica información que permita tomar decisiones informadas sobre cómo abordarlo o si es necesario hacerlo.

Del mismo modo, esta propuesta fomenta el reconocimiento de las habilidades y capacidades de la comunidad para enfrentar situaciones que podrían generar tensión social y, en consecuencia, conflictos, que a menudo son evitables, aunque humanamente inevitables.

A medida que se avance a través de las seis partes del libro, distribuidas en la publicación de tres tomos, se irá comprendiendo que los conceptos de comunidad y conciencia son fundamentales en la vida cotidiana de las comunidades. Estos conceptos se explorarán detalladamente a lo largo de las páginas del libro, donde se presentarán, analizarán, cuestionarán y trabajarán de manera abierta, clara, organizada y serena.

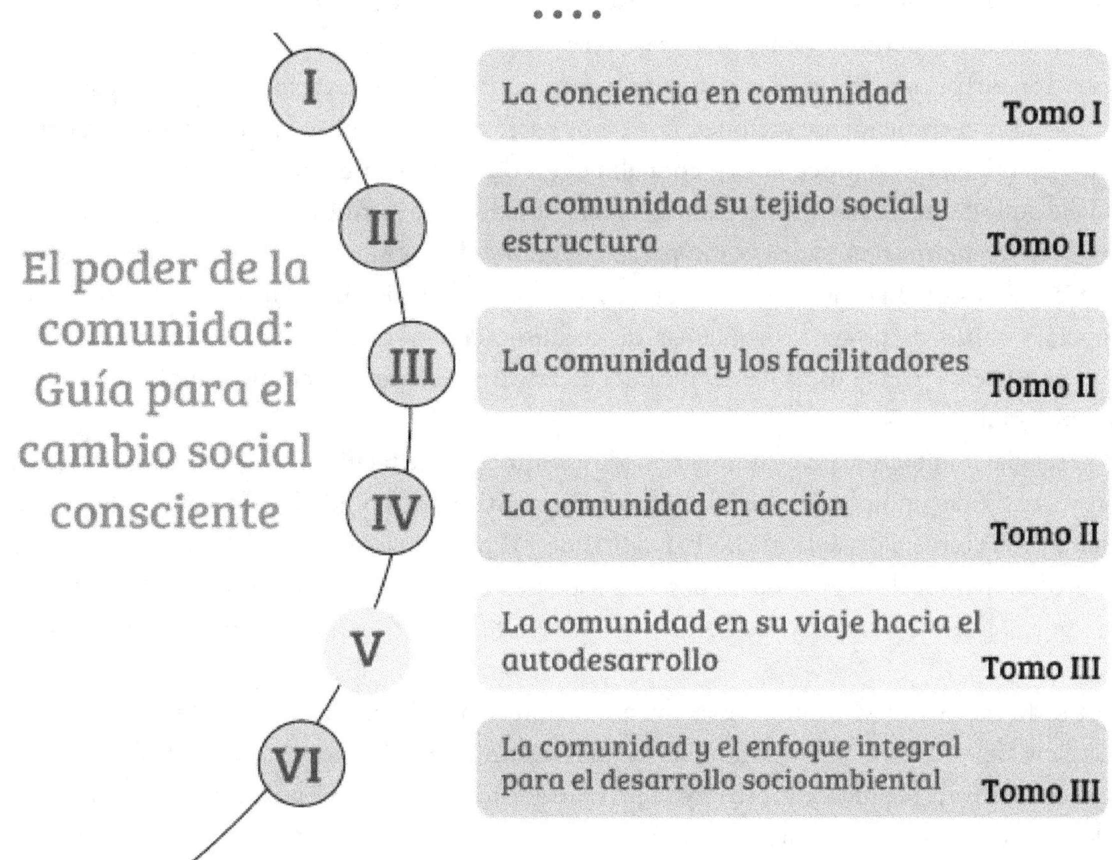

PARA TRASCENDER LA labor individual, es fundamental tomar conciencia de lo que sucede en el entorno colectivo. Más allá de los cinco sentidos que propuso Aristóteles, se debe estar atento y crear conocimientos conscientes. Una vez comprendido esto, se podrá comenzar a actuar.

El libro como fue mencionado está dividido en seis partes. Las tres primeras se centran en la conceptualización, explorando los aspectos filosóficos, epistemológicos y científicos de la conciencia y su relación con el trabajo comunitario. Luego, se presentan elementos clave para analizar la organización social de una comunidad. Las últimas tres partes del libro proporcionan herramientas técnicas y metodológicas para comprender de manera personal las diferentes formas de pensar, sentir y comunicarse.

El contenido del libro se fundamenta en la comprensión de la dinámica del trabajo colectivo, considerando diversos grupos sociales que coexisten en su entorno, ya sea natural o modificado, y que influyen en sus actividades diarias. Dentro de esta perspectiva, se aborda la percepción y el conocimiento consciente, integrando todos los elementos naturales y antropogénicos que moldean cada comunidad, aportando a su memoria histórica y sus metas futuras.

La información derivada de las prácticas colectivas en los ejercicios participativos permitirá una nueva visión de la existencia y del entorno de la comunidad. Además, servirá como guía para la toma de decisiones y la ejecución de acciones, tanto por parte de los miembros de la comunidad como de aquellos involucrados en procesos que contribuyan al desarrollo ambiental comunitario.

El enfoque del texto hacia los promotores o facilitadores se justifica debido a su papel crucial en los procesos comunitarios, ya sea como parte integrante de la comunidad o como elementos clave en la recopilación y análisis de información. Este rol les permite identificar relaciones virtuosas, corrupción, abuso de poder y problemas de comunicación y planificación, con el propósito de establecer espacios para la toma de decisiones colectivas y generar un cambio tangible en el ámbito socioambiental.

Es esencial resaltar que no cualquiera puede asumir el rol de facilitador o promotor comunitario en proyectos socioambientales. Se requieren características y habilidades específicas, las cuales se detallarán en la tercera parte titulada "El facilitador y la participación social". Más que establecer un perfil profesional idealizado, se busca destacar aspectos necesarios para comprender la importancia de la capacitación continua y mantener un profundo respeto y compromiso hacia el trabajo comunitario.

En todo momento se promueve la consideración de una visión transdisciplinaria, que resulta necesaria y significativa para garantizar la participación equitativa de los comunitarios. Esto enriquece su propia realidad y contribuye a un enfoque más completo y holístico en la resolución de problemas y la toma de decisiones comunitarias.

La efectividad del uso de este libro se irá dando con la realización de dinámicas individuales y colectivas, mismas que, irán haciendo más fácil la comprensión de las explicaciones/entendimientos de ciertos procesos, además, de la mejora en el proceso enseñanza-aprendizaje, potenciando así, habilidades y capacidades del facilitador y de los comunitarios.

A medida que se reflexiona sobre las diversas situaciones que pueden surgir en una comunidad, los facilitadores y/o comunitarios irán ampliando su enfoque para abordar una variedad de temas. Esto incluye aspectos personales y familiares, así como el análisis de su entorno, el uso y manejo de recursos, y las relaciones tanto dentro, como fuera de la comunidad.

A lo largo del libro, se explorarán ampliamente una serie de síntomas y escenarios comunes en las comunidades, como la pobreza económica y social, la seguridad alimentaria, el impacto ambiental debido a actividades humanas y factores climáticos, la salud humana y del entorno natural, la vulnerabilidad asociada a la ubicación en zonas de riesgo o la falta de servicios básicos, así como la violencia intrafamiliar, la desigualdad de género en los roles sociales y la gestión de recursos naturales, entre otros.

Siguiendo la secuencia propuesta en el libro, los lectores encontrarán ejercicios y herramientas de análisis, síntesis y planificación de manera constante. Estas herramientas podrán facilitar el trabajo comunitario o el desarrollo de proyectos específicos Nota final [ii] que los lectores quieran emprender. Además, se proporciona información relevante para aquellos interesados en combinar técnicas participativas, innovar en metodologías o diseñar alternativas que contribuyan a la construcción de un desarrollo comunitario ambientalmente sustentable.

Este primer tomo sirve como preámbulo a una inmersión profunda en las interconexiones entre comunidad y conciencia, proporcionando al lector las herramientas y perspectivas necesarias para emprender un viaje reflexivo y transformador a través de las subsiguientes páginas, las cuales esperan contribuir en la construcción de sociedades más justas, equitativas y sustentables, donde las interpretaciones de las propias realidades serán complemento para seguir tejiendo futuros compartidos y no excusa para la conquista o el dominio entre congéneres ni para la destrucción del medio natural.

En estas páginas se explora la riqueza y complejidad del concepto de conciencia a lo largo de diversos capítulos. Desde una incursión profunda en conceptos y pensamientos comunitarios, hasta la exploración de una propuesta llamada Espiral de la Conciencia-Praxis, el lector podrá reconocer distintas perspectivas de la conciencia, por ejemplo, en los capítulos "La conciencia vista desde distintos cristales" y "Consciencia y sus múltiples significados". El libro profundiza sobre la experiencia individual con capítulos como "¿Qué se ve por dentro de uno? (ejercicio)" y "El Yo y la conciencia". También se abordan temas como las creencias conscientes, el funcionamiento de la conciencia y sus beneficios, destacando la importancia del colectivo como respuesta consciente en "Conciencia sin inconsciente" y "Colectivo como respuesta consciente". Además, a través de los "Senderos de la conciencia", se ofrece un recorrido que invita a la reflexión y al entendimiento de la conciencia en sus diversas manifestaciones.

Cuando una comunidad muestra resistencia a colaborar en algún proyecto o actividad, es crucial profundizar para comprender las razones subyacentes, ya que pueden estar vinculadas a diversas emociones o motivos. Uno de ellos podría ser la falta de claridad sobre su propia dinámica socioambiental.

No basta con creer que al entender "todo" lo que ocurre en la comunidad se resolverán sus problemas, especialmente si esta comprensión se basa únicamente en cierta información proporcionada por algunos miembros de la comunidad, profesionales, técnicos o funcionarios públicos.

Es fundamental mantener una actitud abierta y reconocer las situaciones multifactoriales. Por ejemplo, la desconfianza puede surgir debido a experiencias negativas previas, o si la comunidad ha enfrentado presiones de grupos sociales específicos o ha sido afectada por intervenciones de instituciones o líderes.

Hay más aristas por descubrir o evidenciar, así como hacer ajustes y seguir adelante adaptándose a su circunstancia.

Desarrollo comunitario ¿Teoría o Praxis?

Antes de dar inicio al Tomo I "La conciencia en comunidad: Incursión por conceptos y pensamientos", se considera importante presentar la perspectiva general del libro, la cual está enmarcada en la temática del desarrollo comunitario.

Parte fundamental de involucrarse en el desarrollo comunitario, ya sea por convicción, compromiso o por motivos de remuneración, es comprender, construir y seguir metodologías que sirvan como un eje vital para alcanzar con éxito las expectativas, aspiraciones, visiones de futuro y esperanzas de las personas, o, en el caso institucional, para cumplir con los objetivos y metas establecidos en un proyecto.

Se espera que la comunidad participe construyendo su propio progreso de forma consciente, integral, solidaria, unificada, armónica y democrática a través de una autoformación en su organización social y una comunicación/relaciones asertivas, con o sin planes de acción efectivos y eficientes.

Esto se logra a través de un proceso de autoformación en su organización social, un manejo adecuado del conocimiento consciente individual y colectivo, así como el fomento de una comunicación y relaciones asertivas, independientemente de si existen o no planes de acción efectivos y eficientes.

En este sentido, la propuesta presentada a lo largo del libro representa una alternativa para involucrarse directamente con comunidades, ya sean rurales o urbanas. Esto se logra mediante un reconocimiento autónomo de sus necesidades y la construcción participativa de objetivos y metas compartidos.

Este trabajo se compone de sugerencias destinadas a contribuir al dinámico desarrollo comunitario, respaldadas por ejercicios lúdicos derivados de experiencias teóricas y empíricas. El objetivo es que el lector amplíe su comprensión sobre el funcionamiento de una comunidad y adquiera herramientas para discernir: cuándo es apropiado intervenir y cuándo es el momento de retirarse.

La intención fundamental de este trabajo es motivar tanto a los facilitadores, como a los miembros de la comunidad para que incorporen en sus vidas diversos elementos, como la sensibilidad, la creatividad, las emociones, el conocimiento, la comprensión, las habilidades y las prácticas sustentables, de manera integral.

La inclusión de promotores o facilitadores, ya sean profesionales o miembros de la comunidad sin formación específica, conlleva ciertos atributos implícitos que se consideran esenciales. Esto incluye valores éticos tanto individuales, como colectivos, así como un compromiso con los derechos humanos y el respeto por la naturaleza. Los facilitadores desempeñan un papel crucial en la promoción de la participación social y económica, así como en la mejora de la gestión institucional y el equilibrio entre la sociedad y el gobierno, entre otros aspectos dignos de reflexión.

Es importante destacar que el desarrollo comunitario no se reduce simplemente a hablar de manera persuasiva ante la comunidad, o llevar ideas, materiales o proyectos para luego declarar que se está "haciendo desarrollo comunitario". En realidad, se trata de una complejidad socioambiental que requiere de un profundo proceso de conciencia, tanto a nivel individual, como colectivo, para comprender mejor el lugar y sus múltiples relaciones.

Cuando se hace referencia al desarrollo comunitario, es relevante abordarlo como un tema que atraviesa y se relaciona con una variedad de elementos, como los procesos Nota final[iii] educativos y sociales organizados, así como la participación de profesionales y técnicos en la comunidad.

Desde una perspectiva idealizada, el concepto de desarrollo implica un fuerte componente socioambiental. Va más allá de su significado etimológico, que se refiere a quitar algo que impide el crecimiento de la comunidad. Esto presupone que la comunidad tiene un potencial latente que se encuentra obstaculizado. Por ejemplo, este potencial puede manifestarse en forma de cambios cualitativos, transformaciones en actitudes y comportamientos, acciones colectivas conscientes Nota final[iv] y una búsqueda de bienestar social y mejora de la calidad de vida a través de la participación voluntaria.

En este mismo contexto, se abordan temas como la resolución de problemas y conflictos, así como las prácticas para movilizar recursos y satisfacer las necesidades de la comunidad. Sin embargo, es importante destacar que estas prácticas solo serán efectivas, si quienes están involucrados, tienen una visión positiva y optimista. Es fundamental reconocer que esta visión idealizada genera expectativas que pueden no siempre cumplirse en su totalidad.

Se pueden identificar cuatro visiones operativas del desarrollo comunitario:

I.   Enfoque Institucional: En esta visión, la comunidad es considerada como el objeto de trabajo de instituciones públicas, grupos civiles, religiosos o empresariales. Estos actores pueden tener interés o no en el bienestar de la comunidad. En esta perspectiva, el enfoque suele centrarse en los resultados que la institución busca lograr.

II. Transdisciplinariedad: En este enfoque, los comunitarios son vistos como una parte esencial del proceso. Aquí, el énfasis no está tanto en los resultados finales, como en el proceso que se genera. La colaboración y el trabajo conjunto se consideran fundamentales, así como el conocimiento consciente que pueda ser utilizado, para comprender y abordar las complejidades de las comunidades.

III. Colaboración Negociada: En esta perspectiva, se busca una colaboración que se negocia para trabajar de manera coordinada. Se espera que esta colaboración conduzca a cambios de actitud, como mejorar la autoestima de los miembros de la comunidad, generar inercias sociales positivas, crear recursos, satisfacer necesidades y promover un bienestar común a través de un enfoque sensible y consciente.

IV. Generación de Inercias: En esta visión, se promueven cambios en la comunidad y se generan inercias sociales, económicas y ecológicas tanto dentro de la comunidad, como en relación con otras comunidades. Esto conduce a un aumento en la autonomía de la comunidad, la creación de modelos de análisis y planeación propios, y finalmente, una cosmovisión y acción propias basadas en su realidad particular.

Cada una de estas visiones tiene un enfoque y objetivos diferentes en el desarrollo comunitario, y la elección de la visión adecuada puede depender de los contextos y objetivos específicos de cada comunidad y proyecto.

Ante estas visiones surgen algunas preguntas (Tabla 1) dirigidas hacia un autoanálisis como parte del involucramiento en/con las comunidades, considerando su delimitación como un espacio psico-social-ecológico complejo, y de manera anexa, sobre la interpretación de la idea del significado del desarrollo comunitario que permita ampliar su comprensión.

¿Cómo comenzó el desarrollo comunitario o ya había un tipo de desarrollo constante en la comunidad?

Origen del desarrollo comunitario: Comprender cómo comenzó el desarrollo comunitario en una comunidad puede ayudar a identificar los factores que lo impulsaron. Esto puede incluir eventos históricos, problemas específicos o la influencia de individuos o grupos interesados en el desarrollo comunitario.

¿Qué factores dieron pie al inicio del desarrollo comunitario de la comunidad?

Factores iniciales: Identificar los factores que dieron lugar al desarrollo comunitario es esencial para entender su contexto. Pueden ser desafíos sociales, económicos, ambientales o culturales que motivaron a la comunidad a buscar soluciones colectivas.

¿De qué manera se sabe si hay desarrollo comunitario con intervención de las instancias sociales, o sin ellas?

Intervención de instancias sociales: Determinar si el desarrollo comunitario involucra a instancias sociales (gubernamentales, organizaciones no gubernamentales, etc.) o si es impulsado principalmente por la comunidad misma, la cual puede ayudar a evaluar la autonomía de la comunidad en su proceso de desarrollo.

¿Cómo saber si fue posible iniciar un desarrollo comunitario y luego retirarse evitando dependencias?

Independencia y sostenibilidad: Evaluar si el desarrollo comunitario puede continuar sin depender en exceso de intervenciones externas, esto esencial para la sostenibilidad a largo plazo.

¿Cómo detectar si el desarrollo comunitario es lineal o intermitente?

Linealidad o intermitencia: Analizar si el desarrollo comunitario sigue un camino lineal o si se produce de manera intermitente puede proporcionar información sobre su consistencia y progresión.

¿Cuándo puede darse cuenta si hubo desarrollo comunitario, beneficiando solo a una parte de la comunidad?

Beneficios selectivos: Identificar si el desarrollo comunitario beneficia solo a una parte de la comunidad o también puede ayudar a abordar desigualdades y asegurarse de que los beneficios sean equitativos.

¿Qué tan indispensable es la participación de los comunitarios para que pueda considerarse un desarrollo comunitario?

Participación comunitaria: La participación activa de los miembros de la comunidad es fundamental para que el desarrollo comunitario sea efectivo. Evaluar su nivel de participación puede ayudar a determinar la verdadera naturaleza de dicho desarrollo.

¿Cómo darse cuenta cuando el desarrollo comunitario se está realizando sin considerar la participación de la comunidad, es decir, cuando se trata como un paciente clínico que tiene problemas?

Enfoque en la comunidad: Es importante considerar por qué el desarrollo comunitario se enfoca en comunidades específicas y cómo se seleccionan estas. Esto puede relacionarse con necesidades particulares o recursos disponibles.

¿Por qué el desarrollo comunitario se puede enfocar solo en trabajar con una o varias comunidades cercanas?

Enfoque temático: Entender por qué se segmenta el desarrollo comunitario en temas específicos, como género, conflictos sociales o medio ambiente, lo cual puede revelar prioridades y enfoques estratégicos.

¿Por qué el desarrollo comunitario se observa como un modelo funcional, dividido operativamente para trabajar por temas?, por ejemplo: género, conflictos sociales, desarrollo humano, deterior ambiental, seguridad alimentaria.

Teoría de conjuntos vs. teoría del caos: Evaluar si el desarrollo comunitario sigue un enfoque de "conjuntos" (planificación estructurada) o un enfoque más caótico (adaptable y experimental) el cual puede proporcionar información sobre su estilo operativo.

¿Cómo distinguir si el desarrollo comunitario se basa en la idea de teoría de conjuntos o en la teoría del caos?

Evidencia de desarrollo: Determinar cómo se evidencia el desarrollo comunitario, ya sea a través de resultados tangibles o a través de cambios en la conciencia social y la participación de la comunidad, la cual puede ayudar a medir su impacto.

¿Cómo se sabe si el desarrollo comunitario es solo palpable con resultados tácitos o también lo es con otro tipo de evidencia?

Participación selectiva: Analizar por qué solo algunos miembros de la comunidad participan en el desarrollo comunitario, esto puede ayudar a identificar barreras y facilitadores de la participación.

¿Por qué puede haber desarrollo comunitario solo con la participación de algunos comunitarios?

Bienestar social: Considerar si el bienestar social está ligado al proceso de desarrollo comunitario y cómo se relacionan, esto puede proporcionar información sobre el impacto del desarrollo en la calidad de vida de la comunidad.

¿Cuándo hay bienestar social sin incluir al proceso de desarrollo comunitario?

Progresión en el desarrollo comunitario: Entender la progresión típica en el desarrollo comunitario, desde la toma de conciencia hasta la autogestión, esto puede ayudar a evaluar en qué etapa se encuentra una comunidad y qué apoyo podría necesitar.

¿Por qué es necesario que haya una progresión en el desarrollo comunitario?
Es decir:
1) se inicia porque hay falta de conocimiento consciente sobre la comunidad,
2) hay resistencia o negación de uno o más asunto/problema,
3) se da una intervención que conlleva una conciencia parcial,
4) se visualizan acciones y se hace una planeación,
5) se prepara todo para actuar,
6) se inician las acciones,
7) se monitorean las mismas,
8) se consolidan las acciones,
9) se crea una conciencia colectiva y,
10) hay una autogestión de los comunitarios.

Tabla 1

· · · ·

ESTAS PREGUNTAS PUEDEN ser útiles para reflexionar sobre el desarrollo comunitario desde diversas perspectivas y adaptar las estrategias en consecuencia. Cada comunidad es única, y comprender su contexto y dinámicas es fundamental para facilitar un proceso de desarrollo comunitario efectivo y sostenible.

Todas estas cuestiones tendrán múltiples respuestas, se irán contestando sobre la marcha, recordando que estas mismas si se hubieran respondido hace más de medio siglo, tendrían matices distintos, es decir, la evolución de este tipo de socialización humana debe considerarse[Nota final][v].

Es importante destacar cómo el contexto histórico y socioeconómico ha influido en la evolución del desarrollo comunitario a lo largo del tiempo. La Segunda Guerra Mundial y el período posterior marcaron un punto de inflexión significativo en la percepción y la implementación del desarrollo comunitario en todo el mundo.

Durante ese período, hubo un reconocimiento creciente de la importancia de abordar no solo el desarrollo económico, sino también el desarrollo social y humano. La promoción de la educación, la alfabetización y la atención a las necesidades básicas se convirtieron en prioridades, especialmente en regiones que habían experimentado retrasos significativos en términos económicos y sociales.

La noción de desarrollo comunitario se convirtió en una alternativa valiosa para abordar estos desafíos, centrándose en la participación activa de las comunidades en la toma de decisiones y la implementación de programas y proyectos que mejoraran su calidad de vida. Este enfoque reconoce que el desarrollo no puede imponerse desde fuera, sino que debe surgir de las propias comunidades, teniendo en cuenta sus necesidades, historias, recursos y contextos específicos.

Las resoluciones de la ONU ^{Nota final} [vi] y otros esfuerzos internacionales respaldaron y promovieron esta idea de desarrollo comunitario como un medio para lograr un desarrollo más equitativo y sostenible a nivel global.

Con respecto de lo anterior, la historia contemporánea ha enseñado que hubo un gran cambio socioeconómico después de la Segunda Guerra Mundial; en el caso de América Latina, Asia y África se inició con una vertiginosa campaña por incrementar la educación y la alfabetización, así como ofrecer ayuda para evitar el retraso económico, social, cultural, laboral, sanitario y tecnológico, por lo que se propuso como una alternativa viable el <desarrollo comunitario> especialmente enfocado a lograr un desarrollo social de los países. Este impulso se dio intensamente en la década de los años cincuenta del siglo pasado, como se constata en las resoluciones de la ONU

Junto con esta idea de desarrollo, que principalmente los gobiernos asumieron, la intervención hacia las comunidades rurales se incrementó en los años setenta, desde el concepto de las teorías de la modernización, especialmente la teoría de la dependencia, apoyada y fomentada por la Comisión Económica para América Latina de Naciones Unidas (CEPAL), conocida como desarrollismo; desde este enfoque se armaron las capacitaciones para países *subdesarrollados*, junto con la incorporación de tecnologías productivas y la promoción cultural, dejando de lado una visión de interacción participativa con la gente, bajo el supuesto de que... *las personas no saben, no tienen, no pueden*, es decir, tienen problemas, por lo que se les tiene que ayudar y para lograrlo se necesitará una mediación (institucional).

Desde esta perspectiva se vendió la idea de crear procesos sociales y económicos con técnicas e instrumentos específicos para aquellas comunidades en <camino hacia el *desarrollo*>, debido a su vulnerabilidad, la marginación social y la escasa capacidad técnica, económica y de organización, esto propició una intervención con programas de cooperación internacional, con un objetivo estandarizado de consolidar un bienestar social, una mejora de la calidad de vida y una participación de todos, para así (mágicamente) tener la resolución a sus problemas.

Parte de esas políticas internacionales es lo que hoy se conoce como *Desarrollo Comunitario*, es un término utilizado Nota final [vii] por las instituciones, regularmente para instrumentar acciones o proyectos desde una intervención con apoyo de personas, equipo o tecnología, no obstante, han existido igualmente otras maneras diferentes de expresar y atender el tema comunitario. Algunas alternativas que también se fueron dando se muestran en la siguiente Tabla 2:

Acción social comunitaria y Desarrollo local Nota final [viii], Desarrollo comunal Nota final [ix], Promoción humana Nota final [x], Promoción sociocultural Nota final [xi], Animación socio-cultural Nota final [xii], Planificación social, Planificación social participativa, Organización de la comunidad Nota final [xiii]

· · · ·

Acción social comunitaria, Desarrollo local	Desarrollo comunal
Promoción humana	Promoción sociocultural
Animación socio-cultural	Planificación social
Planificación social participativa	Organización de la comunidad

Tabla 2

· · · ·

TODOS ESTOS MODELOS de trabajo, de manera diferenciada, han evolucionado Nota final [xiv] en conceptos, metodologías, visión, en sus tipos de promesas de un mundo nuevo/diferente y como un patrón civilizatorio.

Como se ha mencionado previamente, los modelos de Estado-Nación surgieron en el período posterior a la Segunda Guerra Mundial. Tomaron aproximadamente dos décadas en consolidarse, enfocándose en el crecimiento económico y la mejora del bienestar social, así como en la satisfacción de necesidades básicas. Este enfoque sigue siendo relevante en la actualidad, pero ha evolucionado con la incorporación de un nuevo componente: el desarrollo comunitario sustentable. Sin embargo, es importante destacar que este enfoque polivalente no recibe un tratamiento uniforme y su abordaje varía entre las diversas instancias que lo gestionan.

El caso del desarrollo comunitario adquirió una visión oficial a partir de los gobiernos nacionales y entidades internacionales, por ejemplo, la ONU. Desde esa época, ha tenido enfoques que varían en cuanto a los tipos de proyectos, pero los clientes han sido los mismos, siguen considerando como objetivo a la gente pobre o vulnerable.

La notable diferencia radica en que, en este siglo XXI, los Estados-Nación, debido al modelo de globalización, experimentan una disminución de su poder e influencia en la búsqueda de brindar seguridad, confianza, libertad y satisfacer las necesidades de la sociedad, incluyendo el ámbito del consumo.

Este cambio constante de las instituciones gubernamentales y con poder (por ejemplo, algunas corporaciones), forman parte de las experiencias cotidianas y de sus relaciones sociales interespecíficas, para hacer creer a las personas que pueden elegir por sí mismas (individualización como pertenencia a una sociedad global basada en vivencias personales).

Por otra parte, se encuentra tambaleante la comunidad como una referencia socioambiental de la gente, donde la oferta de ideales y valores diferenciales, se dan en distintos mundos intergeneracionales. Comparten este mismo mundo, aunque al parecer es el mismo tiempo, recursos naturales, espacios sociales, tecnologías y el territorio, en el fondo cada generación le da diferentes usos, eficiencias, significados y apropiaciones.

Con relación con las temáticas que la ONU ha propuesto: hambre, agua, vivienda, recursos naturales, género, exclusión social, inseguridad y cambio climático, dirigidas hacia los Estados-nación miembros, éstas han sido abordadas de manera distinta y con discursos diferentes a lo largo de los años, en lo que corresponde a los proveedores (de recursos, préstamos económicos y prometedores políticos), han aumentado, en función de apoyar a las comunidades, debido a una mayor población humana encasillada en el término <pobreza>.

Al evaluar la efectividad de estos proyectos desde una visión cualitativa y local, se aprecia la poca disminución efectiva de sus metas propuestas y validadas como compromisos nacionales e internacionales, pero curiosamente como ya se mencionó, han incrementado sus clientes, por un lado, la misma gente, generación tras generación, y por el otro, los nuevos consumidores (de diversas edades) atrapados en historias de vulnerabilidad, migraciones forzadas, guerras y ecocidios.

Esta reflexión pone en duda este actuar institucional/corporativo y su pertinencia al continuar con la misma tendencia, quizá se genere nuevo conocimiento consciente sobre el tema el cual podría contribuir en la profundización reflexiva. Por lo tanto, se requerirá de un cambio civilizatorio consciente, si realmente se está pensando en el bienestar común social.

Las *ayudas* a las comunidades se han instituido a partir de una visión paternalista y de dependencia, contienen un tinte o maquillaje de ayuda social, que ha sido aceptada socialmente como *necesaria;* a primera vista parecen evitar/solucionar los problemas inherentes a la gente, pero los resultados o efectividad, después de más de sesenta años, indican que esta estrategia de desarrollo ha sido errónea, aparentemente avalada por expertos institucionales; desde otro enfoque perverso, pudiera considerarse que ha sido una táctica buena y atinada para quienes se han beneficiado durante estas décadas al suministrar financiamiento, recursos, capacitaciones y promesas políticas.

La diferencia en las sociedades actuales radica en sus ciudadanos, quienes, a través de su elección diversa, realizan distintas relaciones y formas para obtener esas ayudas (o más bien derechos) que deberían proveer los gobiernos con certeza y seguridad. Ahora están dejando de ser formas sociales de sometimiento institucional y empiezan a trasladarse a otras maneras de organización, a partir de la desvinculación de los individuos de sus comunidades, el control y gestión del tiempo social y la disminución de la importancia de permanecer en su territorio original.

El desarrollo comunitario, en teoría, debería abordar todos estos problemas mencionados en los párrafos anteriores, y no limitarse únicamente a la implementación de proyectos en las comunidades de países considerados *subdesarrollados*.

Históricamente, los proyectos en las regiones rurales y suburbanas, con bajos recursos, han tenido como objetivo satisfacer las *necesidades* de acuerdo con las culturas y contextos locales, pero lamentablemente, una gran cantidad de ellos han sido afectados por la corrupción y los vicios/adicciones.

Esta situación ha resultado en un progreso lento y en la persistencia de desigualdades en la distribución de la riqueza. No se trata de aferrarse a las estrategias que funcionaron décadas atrás, sino de estar preparados para trazar nuevos caminos y, en caso necesario, construirlos desde cero, con el objetivo de tener una dirección clara en la convivencia de sociedades que son transgeneracionales, pluriétnicas y multiculturales.

Los países, mal llamado del tercer mundo, en desarrollo o subdesarrollado, han tenido un tipo de *apoyo,* el cual ha sido enfático para resolver ciertos problemas impuestos, tanto de índole estructural social, como económico, los cuales regularmente son gobiernos, empresas, financiadoras y agencias de cooperación con intereses propios y no de bien común.

Algunas promueven un trabajo social enfocado a proporcionar servicios públicos y capacitación, con el propósito de ayudar a remediar ese tejido social que no encaja o se resiste a tener la visión de Estado-Nación o de las corporaciones internacionales.

La finalidad de estos proyectos se vende como forma de intervención social, que evita que siga justamente el impacto social/ambiental derivado del estilo de vida *moderno.* Las grandes corporaciones, que los gobiernos respaldan, los han impuesto (sin caer en el debate de las teorías de la conspiración). Pero este tipo de proyectos, a fuerza de venderlos de manera masiva en los medios de comunicación se han vuelto populares, especialmente al cumplir las políticas públicas de los Estados-Nación.

No se trata de adoptar un enfoque puramente crítico, sino de ofrecer una perspectiva explicativa más profunda que ayude a comprender la fugaz estabilidad social que se promovió después de la Segunda Guerra Mundial y la constante transformación de la sociedad actual.

En el trasfondo de toda esta historia, se encuentra un concepto central: el "desarrollo", que ha sido un paradigma político compartido y aplicado por los Estados en relación con las comunidades. Este enfoque suele basarse en una visión de economía productivista y orientada al mercado, con programas destinados a combatir la pobreza, al mismo tiempo que promueven prácticas que fomentan una sociedad de consumo.

Este tipo de desarrollo comunitario a mediados del siglo pasado Nota final [xv] se inició con el respaldo de instancias internacionales, por ejemplo, la ONU Nota final [xvi] con la UNESCO, PNUD, FAO Nota final [xvii], también la OMS con sus enfoques técnico-académicos en los estados-nación; además, con sus políticas públicas como obligatorias para cumplirse en las comunidades Nota final [xviii]; los bancos internacionales con sus préstamos condicionados a sus políticas duras monetarias y los grupos civiles con diversos modelos socioambientales. Algunos de ellos actualmente toman distancia de este enfoque, a través de su perspectiva emancipadora.

La variedad de enfoques, vistos en los párrafos anteriores, no se hicieron esperar; su socialización en los medios académicos y trabajo comunitario, los cuales es pertinente nombrar, por lo menos a ciertos autores anglosajones Nota final [xix] y latinoamericanos Nota final [xx], quienes cada uno desde su idiosincrasia y retos contextuales, han analizado y propuesto pensamientos que se han ido constituyendo en diversos conceptos de desarrollo comunitario.

El enfoque de desarrollo ha insistido en considerar a las comunidades principalmente como consumidores de servicios, productos e ideas, o como receptores de asistencia social, a pesar de que estas prácticas institucionalizadas se han llevado a cabo durante siglos, según lo expone (Giovanni, 1982) quien narra cómo la administración británica posterior a la descolonización en Asia y África promovió proyectos para las mejoras de los nuevos gobiernos. Esta tendencia tuvo su mayor auge después de la segunda Guerra mundial, de acuerdo con lo que el autor menciona:

"En realidad, el desarrollo de la comunidad ha sido definido de modos distintos de acuerdo a la agencia promotora, y ha tomado características propias según el contexto de su aplicación." . (Giovanni, 1982, pág. 269)

En este tipo de trabajo se han diversificado hacia diferentes temas, entre los que sobresalen los agropecuarios, asistenciales y los de servicios públicos. Como lo expresan (Gimeno & Monreal, 1999, pág.53): *"...el desarrollo es un producto de la imaginación de unos y otros, una imaginación que siempre es resultado de una historia social, cultural y material. Considerar el desarrollo como una construcción social e histórica es reconocer que es un producto contingente y, por lo tanto, puede ser modificado".*

En la década de los años sesenta y hasta los ochenta del siglo XX, varios grupos civiles, fundaciones e instituciones de educación superior canalizaron sus esfuerzos hacia las comunidades, abordando temas de emancipación específicos o alternativos a los modelos de desarrollo económico y en oposición al modelo neoliberal Nota final [xxi]; varios de ellos hoy en día persisten en proyectos particulares, algunos se basan en la autogestión social y/o comunitaria, organización social hacia la calidad de vida, ecología social Nota final [xxii], educación popular Nota final [xxiii], y otros solo tienen la óptica de integrar y capacitar a las personas para incorporarlas a los sistemas productivos vigentes.

La tendencia de adoptar comunidades fue muy común en las décadas de los ochenta y noventa, con universidades e institutos de investigación en América Latina involucrando a estudiantes en esta práctica. Las fundaciones financiadoras solían contratar antropólogos y trabajadores sociales para establecerse en la comunidad como parte de ella, a menudo con la idea de utilizarla como un laboratorio social.

Con el tiempo, esta tendencia comenzó a perder fuerza, en parte debido a la mejora en los medios de comunicación y el acceso/manejo de la información. Además, disminuyó el interés en estas iniciativas, que solo persistió en las instituciones públicas que brindaban servicios desde una perspectiva asistencialista y clientelar. Es importante destacar que el servicio a la comunidad no debe confundirse con proyectos y acciones orientadas al desarrollo comunitario.

A lo largo de diferentes espacios, se ha continuado trabajando en conceptos y metodologías para colaborar con las comunidades. A partir de finales de la década de 1960, esta tendencia se mantuvo en los años setenta y creció en los ochenta. Sin embargo, a principios del siglo XXI, el interés institucional y corporativo en estas iniciativas ha ido disminuyendo.

En el siglo actual, la mayoría de las intervenciones se llevan a cabo como parte de una inercia institucional para ejecutar proyectos que cumplan con políticas públicas. Sin embargo, esto no implica que hayan desaparecido las iniciativas de trabajo comunitario no institucional. Estas últimas siguen siendo relevantes y han acumulado una valiosa experiencia, como es el caso de los enfoques basados en la perspectiva de la comunalidad, tanto en áreas rurales, como urbanas.

Las cosmovisiones del desarrollo comunitario han existido y permanecido con diversas maneras de trabajar, tomando como base sus contextos y formaciones ideológicas, como lo observa la uruguaya Nota final [xxiv] Teresa (Porzecanski, 1983) quien lo define como:

"El conjunto de acciones destinadas a provocar un cambio orientado de conductas a nivel de un microsistema social participativo y que signifique una etapa más avanzada de progreso humano"

Desde el mismo tenor el argentino Ezequiel (Ander-Egg, 1987) propone que para lograr este tipo de desarrollo debe considerarse como un método y una técnica social, con el fin de contribuir al mejoramiento social y económico, a través de una participación popular con acciones de la comunidad, que conlleven cambios actitudinales.

En este mismo sentido Francisco (Gómez Jara, 1986, págs. 15-16) considera al desarrollo comunitario como un proceso, un método y un programa, este último concreta los anteriores para cuantificar recursos, precisar metas y especificar los procedimientos que se utilizarán.

De la misma manera Maritza (Montero, 2007, pág. 230) propone el desarrollo comunitario como un proceso de enseñanza y aprendizaje, con efectos socializantes desde las acciones conscientes de los participantes, logrando colaboración y solidaridad. Para ello se requerirá uso de recursos, creatividad y distintas formas de comunicación horizontal entre quienes están involucrados, así como la inclusión social, la cual fortalecerá a la comunidad.

Complementando los párrafos anteriores, el italiano Marco (Marchioni, 1969) especifica la necesidad de una clara participación y autodeterminación de los interesados (especialmente de los que forman parte de la comunidad), así como los principios básicos y fundamentales de la intervención comunitaria. Igualmente, el belga Rudolf Rezsohazy propone tres características para que haya desarrollo, estas son 1) territorio, 2) intereses comunes y 3) pertenencia.

Este último autor (Rezsohazy, 1988) redefine el Desarrollo de la Comunidad como:

"Un proceso racional y sistemático o proceso de desarrollo coordinado y sistemático que en respuesta a unas necesidades o demanda social, pone en marcha a una comunidad, suscitando su autoconfianza y voluntad para participar activamente en el desarrollo y destino de la misma de forma agrupada y organizada, en cooperación, autoanalizándose, descubriendo sus necesidades, fijándose objetivos a alcanzar, así como medios y modos de hacerlo, a fin de lograr el desarrollo integral de la misma (que incluye desarrollo económico, social, cultural, etc.) y siendo capaz, en consecuencia, de auto asistirse sabiendo satisfacer sus propias necesidades, así como enfrentarse y resolver sus propios problemas.".

Como información adicional a esta última definición, los esposos William y Loureide (Biddle & Biddle, 1977, pág. 97) añaden su propio concepto para definir el desarrollo comunitario como:

"...un proceso social con el que los seres humanos pueden hacerse más competentes para lograr algún control sobre los aspectos locales de un mundo frustratorio y cambiante y para vivir con ellos. Es un método colectivo para facilitar el desarrollo de la personalidad, que puede ocurrir cuando los vecinos trabajan juntos, sirviendo a su creciente concepto del bien de todos. Implica estudio cooperativo, decisiones en grupo, acción colectiva y evaluación conjunta, que conducen a la continuidad de la acción. Requiere la utilización de todas las profesiones y agencias auxiliares, desde locales hasta internacionales, que puedan ayudar en la solución de los problemas.".

Los aportes anteriores se sintetizan en dos propuestas, la obra *Perspectivas mundiales de educación de adultos y Desarrollo comunitario y calidad de vida* de José María Quintana Cabañas y, *Pedagogía Comunitaria* de Ana Teresa López de Llergo y Luz María Cruz de Galindo.

La primera concibe el desarrollo comunitario como un campo de la pedagogía comunitaria con una notable dimensión social, para el autor es la metodología de trabajo la que dinamiza la iniciativa de las comunidades en problemas de desarrollo, por ejemplo, en lo cultural, económico o algunos aspectos de relaciones humanas; con ella se crea un propósito para que los mismos comunitarios encuentren opciones a sus situaciones y mejoren su calidad de vida. (Quintana Cabañas, 1991, pág. 176)

La segunda idea la concretan como:

"...el desarrollo comunitario es un proceso que suma los esfuerzos de los pobladores de una región, de los grupos intermedios -escuelas, empresas, clubs, etcétera- y del gobierno, para mejorar las condiciones económicas, sociales y culturales de las comunidades, mediante el diagnóstico, plan, ejecución y evaluación de programas y proyectos para este fin.". (López & Cruz de Galindo, 2000, pág. 60)

En este mismo tenor, retomando el escrito del colombiano Arizaldo Carvajal donde plantea las diversas concepciones del <desarrollo>, deja claro que no es suficiente con definir, sino se debe contextualizar y revisar qué se entiende como desarrollo, para comprender desde dónde se está actuando o cómo es esa participación:

"...un proceso histórico, el desarrollo como discurso, el desarrollo como invención, el desarrollo como imaginación, el desarrollo como promesa, el desarrollo como salvación, el desarrollo como narrativa dominante, el desarrollo como patrón "civilizatorio", el desarrollo como dispositivo para la conquista técnica de la vida, la naturaleza y la cultura, el desarrollo como instrumento para normatizar el mundo (especialmente el tercer mundo)." (Carvajal, 2010, pág.30)

Aunque el párrafo anterior es claramente descriptivo, desde lo funcional el desarrollo social y económico para este siglo XXI se ha transformado de manera constante, diría Sygmund Bauman, se vive en una modernidad líquida, donde el tiempo de existencia de las elecciones individuales, de las instituciones que daban certeza de un ideal futuro y de los valores para interrelacionarse, son cambiantes constantemente, con una esperanza de vida corta (igual o menor que una vida individual) y por ende improbables de permanecer como sólidos basamentos para realizar acciones y planear a largo plazo.

Además, el divorcio entre poder y política es evidente, un poder sin sujetarse al territorio y una política con menor representatividad y capacidad de respuesta para atender problemas cotidianos locales como la seguridad social, o uno mundial como el cambio climático o la <emergencia climática>, que viene siendo una necesidad urgente e inmediata para adoptar políticas y regulaciones vinculantes que conlleven a tomar medidas y estrategias eficaces y rápidas que permitan reducir la crisis global debido a los efectos del cambio climático, los cuales ocasionan aumento de las temperaturas y cambios en los fenómenos meteorológicos, originando una serie de situaciones con riesgos graves en el desarrollo comunitario (la salud humana, la seguridad alimentaria, la estabilidad económica y la biodiversidad).

Al respecto dice Zygmunt (Bauman, 2001, pág. 94):

"El abandono de esa regulación normativa, que fue la marca distintiva del Estado moderno, hace redundantes la movilización cultural/ideológica de la población sometida y la evocación de la nacionalidad y del deber patriótico, que fueron en tiempos su legitimación principal: han dejado de servir a un propósito visible. El Estado ya no preside los procesos formales de integración social o de gestión del sistema que hacen indispensables la regulación normativa, la gestión de la cultura y la movilización patriótica, dejando tales tareas (intencionadamente o por abandono) a fuerzas sobre las que no tiene una jurisdicción efectiva."

Es fundamental reflexionar sobre la relevancia del uso de conceptos, métodos y técnicas en el contexto actual para continuar desarrollando nuevas metodologías o adaptando las existentes de manera efectiva. Esto se debe a la reconfiguración demográfica que ha tenido lugar en muchas sociedades, con una creciente población viviendo en zonas urbanas y suburbanas. Además, las redes sociales han experimentado un aumento significativo en su dinamismo y funcionalidad, lo que ha llevado a una mayor complejidad en las identidades personales y colectivas. Adaptarse a estos cambios es esencial para abordar de manera adecuada los desafíos comunitarios contemporáneos.

Debido a la desruralización del territorio Nota final [xxv] y a la tendencia de la sociedad globalizada, con su insistente idea de pasar a la era de la transformación digital, es conveniente hacer un alto en el camino y valorar procederes, técnicas, modelos y demás procesos sociales y económicos para trabajar con los comunitarios, y simultáneamente reconocer las distintas comunidades virtuales que han aparecido y los míticos bienes comunes tangibles e intangibles.

Es importante reconocer la diversidad de metodologías que se utilizan en trabajos específicos en comunidades, cada una con sus dinámicas particulares y objetivos diversos.

Algunas de estas metodologías se centran en la investigación o desarrollo de proyectos con el propósito de implementar programas sociales, económicos o ecológicos, mientras que otras forman parte de estudios sobre el consumo de recursos o la gestión e influencia de políticas dirigidas a comunidades específicas.

Además, es fundamental considerar las intervenciones sociales y económicas que han tenido lugar a lo largo del tiempo, cada una con sus propias orientaciones, objetivos y metodologías, pero todas convergiendo en la unidad social que es la comunidad. Esto resalta la importancia de comprender las diversas perspectivas y enfoques utilizados en el desarrollo comunitario y cómo pueden adaptarse a las necesidades y realidades cambiantes de las comunidades en la actualidad.

La evolución de los distintos procedimientos de intervención en las comunidades requiere una atención especial, comenzando por la sistematización de experiencias con un enfoque plural en muchos aspectos teóricos y prácticos.

Considerar este enfoque ofrece una observación y atención más completa y multifocal, con el propósito de generar información útil para comprender las historias actuales de instituciones, empresas y grupos civiles que intervienen en la sociedad desde diversos intereses.

En estas intervenciones, se utilizan varios instrumentos que se aplican en las comunidades para abordar diferentes aspectos, como su contexto socioambiental, el análisis de problemas, la atención de situaciones y la comprensión de las relaciones entre los actores sociales. Estos instrumentos desempeñan un papel fundamental en el diagnóstico y la acción en asuntos comunitarios.

En cualquiera de estos aspectos relacionados a las comunidades, será útil que el lector conozca o reconozca estas metodologías Nota final [xxvi], asimismo, considere desde el conocimiento consciente que ha generado, y así pueda examinar los métodos y técnicas utilizadas por instituciones públicas y privadas, de igual manera, será conveniente revisar otras que se han desarrollado por equipos de trabajo transdisciplinarios u organizaciones civiles y empresas.

En este tenor, se presenta a continuación la Tabla 3 con las metodologías participativas más populares que han sido utilizadas en América latina, algunos de sus principios metódicos fueron incorporados en la propuesta que se encuentra en los Tomos II y III de este libro, por ejemplo el Marco Lógico Nota final [xxvii] y el Metaplan. Nota final [xxviii].

Metodologías participativas utilizadas para trabajar con comunidades	Autores
Autodesarrollo Comunitario	(Méndez, 2014), (Alonso Freyre & Colaboradores, 2005)
Cartografía Social	(Gorostiaga, 2003), (Andrade & Santamaría, 1997)
Detección de Necesidades de Intervención Socioeducativa	(Pérez, 2000)
Diagnóstico Situacional	(CREFAL C. R., 1980)
Diagnóstico-Planificación-Monitoreo-Evaluación	(Geilfus, 1998)
Ecología del Desarrollo Humano	(Bronfenbrenner, 1987)
Evaluación Rural Participativa (ERP o PAR)	(Chambers, 1994a), (Chambers, 1994b)
Investigación Acción Participativa (IAP)	(Fals, Bonilla, & Castillo, 1972), (Schutter, 1981)
Investigación-Acción (IA)	(Lewin, 1946), (Kemmins, 1984), (Ellitot, 1990) (Kemmis & McTaggart, 1988), (Corey, 1953)
Sistemas Socioecológicos	(Berkes, F. y Folke, C, 1988), (Norgaard, 1994) (Gowdy, 1994)
La alternativa	(Santamaría, 1982, págs. 77-93)
Mapeo Analítico Reflexivo y Participativo de la Sostenibilidad (MARPS)	(Imbach, Dudle, & Sánchez, 1997)
Mapeo de Alcances	(Earl & Smutylo, 2002)
Marco Lógico	(Banco Mundial, 1996), (Ortegón, Pacheco, & Prieto, 2005)
Metaplan. Método de Moderación Grupal	(Metaplan, 2014)
Método de Intervención en la Realidad	(Lima, 1977)
Metodología de la Animación Sociocultural	(Ander-Egg,1984)

Método de la Militancia y el Compromiso	**(Ander-Egg,1976)**
Método de Trabajo Activo con la Comunidad	(Gómez Gómez, 1971)
Método Temático o de Concientización	(Freire, 1969)
Método Único	(Escuela Servicio Social, 1968)
Modelo de Sistematización de la Práctica	(Gagneten, 1984)
Método Hanlon	(John, 1974)
Método Integrado o Polivalente	(Suarez de Ortiz, 1959)
Metodología Básica	(Gallardo, 1973)
Planificación Integral del Acceso Rural (PIAR)	(OIT, 2005)
Planificación de Proyectos Orientada a Objetivos (ZOOP)	(GTZ, 1998)
Success Measures (Evaluación Participativa para Comunidades de Base)	(NeighborWorks, 2006)
Interpretación Ambiental	(Ham, 1992)
Proyecto Estratégico para la Seguridad Alimentaria (PESA)	(FAO, 1994)

Tabla 3

LA LISTA ANTERIOR AUMENTARÍA al reconocer las variantes de éstas Nota final[xxix], en cualquiera de los casos, muchas de ellas se siguen utilizando con el fin de facilitar procesos comunitarios, el diseñar formas de trabajo, así como en la planeación para la ejecución de acciones y la evaluación (monitorear y revisar) de fases, proyectos complejos o integrales.

El desarrollo cultural comunitario es una metodología que fusiona diversas actividades en la comunidad, involucrando a los miembros en la narración de sus propias historias. Esto promueve la creatividad desde la solidaridad, la conciencia colectiva y la cooperación, convirtiendo a los participantes en agentes sociales activos que buscan mejorar su calidad de vida sin dañar su entorno natural.

En términos generales, estas metodologías se enfocan en la información obtenida a través de investigaciones y en la gestión de los resultados. Los objetivos previamente establecidos son importantes, pero no limitativos, ya que el propósito principal es facilitar la participación y la comunicación entre todas las partes involucradas.

Después de revisar lo anterior, el lector tiene un abanico amplio de posibilidades para el trabajo comunitario, aunadas a éstas se encuentra la presente en este libro; una vez haya revisado y practicado cuáles son de su interés, podrá decidir cuándo llevarlas a cabo.

> *La investigación como proceso dialógico, tiene que superar la tradicional relación investigador-investigado, convirtiendo a ambos en sujetos del mismo proceso.*
> (CREFAL, 1980, pág. 11)

LAS METODOLOGÍAS SOCIALES y participativas son un conjunto de procedimientos, técnicas, recetas, instrumentos operativos y evaluativos, modelos, materiales e hipótesis; basadas en distintos marcos teóricos e ideologías; todas ellas tratan de facilitar el trabajo en las comunidades, ya sea que se usen para informar, capacitar, crear conocimiento consciente, o llevar a cabo acciones (se incluye la re-producción y transmisión de conocimientos). De manera paralela, se podrían lograr aspectos muy específicos, como la prevención o remediación de situaciones concretas, en los cambios individuales o colectivos.

Desde esta perspectiva, cualquier metodología participativa ya sea institucionalizada, estandarizada, creada *ad hoc*, o dinámica en su estructura, idealmente formaría parte (con una visión integral) del proceso del desarrollo comunitario.

Es importante reconocer que en cualquier propuesta metodológica adaptada al trabajo con una comunidad existen supuestos, percepciones y juicios implícitos. Estos deben ser identificados y comprendidos, incluso si no se comparten las mismas ideas. En una comunidad, también surgirán entendidos y supuestos hacia los facilitadores, organizadores y patrocinadores de proyectos, así como en relación con las autoridades.

Lógica de la planeación participativa y el desarrollo comunitario

La lógica o sucesión de ideas, razonamientos e imágenes, estructuradas en este libro, están basadas en conceptos, proposiciones, juegos, reflexiones y ejercicios, los cuales han sido diseñados y probados (experimentados) desde 1998; son parte del modelo de trabajo instrumentado por Ecoparadigma A.C. en México; siendo su principal objetivo el dar a conocer estrategias que apoyan a las personas para construir su propio desarrollo ambiental comunitario sustentable.

Con este trabajo teórico-práctico se invita a comprender y establecer la participación del promotor hacia la comunidad, para ello se consideran en principio dos postulados:

1) El diseño, planeación y ejecución de cualquier proyecto o acción requiere la participación activa y constante de la comunidad. Esta misma necesitará un cambio social, si así lo considera, para que haya una interacción socioambiental favorable, así también la creación de reglas de convivencia a partir de un motivo compartido. Tanto si la iniciativa corresponde a una instancia pública o privada, el principio básico es la participación colectiva en todas las fases del proyecto y su realización.

2) Cuando un proyecto o actividad inicia, deberá considerar el desarrollo (social-económico-ecológico-político) de manera integral.

. . . .

LAS DIVERSAS TÉCNICAS, métodos de trabajo y estrategias propuestas en este libro tienen el propósito de contribuir a la profesionalización de las personas de manera voluntaria. Además, apoyan a aquellos que están involucrados en procesos socioambientales y buscan promover otras formas de abordar las inercias naturales y humanas que afectan la supervivencia a nivel local, regional o global.

Como se mencionó previamente, la utilidad de este escrito se dirige principalmente a la formación de facilitadores y promotores que trabajan en proyectos relacionados con las comunidades. Estos contenidos pueden ser potencialmente aplicados como conocimientos y dinámicas en la academia, especialmente en materias escolares o seminarios de investigación que preparan a técnicos o profesionales vinculados a las comunidades rurales o suburbanas. Además, pueden ser de utilidad para personas con diferentes roles, como aquellas que ocupan cargos públicos, tienen responsabilidades comunitarias o trabajan en proyectos específicos de carácter profesional o técnico.

> *La experiencia demuestra que uno de los mayores obstáculos para la participación de las comunidades rurales en el proceso educativo radica en la dificultad de lograr una movilización efectiva de la población.*
>
> (CREFAL, 1987, pág. 15)

LA VISIÓN FUTURA DE esta obra es la creación de una promotoría comunitaria participativa, que forme parte integral del desarrollo comunitario. Esta promotoría se basa en una visión procesual que considera tanto elementos naturales, como aspectos generados por la acción humana, donde el compromiso intergeneracional es esencial y constante. El objetivo principal es que la comunidad pueda mejorar continuamente sus capacidades de autonomía y autodeterminación, buscando una vida integral y de calidad.

Se hace un llamado a evitar cualquier intervención en las comunidades que adopte una visión estática de la promotoría, que reproduzca ideas monolíticas y que priorice el beneficio de las instituciones contratantes, ya sean públicas o privadas. En este sentido es importante prescindir de personas con perfiles ambiguos y actitudes negativas al abordar asuntos comunitarios de gran relevancia.

El objetivo principal en relación con la participación comunitaria en este libro es impulsar una movilización social consciente. Esto se logra a través de un proceso de socialización que busca generar conocimientos conscientes. La idea es promover el diálogo ^{Nota final [xxx]} asertivo y no violento, fomentar el intercambio y la producción de ideas y conocimientos, así como impulsar acciones compartidas.

Se busca fomentar la solidaridad y la colaboración entre los miembros de la comunidad, facilitar el trabajo colectivo y motivar a las personas a comunicarse entre sí para desarrollar sus capacidades de reflexión, análisis y proposición. El objetivo final es promover la toma de decisiones que beneficie no solo a las personas y grupos sociales, sino también a las especies y al entorno ambiental en su conjunto.

Una parte medular de la participación colectiva es la planeación, entendida como la preparación y organización anticipada, acciones inteligentes relativizadas al tiempo^{Nota final [xxxi]} y uso de espacios (geográfico y virtual), todas estas consideradas a distintas escalas o niveles de atención. Esta es una manera de manejar los asuntos comunitarios que posiblemente requieran atención.

Para ampliar la información sobre la planeación participativa y el involucramiento de un facilitador, de manera general, se presenta la siguiente información en la Tabla 4. Cabe mencionar que es tan solo una muestra de lo que se encontrará a lo largo de los tres Tomos de este libro.

Al intervenir en la construcción de una planeación participativa es necesario...

Considerar la posibilidad de que sucedan varias circunstancias, por ejemplo, si alguien de la comunidad muere y éste era el informante principal en la planeación, o su muerte provoca la suspensión de actividades y por lo tanto éstas se posponen o modifican el evento planeado

Descubrir si la comunidad está en proceso de adaptación y/o restructuración sociocultural, debido a diversas situaciones, por ejemplo, flujo de migración, percances culturales, presencia o ausencia de servicios, programación de fuentes nuevas de trabajo, afrontamiento de fenómenos naturales, otros más como serían el cambio de la pirámide poblacional y la influencia de medios de comunicación

Diferenciar entre una acción o proyecto que la propia comunidad promovió, ya sea de una instancia pública o privada. Además, identificar quién será el responsable de la ejecución, e independientemente de ello, estar de acuerdo en que los comunitarios tendrán que participar siempre

Estar atento a la información que recibe la comunidad, puede suceder que un informante la dio solo por quedar bien con la autoridad o para recibir algún beneficio tangible. También tomar en cuenta que podrían ser mentiras o una versión parcial de los hechos

Estar preparado por si alguno de los participantes llega a la reunión en estado alcoholizado o bajo el efecto de otra droga e interrumpe o dificulta el evento

Explorar las relaciones interpersonales dentro de la comunidad, para saber su calidad e intensidad a través de sus vínculos: moral o ideológico, consanguíneo y laboral, entre otros

Observar si dentro de los participantes hay mujeres embarazadas, personas enfermas, viejos que necesiten algún requerimiento especial, con alguna discapacidad física, con actitud negativa, entre otros. Con el propósito de tomar decisiones de ajustes y apoyos diferenciados

Percibir, observar e identificar situaciones que faciliten la relación con la gente, especialmente en su comunicación verbal y no verbal

Preparar las formas en las que se presentará y obtendrá la información, además, de comunicarles si forma parte de una investigación más amplia que ayudará a reforzar el trabajo

Prever si en una plática o entrevista la gente dará un tipo de información y quizá en otro momento, dirá algo diferente o francamente lo contrario

Promocionar momentos equitativos, cuando los comunitarios reconozcan acciónes, las validen y determinen tiempos y espacios para ejecutarlas
Proponer un tiempo para que los comunitarios mediten y digieran sus procesos de participación
Hay que reconocer que todos los comunitarios tienen ideas, intereses y expectativas con respecto a lo que se hará
Reflexionar sobre lo variable que puede ser la velocidad de respuesta de la gente al efectuar una acción, dependerá de varios aspectos como su grado de involucramiento, estado de ánimo, prioridad de la necesidad (real o creada), experiencia en el trabajo de equipo o comunitario, capacitación, recursos, así como apropiación significativa del porqué realizar la acción
Sopesar que es posible que algunas personas no están cumpliendo alguna promesa, debido a que solo aceptaron colaborar *por compromiso,* o para aparentar su participación
Tener el consenso de los comunitarios para colaborar de manera diferenciada, así como estar atentos con el uso de las herramientas adecuadas, y sobre todo reconocer los cambios socioambientales para tener claridad sobre lo que harán como colectivo, con o sin el apoyo de alguna instancia pública o privada
Tomar en cuenta que la gente tiene diversas costumbres, por ejemplo, un horario para comer, hábitos alimenticios, un lugar específico para sentarse, maneras de expresarse, entre otras.

Tabla 4

LA LÓGICA DE LA PLANEACIÓN participativa se basa en la comprensión de un conjunto de elementos y procesos interconectados en sistemas tanto abiertos, como cerrados. Estos sistemas son el resultado de la adaptación de la comunidad a su entorno socioambiental, que se caracteriza por su diversidad e interacción constante.

El objetivo al trabajar con las comunidades es obtener información que permita comprender la entropía, es decir, el grado de orden o desorden en el sistema, y cómo estos pueden afectar a nivel social y ecológico. La meta es lograr una sintropía, que implica comprender y dinamizar todo el conjunto de elementos y procesos de la comunidad, para planificar y llevar a cabo cambios que contribuyan a su supervivencia y mejora del bienestar colectivo.

Esta forma de construcción social se basará en la creatividad y la colaboración en beneficio de la comunidad en su conjunto. Se busca identificar y aprovechar las sinergias colectivas presentes y posibles dentro de la comunidad. Esto se logrará a través de la exploración y el conocimiento de los elementos y estructuras que componen la comunidad, ya sean de origen natural o resultado de la actividad humana.

El objetivo será desarrollar soluciones que sean efectivas, sostenibles y que mejoren la calidad de vida de todos los miembros de la comunidad.

Lo anterior producirá una cantidad basta de información conocida y desconocida, que ayudará a los comunitarios, investigadores, promotores/facilitadores e instituciones, para medir [Nota final][xxxii], descubrir, analizar y tomar decisiones sobre qué se hará o cómo evitar que se haga, todo ello en beneficio de las comunidades.

Para llevar a cabo esta tarea, es esencial tener en cuenta que la información y las acciones generadas a través de diversas técnicas y ejercicios, deben considerar la diversidad de niveles de habilidades cognitivas y educativas de los miembros de la comunidad. Esto incluye la capacidad de abstracción, concentración, retención de información, habilidades para relacionar conceptos, habilidades deductivas e inductivas, capacidad de síntesis, razonamiento lógico y la capacidad de recibir instrucción educativa o técnica.

También es importante tener en cuenta los diferentes tipos de inteligencia presentes en la comunidad[Nota final][xxxiii], lo que se explicará con más detalle en el Tomo III del libro. Todos estos procesos deben ser reflexionados y tenidos en cuenta sin prejuicios ni juicios de valor, para garantizar una participación inclusiva y efectiva de todos los miembros de la comunidad, aunque no todos participen siempre.

El investigador que se involucra en la investigación participativa tiene que definir sus funciones en ese proceso.

Se afirma que son tres:

1) Promover el proceso

2) Entregar las herramientas necesarias y

3) Capacitar al grupo base para investigar.

Sin embargo, la experiencia indica que es difícil que el investigador se limite a sus funciones, de hecho, mantiene un rol directivo, de lo contrario, no haría falta.

(Latapí, 1991)

OTRA CONSIDERACIÓN esencial en el contexto de la planeación participativa es la organización social y su práctica axiológica. Estos aspectos llevan a cuestionar y relativizar la comprensión de los datos obtenidos, los diferentes tipos de producción social, cultural y biológica, así como la construcción de conocimientos intersubjetivos. Todo esto debe realizarse desde una visión integral del ser humano, como se ilustra en la imagen 1), entendiéndose desde esta cosmovisión como un producto y productor de una <Realidad> constantemente cambiante, la cual se podría comprender como:

"...lo más colapsante que puede existir, es la totalidad de la coexistencia pasada y presente; lo indigesto, lo todo y nada a la vez." (Figueroa, 2003, pág.219).

• • • •

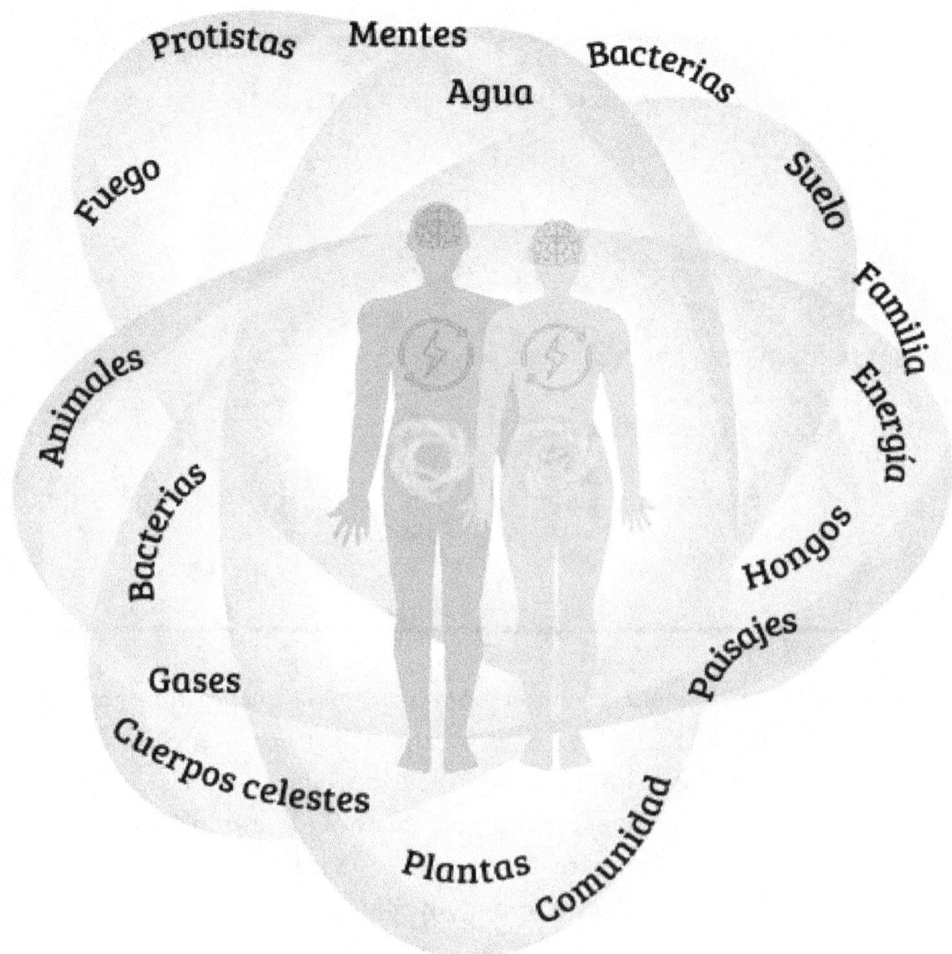

Imagen 1

· · · ·

LA COMPRENSIÓN DE LA dinámica comunitaria implica recopilar datos a través de observaciones tanto directas, como indirectas, reflexiones personales y colectivas, el uso de instrumentos de investigación y el manejo del conocimiento consciente para la toma de decisiones. Además, se deben investigar trabajos previos y documentación existente sobre la comunidad en cuestión.

En este proceso, es fundamental tener en cuenta una serie de factores que afectan tanto a los participantes (protagonistas o actores sociales), como a los facilitadores que trabajan en el campo (en contextos rurales y urbanos). Se debe evaluar lo que sucede durante las intervenciones, como talleres de capacitación o acciones específicas dentro de la comunidad.

Estos momentos pueden proporcionar información valiosa, como preconceptos, conceptos, juicios, teorías y esquemas de la visión del mundo de los individuos y la comunidad en su conjunto. Estos datos se integrarán con la información recopilada, se analizarán y se utilizarán para comprender mejor la comunidad y sus dinámicas.

La capitalización de todo lo comentado se resume en la necesidad de adoptar una visión integral de la comunidad y de profesionalizar a quienes participan en ella. Esto permitirá que la comunidad desarrolle una mayor auto dependencia y capacidad para abordar sus propias necesidades y desafíos. Durante este proceso, es fundamental realizar introspecciones personales y colectivas para comprender mejor las dinámicas sociales y culturales de la comunidad.

Para darle fundamento al conocimiento consciente que ha sido mencionado, se invita al lector a revisar la siguiente sección (Primera parte), misma que centrará su atención en fortalecer la comprensión del concepto de "conciencia" desde diversas perspectivas filosóficas, epistemológicas y de las neurociencias. El objetivo es aumentar la comprensión de la importancia del conocimiento consciente en la evolución de las comunidades, lo que permitirá una mejor comprensión y manejo en la aplicación de los ejercicios comunitarios que se ofrecen en los siguientes Tomos.

Bibliografía

Alonso Freyre, J., & Colaboradores. (2005). Autodesarrollo comunitario. Crítica a las mediaciones sociales recurrentes para la emancipación humana. Santa Clara, Cuba: Feijoo.

Ander-Egg, E. (1976). Hacia una metodología del Trabajo Social. Argentina: Ecro.

Ander-Egg, E. (1987). Metodología y práctica del desarrollo de la comunidad. México: El Ateneo.

Andrade, H., & Santamaría, G. (1997). Cartografía social para la planeación participativa. Memorias del curso: participación comunitaria y medio ambiente. Proyecto Capacitación para profesiones del Sector Ambiental. Santa Fe de Bogotá: Ministerio del Medio Ambiente.

Banco Mundial. (1996). Diseño del sistema de seguimiento y evaluación de los proyectos. 2(8).

Bauman, Z. (2001). Comunidad. En busca de seguridad en un mundo hostil. México: Siglo XXI.

Berkes, F. y Folke, C. (1988). Linking social and ecological systems: management practices and social mechanisms for building resilience. Cambridge, Reino Unido: Cambridge University.

Biddle, W. W., & Biddle, J. L. (1977). Desarrollo de la comunidad. Redescubrimiento de la iniciativa local. México: Limusa.

Bronfenbrenner, U. (1987). La ecología del desarrollo humano. Barcelona: Paidós.

Carvajal, B. A. (2010). Desarrollo y cultura. Elementos para la reflexión y la acción . Cali: Escuela de Trabajo Social y Desarrollo Humano. Universidad del Valle.

Chambers, R. (Octubre de 1994a). Participatory rural appraisal (PRA): Challenges, potentials and paradigm. World Development, 22(10), 1437-1454.

Chambers, R. (Septiembre de 1994b). Participatory rural appraisal (PRA). Analysis of experience. World Development, 22(9), 1253-1268.

Corey, S. (1953). Action research to improve school practice. New York: Columbia University.

CREFAL. (1980). Diagnóstico situacional en zonas rurales. Pátzcuaro, Michoacán: CREFAL.

CREFAL. (1987). Método y proceso de la investigación participativa en la capacitación rural. Pátzcuaro, Michoacán: Cuadernos CREFAL.

Earl, F. C., & Smutylo, T. (2002). Mapeo de alcances: Incorporando aprendizaje y reflexión en programas de desarrollo. Costa Rica.: Centro Internacional de Investigaciones para el Desarrollo.

Ellitot, J. (1990). La investigación acción en educación. Madrid: Morata.

Escuela Servicio Social. (1968). Conclusiones del IV Seminario Regional Latinoamericano de Servicio Social. Concepción, Chile: Universidad de Concepción y el Consejo Regional de Asistentes Sociales.

Fals, B. O., Bonilla, V., & Castillo, G. (1972). Causa popular y ciencia popular. Bogotá: Publicaciones de la Rosca.

FAO. (1994). Proyecto estratégico para la seguridad alimentaria (PESA). FAO.

Figueroa Hernández. J. A. (2003). Naturaleza-Ecología-Ambiente. El retorno del espiral del conocimiento. España: Editorial Académica Española.

Follari, R. (1994). Trabajo en Comunidad: Teoría y Práctica de la Promoción Socio Cultural. Análisis y perspectivas. México: UAS.

Freire, P. (1969). La educación como práctica de la libertad. Montevideo: Tierra Nueva.

Gagneten, M. M. (1984). Hacia una metodología de la sistematización de la práctica. Argentina: Humanitas.

Gallardo, C. M. (1973). La praxis del trabajo social en una dirección científica. . Argentina: ECRO.

Geilfus, F. (1998). 80 herramientas para el desarrollo participativo. Costa Rica: IICA-GTZ.

Gimeno, J., & Monreal, P. (1999). El problema del desarrollo: Atajos y callejones sin salida. En: J. Gimeno,. & P. (. Monreal, La controversia del desarrollo. Críticas desde la antropología (págs. 239-263). Madrid: La Catarata.

Giovanni, B. (1982). Desarrollo de la comunidad y trabajo social. Ensayo y bibliografía. Lima: Ediciones CELATS.

Gómez Gómez, A. (1971). Esencia de la acción comunal: desarrollo de la comunidad. Medellín: Departamento de Antioquía.

Gómez Jara, F. A. (1986). Técnicas de desarrollo comunitario. México: Fontamara.

Gorostiaga, J. (2003). Mapping perspectives on school decentralization: the global debate and the case of Argentina. Pittsburgh, Pennsylvan: University of Pittsburgh.

Gowdy, J. (1994). Coevolutionary Economics: The Economy, Society and the Environment. . Estados Unidos: Kluwer.

GTZ, Cooperación Alemana para el Desarrollo. (1998). Planificación de proyectos orientada a objetivos (ZOOP). Alemania: GTZ.

Ham, S. (1992). Interpretación ambiental. Una guía práctica para gente con grandes ideas y presupuestos pequeños. Universidad de Idaho. Estados Unidos: North American Press.

Imbach, A., Dudle, N. O., & Sánchez, H. (1997). Mapeo Analítico, Reflexivo y Participativo de la Sostenibilidad. Una Aproximación Integral de la Evaluación del Progreso hacia la Sostenibilidad. Programa de estrategias para la sostenibilidad. Serie herramientas y capacitación. Suiza y Reino Unido: UICN.

John, J. H. (1974). Public health. Administration and practice. St. Louis, USA: Mosby.

Kemmins, S. (1984). Point-by-point guide to action research. Victoria: Deakin University.

Kemmis, S., & McTaggart, R. (1988). Cómo planificar la investigación-acción. Barcelona: Laertes.

Kisnerman, N., & Colaboradores. (1983). Teoría y práctica del trabajo social. Comunidad. Buenos Aires: Humanitas.

Latapí, P. (1991). Algunas observaciones sobre la investigación participativa. Cuadernos de CREFAL. Investigación participativa. Algunos aspectos críticos y problemáticos, 131.

Lewin, K. Z. (1946). Action research and minority problems. Journal of Social Issues, 2.

Lima, B. A. (1977). Contribución a la metodología de Trabajo Social. Venezuela: Universidad Central de Venezuela.

López, d. L., & Cruz de Galindo, L. (2000). Desarrollo comunitario y calidad de vida. Ponencia presentada en la tercera edición de la Universidad Internacional Ciencia y Vida. Digna para Todos. Celebrado del 23 al 27 de agosto. Ciudad de México: Conciencia Cívica y Vida Digna para Todos.

Marchioni, M. (1969). Comunidad y desarrollo. Barcelona: Nova Terra.

Méndez, L. Á. (2014). El autodesarrollo comunitario: perspectiva, alternativa en la comprensión de los procesos comunitarios. España: Obra propia.

Metaplan. (2014). Leading Through Understanding. Alemania.

Montero, M. (2007). Introducción a la psicología comunitaria. Buenos Aires: Paidós.

NeighborWorks. (2006). Success Measures. An Evaluation of the Neighbor Works. Success Measures Pilot Program. Washington, DC: NeighborWorks.

Norgaard, R. B. (1994). Development Betrayed: The End of Progress and a Coevolutionary Revisioning of the Future. Londres: Routledge.

OIT, O. I. (2005). Planificación Integral del Acceso Rural. Lima: OIT.

Ortegón, E., Pacheco, J., & Prieto, A. (2005). Metodología del marco lógico para la planificación, el seguimiento y la evaluación de proyectos y programas (Vol. 42). Santiago de Chile: CEPAL.

Pérez, C. M. (2000). Cómo detectar las necesidades de Intervención Socioeducativa. Madrid: Narcea.

Porzecanski, T. (1983). Desarrollo de comunidades y subculturas. Buenos Aires: Humanitas.

Quintana Cabañas, J. M. (1991). Pedagogía Comunitaria. Perspectivas mundiales de educación de adultos. Madrid: Narcea.

Rezsohazy, R. (1988). El desarrollo comunitario. Madrid: Narcea.

Ross, G. M. (1955). Community Organization: Theory and Principles. Nueva York: Harper and Brothers.

Santamaría, L. (1982). Trashumante el quehacer del Trabajador Social. Colombia: Feriva.

Schutter, A. (1981). Investigación participativa. Una opción metodológica para la educación de adultos. Pátzcuaro. México: CREFAL.

Suarez de Ortiz, A. (1959). El método integrado. Puerto Rico. Puerto Rico: Asociación Nacional de Trabajo social. NASW. Estados Unidos.

Primera parte. La conciencia en comunidad: Incursión por conceptos y pensamientos.La espiral de la Conciencia-Praxis

El desarrollo comunitario enlaza el logro de una auto independencia y responsabilidad compartida a partir de una autonomía consciente, asimismo, está imbricada una inter-conciencia, la cual implica un compartir libre, voluntario e intencionado; para que exista lo anterior, se requiere estar dispuestos a descubrir, conocer y reconocer la realidad dentro y fuera de la comunidad.

Lograr acciones y comportamientos que contribuyan a ir forjando un desarrollo comunitario, requiere tener la voluntad (personal y colectiva) de querer hacerlo y, la constancia para que suceda o, al menos ayude a explorar la existencia personal y colectiva, con o sin pensamiento, con o sin materia, y así estar atentos al mundo y las vivencias, al unísono de múltiples estadíos ^{Nota final} [xxxiv] de conciencia en diferentes niveles y escalas. Implica, igualmente, examinar las diferentes etapas o instantes dinámicos que se viven, interconectados siempre en proximidades diversas y distintas. A todo este conjunto y conjugación de estadíos presentes se le denomina: Modelo del Espiral de la Comunidad-Conciencia-Praxis.

EL MODELO DE LA COMUNIDAD-Conciencia y la praxis se desarrolla más adelante al final de esta Primera parte del Tomo I, por el momento solo es suficiente con mencionar que de manera integral lleva a cuatro reflexiones. -

I. *¿Cómo puede pedírsele a la gente que realice "algo" de manera consciente, cuando lo que se pide o sugiere a las personas, lo desconocen quienes lo piden, nunca lo han hecho, y mucho menos lo han reflexionado o reconocido como un sentimiento o idea?*

I. *Cuando se tiene una experiencia intelectual, emocional o espiritual, en ese momento se es otro, hay una percepción de que el mundo cambió un poco o un mucho. Aunque se trate de ignorar la experiencia consciente, explicarla o borrarla, ya sucedió un cambio, por supuesto, esto no necesariamente es pensar, sentir o, actuar de la misma manera cada vez que suceda, ya que se vive en multifacéticas relaciones en y con el mundo. Por lo tanto, las experiencias son diversas, evolucionan y se ajustan a las constantes circunstancias. El existir humano es un devenir consciente y reconstructor de recuerdos, e inventor de ideas anticipatorias, donde se ratifica día a día que se es parte de ese inconmensurable TODO sin parar.*

I. *Es poco probable asumir alguna emoción agradable o desagradable si aún no se es consciente de tal conocimiento. Podrá haber incomodidades de las cuales se desconoce el motivo o la razón del porqué se dan; tal vez el misterio u origen se encuentre en alguna parte escondida de nuestra memoria y solo en ciertos momentos se manifiesta esa emoción, ya sea en parte o "completa", quizá solamente por breves instantes. No se conoce cuánto tiempo transcurrió, pero sí hay un reconocimiento sobre qué provocó y si dio origen al surgimiento de una idea o acción.*

I. *Ser consciente de nuestra individualidad asusta, incómoda, alegra o provoca "algo"; en ocasiones hay un reconocimiento de lo que somos, con o sin nuestras responsabilidades e innegables relaciones simbióticas; igualmente hay una comprensión de la sujeción a paradigmas, normas, leyes y arquetipos. Lo anterior cuando sucede se hace conocimiento consciente con posibilidad de un aprendizaje, eso nos vuelve diferentes, nos convierte en atentos observadores de nuestros distintos personajes en el teatro de la vida.*

Con base en lo anterior, se evita caer en la tentación de crear <conciencia> a través de solo mostrar imágenes o decir palabras y con estas... por arte de magia, se cambie el comportamiento de una persona o una comunidad. Tampoco será suficiente con ejecutar o promover acciones porque se cree o se tiene el "deber" de cambiar de fondo la personalidad de la gente, mucho menos se trata de, innovar una promotoría o facilitación de procesos de desarrollo comunitario, con el propósito unilateral de modificar situaciones agradables o incómodos.

Seguramente muchos han escuchado o dicho *"Hay que hacer consciencia para cambiar..."*; *"No funcionará, necesitamos ser conscientes de esta situación..."*, pero hay que preguntar si será suficiente con solo pedir/obligar a la gente para que "haga conciencia" con relación a un hecho o un fenómeno socioambiental. El dar información a las personas sobre un tema o provocarle un shock emocional, no son actos lo bastante potentes para inducir un cambio de manera constante, se requiere de comprender la <consciencia> como un proceso invariable y dinámico, el cual forma parte de algunos seres vivos.

Si se quiere y desea "cambiar al mundo", se puede usar la vieja estrategia socrática basada en conocerse a sí mismo primeramente (en lo espiritual, emocional, intuitivo y racional), para luego preguntarse sobre qué implica el cambiar al mundo y con esta manera de actuar, surjan respuestas o se provoque la necesidad de buscar y encontrar más y más refutaciones y contradicciones, generando así, seguramente, otras preguntas ^{Nota final [xxxv]}.

Desde esta lógica tal vez se logre construir socialmente el sentido del aquí y ahora, además, de herramientas para imaginar una visión de futuro^{Nota final [xxxvi]}, todo esto al individuo lo obligará a ser y estar consciente de sus pensamientos, emociones, sentimientos, acciones y comportamientos, los cuales se enmarcarán quizá en un "sentido" o "plan" de trabajo, al unísono se sustentarán en principios éticos y, tal vez al ser constantes y conscientes, se fortalezcan las múltiples relaciones personales como parte de la red de la vida.

A continuación, se desarrolla un panorama amplio de ¿Qué es la conciencia?, con el propósito de dar un sustento que permita comprender la noción y <conciencia> y sirva de base para después revisar el *Modelo conciencia-praxis*. Esto en conjunto servirá como parte de la comprensión y generación de una dinámica para trabajar hacia un desarrollo comunitario con tareas cotidianas con mayor eficacia, eficiencia y asertividad.

La conciencia vista desde distintos cristales

A continuación, se presentan varias propuestas de investigación relacionadas con el tema de la conciencia a lo largo de varios siglos. La amplia gama de figuras que han contribuido con ideas significativas demuestra que se trata de un asunto que merece una atención especial. Hasta el momento, se han tenido destellos de comprensión que han permitido vislumbrarla de manera parcial, así como enfoques diversos que sirven como objetos de investigación. Al abordar el tema de la mente y la conciencia, al realizar investigaciones puede haber una limitada comodidad o seguridad metodológica, proporcionada por cosmovisiones propias y formas de pensamiento.

La propuesta que se ha desarrollado aquí recopila y fusiona conocimientos y saberes de una amplia variedad de autores, y se expondrán sus contribuciones y argumentos con el objetivo de contribuir a la formación de los facilitadores comunitarios. Asimismo, busca continuar explorando este apasionante mundo de ideas relacionadas con la conciencia.

Metafóricamente, se puede decir que en esta lectura se estará incursionando en la materia negra del microcosmos mental, la cual es todavía muy extensa y profunda; igualmente, invita a reflexionar qué está faltando sobre la comprensión de la <conciencia>, junto con el reto de crear herramientas y formas de pensar/sentir que permitan buscar y encontrar más allá de donde se pone la luz del conocer, creyendo que ese todo... es todo.

Para facilitar la comprensión de este tema, esta *Primera Parte* del libro se ha dividido en apartados, en cada uno de ellos se encontrarán argumentos y conceptos de los escritores, donde estarán las referencias bibliográficas, notas finales con información complementaria, así como tablas con información para conocer la gran diversidad de formas y estilos de pensar que se han generado por varios siglos, las cuales ayudan al lector a tener otra perspectiva y al mismo tiempo sirven de descanso en la lectura.

Se inicia con *Conciencia y sus múltiples significados*, es una introducción general del concepto desde lo etimológico, acompañada de conceptos básicos que servirán para la comprensión de algunas temáticas; a manera de síntesis, se presentan dos tablas (6 y 7) con información organizada cronológicamente de algunos autores y su línea de investigación, así como las distintas acepciones del uso del término.

El siguiente apartado titulado *Más allá del concepto de conciencia* explica el tema y su vínculo directo con la temática de lo mental, a la que pertenece como uno más de los estados mentales. Después, se presenta *Para qué preguntarse sobre la conciencia,* con una serie de preguntas que ayudan a ampliar el criterio y exponer lo vasto que es tratar la idea de lo consciente. Brevemente, se aborda la noción *El Yo y la conciencia,* donde se incluyen frases descriptivas del Yo, expuestas por distintos autores.

Desde una perspectiva explicativa se desarrollan ampliamente dos apartados, los cuales muestran la estructura-función de lo relacionado con la conciencia. Se titulan *Dando cuerpo a la conciencia* y *La conciencia funciona*.

El primer ejercicio de este libro es titulado: *¿qué se ve por dentro de uno?*, el objetivo de incluirlo es para que el facilitador no solo teorice sobre el tema, sino que haga prácticas al interiorizar y aprender más de cómo funciona la mente propia.

Para destacar las propiedades de la conciencia, se presenta *Conciencia cuando prende y apaga*, con el interés de que el lector conozca algunas maneras físicas/instrumentales con las que se investiga. Asimismo, se incluye la *Conciencia intencionada*, siendo un asunto muy controversial; sin embargo, es importante de considerar al momento de plantearse preguntas de investigación.

Seguramente durante la lectura surja la pregunta: ¿qué beneficios tiene la conciencia? este tema será tratado desde diferentes puntos de vista (*Beneficios de tener conciencia*), las cuales podrán ayudar en la investigación y actividades del trabajo comunitario.

A manera de evitar el uso indiscriminado o mal aplicado de lo <inconsciente>, el apartado *Conciencia sin inconsciente*, ofrece una panorámica del uso de la idea y los motivos para no incluirla, por lo menos si no se tiene suficientes argumentos para su uso, ya que se ha convertido en una palabra utilizada para poner en ella todo lo que se ignora relacionado con lo mental.

Como antecedente para abordar las próximas secciones del libro, se introduce el tema "Colectivo como respuesta consciente", donde se explora la conciencia más allá del individuo. Como cierre, se presenta otro ejercicio titulado "Senderos de la conciencia", con el objetivo de integrar todo el contenido expuesto y convertirlo en una herramienta práctica. Este ejercicio ayudará a identificar historias o narraciones en las cuales la conciencia juega un papel fundamental. Estas historias pueden ser de gran utilidad para el facilitador al analizar y planificar el trabajo comunitario.

Consciencia y sus múltiples significados

Al tratar el tema de <conciencia> se abre un abanico de posibilidades para atenderlo, este camino tan amplio comienza con el reconocimiento de expresiones o nombres técnicos, tales como...

. . . .

Expresiones o nombres técnicos de la conciencia

Alertamiento	Conocimiento relevante y activo	Estar despierto en la mente	Pensamiento actual dinámico
Apercibir	Conocimiento/ aprendizaje que se registra y trasciende	Estar en alerta/atención	Percatarse
Aprehensión inmediata		Fosforescencia de conocimientos	Percepción reflexiva
Autorreflexión	Cualidad subjetiva de la experiencia	La voz de la razón	Prestar atención
Capaz de sentir	Darse cuenta	Llamado de atención de algo	Remordimiento
Conocer parte de la realidad de forma objetiva	Descubrí y actué	Lo que conoces y te hace sentir	Serie de sensaciones veladas
Conocimiento con luz	Dimensión de coherencia operacional	Mente consciente	Tener presente
Conocimiento inmediato	Ensimismamiento	Noción vivencial	Crema del pastel de la mentalidad
	Estar advertido		

. . . .

TODAS ESTAS ACEPCIONES son generalmente consideradas como sinónimos de la conciencia, y es común escucharlas en conversaciones entre amigos o colegas de diferentes disciplinas. También es frecuente encontrarlas en lecturas que no tienen un enfoque científico o académico, específico. El uso del término es muy amplio, algunas de las más comunes son las siguientes.

. . . .

Uso del término conciencia en diferentes textos

Conciencia autonoética	Conciencia de clase	Conciencia intencional	Conciencia, plena y psicológica
Conciencia alerta y abierta	Conciencia ecológica	Conciencia interoceptiva	Conciencia reflexiva
Conciencia de acceso	Conciencia emocional	Conciencia intransitiva	Conciencia religiosa
Conciencia base	Conciencia empírica		Conciencia religiosa
Conciencia bicameral	Conciencia errónea	Conciencia mística	Conciencia religiosa
Conciencia cognoscente	Conciencia fenomenológica	Conciencia narrativa	Conciencia social
Conciencia colectiva	Conciencia holística		Conciencia subjetiva
Conciencia corporalizada	Conciencia informacional	Conciencia no intencional	Conciencia transitiva
Conciencia corporalizada	Conciencia intelectiva	Conciencia noética / Conciencia política	Conciencia trascendental / Metaconciencia

. . . .

ES UN GRAN RETO INCURSIONAR en este tema, ya que el "hacer conciencia", "estar en conciencia", "ser consciente Nota final [xxxvii]", "expandir la conciencia"Nota final [xxxviii], "generar conciencia", "tomar prestada la conciencia de otro", "inferir la conciencia de otro" y otras más como se exponen en el siguiente recuadro.

· · · ·

Diferentes perspectivas sobre la conciencia

Conciencia autonoética	Conciencia corporalizada	Conciencia errónea	Conciencia intransitiva	Conciencia psicológica
Conciencia alerta	Conciencia corporalizada	Conciencia fenomenológica	Conciencia mística	Conciencia reflexiva
Conciencia de acceso	Conciencia cósmica	Conciencia holística	Conciencia narrativa	Conciencia religiosa
Conciencia base	Conciencia de clase	Conciencia informacional	Conciencia noética	Conciencia social
Conciencia bicameral	Conciencia ecológica	Conciencia intelectiva	Conciencia política	Conciencia subjetiva
Conciencia cognoscente	Conciencia emocional	Conciencia intencional	Conciencia plena	Conciencia transitiva
Conciencia colectiva	Conciencia empírica	Conciencia interoceptiva	Conciencia abierta	Conciencia trascendental

· · · ·

TODAS ESTAS ACEPCIONES que se usan de manera común tendrán que analizarse como particularidades de la conciencia o, solo son oraciones que intentan llevar al individuo a reconocerse en un espacio, propio y compartido, así como temporal, con instantes donde se conjugan ideas y emociones (pasadas y presentes), y pensamientos científicos y filosóficos, con la posibilidad de hacerse congruentes entre ellas en los discursos y en sus contextos, por lo tanto, estas expresiones muestran una amplitud de perspectivas como un concepto polisémico Nota final [xxxix].

Etimológicamente, conciencia deriva del latín *"conscientia"*, que es una traducción del griego συνείδησις (syneidesis).

· · · ·

DE MANERA COMÚN LA CONCIENCIA ES ACEPTADA COMO:

a) un conocer y compartir conocimiento relevante con otros

b) aprehensión del conocimiento

c) conocimiento interno para distinguir el bien y el mal

d) un conocimiento reflexivo que lleva a la responsabilidad individual

e) la capacidad de reflexión en el sentido de saber lo que ya se sabe o de pensar acerca de lo que se sabe

f) como una propiedad del mundo que permite diferenciar las cosas que se experimentan

· · · ·

TODO ESTO, MÁS QUE aclarar el tema, lo vuelve complejo con muchas aristas de indagación, lo que implicará reconstruir una geografía conceptual y la epistemología del tema.

Para ampliar más desde la visión sintética del concepto, se presentan dos nociones provenientes de diccionarios, las cuales son distintas, pero complementarias, en el caso del diccionario de filosofía de Walter (Brugger, 1969, págs. 109-110) enuncia que:

"...conciencia significa un saber concomitante (conscientia) acerca de la existencia psíquica propia y de los estados en que en un momento dado esta se encuentra... Tomándolo en acepción traslaticia, el término conciencia significa muchas veces un conocimiento de vivencias no pertenecientes ya al tiempo psíquico de presencia (recuerdo); denota, además, un saber acerca del valor o no valor del propio obrar (se tiene «conciencia» de una buena acción) o del valor de las propias cualidades («conciencia de sí mismo», entendida como orgullo); e indica, por último, la capacidad para «vivir» conscientemente (se «pierde» la conciencia).".

En la obra de José (Ferrater Mora, 1951, pág. 322) expone que:

"El término 'conciencia' tiene en español por lo menos dos sentidos: percatación o reconocimiento de algo, sea de algo exterior, como un objeto, una cualidad, una situación, etc., sea de algo interior, como las modificaciones experimentadas por el propio yo; conocimiento del bien y del mal."

La primera propuesta es de reconocimiento de "algo", para ello explica que puede abordarse desde lo psicológico, epistemológico o gnoseológico y metafísico; en la segunda trata de la conciencia moral, asimismo, indica que la voz racional de la conciencia expuesta por otros autores como Tomas de Aquino, es el espíritu que indica si un acto es justo o no. En cualquier caso, en su descripción considera que puede haber una conciencia innata o adquirida. En ese sentido, menciona que es:

"...virtud de ciertas conveniencias sociales o de ciertos procesos naturales y que puede desaparecer tan pronto como tales conveniencias no sean ya vigentes." (Ferrater Mora, 1951, pág. 327)

> *La conciencia se distingue en que obtenemos conocimiento sobre ella desde dentro además de desde fuera, y realmente no entendemos qué es lo que en verdad significa esta afirmación. Decimos que la conciencia también puede conocerse desde la perspectiva de primera persona, por un yo que tiene experiencias. Por lo tanto, hay dos maneras diferentes de obtener conocimiento sobre el fenómeno. Los filósofos lo llaman <asimetría epistémica>.*
>
> (Metzinger, págs.207-208, publicado en Blackmore, 2005)

ANTES DE PROSEGUIR, es necesario comentar que al mencionar <conocimiento> en este libro, se está refiriendo al acto de conocer, creer y de saber. Por lo tanto, es conveniente poder diferenciar este término, por ejemplo: *Yo conozco dónde está la comunidad, pero no sé cómo está su situación. Yo conozco sobre el trabajo comunitario, pero no sé cómo viven en esa comunidad. Yo creo saber cómo ayudar al proceso de organización social, pero solo conozco un poco sobre la comunidad. Lo que creo saber es por lo que he aprendido y compartido con la comunidad, lo que conozco cada día mejora y cambia conforme sigo obteniendo información. Conozco cómo hacerlo y sé hacerlo.*

Al conocer, el individuo realiza un proceso de acercamiento y alejamiento de algo, y comprende su mundo a partir del cual recopila información misma que puede ser asimilada y, eventualmente, contribuirá al multiproceso de aprendizaje.

Desde esta perspectiva, aprender, se pude entender como un proceso multifactorial que implica una compleja interrelación de procesos mentales, corpóreos y socioambientales. Estos factores interactúan dinámicamente en contextos individuales, sociales y ambientales, respondiendo a circunstancias y situaciones específicas. Además, el proceso de aprendizaje se ve influenciado por el desarrollo biológico y contextual, creando una red dinámica que moldea la adquisición de conocimientos de manera única para cada individuo.

Una representación esquemática de este multiproceso puede ofrecerse mediante la identificación de componentes inherentes al aprendizaje, interrelacionados para proporcionar una comprensión de la complejidad subyacente. Es importante destacar que estos procesos manifiestan su especificidad según el individuo y su situación.

El proceso de aprendizaje puede comenzar con la conexión del individuo con la realidad. Esta conexión implica sensibilidad, respondiendo a estímulos y experiencias sensoriales. En la conexión con los mundos del individuo hay información que puede ser comprendida, es decir inteligible, esto le permitirá más adelante dar significado y sentido a conceptos e ideas, esto dependerá de la claridad, relevancia, contexto y concisión de los datos e información, asimismo, puede haber un enlace con la realidad más allá de las limitaciones del yo individual y conectarse con algo más grande, es decir desde una experiencia trascendental que implica explorar conexiones profundas y significativas con un sentido de totalidad o unidad.

Regresando al proceso de manejo de información este puede ocurrir en una o múltiples ocasiones, en diferentes momentos y niveles de experiencia ^{Nota final [xl]} (solo desde lo personal), de ese modo, ese <algo> es captado tal cual es y del cual se puede: a) incrementar la información, b) puede hacerse consciente toda o solo una parte, c) crearse algo nuevo, d) recrearse e integrarse de lo subjetivo a lo objetivo.

El <conocer> puede orientar o guiar hacia la realización de una acción corporal, intelectual y de lenguaje y en sí tomar decisiones.

Al mencionar saber, implica... creer, discernir, distinguir, comparar y averiguar sobre la realidad que se está aprehendiendo por medio de información obtenida y procesada, misma que es asequible y compartida con otros seres con quien se comunica el individuo, dando como resultado, el poder entender y demostrar lo que existe y no existe.

Con el saber hay la posibilidad de que la información no consciente y consciente se aplique en acciones específicas, personales, colectivas o hacia otras cosas. Al saber, las circunstancias y situaciones son comprendidas/razonadas tanto objetivas, como subjetivamente, asimismo, tanto teóricas, como probadas en la práctica, y, tanto personal, como colectivamente (comunidad).

El conocimiento es el producto de la conjugación del conocer, saber, sentir, razonar y creer; con la información de este conjunto coherente/ordenado/lógico de contenido en memoria, se da uno de los sustentos para llevarse a cabo habilidades, capacidades del individuo, por ejemplo, el aprendizaje, explicación, reconocimiento, diferenciación, comparación, comprobación, jerarquización, predicción, transmisión, entre otros.

Con estas capacidades y habilidades (empíricas y aprendidas) propias del individuo, las cuales igualmente son compartidas, filogenéticamente, con otros seres vivos, se llega a dar un acercamiento/alejamiento, apropiación/rechazo/indiferencia, contemplación/movimiento de la realidad, lo cual crea un bucle múltiple generando otro conocer, saberes, emociones, razonamientos y posiblemente intuiciones.

> *Observamos al hombre, no con el microscopio ó el escalpelo, sino con esa vista exterior que se llama conciencia, y comparamos directamente la imagen con la sensación.*
>
> (Taine, 1870, pág.125)

REGRESANDO AL TEMA central de esta primera parte del libro, José Luis (Pinillos, 1983, pág.12) comenta que el uso de la palabra conciencia data del año 1300 con un uso moral; el autor basado en el Thesaurus Linguae Latinae (1771) presenta que hay cuatro campos semánticos del vocablo, 1) ciencia común de muchos; 2) estado anímico en el cual se tiene noticia de alguna cosa, o se es consabedor de ella; 3) interior del hombre, intimidad; 4) doctrina, esto es, saber.^{Nota final} [xli]

En su disertación va exponiendo las acepciones antiguas del término, desde Platón y Aristóteles, luego Plotino, San Agustín, Buenaventura, Tomás de Aquino, Guillermo de Occam, hasta las épocas de Descartes, Leibniz y Kant, luego indica los aportes de autores del siglo XIX y XX (los cuales se verán más adelante); en un sentido explicativo histórico explica que:

"Literalmente, pues, conciencia significa «con ciencia», en compañía de ella, como cuando se hace algo a sabiendas, a ciencia y conciencia, y también ciencia en compañía de otro o en complicidad con él."

Otro autor quien aborda la conciencia desde lo etimológico es Nicholas Humphrey, señala en su libro *Historia de la mente*, (Humphrey, 1992, pág. 127), que:

"La palabra "consciente" deriva del latín con, que significa "junto con", y de scire, que significa "saber". En el latín originario el verbo conscire (del que provino el adjetivo conscius) significaba literalmente compartir conocimiento con otras personas. Esto implicaba, originariamente, compartir el conocimiento en forma amplia. Pero con el transcurrir del tiempo el uso cambió, y pasó a significar compartir conocimiento con algunas personas y no con otras, compartirlo dentro de un pequeño círculo, y tener por tanto acceso a un secreto. César y sus generales, por ejemplo, eran conscius de sus planes de batalla."

Por otra parte, para seguir aclarando la idea de la palabra conciencia, Jairo (Rozo, 2007, pág, 166) comenta que:

"En español, hablamos en general utilizando la palabra conciencia, pero en inglés se suelen utilizar dos términos como sinónimos intercambiables que tienen connotaciones diferentes: los términos awareness y consciousness. Según Ballin (1989)^{Nota final [xlii]}*, awareness proviene de la raíz latina ware, que significa 'cauteloso' o 'cuidadosamente atento'. Awarenness se refiere a sucesos del exterior y consciousness a sucesos internos. Awarenness implica estar alerta, precavido o vigilante con respecto a los sucesos externos interpersonales; por su parte, Consciousness implica ser sensible a los cambios en sucesos internos más bien personales. Estamos conscientes en el primer sentido (awarenness) al escuchar una sirena de policía y en el segundo sentido (consciousness) al sobresaltarnos al oírla."*

Asimismo, hay que considerar otras acepciones relacionadas con el término en el idioma inglés, como son awake, arousable, deliberate y sensitive.

Los usos comunes de la conciencia, de acuerdo con José Luis (Pinillos 1983, págs.20-21), dice que hay seis significados:

• • • •

Necesidad de controlar el manejo de programas virtuales

Darse cuenta, percatarse, tener noticia de algo, enterarse, hacerse cargo, advertir qué ocurre, como opuestos al ignorar.

Atención deliberada, percepción clara y distinta, discernimiento reflexivo, por oposición a la distracción.

Experiencia interna, advertencia que el sujeto tiene de sus propios estados, actos y modificaciones, vivencia de la identidad personal

Evaluación moral de los propios actos e intenciones

Conjunto de contenidos mentales -intenciones, imágenes, etc.- presentes a un sujeto, así como los procesos correspondientes

. . . .

LA COMPRENSIÓN DE LOS componentes que conforman el concepto de conciencia se convertirá en una herramienta útil para el trabajo comunitario. Ayudará a facilitar la colaboración en las comunidades, considerando las relaciones socioambientales que están presentes. Además, la introspección en este tema contribuirá a que el facilitador comunitario preste una mayor atención a los problemas y asuntos que surgen en su labor.

El facilitador al lograr una introspección de la conciencia, o más ampliamente, como escribió David (Bohm, 1996) *"la propiocepción del pensamiento"*, llevará a un conocer desde el proceso de conciencia, donde se dará un conocimiento consciente de las formas (percepción e imaginación) en el mundo, sus funciones y ubicación, así como las imágenes que se crean y relacionan constantemente.

Desde este camino, se irá evidenciando la integración e interacción simultánea que se da con otros procesos mentales, por ejemplo, con la atención, y de este modo, se podrá percibir (internamente) y observar qué está sucediendo como parte de la mente y cómo se van produciendo ciertos conocimientos, que, de manera operativa, puede o no generar/determinar acciones voluntarias y comportamientos, aunque, hay que tener precaución, ya que en el camino pudiera haber un autoengaño o, hay la posibilidad de descubrir algo nuevo y diferente como parte integral de la comunidad (mundo).

Como un ejemplo de lo que tratarán los subsiguientes temas, se irán presentando las propuestas de diversos autores, al respecto, Edelman y Tonini (2000, pág. 4), desde las neurociencias proponen la hipótesis del núcleo dinámico, para tratar de resolver el problema de la conciencia a través de entender sus propiedades fundamentales, en términos de procesos neuronales; los autores concretamente consideran que la introspección:

"...por sí sola, no es científicamente satisfactoria, y por bien que los relatos de diferentes personas sobre sus propias conciencias son útiles, no nos pueden revelar el funcionamiento subyacente del cerebro. De otro lado, los estudios del cerebro no pueden, por sí mismos, transmitirnos qué es ser consciente. Estas limitaciones nos hacen ver la necesidad de acercamientos especiales para poder traer la conciencia a la casa de la ciencia." Así, con este tratamiento expositivo se desarrollarán los temas, acompañados de otros autores, desde enfoques filosóficos, metodológicos, epistemológicos y teóricos, enfocados al tema de la conciencia, por el ejemplo en la obra de Changeux y Ricoeur, 1998[Nota final xliii]. Así, esta gran variedad permitirá construir un panorama propio sobre el tema.

La conciencia se desarrolla en nuestro cerebro, ¡pero no tenemos ninguna percepción consciente de nuestro cerebro! Jean-Pierre Changeux

El cerebro no "piensa" en el sentido de un pensamiento que se piensa. Pero usted, usted piensa el cerebro. Paul Ricoeur

(Changeux y Ricoeur, 1998, pág.53)

TAMBIÉN CABE UNA ACLARACIÓN pertinente: durante las siguientes páginas, para evitar personalizaciones, se mencionará la palabra <individuo>, indicando una manera de decir ser humano.

Quizá el lector, desde su criterio y conocimientos, podrá valorar estas propuestas teóricas y considerar si se pueden extender las ideas con relación a otras especies vivas.

El propósito es ofrecer una amplia visión del tema y poder complementarlo con la propuesta modélica que se presenta en el tema. *La propuesta... La espiral de la Conciencia-Praxis.*

Con esta información, se espera ayudar al facilitador a poner cuidado sobre la diversidad de situaciones personales, grupales y comunitarias, así como utilizar adecuadamente el uso de las experienciasconscientes propias, el manejo de eventos que generen determinadas experiencias y, con relación a los comunitarios, cómo será la toma de decisiones específicas, es decir, según la manera de concebir y llevar a la práctica su orden del mundo inmediato, por ejemplo, lo que sucede en la (s) comunidad (es) donde vive a partir de reconocer un constante cambio y la impermanencia de la vida.

El facilitador, al familiarizarse con diversas perspectivas científicas y filosóficas sobre la naturaleza de la conciencia, desarrollará una comprensión más profunda de su existencia y de su papel tanto a nivel individual como colectivo. Esto le permitirá una especie de "transformación" de su conciencia individual y social, lo que lo llevará a reconocerse como una parte integral de la comunidad. Además, le brindará la capacidad de analizar situaciones específicas de manera más holística y de abordar aspectos de la realidad que van más allá de lo cotidiano, en un intento por comprender la vasta e insondable complejidad circundante.

> *Dicen que la conciencia es un simple reflejo de los procesos cerebrales subyacentes, un resplandor que los acompaña, pero no los constituye. Pero un resplandor no es la nada: es una realidad que atestigua su presencia mediante efectos especiales. Los objetos no son los mismos, y no tienen la misma acción según estén iluminados o no; hasta sus caracteres pueden ser alterados por la luz que reciben...Un agente dotado de conciencia no se conduce como un ser cuya actividad queda reducida a un sistema de reflejos: vacila, titubea, delibera, y es por esta particularidad que se lo reconoce.*
>
> (Durkheim, 1898, pág.28)

DURANTE LA LECTURA seguramente el facilitador quiera indagar más, dependiendo su interés podría abordar un poco más sobre los autores, hay mucha literatura tanto de investigación, como de análisis sobre el tema, asimismo, se pueden revisar trabajos desde grupos e instituciones que han enfocado un área especializada para diversos temas sobre la conciencia. Nota final [xliv]

Aunque es evidente que el concepto de conciencia es polisémico y como dice Susan (Blackmore, 2005) *vale la pena plantearlo*, aunque sea solo por mostrar el grado de confusión reinante. Al respecto, se estarán dando suficientes elementos para que cada lector construya su propia idea, con referencias teóricas sólidas.

Algunos planteamientos están basados en tratar de conocer a la conciencia más allá del actual conocimiento científico y sus métodos, pero para ello será necesario continuar la indagación al respecto.

Hay quienes proponen que no existe la conciencia, idea que se mantuvo en un grupo de investigadores durante siete décadas (la propuesta fue iniciada por el conductista John Broadus Watson en 1913), otras escuelas del pensamiento proponen que pronto se sabrá qué es y cómo funciona, que, tan solo se necesita tener paciencia y seguir investigando; desde esta última propuesta hay dos líneas de indagación. -

a) la perspectiva de la experiencia consciente como producto de la existencia de una actividad neuronal, específicamente cerebral.

b) la mente se interrelaciona con otros órganos corporales y ambientes (incluidos seres vivos), donde su funcionamiento existe en diferentes dimensiones (más allá de solo la tridimensional y el tiempo, u otro supuesto que es desde lo bidimensional holográfico), y el entendimiento de sus propiedades físicas, tendrán que estudiarse fuera de la física/ biología clásica, además, se requiere crear un distinto lenguaje para su comprensión y elaborar explicaciones más allá de la visión cognitiva.

Quizá casi "todo" mundo sabe que tiene conciencia de "algo"; todos los días cada individuo, hipotéticamente normal, es "consciente" durante diferentes momentos del día y de la noche, reconoce que tiene esa capacidad, aunque desconozca cómo funciona, pero, pocas personas tienen argumentos y bases teóricas científicas para explicar qué es su conciencia y cómo trabaja.

Hay que comenzar con dos preguntas:

LA CONCIENCIA ES UN elemento fundamental en la vida de muchos seres, y en todos los casos representa una experiencia que se convierte en conocimiento. Casi todos los seres humanos han experimentado la conciencia en algún momento de sus vidas, lo que implica darse cuenta de su sentido de conexión y separación, tanto en relación consigo mismos, como con otros seres vivos e inanimados. Además, son conscientes de su existencia en una realidad en constante cambio, y son conscientes de ser conscientes de ello. En este contexto, surge la pregunta: ¿Esta facultad de ser consciente ha facilitado las investigaciones sobre la conciencia?

Esta lectura invita a ser precavido con el uso y las asociaciones relacionadas con "la conciencia", por ejemplo, con el uso de ciertas imágenes coligadas a conocimientos específicos, los cuales se considera a la conciencia como un conocimiento que tienen luz clara y brillante (percepción subjetiva), además, hay que tener cautela al escuchar frases donde se exalta que *lo mejor es ser consciente para no caer en la oscuridad*, y, por ende, siempre será necesario tratar de estar en conciencia, todo ello con el fin de evitar el miedo por su ausencia o el temor al exceso de crítica. En este mismo sentido, también es preciso prevenir para no adoptar ideas morales y de control de remordimientos, las cuales parten de que solo se está bien si se logra ser consciente. No todo es lo que parece que se dice, se escucha, se siente o se ve, como diría Jiddu Krishnamurti, *las palabras no son las cosas*.

> *Si dicen que un hombre siempre tiene conciencia de que piensa, yo pregunto ¿cómo lo saben?, puesto que el tener conciencia es la percepción de lo que pasa en la propia mente de un hombre. ¿Puede, acaso, otro hombre percibir que tengo conciencia de algo, cuando yo no lo percibo en mí mismo? En esto, el conocimiento del hombre no puede ir más allá de su experiencia. Despertad a un hombre de un sueño profundo y preguntadle en qué pensaba en ese momento. Si él mismo no tiene conciencia de haber estado pensando en nada, tendrá que ser un muy notable adivinador de pensamientos quien pueda asegurarle que estaba pensando.*
>
> (Locke, 1690, § 19)

LA CONCIENCIA HA SIDO analizada desde hace siglos (ver Tabla 5 más abajo) por diferentes analizadores/observadores[Nota final xlv] formados en distintas disciplinas, especialmente en el siglo XX hubo un crecimiento de investigadores buscando las causas y origen de la conciencia; como se constata con el gran auge y apoyo en la década de los ochenta y noventa; este apogeo perfiló líneas de investigación, así como debates/conflictos/contradicciones, al igual que una alta producción de textos, como lo señala Javier Andrés (García, 2019, pág. 2) en su gráfica elaborada con una base de datos relacionadas con la evolución histórica del número de publicaciones científicas sobre la consciencia, en ella, se ve claramente el resultado de un mayor apoyo en neurociencias[Nota final xlvi] en el período de los noventa, conocida como la llamada Década del Cerebro; apoyada por el gobierno de Estados Unidos, principalmente para enfocarse con la investigación de enfermedades cerebrales; esta tendencia de desarrollo de trabajos se prolongó hacia los primeros años de este siglo.

Ha sido un tema polémico desde siempre, pero quizá históricamente le suceda lo mismo que en la leyenda de la *Búsqueda de la Felicidad*, con la cual se hará una analogía a continuación, en espera de una mejor comprensión.

· · · ·

· · · ·

EN EL CASO DE LA CONCIENCIA, la historia es similar, aunque existen algunos detalles que deben ajustarse. Por ejemplo, en lugar de omnihumanos, se puede considerar el proceso evolutivo como el motor detrás de la búsqueda de la conciencia. Sin embargo, es importante señalar que el costo de la conciencia es aún más elevado que el valor asignado a la felicidad.

El interés en comprender la conciencia ya no se limita solo a aspectos emocionales, sino que implica la exploración del conocimiento, las acciones y las decisiones que pueden llevarse a cabo a través de experimentos tanto indirectos como intersubjetivos, así como experimentos directos, como los relacionados con el funcionamiento cerebral.

En el caso de la felicidad se busca o se tropieza con ella, pero no así con la conciencia, ya que para muchos el saber dónde está ubicada, sigue siendo el asunto más trascedente Nota final [xlvii], pues como enigma y misterio científico Nota final [xlviii], resulta que, no es del todo física/

material. Otro inconveniente o reto en las investigaciones es, el desconocimiento de la conciencia en la geografía del cuerpo, tampoco se tiene certeza al cien por ciento que, esté bajo las dimensiones físicas convencionales^{Nota final [xlix]}.

Para algunas personas científicas o no, ahora no solo tratan de encontrar la conciencia y la felicidad para un beneficio propio y social, quizá desde la propuesta de Jeremy Bentham, en siglo XVIII, se calculaba el grado de felicidad desde el utilitarismo como una causa o acción específica, pero actualmente hay quienes la buscan con la posibilidad de poder controlar la "conciencia" de otros.

La búsqueda de la conciencia ha sido una empresa milenaria en la que las personas han adoptado diversas perspectivas y enfoques. Algunos afirman haberla encontrado al inferirla y experimentarla en otros seres vivos. Otros sostienen que la han encontrado dentro de sí mismos, aunque su efímera naturaleza hace que solo les quede el recuerdo de la experiencia. También existen quienes, después de intensas búsquedas, llegan a la conclusión de que la conciencia no existe y es simplemente una ilusión generada por el cerebro. Por otro lado, hay quienes abordan la búsqueda de la conciencia de manera colectiva, desarrollando herramientas e instrumentos complejos para comprenderla mejor.

Lo que es seguro es que a medida que se acumula y reconstruye el conocimiento sobre la conciencia, las creencias cambian y las perspectivas se amplían. En última instancia, la búsqueda de una comprensión más profunda y objetiva de la conciencia continúa siendo un objetivo constante.

> *Ser consciente significa tener experiencias subjetivas: decir que soy consciente significa que hay algo que se siente yo.*
>
> (Blackmore, 2012, pág.23)

DESPUÉS DE RELEER ESTA narrativa y darse cuenta de las amplias posibilidades de indagación, es menester comenzar con el primer trilema; este se basa en considerar y precisar si, a) "la conciencia" es un problema, b) un misterio milenario^{Nota final [l]} o, c) un nudo del mundo^{Nota final [li]}.

Para ir resolviendo el trilema, se puede apostar por el primero, es decir, se propone a la conciencia como un conjunto de problemas/retos de investigación^{Nota final [lii]}, con la intención de ir buscando soluciones o por lo menos acercamientos y alejamientos a partir de diversas preguntas, una de ellas es ¿Qué es la conciencia?, misma que se ha hecho durante varios siglos, desde diferentes perspectivas filosóficas, metafísicas y científicas, cada una con sus propias teorías[liii], metodologías, lenguaje, intenciones y necesidad de búsqueda.

Asimismo, antes de continuar, sería prudente preguntarse si este problema es un pseudoproblema como lo plantea John Kevin (O'Regan, 2011), es un problema paradójico o un problema real que podría tener solución, aún en esta última acepción, habría que determinar si el problema es divergente, convergente, racional o analógico. Esto es mucho para comenzar, será mejor poco a poco ir presentando las ideas.

> *La conciencia es ciertamente difícil de pensar. Pero para el físico, la materia, la fuerza y el tiempo son quizás igual de desconcertantes, aunque de diferente manera. La ciencia es buena para describir relaciones, incapaz de manejar la singularidad.*
>
> (Gregory, 1966, pág.328)

PARA INICIAR SE CONSIDERA a Gottfried (Leibniz, 1720: §17) quien trata esta incógnita desde la percepción, la cual para él, es inexplicable "por razones mecánicas", usa figurativamente el molino para dar una explicación, donde el problema se entendería de manera mecánica; años después desde la visión fisiológica Thomas Henry (Huxley, 1866, págs.452-525) analiza el sistema nervioso donde considera se dan los estados de conciencia, producidos como resultado de la excitación del tejido nervioso, este suceso se vuelve tan inexplicable, dice Huxley, como lo es el funcionamiento de la lámpara de Aladino.

Aunado a esta historia de dudas de si es o no un problema (incluido si se considera un pseudoproblema), se presentan diversos autores, quienes como parte de su investigación, consideran la conciencia como problema y objeto de sus investigaciones, entre ellos están quienes consideran que la conciencia es un problema difícil, por ejemplo, Gilbert Ryle (1949), Ekaterina Vasilievna Shorojova (1961), Norman Malcolm (1965), David Armstrong (1968), Thomas Nagel (1974), Mario Bunge (1980), Joseph Levine (1983)Nota final [liv], Karl Popper (1994).

David (Chalmers, 1995)Nota final [lv] en su participación en la Conferencia de Ciencia de la Conciencia, organizada en 1994 por el Centro de Estudios para la Conciencia, en Tucson, Estados Unidos, resaltó que el problema difícil es el estudio científico de la experiencia subjetiva con el propósito de saber por qué y cómo se tiene esa experiencia; hay más autores que están de acuerdo con la propuesta anterior, tales como Paul Churchland (1984), Jesús, Martínez Ramírez (1992), Walter Freeman (1997), Kurt Pawlik (1998), John Searle (2002)Nota final [lvi], Ned Block (2003), Humberto Maturana y Francisco Varela (2003), Jairo Rozo (2007), Esteban Fernández Hinojosa (2017), aunque para todos ellos aún hay un problema mayor, la Mente-CuerpoNota final [lvii] (alma-cuerpo).

En la psicología cientificista –orientada por los modelos de las ciencias naturales–, esta posición epistemológica ha resultado en un olvido sistemático y desprecio por la subjetividad en tanto objeto de investigación científica o bien en la reducción de lo subjetivo a factores o variables intrapsíquicas e individuales.

(Kaulino, 2021, pág.2)

SI ES UN PROBLEMA QUIERE decir que es una propuesta que tiene solución y hay que ponerla abiertamente para ser estudiada, aunque habrá que lidiar con ciertos presupuestos tácitos e implícitos que se vienen cargando desde hace muchas décadas; quizá como dicen Pat y Paul Churchland (Blackmore, 2005, págs. 75-97), es cuestión de tiempo, la inclusión del tema en las nuevas generaciones de interesados en el tema y, por otra parte, aceptar que este problema en algún momento será comprendido/explicado, como ha sucedido con otros de las ciencias físicas y biológicas, siendo en sí, una evolución del conocimiento científico.

Al respecto, Bernard Baars comenta:

"Ésta es una pregunta que se puede responder porque nos permite tratar la conciencia como una variable, y mi tesis estriba en que, en ciencia, cualquier cosa sobre la que podamos hacernos preguntas debe tratarse como una variable" (Blackmore, 2005, pág.26)

Para abordar el problema de la conciencia, es esencial tener en cuenta una serie de factores clave:

a) La cantidad, calidad y acceso a la información generada sobre la conciencia son fundamentales. Esto implica recopilar datos relevantes y fiables sobre el tema y asegurar que estén disponibles para su estudio y análisis.

b) Los tipos de procesamientos que se han realizado con la información son cruciales. Esto incluye la aplicación de diversas metodologías y enfoques para analizar los datos y extraer conclusiones significativas sobre la conciencia.

c) La formación y el interés de las personas e instituciones que participan en la investigación de la conciencia son determinantes. La experiencia y el conocimiento de los investigadores desempeñan un papel fundamental en la calidad de la investigación.

d) El tipo de colaboración y relación que existe entre colegas es relevante. La cooperación y el intercambio de ideas entre investigadores pueden enriquecer la comprensión de la conciencia y fomentar avances en el campo.

e) Los apoyos institucionales, tanto económicos, como de infraestructura, son necesarios para llevar a cabo investigaciones sólidas sobre la conciencia. Esto incluye financiamiento para proyectos de investigación, acceso a equipos y laboratorios especializados, y la disponibilidad de recursos tecnológicos.

El abordar el problema de la conciencia requiere la consideración de múltiples factores, desde la recopilación de datos hasta la colaboración entre investigadores y el respaldo institucional. Estos elementos son fundamentales para avanzar en la comprensión de este tema complejo.

Un aspecto paradójico para tomar en cuenta es, la lucha paradigmática histórica, sobre todo, el tema de la honestidad de los participantes ante los avances, retrocesos, replanteos del problema o el aceptar que algunas propuestas son tan solo quimeras. Por supuesto sin olvidar considerar/valorar la pertinencia de los tipos de metodologías que han utilizado, incluidas las formas del abordaje del tema, por ejemplo, Crick y Koch (1990) evitan abordar el problema difícil de manera directa (explicar científicamente las experiencias subjetivas en tercera persona), sino lo hacen a través de los correlatos neuronales^{Nota final [lviii]}, los cuales están relacionados con lo que ellos entienden como consciencia.

> *El científico solo impone dos cosas: verdad y sinceridad; y lo hace por encima de sí mismo y de otros científicos. En este caso, el objeto es la Ciencia misma, la Ciencia tal como se ha desarrollado y tal como es en este momento, y no la Ciencia tal como debe ser o tal como debe desarrollarse en el futuro.*
>
> (Schrödinger, 1956, pág.24)

EL PRIMER PUNTO DE partida en este complejo camino hacia la comprensión de la conciencia radica en determinar si la resolución de los procesos cerebrales simplificará la explicación general o si hay que enfrentarse al desafío del dilema mente-cuerpo.

Este dilema abarca la inclusión de la conciencia como una faceta integral de la mente y plantea la cuestión fundamental de si, al abordar la mente y sus procesos, se logrará finalmente entender las experiencias conscientes en su totalidad.

La respuesta a esta pregunta no solo tiene implicaciones filosóficas profundas, sino que también guiará el rumbo de futuras investigaciones científicas en el campo de la neurociencia y la filosofía de la mente, tal como lo enuncia Thomas Metzinger (Blackmore, 2005, pág. 209):

"Con toda certeza, las experiencias conscientes tienen lugar en modelos individuales, y desde una perspectiva de primera persona individual."

Ante lo expuesto, surge una pregunta que requerirá de una explicación científica ¿Cómo es posible que los procesos físicos del cerebro (solo en algunos lugares) dan lugar a experiencias subjetivas?, para ello, se tienen algunas respuestas, pero igualmente se requiere iniciar con otras preguntas básicas de raíz, por ejemplo.

· · · ·

PREGUNTAS BÁSICAS

¿Mente-cuerpo son dos sustancias físicas distintas?

¿Mente-cuerpo es sólo una sustancia, la mente es un producto del cuerpo (cerebro) que requiere maneras distintas de análisis y metodologías transdisciplinares?

¿Mente-cuerpo son una o dos sustancias dependiendo el nivel de análisis que se haga?

¿Sólo hay mente y el resto de la realidad es una ilusión producto de la misma?

¿Mente-cuerpo es una sustancia, sólo que se presentan ante la realidad de manera distinta?

¿Mente-cuerpo es un producto biológico de la evolución, el cual se vincula por correlación? (correlatos neuronales)

¿Mente-cuerpo es una sustancia que ha sido analizada desde lo científico y filosófico, con sus propios paradigmas, instrumentos y herramientas y formas de intercomunicación?

¿Mente-cuerpo se interrelacionan a través de procesos o sólo son estados mentales y biológicos independientes que se interconectan de manera selectiva?

· · · ·

AL RESPECTO PARA ABONAR más ideas que ayuden con la comprensión del problema mente-cuerpo, Christof (Koch, 2012, págs. 304-310) propone, desde la visión neurobiológica emergentista, que hay diez supuestos para poder entenderlo empíricamente a través de mecanismos neuronales que subyacen a la percepción.

1. El homúnculo no consciente (Hombrecillo sentado dentro de la cabeza y mirando el mundo);

2. Agentes zombis y conciencia (Relacionada con la velocidad de las acciones motoras asociadas con la conciencia);

3. Coaliciones de neuronas (Actividad del disparo de las neuronas en competencia, la ganadora expresa el contenido real de la conciencia, expresándose en una duración cuando es arriba del umbral);

4. Representaciones explícitas y nodos esenciales (Neuronas específicas -en red- para la percepción directa y consciente, a través de una actividad multifocal de nodos esenciales con atributos propios);

5. Primero los niveles más altos (Actividad neural en red se mueve rápido, hacia adelante y arriba hasta la corteza prefrontal y estructuras motoras, esto dependerá de la expectativa y la atención selectiva)

6. Conexiones de conducción y modulación (Conocer la naturaleza y disposición de las conexiones neuronales que pueden ser impulsoras y moduladoras);

7. Instantáneas (La percepción se da en tiempos discretos de duración variable, es como una película en la que la ilusión de movimiento es creada al pasar rápido por una serie de escenas estacionarias);

8. Atención selectiva y unión (Se puede percibir más de un objeto o evento simultáneamente, siempre que sus representaciones no se superpongan en las redes talámicas y corticales relevantes del cerebro);

9. Estilos de disparo (El impacto postsináptico de las neuronas se relaciona con la descarga y modulación del potencial de acción sincronizado y rítmico, con el propósito ayudar con la coalición de neuronas);

10. Penumbra, significado y qualia (La penumbra le proporciona al cerebro el significado de los nodos esenciales relevantes. Los qualia son propiedades de las redes, representan la penumbra, son una forma simbólica de representación de la vasta información, cuya actividad dura un mínimo de tiempo)

UNA VEZ REVISADAS O por lo menos reflexionadas las preguntas anteriores, se pueden seguir con otras, por ejemplo, los problemas planteados por Michael (Tye, 1995), este filósofo propone que hay Diez Problemas de la Conciencia, los cuales compila a partir de las propuestas de diferentes autores; las considera como paradojas que se tendrán que resolver considerando asuntos como... si lo físico debe ser objetivo; la perspectiva debe ser subjetiva; si hay siempre una explicación en todo lo relacionado con la conciencia; la causación como explicación en lo físico y fenoménico; y si las sensaciones son mapas del funcionamiento físico del cerebro. Para abordar todos estos puntos, inicia con la presentación de los problemas que considera difíciles, como parte de esos retos por atender con relación al asunto de lo consciente.

. . . .

DIEZ PROBLEMAS DE LA Conciencia:

1.-El problema de pertenencia. Cómo las experiencias/existencias (por ejemplo, dolor, comezón) de los estados mentales son propias y de nadie más, pueden originarse físicamente, pero son subjetivas, cada uno lo vive y pertenecen a cada individuo.

2.-El problema de la subjetividad de la perspectiva. Cada individuo tiene su propia perspectiva de lo que siente, esto es porque cada uno tiene diferente historia de vida y quizá algunos con distinta tolerancia o carecen de alguna sensibilidad, por lo tanto, hay una subjetividad en cada fenómeno que se vive y se requiere haber tenido una experiencia para tener una perspectiva experiencial apropiada. A diferencia de los estados físicos que pueden entenderse sin una perspectiva.

3.- El problema del mecanismo. Los estados neuronales no son en sí mismos subjetivos en perspectiva, aunque en alguna parte del cerebro se producen sentimientos y experiencia. Cómo explicar el mecanismo de lo que sucede en los estados mentales a través de las estructuras físicas de las neuronas y las transacciones químicas y cómo sucede que esos cambios neuronales originen sentimientos y experiencias subjetivas.

4.- El problema de la causalidad fenomenal. La conciencia fenomenal tiene efectos sobre el comportamiento humano, no hay una completa explicación física de lo que sucede entre las reacciones fisicoquímicas neuronales y la influencia directa de los que se dice y hace, y viceversa.

5.- El problema de la súper visión ciega. Algunos individuos con un daño cerebral en la corteza occipital tienen afecciones en sus campos visuales, conocido como zonas o visión ciegas, sin embargo, pueden funcionar de una manera significativamente similar a quienes tienen una visión normal, aunque a veces los hacen adivinando lo que hay en su campo ciego y crean lo faltante a partir de lo vivido, al parecer dan información como lo haría alguien sin ese problema.

6.- El problema de los duplicados. Es un planteamiento filosófico que propone la existencia de dos individuos casi idénticos, viven y reaccionan idénticamente, uno es el duplicado del otro, solo que uno de ellos carece de conciencia, al cual le llaman zombi; no tiene conciencia fenomenal, por lo tanto, realmente no son un duplicado exacto a partir de una reproducción y explicación física.

7.- El problema del espectro invertido. Es cuando un individuo tiene experiencias visuales que son sistemáticamente invertidas con respecto a la de sus compañeros, por ejemplo, él ve rojo y los otros verdes, para ajustarse a los otros, él conoce el significado de las palabras de colores y las aplica para comunicarse de manera "normal" y quizá con el tiempo lo normalice, ya que ese color le da también una experiencia como a los otros. La cuestión es que, si alguien que ve verde se le pudiera operar alguna parte de su cerebro para invertir alguna sensación, no solo en asunto visual, sino olfativo, táctil, etc. podrían darse cambios en sus experiencias. Otra cuestión es si realmente es posible que las experiencias en los que son iguales son las mismas y si podría un individuo cambiar la experiencia sobre el mismo fenómeno, tan solo con pensarlo o utilizando algo.

8.- El problema de la transparencia. Cuando se percibe algo el enfoque se hace en lo externo y es difícil reenfocarse en la experiencia que se está teniendo y se complica estar consciente de ello. Se enfoca el individuo primeramente en lo que duele, lo exalta o lo perturba, pero no puedo darse cuenta de ninguna característica de su propia experiencia ni del lugar de donde se esté dando y, si lo hace, es después de haber sentido, no se ve transparente lo que se está teniendo consciente.

9.- El problema de la ubicación del fieltro y el vocabulario fenomenal. Los objetos mentales como los dolores, emociones, cosquilleo, picazón, depende su existencia de la actividad neuronal y las interrelaciones externas. Por lo que a veces esos objetos mentales se reconocen o ubican en ciertas partes del cuerpo cuando quizá no provengan la causa de ahí. Lo mismo sucede al designar nombres de colores y formas a objetos externos. El problema es cómo aplicar esas experiencias y significados a los términos (vocabulario) con que se designan y si realmente esos objetos mentales están en la localización que se cree están.

10.- El problema del miembro alienígena. Cuando hay un trastorno psicológico donde se cree que partes del cuerpo están paralizados o están en otro lugar fuera del cuerpo, o miembros (brazos y piernas) de otros individuos ahora forman parte del individuo y quizá le está afectando porque realiza acciones propias, sin el control del individuo. ¿Cómo puede estar el individuo estar involucrado en un sentimiento de sí mismo?

Una vez atendidas las anteriores ideas de "problema", se abre un abanico de posibilidades de líneas de investigación, con el propósito de buscar a futuro, un consenso sobre cuáles son realmente un problema relacionado directamente con el tema de conciencia, o por lo menos de definir si de todos estos trabajos que se vienen realizando, habría que apostar por una cosmovisión monista o por una dualista sobre el binomio paradójico <mente-cuerpo>.

Igualmente, podría considerarse que no es ninguna de estas formas de indagación o, sería mejor mantenerse como hasta el día de hoy, cada uno peleando/discutiendo por su verdad, entonces, en cualquier caso, se facilitará que haya un reajuste y diferenciación de apoyos para continuar investigando y formando técnicos y profesionales enfocados en lo científico, epistemológico y filosófico.

Como parte del enriquecimiento de este concepto, más allá del planteamiento paradigmático, William Lycan en su libro *Conciencia y experiencia*, propone que hay ocho diferentes usos de conciencia en los estudios sobre la conciencia (Lycan, 1996, p 2-4), explica que hay unos más especializados, por ejemplo, hay estados de conciencia alterada, falsa conciencia, conciencia feminista, etcétera, pero desde su punto de vista, estos son los más comunes que se trabajan. -

Diferentes usos de conciencia

Lycan, 1996

a) organismo consciente por su capacidad de percibir, sentir y pensar;

b) organismo consciente con control sobre su cuerpo, solo si está despierto, tiene estados mentales y controla sus acciones de acuerdo con ellos;

c) organismo consciente de lo interno y externo, tanto en lo físico, como mental;

d) organismo consciente de estar presente en un estado o evento que hay con un objeto o sujeto, siempre y cuando advierta dicho evento;

Diferentes usos de conciencia
Lycan, 1996

e) organismo consciente sólo de aquellos elementos sobre los que puede emitir fácilmente un informe verbal;

f) organismo con conciencia introspectiva, con atención en lo interno a partir de su propia experiencia;

g) organismo con conciencia subjetiva únicamente de lo que puede describir desde primera persona (desde adentro del individuo, es decir cómo se le aparece particularmente el mundo a él);

h) organismo autoconsciente, con sentido de sí mismo, dando una separación a otros individuos y al resto de su entorno.

En cualquiera de las anteriores visiones del mundo, hay preguntas que pueden ser muy similares.

¿La conciencia es autoconsciente del mundo interno y externo o realmente no hay un límite entre el individuo y los mundos que cohabita?

¿Qué es en sí, de qué se compone y cuáles son sus funciones?

¿Cómo usarla y potenciarla?

¿Cómo contribuye o participa en la determinación del estado de identidad, autoconcepto, autoestima, autopercepción del Yo?

¿Qué la define como materia o energía u otro estado de la naturaleza?

¿Cómo está relacionada con otras funciones introspectivas del individuo y con lo que considera que es el mundo externo?

ASIMISMO, PUEDE ENTENDERSE como un objeto de investigación (entre otros el materialista o el fenomenológico) con el fin de <conocer> a través de ella y quizá responder ¿Qué es la mente?

La lógica de entendimiento sobre la conciencia es muy similar con la que se aplica para comprender la constitución de la materia a través de los átomos y sus diferentes tipos de energías cuánticas. En otras palabras, la conciencia no es algo que se pueda "ver" directamente, y aún no se han desarrollado herramientas, instrumentos o un lenguaje que permita analizarla como algo tangible o comprobarla científicamente. Sin embargo, esto no implica necesariamente que no haya una explicación científica disponible ni que ésta sea la única vía de comprensión correcta.

Con relación a esta idea, David Bohm (1980, pág. 172) comenta:

"Hasta ahora se ha demostrado que llegar a comprender la relación entre la materia y la consciencia es extremadamente difícil, y esta dificultad radica en la diferencia, verdaderamente grande, que existe entre sus cualidades básicas, tal como se nos presentan en nuestra experiencia... Si la materia y la consciencia se pudieran entender así unidas, según la misma noción general de orden, se abriría el camino para comprender su relación mutua sobre la base de un fundamento común. Así podríamos llegar al germen de una nueva noción de totalidad no fragmentada, en la cual la consciencia ya no estaría separada fundamentalmente de la materia."

Ciertos autores simplemente sostienen que la conciencia no existe, argumentando que no representa un problema científico real ni puede comprenderse en términos racionales debido a la falta de herramientas, procedimientos y conocimientos específicos. Sin embargo, esta posición suele omitirse, ya que no es suficiente aceptar que, hasta el momento, no se ha logrado explicar completamente la conciencia a través de las leyes científicas y las tecnologías actuales. El enigma de la conciencia sigue siendo un desafío importante para la investigación y la comprensión humana.

> *El lenguaje no fue nunca inventado por un sujeto solo en la aprehensión de un mundo externo, y no puede, por lo tanto, ser usado como herramienta para revelar un tal mundo. Por el contrario, dentro del lenguaje mismo el acto de conocer, en la coordinación conductual que el lenguaje es, trae un mundo a la mano. Nos realizamos en un mutuo acoplamiento lingüístico, no porque el lenguaje nos permita decir lo que somos, sino porque somos en el lenguaje, en un continuo ser en los mundos lingüísticos y semánticos que traemos a la mano con otros.*
>
> (Maturana y Varela, 2003, pág.155)

EN EL ÁMBITO DE LOS paradigmas científicos y programas de investigación científica y filosófica, tanto en el siglo pasado, como en el actual, se han seguido varios caminos con numerosas publicaciones. Muchos de estos caminos están de acuerdo en continuar con sus paradigmas científicos y filosóficos establecidos. Sin embargo, también existen otros enfoques que buscan evitar la reproducción de lo mismo, es decir, están explorando nuevas perspectivas y enfoques para abordar problemas y preguntas relacionados con la conciencia. Este debate y diversidad de enfoques contribuyen al desarrollo continuo del conocimiento en este campo Nota final [lix], lo anterior puede verse desde la perspectiva de Thomas Kuhn (1962), donde las comunidades científicas trabajan bajo ciertos paradigmas de la "ciencia normal" y otros transitan hacia la "ciencia extraordinaria".

Esta revolución científica en proceso invita a la reflexión sobre por qué y cómo los investigadores están abordando su trabajo. Algunos investigadores actúan con humildad y se alejan de ciertas corrientes del pensamiento humano, como el racionalismo, el dualismo, el subjetivismo, el objetivismo, el empirismo, el idealismo, el pragmatismo, el conexionismo Nota final [lx], el paralelismo psicofísico^{Nota final [lxi]}, el interaccionismo ^{Nota final [lxii]} y el epifenomenalismo^{Nota final [lxiii]}.

Los enfoques filosóficos y científicos que se han propuesto representan diversas perspectivas para abordar la compleja cuestión de la conciencia. Mientras algunos se enfocan en la experiencia subjetiva, otros dirigen su atención hacia aspectos objetivos o la relación entre la mente y el cuerpo. Esta diversidad de enfoques refleja la profundidad y riqueza de la conciencia como fenómeno, lo cual exige la exploración de múltiples caminos para su comprensión integral.

La revolución científica en curso tiene como objetivo superar las limitaciones inherentes con las perspectivas tradicionales y abrirse a nuevas formas de pensamiento y enfoques interdisciplinarios. Esta búsqueda constante de respuestas y la voluntad de desafiar paradigmas establecidos están dirigidas a arrojar luz sobre uno de los mayores misterios que enfrentan tanto la ciencia, como la filosofía: la verdadera naturaleza de la conciencia.

La investigación sobre la conciencia ha visto una prominente corriente desde el materialismo, que es otra propuesta de explicación. Desde esta perspectiva, se sostiene que el Universo está compuesto únicamente de materia, y, por lo tanto, los estados mentales deben ser explicados en términos de fenómenos materiales.

Esta concepción se desglosa en cuatro vertientes principales: el emergentismo^{Nota final [lxiv]}, el pampsiquismo^{Nota final [lxv]}, el materialismo dialéctico ^{Nota final [lxvi]} y el materialismo mecanicista^{Nota final [lxvii]}. Cada una de estas vertientes ofrece una aproximación distinta para comprender la relación entre la mente y la materia, y plantea teorías específicas en este ámbito.

Estas corrientes materialistas han influido significativamente en la discusión sobre la conciencia y han generado debates profundos en el campo de la filosofía y la ciencia. Cada una de ellas presenta sus propios argumentos y enfoques para abordar la naturaleza de la mente y su relación con el mundo material.

Todas estas formas de pensamiento han sido puntos de referencia importantes para numerosos autores y han contribuido con ideas específicas sobre el tema de la conciencia. En este sentido, es necesario reconsiderar y replantear estas perspectivas en el contexto de las investigaciones actuales. Se debe tomar la decisión de si estas perspectivas pueden ser descartadas por completo, aplicadas de manera selectiva o integradas en los nuevos paradigmas que buscan comprender la conciencia en profundidad.

La evolución del conocimiento científico y filosófico a menudo implica la revisión y reevaluación de las teorías y enfoques existentes.

Aunque las perspectivas anteriores pueden ofrecer valiosas ideas y conceptos, es igualmente importante estar dispuestos a explorar nuevas formas de pensamiento y enfoques interdisciplinarios que puedan arrojar luz sobre el enigma de la conciencia desde perspectivas diversas. Este proceso constante de reflexión y cuestionamiento desempeña un papel fundamental en el avance de la comprensión de la conciencia y sus repercusiones en la vida humana y en el mundo circundante.

Quizá es un gran reto trabajar con otras formas de entendimiento o atreverse a construir nuevos criterios de comprensión (los cuales requieren conciencia) que vayan más allá de reglas y de usar teorías, leyes o pensamientos filosóficos vigentes.

Bajo esta perspectiva, se cierra con el párrafo de Daniel (Dennett, 1997, pág. 39) quien señala:

"A menudo se ve a la conciencia como un misterio que está más allá de la ciencia, impenetrable desde afuera por más íntima que sea la relación que tenemos con ella desde adentro. En mi opinión, esta idea no es solo un error, sino también un obstáculo para el desarrollo de la investigación científica que puede explicar la conciencia con la misma profundidad y exhaustividad con las que da cuenta de otros fenómenos naturales."

El proceso de conocer el mundo interno y externo del individuo a través de la conciencia a menudo involucra aspectos relacionados con el pensamiento, el sentimiento, el disfrute o placer, las creencias, las evaluaciones, los juicios y la imaginación. Estos elementos pueden estar relacionados con la experiencia presente del individuo en el momento actual o con recuerdos pasados. Por ejemplo, el conocimiento consciente puede incluir el placer de desempeñar el papel de facilitador comunitario o la satisfacción de estar involucrado en la capacitación de una comunidad.

También, por otra parte, habrá que preguntarse "*¿No será quizás el mundo «en sí mismo» muy distinto al que percibimos?*" planteamiento hecho por Erwin (Schrödinger, 1956, pág.32) con relación a una paradoja matemática. Para él la conciencia se experimenta siempre de manera singular y no en plural.

la conciencia es la realidad vivida. Es el sentimiento de la vida misma. Es el único pedacito de eternidad al que tengo derecho. Sin experiencia, sería un zombi, una nada para mí mismo.

(Koch, 2019, pág. 18)

LA REALIDAD, COMPUESTA por múltiples mundos y elementos, incluyendo al autor y al lector de este texto, puede ser accesible a través de diversas vías, y una de ellas es la percepción. A través de la percepción, cada individuo representa sus propios mundos, tanto los que comprende completamente, como aquellos que permanecen desconocidos. Estos mundos suelen ser imaginativos y se desarrollan de manera no lineal, pero están interconectados causalmente. A pesar de esta complejidad, existe una interdependencia dinámica que permite a los individuos reaccionar ante situaciones urgentes, como contemplar algo, reflexionar, pensar en algo o experimentar sus propias emociones y las de los demás.

Al respecto de la percepción se puede recuperar lo que Henri (Bergson, 1896, pág. 66) escribió cuando dijo que...

"Percibir conscientemente significa escoger, y la conciencia consiste ante todo en ese discernimiento práctico. Las diversas percepciones del mismo objeto que dan mis diversos sentidos no reconstituirán pues, al reunirse la imagen completa del objeto; quedarán separadas unas de otras por intervalos que miden, de cierta manera, otros tantos vacíos en mis necesidades: es necesaria una educación de los sentidos para colmar esos intervalos."

Lo anterior es de vital importancia para los facilitadores, ya que una cosa es la percepción de una comunidad, otra es... las acciones/conductas en la comunidad y, otra más, distinta, es la descripción/referencia de esta.

El proceso de conciencia implica la revelación de experiencias presentes o pasadas, que luego se integran con otros procesos mentales. Estos procesos pueden incluir la exposición, comparación, contraste y la toma de decisiones sobre si una experiencia se convierte en un estado de conciencia o si no conduce a ningún cambio o acción. Es importante tener en cuenta que los procesos y estados mentales varían de un individuo a otro, y están influenciados por la historia de vida, el entorno socioambiental, la cultura y la educación.

A continuación, se presenta un ejemplo didáctico que enumera algunos fenómenos mentales comunes que experimentan los seres humanos. Estos fenómenos se pueden abordar desde dos perspectivas: los procesos mentales y los estados mentales. Es importante destacar que estos fenómenos individuales están interconectados con aspectos corporales y socioambientales, formando un sistema dinámico y evolutivo.

La revisión de estos fenómenos mentales también contribuirá a una mejor comprensión de las complejas funciones de las habilidades intrapersonales e interpersonales, las habilidades cognitivas, psicomotoras, sociales y corporales, así como las aptitudes y actitudes que se abordarán en este libro. Estos aspectos desempeñan un papel fundamental en la vida de las personas y en su capacidad para interactuar con su entorno y con los demás.

Estos enunciados ofrecen una clarificación útil de los conceptos de fenómenos mentales, procesos mentales y estados mentales:

a) Fenómenos mentales: Son actividades que se desarrollan en la mente como resultado de su propia dinámica, así como de su interacción con el cuerpo y el entorno socioambiental.

b) Procesos mentales: Se refieren a una serie de eventos que tienen un inicio (causa) y un final (efecto) relacionados con aspectos cognitivos, de memoria, autorregulación, autoconservación, comunicación, explicación o interpretación. Estos procesos pueden repetirse y no necesariamente siguen la misma secuencia, lo que implica una cierta flexibilidad en su naturaleza.

c) Estado mental: Representa un producto o condición identificada en un momento o intervalo de tiempo específico. Surge como resultado de una situación (circunstancia, estado o conjunto de condiciones) o una acción y está influenciado por la evolución de uno o varios procesos mentales que se interconectan. Aunque puede parecer inmóvil en una situación dada, en realidad existe un dinamismo relacional entre los fenómenos mentales que lo componen.

Estas definiciones ayudan a comprender un poco más la naturaleza de los fenómenos, procesos y estados mentales, así como su importancia en la experiencia humana y en la comprensión de la conciencia. Siguiendo con lo anterior, la Tabla 5 a continuación proporciona una lista de fenómenos mentales, que representan una variedad de actividades y procesos que ocurren en la mente humana. Es importante destacar que esta lista es solo una selección, y hay muchos más fenómenos mentales que abarcan emociones, habilidades, personalidades, actitudes y aptitudes, entre otros.

Las columnas numeradas del I al VI corresponden a diferentes tipos de procesos y estados mentales que se utilizan para describir y comprender estos fenómenos. Cada marca 'X' en la tabla se utiliza para indicar a qué número se refiere en la lista de los seis procesos. Esta tabla proporciona una herramienta inicial para explorar y comprender la diversidad de fenómenos mentales que experimentados en la vida cotidiana. Los lectores tienen la flexibilidad de ampliar y modificar esta información según sea necesario para sus propios propósitos de estudio e investigación.

I.- Procesos mentales basales

II.- Proceso mental derivado de otro proceso mental

III.- Proceso mental originado por la interrelación corpórea y/o socioambiental

IV.- Síntesis mental, que es un conjunto integral de procesos mentales

V.- Estados mentales originados de uno o más procesos mentales específicos

VI.- Estados mentales complejos producidos por un conjunto de procesos mentales/ corporales

Fenómenos de la mente	I	II	III	IV	V	VI
Alegría		X	X	X		X
Alerta	X	X	X		X	
Amor			X	X		X
Analizar		X	X			X
Ánimo		X	X			X
Ansiedad		X	X			X
Anticipación		X	X		X	
Aprender		X		X		X
Atención	X					X
Estima				X		X
Comparar		X	X			
Comprender		X	X	X		
Conciencia	X	X	X	X		X
Conocer		X		X		
Creatividad			X	X		X
Creer			X	X		
Curiosear	X		X			
Decidir				X		
Deliberar				X		
Deseo				X		X
Determinar				X		
Doler		X	X	X		X
Elección			X	X		
Emoción	X		X	X		X
Entender		X		X		X
Envidiar			X	X		
Identificar		X		X		

Imaginar			83			
Inferir		X	X			
Inteligencia			X	X		
Intención				X		
Interés			X	X		X
Interpretar			X	X		
Intuir				X		
Memorizar	X			X		
Miedo		X	X	X		X
Motivación		X	X	X		X
Pensar	X		X	X	X	
Percibir	X					
Perdonar			X	X		
Planear				X		
Presentir						
Prever						
Priorizar		X		X		
Razonar		X		X		
Reflexionar		X		X		
Resolver				X		
Saber				X		
Sensación						X
Sintetizar				X		
Sentimiento				X		X
Sentir	X					
Significar				X		
Sorpresa						X
Sufrimiento						X
Tristeza						X
Valorar				X		
Voluntad				X		

• • • •

UN EJEMPLO DE CÓMO algunos de los procesos mentales están imbricados, es con la siguiente Imagen 2, la cual de manera general muestra qué sucede al iniciar un pensamiento o sentimiento (conjunto de emociones y estados de ánimo específicos), para luego ligarse como parte de un estado de conciencia.

En la Imagen 2 se indican algunas actividades mentales interconectadas, las cuales podrían darse solo en un <instante> en cualquier individuo, mismas que, hipotéticamente, se presentan ralentizando y observando suceso a suceso, ya que en realidad todavía no existe un aparato para medir los milisegundos en que se da cada suceso, aunado a esto hay que considerar otros factores físicos y fisiológicos para su integral comprensión.

Sin embargo, presentar una secuencia que describe cómo se desarrolla un instante particular en la mente del individuo, posiblemente como uno de los muchos cientos de momentos que experimenta en un día, es una opción que puede comenzar a partir de una sensación o de la generación de un pensamiento. A partir de ahí, se entrelaza con otros fenómenos mentales en un ciclo continuo. Este microcosmos de actividad mental invita al lector a analizarlo en su totalidad, desde la complejidad de sus interacciones hasta la existencia y el proceso de cada actividad mental individual.

Para representar visualmente esta complejidad, se tiene la Imagen 2, que ilustra estos procesos mentales en forma de un circuito interconectado esféricamente. Es importante destacar que esta es una representación simplificada, y la realidad mental puede involucrar otras secuencias complejas y funcionales. La imagen proporciona una visión general de cómo los fenómenos mentales se entrelazan y se desarrollan en la experiencia humana.

Además, se requieren considerar otras posibilidades disposicionales, es decir, una diversidad según la secuencia que lleven los procesos mentales y su intercambio de posición, esto implica imaginar que, no necesariamente, en una experiencia comprimida en un instante, podrían contenerse todas las fases ni requieren entenderse de manera secuenciada, esto dependerá de las situaciones que se estén vivenciando y de los aprendizajes de cada individuo. Además, cabe mencionar que estos procesos mentales no son los únicos, faltará por considerar otros más como los arriba expuestos en la Tabla 5, entre ellos: a) la atención, b) el deseo, c) la alerta, d) las inteligencias, e) el lenguaje, f) la motivación, g) la creatividad, y, h) la intuición.

Este proceso cíclico, que representa un instante en la mente del individuo, ejemplifica la posibilidad de que una o más de estas fases se conecten al proceso de conciencia. Esto ocurre según las circunstancias internas y externas del individuo. En otras palabras, en cualquiera de estas fases, se puede iniciar un proceso de conciencia a través de ciertos conocimientos generados en el momento presente o recuperados de la memoria.

La interacción dinámica de estos fenómenos mentales en el instante presente crea una red compleja de posibilidades y conexiones que influyen en la experiencia consciente del individuo. Es importante comprender cómo estos procesos se relacionan entre sí para obtener una visión más completa de la mente y la conciencia.

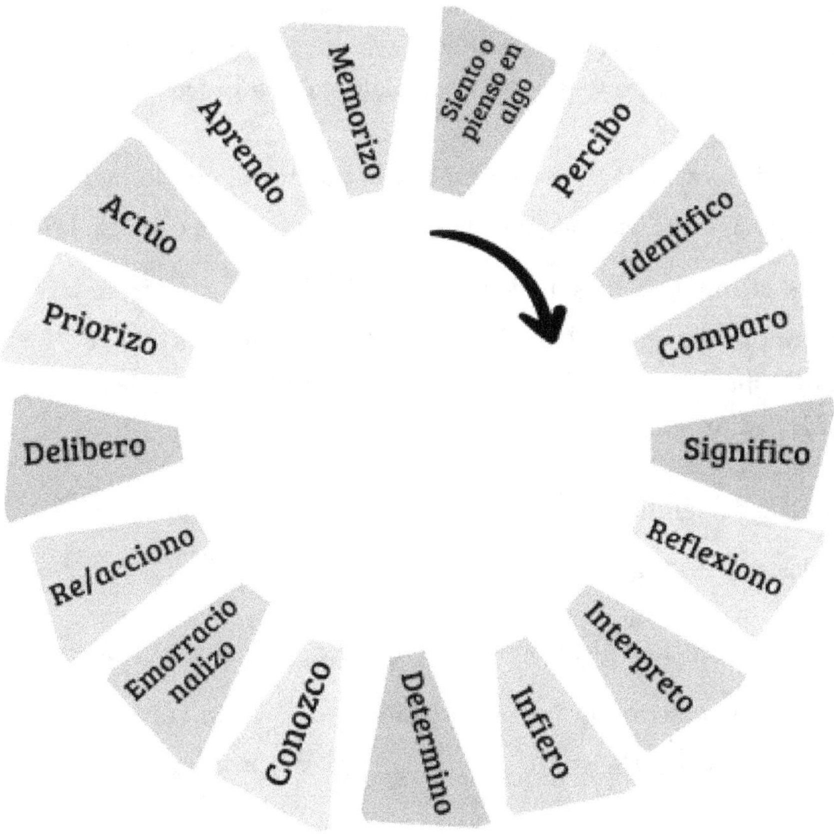

Imagen 2

• • • •

LA COMPRENSIÓN E INTERPRETACIÓN del mundo, ya sea a nivel de comunidad o sociedad, a través de los procesos de conciencia, ha tenido una larga historia que se remonta al antiguo término griego "syneidesis" (conciencia). Este concepto fue ampliamente utilizado durante la Edad Media, con un énfasis particular en la generación del conocimiento de la culpa personal.

Además, se empleó para tratar de dimensionar retrospectivamente la moralidad, distinguiendo entre el bien y el mal, así como para explorar la propia sabiduría a través de la reflexión y la percepción.

A lo largo del tiempo, la conciencia ha desempeñado un papel fundamental en la formación de la ética y la comprensión de los valores humanos, permitiendo a las personas reflexionar sobre sus acciones y decisiones en el contexto de la sociedad. Este concepto ha evolucionado y se ha desarrollado a lo largo de la historia, contribuyendo de manera significativa con la filosofía y la psicología humanas.

A continuación, para seguir esa visión histórica evolutiva, se presentan algunos autores con sus perspectivas sobre la conciencia y forma de pensamiento, están ordenados cronológicamente por fecha de publicación.

La información de esta Tabla 6 no solo expone lo que trabajaron los autores, sino como han cambiado los paradigmas científicos; algunos han considerado que la conciencia es un débil rumor que desaparecerá en el aire de la filosofía (James, 1904)[lxviii], hasta los que tratan de convencer que es imposible comprenderla (Wilkes,1984) y (Joynt, 1981).

Otro asunto muy interesante, es el reconocimiento de la pluralidad que hay sobre el estudio de la conciencia, desde distintos aspectos.-

a) el etimológico,

b) la gran variedad de significados,

c) las estrategias para distinguir entre lo objetivo y subjetivo[lxix],

d) el partir de observador y lo observado, entre otros aspectos, los cuales podrán encontrarse en estos escritores, incluidos con una visión naturalista[lxx], psicológica[lxxi] y neurofenomenología.[lxxii]

La conciencia estudiada desde distintas perspectivas	Autor y año de publicaciones
Concibe la conciencia moral como un hábito del entendimiento práctico	Buenaventura, (1221-1274)
Ve la conciencia como un asunto moral, una norma inmediata para aplicar la verdad moral en las decisiones	Tomás de Aquino, 1252-1260.
Considera la conciencia como un hecho psíquico y cerebral	Descartes, 1641.
Aborda la conciencia desde una perspectiva moral y ética	Spinoza, 1677.
Introduce la idea de que la conciencia es inseparable del pensamiento, la identidad personal y las acciones (Por primera vez es usado como un término abstracto existente en la mente.)	Locke, 1690.
Analiza la conciencia a través de la percepción individual sensible e insensible	Leibniz, 1720.
Ve la conciencia como una forma de conocer el poder de los actos de voluntad, con las sensaciones como elemento fundamental	Hume, 1748.
Considera la autoconsciencia como una intuición intelectual originaria	Schelling, 1800.
Define la conciencia como un acto de voluntad	Schopenhauer, 1819.
Ven la conciencia como una forma de lograr la emancipación social	Marx y Engels, 1845.
Explora la conciencia como representaciones del mundo basadas en la teoría de valores	Lotze, 1856.

Analiza la conciencia desde la perspectiva de la fenomenología y realiza investigaciones desde la psicología individual analizada desde distintos estados de conciencia a las cuales llamó sensaciones, considerándolos como procesos psicológicos superiores, además, realizó junto con sus colaboradores investigaciones de la conciencia vistas desde lo socio/cultural, basados en estudios históricos de los productos culturales, por ejemplo, el lenguaje, cuentos, historias, costumbres	Wundt, 1874, 1886 y 1896.
Estudian la conciencia desde el enfoque de la fenomenología	Brentano, 1874 y 1889; Husserl, 1907, 1913 y 1928.
Consideran a la conciencia como un epifenómeno del cerebro	Huxley, 1866. (También compartieron la misma idea Thomas Hobbes y Alfred Jules Ayer) Le Datenc, 1906.
Ven la conciencia como un proceso físico neuronal basado en sistemas y redes neuronales, es decir, como un epifenómeno de la mente	Maudsley, 1880; Strong, 1920; Morin, 1977; Popper y Eccles, 1977; Edelman, 2004; y Damasio, 2010.
Aborda la conciencia desde una perspectiva pragmática, a partir de aceptar que es una experiencia subjetiva, hecha de materia, pensamientos y contenidos	James, 1890 y 1909.
Exploran la conciencia desde una perspectiva de creencias y sentimientos comunes en una colectividad	Durkheim, 1893 y 1895; Halbwachs, 1939; Némedi, 1995.
Considera la conciencia desde una visión naturalista en términos de objetos relacionados con la ciencia	Dewey 1893, 1925.
Ve la conciencia como un órgano sensorial de la actividad mental y analiza aspectos psicológicos; es un modo de ver una forma subjetiva de los procesos físicos que se producen en el sistema neuronal	Freud, 1900, 1915, 1930.

Argumenta que la conciencia es indefinible debido a su amplitud. Su interpretación debe hacerse en términos de experiencias psicológicas	Perry, 1904.
Exploran la conciencia desde una perspectiva biológica y de actividad cerebral, considerada irreductible a la concurrencia de procesos materiales, tiene una correlación con la actividad del córtex cerebral, frente a estímulos y actos motores, siendo parte de la función integradora del sistema nervioso	Sherrington, 1906, 1940; Thompson y Varela, 2001.
Considera la conciencia como una función psicológica desde lo biológico, como un órgano, así como lo son el sentimental, volitivo, memoria, el juicio y el sensorial	Uexküll, 1920.
Ven la conciencia como un efecto de las acciones del cerebro y abordan el dualismo mente-cuerpo	Pratt, 1922. Armstrong, 1968; Crick, 1990.
Analiza la conciencia como una función psicológica y la relación entre pensamientos conscientes e inconscientes. Es un rasgo de la actividad humana	Vygotsky, 1925, 1930 y 1934.
Ve la conciencia como un fenómeno ontológico relacionado con el ser en el mundo y su existencia-	Heidegger, 1927.
Aborda la conciencia desde una perspectiva cerebral y fisiológica	Boring, 1933.
Estudian la conciencia a través de los estados y niveles de conciencia desde una perspectiva fisiológica	Bremer, 1935 y 1952; Moruzzi y Magoun, 1949.
Considera que la conciencia es irrelevante o ineficaz para diferenciar entre tipos de conducta.	Skinner, 1938 y 1974.
Aborda la conciencia desde perspectivas morales y éticas, incluyendo una autoritaria y una humanista	Fromm, 1942.
Considera la conciencia como parte del cuerpo y critica el dualismo mente-cuerpo	Jung, 1944.

Argumenta que la conciencia es un proceso cerebral y una forma de describir una acción, desde la crítica del dualismo mente-cuerpo	Ryle, 1949.
Abordan la conciencia desde la perspectiva de la actividad cerebral y los procesos neuronales, donde hay una coalición de neuronas o un centro dinámico	Place, 1956; Doty, 1975; Pöppel, 1977; Edelman y Mountcastle, 1978; Hobson, 1998.
Exploran cómo el conocimiento puede existir sin que estemos conscientes de él. Esta idea se relaciona con la noción de procesos subconscientes y cómo la información puede ser procesada sin estar en la conciencia inmediata.	Adams, 1957; Tranel y Damasio, 1985; Williams, 2005.
Abordan la conciencia desde diferentes modelos cognitivos partiendo de la visión computacional "Máquina de la Teoría Lógica", la cual se refiere a la idea de que la inteligencia humana podría ser replicada por una máquina que siga reglas lógicas. Esto plantea cuestiones sobre la relación entre la conciencia y la inteligencia artificial. Además, estudian cómo las experiencias corporales influyen en la comprensión conceptual	Newell, Shaw y Simon, 1958; Lakoff y Johnson, 1980;
La conciencia reflexiva y de intensión a través de experimentos con electroencefalograma, donde se analiza que el deseo consciente precede a los movimientos del cuerpo, con lo cual se pone a discusión si hay el libre albedrio (voluntad libre) o es una ilusión del cerebro.	Libet, 1965, 1983 y 1999.
Propone la toma de conciencia como parte del desarrollo individual	Piaget, 1967 y 1974.
Estudian a la conciencia como una relación de dependencia de los estados cerebrales. También llamada relación de <superveniencia>, desde la teoría emergentista que dice que la base física determina los fenómenos mentales	Putnam, 1967; Davidson, 1970; Fodor, 1974; Kim, 1993.

Propone a la conciencia como una propiedad mental que escruta y vigila lo que está pasando en los estados mentales	Armstrong, 1968 y 1978.
Plantean que la conciencia es parte de un modelo neuronal o conexionista, pudiendo relacionarse con la inteligencia artificial. Proponen que es una imagen conexionista de la mente. Se basan en un análisis donde la experiencia consciente es un patrón de activación neuronal, sin correlatos neuronales, ni causalidades. Estos autores desarrollaron la teoría conexionista de la mente, en la que la experiencia consciente se ve como un patrón de activación neuronal	Minsky y Papert, 1969; Fodor, 1975, 1983, 2003; Fodor, J. y Pylyshyn, 1988; Fodor y McLaughlin, 1990; Van Gelder,1990; Clark,1990; Churchland, P, M, 1984 y 1989. Churchland, P, S, y Sejnowski, 1989.
Estudian la conciencia bajo investigaciones de neuroimágenes cerebrales. Estudiaron la conciencia a través de la neuropsicología y las neuroimágenes cerebrales, explorando cómo los daños cerebrales pueden afectar la conciencia y las funciones cognitivas	Luria 1973, 1980, 1982; Posner y colaboradores. 1990-1994; Grafman, Partiot y Hollnagel, 1995.
Propone que la conciencia requiere ser entendida desde el pensamiento complejo, considerándola como un fenómeno complejo y multidimensional	Morin, 1974, 1990.
Aborda a la conciencia a partir de un sentido histórico-efectual y como una conciencia hermenéutica	Gadamer, 1975 y 1986.
Formula la conciencia bicameral, desde una interpretación psicológica, argumentando cómo se dio el surgimiento de la autoconciencia y por qué es un fenómeno reciente en la historia humana	Jaynes, 1976.
Plantea a la conciencia como una interpretación emergentista. A partir de cinco atributos: hiperformalización, adaptación, vida biográfica, conciencia histórica y conciencia personal	Pinillos, 1978 y 1983.

Ven la conciencia como resultado de la señalización de reentrada en el cerebro, como un modo de acción neurobiológica del cerebro, con correlatos neurales bajo la idea de un dualismo latente. El cerebro no genera consciencia, sino que es consciente, por lo tanto, no se requiere buscar una región donde se está creando la consciencia	Penfield, 1978; Kinsbourne, 1980; Crick y Koch, 1990.
Propone que la conciencia se fundamenta en patrones neuronales y es una propiedad emergente del cerebro. Involucra asociaciones entre la entrada sensorial y los patrones almacenados de grupos neuronales (del sistema nervioso) que funcionan como procesadores, basados en principios de selección. Darwinismo neural	Edelman 1978 y 1987.
Presenta que la conciencia es una propiedad emergente del cerebro que se fundamenta y sostiene en patrones neuronales, dando experiencias por medio de la interacción del campo neuronal, es decir, es un "mecanismo" de unificación de la actividad cerebral, pero de tipo analógico y no digital tal y como lo es el procesamiento neuro algorítmico. Teoría sintérgica	Grinberg-Zylberbaum, 1979, 1991.
Proponen que la conciencia es una metáfora conceptual y cómo nuestras experiencias corporales influyen en nuestra comprensión conceptual. Su trabajo aborda la relación entre el cuerpo, la mente y la conciencia.	Lakoff y Johnson, 1980.
Analizan la conciencia desde la perspectiva de modelos computacionales y procesos neuronales; es una visión donde las conexiones neurales son las vías de acceso de información, bajo la creencia que los pensamientos, deseos y actitudes proposicionales, tienen formas lógicas de procedimiento computacional	Fodor, 1983; Pribram, 1971; Martín Ramírez, 1978.
Aborda la conciencia desde un enfoque epistemológico y argumenta contra la necesidad de una relación directa entre leyes científicas y lo mental, es analizada desde el antimaterialismo, siendo no necesaria una relación directa del conocimiento de leyes científicas físicas con lo mental	Levine, 1983-2007.

Se enfocó en el estudio de la conciencia reflexiva y de intención, particularmente a través de experimentos con electroencefalograma (EEG). Su trabajo cuestiona la noción de libre albedrío y plantea preguntas sobre la relación entre la conciencia y la toma de decisiones	Johnson-Laird,1983, 1988.
Estudian la conciencia estudiada con onironautas a través de los sueños lúcidos (estado de conciencia) entendidos como experiencias, soportados de una cartografía de la diversidad de sentidos perceptuales, tanto en vigilia, como en sueños	Laberge y Rheingold,1990; Laberge, 2009
Ve la conciencia como una propiedad mental y diferencia entre criaturas con y sin conciencia.	Rosenthal, 1986 y 1990.
Considera que la conciencia implica la monitorización interna de la actividad mental y de objetos externos, siendo un monitoreo interno de la actividad mental para tener éxito en el mundo real	Lycan, 1987 y 1996.
Analiza la conciencia desde una perspectiva de representaciones mentales y procesamiento de información. Hace el primer modelo donde se señala en qué punto de la jerarquía del procesamiento de la información está y cómo el sistema cognitivo emerge con la experiencia consciente	Jackendoff, 1987.
Exploran la conciencia desde una perspectiva de la evolución biológica	Bunge y Ardila, 1988.
Estudian la conciencia introspectiva como una experiencia interior desde la ciencia cognitiva. Hacen un modelo de 'transmisión global' de percepción de la conciencia, siendo un instrumento para acceder a diseminar e intercambiar información, así como ejercer coordinación global y control	Baars, 1988 y 1997, Hurlbert y Heavey, 2001; Jack y Shallice, 2001.
Abordan la conciencia como parte de la evolución biológica del cerebro y la autoconciencia en humanos y otras especies. Mencionan que el cerebro humano tiene una organización de tipo modular	Gazzaniga, 1985 y 2005; Burns y Engdahl, 1998; Pines, 2003; Combs y Krippner, 2008; Graziano, 2013.

Aborda la conciencia como lo "privado" sin relacionarlo con el hecho de que el cerebro se encuentra oculto en el cráneo. La propuesta usa la metáfora del exocerebro	McGinn, 1989 y 1991.
Considera a la conciencia y la autoconsciencia como parte de la evolución biológica del cerebro, la cual se originó en humanos y otras especies	Eccles, 1991.
Propone que la conciencia es un producto biológico específico de la actividad cerebral, se basa en un modelo de las *Versiones Múltiples* fundamentado en la heterofenomenología. La propuesta niega la existencia de los qualia	Dennett, 1991.
Considera la conciencia como un campo de información electromagnética consciente del cerebro, siendo en sí un fenómeno biológico natural, basada su teoría desde la visión del campo consciente unificado	Searle, 1992.
Aborda la conciencia desde las neurociencias donde se incluye la fenomenología hursserliana, el conocimiento budista y lo antropológico, a todo esto, particularmente lo llamó neurofenomenología.	Varela, 1992 y 2009.
Estudian la conciencia en relación con la actividad en la región tálamo-cortical como resultado de las actividades de sincronización de la misma región	Llinás y Ribary, 1992; Llinás, R., R; Ribary, U; Contreras, D. y Pedroarena, C. 1998; Llinás, 2002.
Argumenta que la conciencia es un sistema modular computacional-representacional. La conciencia no depende del lenguaje	Pinker, 1994 y 1997.
Exploran la conciencia desde la perspectiva de la neurobiología y la teoría cuántica, entendida desde la evolución biológica como parte de los argumentos funcionalistas de los "qualia invertido" y "qualia ausente" o zombi	Chalmers, 1995; Lycan 2006.

Consideran a la conciencia desde la visión de la neurobiología y las propiedades de auto organización. -cerebro da origen a la conciencia-. Análisis bajo un monismo reflexivo	Chalmers 1995 y 1996; Freeman, 1995 y 1997; Blackmore, 2005; Kandel, 2001; Velmans 2009.
Propone el entendimiento de la conciencia desde dos conceptos, a) la conciencia de acceso o de estados mentales, cuyos contenidos son accesibles al lenguaje y el pensamiento y, b) la conciencia entendida como fenoménica o subjetiva, cualitativa o experiencial de un estado mental	Block, 1995, 2007.
Aborda a la conciencia desde las metáforas 'espacio global de trabajo', a partir de representaciones mentales, explicadas en modelos empíricos, que se estudian en los procesos cerebrales, concretamente el sistema reticular-tálamo extendido	Baars, 1995 y 1997.
Estudian la conciencia a través de procesos cuánticos en el cerebro y la hipótesis de la "reducción objetiva orquestada". La conciencia es entendida a partir de sistemas dinámicos no-lineales y sistemas disipativos, explicados como una holografía. Donde la subjetividad se manifiesta a escala microscópica de la materia que se origina en la termodinámica, bajo un flujo continuo de micro procesos	Pribram y Ramírez, 1980; King y Pribram, 1995; Pribram, K, H. (1999); Pitkänen, 2003 y 2010; Vitiello, 2003; Poznanski y Col., 2019.
Estudian a la conciencia bajo la explicación de las neurociencias y la teoría cuántica, a partir del nivel cuántico en las estructuras macroscópicas y la manifestación de las microestructuras llamadas microtúbulos dentro de las células del cerebro, desde este punto, proponen la hipótesis donde la conciencia se origina de procesos dentro de las neuronas, y no de procesos entre neuronas, la cual fue llamada -reducción objetiva orquestada- (Orch-Or en inglés). Esta propuesta cambia el lugar de donde se cree está la conciencia y los métodos para su estudio dimensional	Penrose, 1996; Pribram y Ramírez, 1995, Flanagan, 1997; Hameroff y Penrose, 2014.
Estudian la conciencia desde la teoría del caos y fractales en diferentes niveles	Mac Cormac y Stamenov, 1996; Gu; Meng; Shen y Cai, 2003; King, 2003; Walling y Hicks, 2003.

Analizan la autoconciencia pre-reflexiva y la experiencia subjetiva, la cual no requiere de actos de reflexión, introspección o atención para que suceda	Wider, 1997 y Zahavi, 1999.
Abordan la conciencia desde modelos computacionales que revisan las funciones de las estructuras neuronales, en donde se obtiene y procesa información proveniente de ambiente externo	Ballard; Hayhoe; Pook y Rao, 1997.
Estudia la conciencia y su relación con diferentes regiones cerebrales como un problema empírico. Propone que surge en el cerebro humano en circuitos especializados localizados en los lóbulos temporales, como es la amígdala, corteza insular, el hipotálamo, y el septo. Considera que hay dos tipos de conciencia que se estudian, la base y la metaconciencia. Su aproximación de estudio es a través de un monismo neutral para así conocer las enfermedades cerebrales-mentales	Ramachandran, 1997-2008.
Consideran que la conciencia no es unitaria, son micro conciencias (visual, táctil, auditiva), ésta se puede explicar por la actividad cerebral a través de sistemas de procesamiento en múltiples etapas, ya que el cerebro puede percibir cada uno en forma separada. Teoría de la integración de múltiples etapas	Bartels y Zeki, 1998.
Analiza a la conciencia a través de métodos de seguimiento de la actividad cerebral, a partir de la bioquímica, anatomía y fisiología del cerebro.	Cotterill, 1998.
Argumenta que la conciencia no contine casi nada de información, el cerebro la descarta, por lo tanto, solo trata acerca de todo de lo que ocurre dentro de los individuos y no fuera. Nunca se puede experimentar con los datos sensoriales originales, sino que se experimenta solo con los productos terminados	Nørretranders, 1998.

Considera a la conciencia como un estado mental que ha evolucionado en muchas especies, siendo en sí un proceso mental; es un acontecimiento neuronal que se desarrolla como sucede con el lenguaje o la movilidad. El yo es un recurso de la evolución cerebral eficaz en la adaptación al ambiente. La autoconsciencia proporciona más recursos para aprender en las experiencias	Damasio, 1996-2010.
Ven la conciencia como resultado de la actividad en circuitos cerebrales especializados, consideran que se encuentra entre la corteza cerebral y el sistema talámico-cortical, donde se puede estudiar la experiencia consciente. Hipótesis del núcleo dinámico	Edelman y Tonini, 2000.
Analiza la conciencia y los correlatos neurales, así como su función individual y social.	Metzinger, 2000.
Abordan la conciencia desde una visión naturalista, diferenciándola en tres, transitiva, intransitiva y autoconciencia	Carruthers, 2000; Chalmers, 2000; Rosenthal, 2005.
Exploran la conciencia desde la teoría de supercuerdas o mecánica cuántica	Blaha, 2000; Godfroid, 2003.
Consideran que la conciencia visual depende de la exploración del mundo externo. Teoría sensoriomotora de la experiencia perceptiva	O'Regan y Noë, 2000.
Analiza la conciencia desde una dimensión temporal relacionada con su propia existencia y la de los demás (tiempo subjetivo), la denomina *Decronestesia*, es decir, es una capacidad cognitiva para enunciar la conciencia desde una dimensión temporal	Tulving, 2002.
Aborda la conciencia y la voluntad consciente. La ilusión del libre albedrío. Pensamientos conscientes e inconscientes que causan acciones y su relación con la percepción de la voluntad	Wegner, 2002.
Explora la conciencia como una parte del -estar en el mundo-, para ello la analiza con relación a su temporalidad, andamiaje ambiental/cultural y su corporeización en el mundo	Willson, 2004.

Proponen a la conciencia a través de correlatos neuronales, proponiendo su estudio desde la conciencia fenoménica y la conciencia de acceso	Noë y Thompson, 2004. Block, 2005.
Argumenta que la conciencia intencionada resuelve necesidades básicas fisiológicas y emocionales	Denton, 2009.
Consideran a la conciencia como la integración de lo filosófico, psicológico y lingüístico	Searle, 2006; Berta, 2011.
Propone la conciencia como una prótesis cultural o una red cultural y social, con mecanismos extrasomáticos vinculados al cerebro	Bartra, 2007.
Proponen que la conciencia y otras funciones cerebrales se desempeñan en diferentes regiones del cerebro	Tononi y Koch, 2008.
Consideran a la conciencia como un fenómeno biológico evolutivo y ontológico, el cual refleja la capacidad causal del núcleo neuronal dinámico	Edelman y Col., 2011.
Analiza a la conciencia como una experiencia producida por los mecanismos fisicoquímicos del cerebro	O'Regan, 2011.
Ve a la conciencia como parte de la evolución de las prácticas sociales	Churchland, P, S, 2011.
Argumentan que la conciencia puede interpretarse como el medio por el cual fluyen los procesos de acción colectivamente, lo que conduce a acciones integradas	Morsella y Bargh, 2011. Morsella y Col., 2016.
Aborda la conciencia como una constante evolución al considerarla como un instinto	Gazzaniga, 2019.
Analiza la conciencia como campo de información electromagnética consciente del cerebro	McFadden, 2020.

Tabla 6

LA DIVERSIDAD DE ENFOQUES en el estudio de la conciencia revela una rica amalgama de líneas de investigación, metodologías variadas y una amplia gama de perspectivas académicas. Estas perspectivas provienen de diversos campos, como la ciencia, la filosofía, la historia y la epistemología, y se ven moldeadas por el contexto en el que surgieron, el momento histórico en el que se desarrollaron y las instituciones que respaldaron estas investigaciones. Además, no se puede pasar por alto la influencia de la formación académica y la visión del mundo de los investigadores involucrados.

Desde este ecléctico crisol de ideas, la conciencia ha sido explorada y analizada desde múltiples ángulos, por ejemplo los trabajos Antonio Damasio sobre la conciencia central[Nota final lxxiii]. Cada enfoque ofrece una ventana única hacia este fenómeno fundamental, y es esencial considerarlos en su contexto para comprender plenamente las contribuciones y las perspectivas que ofrecen. A medida que se desentrañan los misterios de la conciencia, se debe recordar que esta investigación diversa enriquece la comprensión y permite abordar este tema desde perspectivas cada vez más completas y matizadas.

En este mismo sentido, a continuación, en la siguiente Tabla 7, se presenta una serie de autores representativos, algunos arriba expuestos, los cuales, además, de usar el término <conciencia>, utilizaron otros términos relacionados o complementarios, como parte de su trabajo.

Ideas y términos relacionados con la conciencia según la perspectiva de cada autor	Autores	Año de publicación
Conciencia moral, conciencia; dictamen de la conciencia; conciencia errónea	Séneca	0062
Dictamen de la conciencia; conciencia errónea; conciencia moral; gusano de la conciencia; conciencia de circunstancias de la vida relacionadas al pecado y la culpa	Buenaventura	1221-1274
Conciencia errónea; conciencia de las acciones; gusano de la conciencia (término usado por Pedro Lombardo para referirse al remordimiento); conciencia de circunstancias de la vida relacionadas al pecado y la culpa	Tomás de Aquino	1252-1260
Conciencia o testimonio interno; conciencia de la existencia; conciencia del genio maligno (como recurso argumentativo)	René Descartes	1641
Opresión de la conciencia	Benedictus Spinoza	1677
Conciencia moral; conciencia de las acciones; autoconciencia; toma de conciencia	John Locke	1690
Apercepción	Gottfried Leibniz	1720
Conciencia de la libertad; conciencia de la multiplicidad; autoconciencia universal; conciencia trascendental-analítica-sintética; conciencia práctica; autoconciencia pura a priori; conciencia empírica; conciencia de sí mismo (apercepción); conciencia práctica; autoconciencia pura a priori	Immanuel Kant	1781 y 1787

Concepto	Autor	Año
Tesis de la conciencia; conciencia y representación; conciencia práctica	Karl Reinhold	1789
Autoconciencia empírica	Johann Gottlieb Fitche	1792
Carente de conciencia; conciencia superior; conciencia pura; conciencia empírica; autoconciencia	Friedrich Wilhelm Joseph Schelling	1800
Conciencia sensible; disposición a la acción; actitud ante el objeto; un estado de cosas; autoconciencia; conciencia desventurada; conciencia de sí en la conciencia del otro; conciencia de sí mismo; conciencia del espíritu; conciencia humana; conciencia religiosa; conciencia empírica; conciencia reflexiva; conciencia de la abyección; autoconciencia universal	Georg Wilhelm Friedrich Hegel	1817 y 1837
Conciencia filosófica; autoconciencia; conciencia moral; conciencia reflexiva	Arthur Schopenhauer	1819
Conciencia práctica; conciencia real; conciencia gregaria o tribal; autoconciencia; conciencia filosófica; inconsciencia; conciencia de clase (idea compartida con Friedrich Engels en 1845)	Karl Marx	1845, 1847, 1859
Conciencia de clase	Karl Marx y Friedrich Engels	1845
Unidad de la conciencia; estados de conciencia	Hermann Lotze	1856
Inconsciencia; percepción; fenómenos sensoriales; fenómenos de la conciencia; apercepción; inferencia inconsciente y fisiología de la conciencia	Hermann von Helmholtz	1867-1878

Concepto	Autor	Año
Conciencia muscular	Gustav Fritsch y Eduard Hitzig	1870
Esferas de la conciencia	Hippolyte Taine	1870
Sentido moral o conciencia	Charles Darwin	1871
Conciencia colectiva; inconsciencia; inferencia inconsciente; amplitud de la conciencia; estado de conciencia; grados de conciencia; capacidad de la conciencia y contenido de la conciencia	Wilhelm Wundt	1874, 1886, 1896
Inconsciencia; conciencia moral; unidad de la conciencia; conciencia interna	Franz Brentano	1874, 1889
Conciencia intelectual	Friedrich Wilhelm Nietzsche	1882
Conciencia histórica; conciencia jurídica; conciencia moral; conciencia de comunidad; conciencia de copertenencia; conciencia crítica; conciencia gnoseológica	Wilhelm Dilthey	1883
Conciencia intensidad, duración y magnitud; conciencia muscular corporal; conciencia de las sensaciones; estados de conciencia	Henri Bergson	1889 y 1907
Conciencia concomitante; conciencia fraccionada; campos y estados sustantivos o de conciencia; conciencia absoluta; corriente de la conciencia; conciencia autodistintiva; flujo de la conciencia; conciencia suprahumana	William James	1890 y 1909

Conciencia individual; inconsciencia; conciencia moral; conciencia pública; conciencia colectiva o común	Émile Durkheim	1893, 1895
Inconsciencia; libertad de conciencia; conciencia como un tipo de juicio; estados de conciencia; actos de análisis introspectivo consciente	John Dewey	1925 y 1946
Conciencia del hombre; conciencia de clase	Vladímir Lenin	1893
Conciencia normal; conciencia despierta; conciencia moral; conciencia superior; subconsciencia; preconsciente; inconsciente; conciencia onírica	Sigmund Freud	1900, 1915, 1930
Conciencia simultánea; conciencia del tiempo; conciencia trascedente; conciencia del sonido incipiente; conciencia individual; conciencia pura; conciencia de lo universal	Edmund Husserl	1907, 1913 y 1928
Inconciencia; unidad de conciencia	Carl Stumpf	1911
Estados de conciencia; autoconciencia	Charles Augustus Strong	1920
Unidad de conciencia; conciencia individual	James Bissett Pratt	1922
Conciencia falsa; conciencia burguesa; conciencia proletaria; conciencia de la cosificación; conciencia estamental; conciencia de clase	György Lukács	1923
Conciencia de la existencia; conciencia de la realidad; conciencia inmanente de la verdad; conciencia en general; conciencia moral; conciencia auténtica e inauténtica	Martín Heidegger	1925 y 1927

Conciencia alerta; conciencia limitada; conciencia plena; conciencia autolimitada; conciencia egocéntrica; conciencia de clase	Jiddu Krishnamurti	1933-1967
Unidad de la conciencia; conciencia individual; toma de conciencia; mediación cultural en el desarrollo cognitivo y la conciencia	Lev Vygotsky	1934
Autoconciencia subjetiva; conciencia de la libertad	Erich Fromm	1942
Conciencia perceptiva; conciencia instantánea; conciencia posicional; conciencia reflexiva; autoconciencia no-posicional	Jean-Paul Sartre	1943
Conciencia interna; conocimiento intuitivo	John Stuart Mill	1950
Conciencia mundana; conciencia del mundo; conciencia del otro	Ludwig Feuerbach	1971
Conciencia materializada	Lama Anagarika	1973
Flujo o corriente de la conciencia; conciencia inmediata	Burrhus Frederic Skinner	1974
Conciencia cibernética; conciencia de la multidimensionalidad; conciencia de la complejidad; conciencia ecológica; conciencia moral (como replanteamiento de lo verdadero y lo falso	Edgar Morin	1974, 1990
Conciencia reflexiva; estados de conciencia; toma de conciencia	Jean Piaget	1967 y 1974

Concepto	Autor	Año
Conciencia hermenéutica; conciencia existencial humana; conciencia metódica; conciencia estética; autoconciencia; conciencia histórico-efectual	Hans-Georg Gadamer	1975 y 1986
Consciencia introspectiva o autoconsciencia	Popper y Eccles	1977
Campo de la conciencia	Aron Gurwitsch	1979
Autoconsciencia; consciencia social	Roger Sperry y colaboradores	1979
Conciencia perceptual; conciencia introspectiva	David Armstrong	1968 y 1978
Estado fenoménico-consciente	Joseph Levine	1983
Orbitales de la conciencia; conciencia de unidad; conciencia pura; niveles de conciencia; conciencia cotidiana; conciencia expandida	Jacobo Grinberg-Zylberbaum	1978, 1979, 1990, 1991
Autoconciencia; conciencia introspectiva; fluir de la conciencia	Paul Churchland	1984
Estados de conciencia; conciencia transitiva; conciencia intransitiva; conciencia de primer y segundo orden	David Rosenthal	1986
Información metapsicológica reflexiva	Robert van Gulick	1988
Percatación; autopercatación	Bunge y Ardila	1988
Conciencia como espectro	Ken Wilber	1990
Consciencia en general; conciencia visual	Francis Crick	1990

Concepto	Autor	Año
Autoconsciencia	John Eccles	1991
Conciencia no-dual; conciencia no-obstruida; conciencia unitiva; conciencia de la unidad	Ken Wilber	1992
Campo consciente unificado; estados conscientes. Tal vez estas ideas fueron retomadas de Wolfgang Köhler, Kurt Lewin y Walter Freeman	John Searle	1992
Acceso consciente; autoconciencia; conciencia activa; conciencia fenoménica; conciencia fenomenal-intransitiva; conciencia proposicional; conciencia como fenomenología en tecnicolor	Ned Block	1995 y 1996
Experiencia consciente; conciencia fenomenal; conciencia psicológica	David Chalmers	1996
Conciencia aperceptiva	Norton Nelkin	1996
Conciencia abierta; conciencia de base; conciencia sensorial; conciencia conceptual	Francisco Varela	1997, 2009
Autoconciencia pre-reflexiva	Kathleen Wider	1997
Espacio consciente	Jean-Pierre Changeux	1998
Conciencia paradójica; conciencia rizomática; conciencia alterada; conciencia nómade	Morris Berman	2000
Conciencia nuclear; conciencia central; conciencia autobiográfica; conciencia ampliada o extendida	Antonio Damasio	2000 y 2010

Conciencia fenoménica transitiva; conciencia intransitiva; autoconciencia	Peter Carruthers	2000
Conciencia introspectiva	Russell Hurlburt y Christopher Heavey	2001
Conciencia onírica; conciencia de vigilia; conciencia lúcida	Stephen Laberge	2009
Conciencia consciente; conciencia autonoética; autoconciencia animal	Michael Gazzaniga	2010 y 2015
Conciencia transitiva; conciencia intransitiva; autoconciencia; conciencia de algo	O'Regan	2011

Tabla 7

• • • •

A LO LARGO DE LOS SIGLOS, la amplia variedad de figuras destacadas que han abordado el concepto de 'conciencia' demuestra la significativa importancia que ha tenido este concepto en sus respectivas áreas de investigación.

Resulta notable el hecho de que algunos galardonados con el Premio Nobel hayan dirigido su atención hacia el estudio de la conciencia, a pesar de que sus áreas de trabajo originales fueran completamente distintas. Por ejemplo.-en 1932, Charles Sherrington, un neurofisiólogo, recibió este prestigioso premio. Al año siguiente, en 1933, Erwin Schrödinger, un físico, fue otro de los laureados. En 1962, Francis Crick, biólogo molecular, fue premiado, seguido por John Carew Eccles, neurofisiólogo, en 1963. En 1972, Gerald Maurice Edelman, inmunólogo, recibió el galardón, mientras que, en 1981, Torsten Wiesel, otro neurofisiólogo, lo hizo también. En el año 2000, Eric Richard Kandel, nuevamente un neurofisiólogo, fue honrado con el Premio Nobel. Finalmente, en 2020, Roger Penrose, un fisicomatemático, se unió a esta lista de distinguidos investigadores que se aventuraron en el estudio de la conciencia.

> *La conciencia entonces debe ser una pálida, incolora y abstracta cosa, como agua en la que se remojan las bayas o como niebla a través de la cual las cimas de las colinas aparecen vagamente, 'diáfanas', como dicen justamente los dualistas.*
>
> (Strong, 1920, pág.142)

CON EL OBJETIVO DE proporcionar una visión más amplia y comprensiva, se presenta abajo en la Tabla 8 una variedad de perspectivas sobre el concepto de conciencia. Estas perspectivas han sido utilizadas en diversos contextos y enfoques, surgiendo tanto de la necesidad en trabajos científicos, filosóficos, metafísicos y sociales, como de distintos intereses académicos. En la literatura, es posible encontrar expresiones que reflejan estas perspectivas, tales como:

• • • •

Conciencia autonoética	Conciencia corporalizada	Conciencia errónea	Conciencia intransitiva	Conciencia psicológica
Conciencia alerta	Conciencia corporalizada	Conciencia fenomenológica	Conciencia mística	Conciencia reflexiva
Conciencia de acceso	Conciencia cósmica	Conciencia holística	Conciencia narrativa	Conciencia religiosa
Conciencia base	Conciencia de clase	Conciencia informacional	Conciencia noética	Conciencia social
Conciencia bicameral	Conciencia ecológica	Conciencia intelectiva	Conciencia política	Conciencia subjetiva
Conciencia cognoscente	Conciencia emocional	Conciencia intencional	Conciencia plena	Conciencia transitiva
Conciencia colectiva	Conciencia empírica	Conciencia interoceptiva	Conciencia abierta	Conciencia trascendental

Tabla 8

• • • •

LA IMPORTANCIA DE ESTA diversidad de expresiones radica en la necesidad de comprender las bases fundamentales de un tema tan intrigante como es la conciencia. Este campo del conocimiento continúa fascinando a numerosos investigadores y académicos, y para abordarlo de manera efectiva, es esencial explorar estas distintas perspectivas.

En este sentido, resulta interesante observar que, a lo largo de la historia, se han establecido supuestos axiomáticos generales que han servido como fundamentos para la mayoría de las investigaciones sobre la conciencia. Estos supuestos axiomáticos proporcionan un punto de partida sólido para la construcción de ideas y teorías en este campo en constante evolución. Por ejemplo. -

Supuestos axiomáticos generales
para explicar la conciencia

es inmaterial;

es un tipo de conocimiento;

está en algún lado, aunque sea por unos instantes;

está relacionada con lo biológico;

está relacionada con otros estados mentales;

existe;

forma parte de la mente;

forma parte del lenguaje;

ha evolucionado;

se conoce a través de experiencias conscientes;

puede ser medible;

se da de forma individual, aunque pudiera ser compartida o analizada bajo un método;

se expresa interna o externamente;

tiene un propósito el uso del conocimiento consciente que se genera;

tiene un tiempo de duración;

tiene una o más funciones;

Es natural que con el nacimiento de la ciencia moderna no se resistiera la tentación de cosificar la mente. En el fondo, se trataba de objetivarla, a fin de hacer de ella objeto de la ciencia.

(Hierro-Pescador, 1997, pág.36)

DESDE OTRA PERSPECTIVA, la comprensión de la conciencia como una parte de la mente ha sido abordada de diversas maneras. Mario Bunge, en su obra "El problema Mente-Cerebro", proporciona una clasificación que ofrece una visión general y analítica del tema. En esta clasificación, se distinguen las siguientes categorías:

a) monismo psicofísico (el Universo se compone de un solo tipo de sustancia)

b) dualismo psicofísico

• • • •

EL AUTOR CONSIDERA que estas categorías son las principales utilizadas para abordar el problema. Por supuesto, adentrarse en cada una de las formas de pensamiento, ya sea monista o dualista, sería una tarea que podría llevar a cabo el facilitador comunitario. Si alguien desea profundizar en estos temas, se pueden consultar los siguientes autores, quienes ofrecen un análisis detallado de cada una de estas categorías, por ejemplo, Mario (Bunge, 1980); Karl y John (Popper y Eccles, 1977); John (Searle 2004).

Mario (Bunge, 1980, pág.26) presenta en su texto una tabla donde incluye a los diferentes autores que reconoce como importantes en cada sistema de pensamiento; el abordaje de cada uno es muy amplio, por ejemplo, en el monismo incluye al idealismo, pampsiquismo, fenomenismo, materialismo eliminativo, conductismo, materialismo reductivo o fisicalista, materialismo emergentista; en el dualismo, ubica al paralelismo psicofísico, epifenomenismo, animismo e interaccionismo.

Esta diversidad, indica que ha sido un tema con muchas aristas, desde lo científico biológico-evolutivo, neurofisiología, neuropsicología, psicología evolucionista, etología, neurolingüística, antropología, así como filosofía de la mente[Nota final [lxxiv]] y, la psicología cognitiva, esta última a mediados de los años cincuenta del siglo pasado, retoma el tema de la mente con una visión de investigación científica, al respecto se puede consultar el libro de Cohen y Schooler (1997), quienes presentan los trabajos científicos cognitivos y de neurociencia, donde se analiza la conciencia como un objeto de investigación (circunscrito a lo cerebral), asimismo, se pueden revisar los artículos de la publicación de Geoffrey Underwood y Robin Stevens (1982) quienes como editores publicaron *Aspects of Consciousness* en tres volúmenes.

· · · ·

Es absurdo suponer que la ciencia es lo que el científico siente y observa introspectivamente. No hay quien pueda responder a algo más que a una parte minúscula de las contingencias vigentes en el mundo que le rodea. Si, en cambio, se dice que la ciencia es una especie de conciencia de grupo, entonces tendremos que ver cómo ésta se mantiene unida, y encontraremos que lo que se comunica
entre los científicos son proposiciones, reglas y leyes, no sentimientos.

(Skinner, 1974, pág.133)

Es provocador comenzar este apartado con una frase del artículo de Ralph Barton Perry:
"Si el uso del término conciencia se prohibiera durante una temporada, el pensamiento contemporáneo se encargaría de la sana tarea de descubrir términos más definidos con los que reemplazarlo, y se disiparía una cantidad muy considerable de misterio conveniente." (Perry, 1904, pág.282), su propuesta indica un gran interés científico y filosófico, este autor se basa en una pregunta detonadora *"¿Cómo puede un término significar algo cuando se emplea para connotar cualquier cosa, incluida su propia negación?"*,

Lo que le permite continuar su trabajo, a través de exponer las visiones materialistas, idealistas y fenomenalista de su época, teniendo un interés especial al tratar el tema de la conciencia desde la psicología como objeto de estudio.

Lo anterior resalta la fascinación y la continua evolución de este tema, invitando a la imaginación a explorar un concepto que sigue siendo objeto de construcción y deconstrucción hasta la fecha. En este libro, se considerarán la mayoría de los enfoques sobre la conciencia, excepto aquellos que caen en la esfera de lo exotérico. Se respeta esta perspectiva del mundo, pero el tratamiento se limitará a la visión clásica desde la ciencia y la filosofía.

Es importante tener en cuenta que abordar la conciencia desde la ciencia, la filosofía y la epistemología no implica que se pueda alcanzar un panorama completo o que se pretenda proponer una definición única, como las definiciones etimológicas presentadas anteriormente. Lo que se presenta a continuación son una serie de ideas interconectadas sobre la noción de conciencia. Estas ideas, junto con la propia historia de vida y nuevas investigaciones del lector, lo ayudarán a desarrollar sus propias perspectivas y tesis sobre este tema en constante evolución.

La conciencia es algo esquiva, rehúye las definiciones y, por supuesto, no se deja ver en público; dos milenios de pesquisas filosóficas y un siglo de psicología científica no han conseguido desvelar su verdadero rostro. Con razón, Cassirer
la tildó de auténtico Proteo del pensamiento. Surge, sí, en todos sus problemas, pero en ninguno de la misma forma; cambia de aspecto sin cesar y reaparece cuando ya se la daba por perdida.

(Pinillos, 1983, pág.12)

LA CONCIENCIA PUEDE entenderse como la amalgama de diversos conocimientos, ya sean razonamientos y/o emociones, que surgen a través de la voluntad y la intencionalidad dirigida hacia un objeto, contenido o autorreflexión del propio Yo. Además, su composición incluye elementos derivados de instintos e intuiciones. Todos estos componentes adquieren relevancia y valor, otorgando a cada individuo una capacidad mental, que es tanto innata, como adquirida. Esta capacidad mental no es continua, sino temporal, lo que permite a las personas tomar decisiones y actuar de manera circunstancial y contextual, o en respuesta a interacciones específicas con otros procesos mentales.

Es un estado mental más, el cual forma parte del proceso de conocer, aprender y adaptarse, a partir de experiencias (internas de sí mismo y fuera de sí mismo o del mundo exterior), pensamientos[Nota final [lxxv]], actos, conductas[Nota final [lxxvi]], abstracciones, emociones/ sentimientos, así como de las relaciones socioambientales que tiene el individuo en su transitar por la vida, tanto en su vigilia, principalmente, como igualmente en ciertos momentos de estados superiores de consciencia como son los sueños lúcidos y ensueños.

Se manifiesta operativamente como un <proceso> múltiple o, como diría William (James, 1909, págs. 245-247) la conciencia es *"un proceso-actividad mental"*, el cual tiene cinco características, 1) subjetividad, 2) cambio, 3) intencionalidad, 4) continuidad y 5) selectividad, con una función vinculante entre seres y cosas (co-conciencia) el cual se da a través de la experiencia y reflexión misma.

Cuando hablamos de sueño y vigilia, nos referimos a consciencia del mundo exterior. Aun así, cuando estamos dormidos e inconscientes de la mayor parte del mundo exterior, uno puede ser consciente (y, por lo tanto, "despierto") en el mundo de la mente. Hay grados y grados de estar despiertos. Los soñadores lúcidos están más conscientes de su situación real; saben que están soñando, así que podemos decir que "están despiertos en sus sueños".

(Laberge, y Rheingold,1990, págs. 28-29)

CABE VOLVER A MENCIONAR que no existe ninguna definición consensuada, por lo que es mejor que cada lector construya su propia idea; por supuesto es inminente que, el desarrollo de esta facultad de conciencia no es privativa del humano, ya que existen muchas especies vivas[Nota final [lxxvii] con las cuales se comparte mucha historia (por ejemplo, la simbiosis), por supuesto, hay que evitar confundir las acciones de irritabilidad/excitabilidad biológica de los tejidos con lo que es conciencia.

Al respecto Mariano Sigman en su libro *La vida secreta de la mente* (Sigman, 2015, pág.96) comenta:

"La conciencia, como el tiempo o el espacio, es un asunto que todos conocemos pero que apenas podemos definir. La percibimos en primera persona y la adivinamos en el otro, pero es casi imposible decir cómo está constituida. Es escurridiza al punto que parece inevitable caer en una suerte de dualismo, apelando a algún artilugio (alma, homúnculo)."

Hay la posibilidad de que el individuo humano tenga una percepción nocional clara y atenta, para después ser consciente y quizá él se diga así mismo ¡*Ah caray, estoy vivo*!; igualmente esta capacidad mental da una comprensión (sensitiva y abstracta) de sí mismo (parcial y no inmediata) descrita por primera vez por John (Locke, 1690) Nota final [lxxviii] donde la conciencia se entiende de manera abstracta como parte de las funciones cognoscitivas; años después, fue explicada como una actividad del entendimiento llamada <apercepción> (conciencia de tener percepción) descrita por Gottfried Wilhelm (Leibniz, 1720) Nota final [lxxix]. Estas ideas abren la posibilidad de pensar que no solo hay conciencia de la conciencia, sino percepción de la conciencia. De manera complementaria a este párrafo, diría Georg Wilhelm Friedrich (Hegel, 1837, pág.37) *"El hombre piensa, aun cuando no tenga conciencia de ello"*.

La conciencia se da como una sensación, imagen y emoción, por lo tanto, es un caso particular de inmediatez que ocurre bajo condiciones complicadas.

(Dewey, 1925, pág.74)

ES PERTINENTE MENCIONAR sobre la gran importancia de la <percepción>, ya que es un proceso de interfase entre lo corpóreo y lo mental, sin caer en la visión galeana (originada por Claudio Galeno, médico romano) de creer que todo lo mental se realiza en el cerebro (o por lo menos en alguna parte de este), es decir, por procesos neurobiológicos. Hasta el momento no se han identificado lugares específicos donde se genera la conciencia (sí donde se manifiestan algunos procesos mentales), ni neuronas específicas que se encarguen de generar estados de conciencia. Será mejor continuar dudando e investigando, que dar por hecho que todo esto solo sucede en el cerebro.

A medida que se avanza en esta exposición, se hará evidente que la búsqueda de la conciencia en el cerebro se lleva a cabo desde diversos niveles de análisis y organización. Este enfoque abarca desde el estudio de la conciencia como una especie de quantum de energía, hasta investigaciones que exploran su relación con proteínas complejas, genes específicos, microtúbulos neuronales, células especializadas en la conciencia, neuronas individuales, redes neuronales, campos neuronales y módulos neuronales. En todas estas investigaciones, se desarrollan explicaciones detalladas, se aplican distintas metodologías, se plantean conjeturas y, en ocasiones, se recurre a un cierto grado de especulación para comprender este enigma fundamental.

Regresando al tema de la percepción, es considerado un proceso interrelacionado con otros, como lo es el emocional, el pensar, las memorias, la intuición ^{Nota final} [lxxx], la atención y la alerta, los cuales generan experiencias conscientes y no conscientes, identificadas como fenómenos mentales; por ahora solamente han sido entendidos bajo esta subdivisión que parte del análisis de sus manifestaciones de cada uno, solo desde un sentido de función causal. Al parecer su comprensión integral todavía no es posible, tal vez se deba a que los diversos caminos han sido mayormente por la vía del entendimiento/análisis de cada una de estas "capacidades-conceptos", tanto de diferente nivel, como grado de profundidad en su investigación científica y filosófica.

Con relación a las ideas del párrafo anterior, se necesita diferenciar distintos asuntos por atender, a partir de ir resolviendo incógnitas de las siguientes preguntas, por ejemplo,

¿Qué metodologías de primera persona se utilizarán para recuperar los datos subjetivos que proporcionen los individuos desde un valor objetivo científicamente?

¿Qué factores y parámetros se deben considerar, según los tipos (variabilidad) de experiencias/vivencias, con relación a las capacidades, habilidades y entrenamiento del individuo para poder desplegar e informar sobre su propia experiencia?

¿Habrá mezcla o fusión de técnicas de obtención de datos a partir de información proveniente directamente de los individuos y la que se pueda obtener de los correlatos neuronales corporales?

> *El milagro de la consciencia estriba en poner de manifiesto, mediante la atención, unos fenómenos que restablecen la unidad del objeto en una nueva dimensión en el momento en que los mismos fenómenos la rompen.*
>
> (Merleau-Ponty, 1945, pág.52)

ES CRUCIAL COMPRENDER la percepción como un proceso de recepción y recopilación de información, ya que a partir de este proceso se puede empezar a concebir el funcionamiento de los estados de conciencia. Esto incluye la percepción unitaria, una idea propuesta por Rubén según lo descrito en los trabajos de Feldman en 1982 y 1992. La percepción unitaria es una parte integral de la psicología holokinética, un enfoque que el autor considera como el nuevo paradigma científico en este campo. Esta perspectiva se ha fundamentado en los estudios de Karl Pribram y David Bohm, lo que la convierte en un área de investigación sumamente interesante y prometedora.

Para Rubén (Feldman, 1992, págs. 23-25), la percepción unitaria es una experiencia en permanente movimiento, donde no hay separación entre la conciencia y la mente, la considera como:

"...el darse cuenta ya mismo que todo mi cuerpo y mi cerebro, mis cinco sentidos están (ya) funcionando al mismo tiempo... un acto profundo, global y directo con lo que es, es decir, un contacto profundo, real y directo entre nosotros, ahora mismo, sin la interferencia de nuestra memoria, sin la interferencia de lo que fue, es decir, sin distorsión, y por ser un acto de percepción sin distorsión, es un acto que nos va limpiando de toda confusión, porque toda nuestra confusión -que es bastante- es el producto de las innumerables distorsiones, de nuestros actos de escuchar y ver en el pasado...Pero, la percepción unitaria es más bien un movimiento del observador en la realidad misma. Si el observador no opera en la realidad, sino que se mueve con ella, el observador, tampoco es libre de esa realidad, porque, ¿de qué puede ser libre, si el observador es una parte de la totalidad de ese movimiento?"

Feldman propone que los individuos sencillamente están (se descubren) como parte de la realidad, es en esos momentos donde la atención es plena, no hay divisiones, hay una vivencia de integración con el todo, a este estado mental lo considera como

"La Percepción Unitaria, es el ingreso a la conciencia del cuerpo que está en el espacio, en el cosmos y nada particular puede permanecer acorralado en lo particular cuando comienza la Percepción Unitaria. En Percepción Unitaria todos somos uno." (Feldman, 1992, pág.101).

Esta propuesta empírica es un acercamiento al entendimiento integral, desde el cual se pudieran atender en conjunto los estados mentales que conforman la mente de los individuos.

En términos generales la información percibida se considera, de manera amplia, como todas aquellas ideas/pensamientos, emociones/sentimientos, imágenes/escenarios, sonidos, presiones físicas, datos sensibles y sensa-data. Asimismo, hay que considerar su origen y las significaciones de todos estos, junto con las interrelaciones que se dan con otros seres vivos y actualmente con una atención especial hacia los artefactos con inteligencia artificial.

La información es captada a través de los diversos sentidos perceptuales que posee el individuo, cada uno con sus respectivos umbrales de percepción. Esta información llega de manera ordinaria, sin connotación o conocimiento previo, como ocurre cuando se activan los receptores sensoriales de la piel que detectan estímulos mecánicos, térmicos o nocivos. Estos datos percibidos se integran en los procesos cognitivos, que tienen como objetivo comprender, interpretar y representar el mundo en el que viven los individuos.

En un lapso breve, se genera una gran cantidad y variedad de información perceptual, y la mayoría de esta información no llega a ser procesada por el cerebro. Esto depende de diversos factores, como las características biológicas del individuo, el entorno en el que se encuentra, las actividades mentales que está realizando en ese momento y su estado de salud, incluyendo la presencia de posibles trastornos cerebrales. En el caso de los seres humanos, disponen de al menos veintiún sentidos perceptuales, los cuales se explican en detalle en la sección titulada "Sistema sensorial ampliado humano" que forma parte de la sexta parte de este libro.

La dificultad conceptual de lo espacial al separar lo interno y lo externo también afecta al momento de diferenciar la percepción, puede reconocerse una percepción sensible directamente relacionada con los sentidos, ya sea de índole interna o externa, también hay una constante autopercepción, es decir, una percepción interna relacionada con lo nocional o mental.

Desde esta perspectiva cabe mencionar el comentario de Daniel (Dennett, 1981, pág.256):

"Resulta casi imposible desenmarañar la respuesta al mundo exterior de semejante sistema sobre la base de su propia respuesta autoinvolucrada, ya que la más leve perturbación exterior desencadenará infinidad de hechos minúsculos interconectados, produciéndose una especie de cascada. Si lo consideramos como la "percepción" de impulsos de entrada del sistema, es claro que el sistema percibe su propio estado en forma semejante. No es posible separar la autopercepción de la percepción."

En términos esquemáticos, se puede dividir el concepto de percepción en dos componentes principales: lo perceptual y el percipiente. Lo perceptual se refiere a la información que proviene de los sentidos y que se experimenta a través de las cualidades provocadas por las sensaciones. El percipiente, por otro lado, es el individuo que posee sus propias propiedades y características, ya sea como miembro de una especie o de una cultura con una lengua particular.

Esta separación, aunque arbitraria, no impide considerar que la percepción actúa como un filtro con el cual inicia el proceso del pensamiento. Este proceso puede acercarnos o alejarnos de la realidad, y en algunos casos, para ciertos autores, puede implicar un vaivén entre lo que se percibe como real y la creación de una especie de ilusión. La percepción, en este sentido, sirve como una interfaz de comunicación, es decir puntos de interacción o conexión los cuales funcionalmente permiten el intercambio de información y sustancias químicas como parte de los procesos biológicos y mentales, facilitando la interacción con el mundo circundante.

Igualmente, se puede entender que es el comienzo de la dimensionalización espaciotemporal del cuerpo, con relación a lo que hay en el mundo circundante o virtual del individuo. Así, el cuerpo se entiende como la interpretación de una unidad biológica conformada como un espacio, pero al relativizar las múltiples relaciones, interacciones y el dinamismo constante, como una parte más de la realidad, entonces, se desvanecen los límites y obliga al individuo a pensarse y sentirse íntegro al todo, el cual nunca es todo porque cambia y cambia. Al respecto Stephen Laberge explica:

"El cuerpo que nosotros experimentamos ahora mismo, esa cosa que llamamos cuerpo físico, es en realidad el cuerpo fenoménico o imagen del cuerpo." (Blackmore, 2005, pág.198)

LOS ACTOS DE PERCEPCIÓN son procesos tanto mecánicos, como intencionados. Ocurren de manera automática e inmediata cuando se recibe información a través de los sentidos, pero esta información se va mediando y procesando a medida que interactúa con otros procesos mentales. La dinámica de este proceso puede variar significativamente de una persona a otra, así como según sus experiencias, estado de vigilia, fase de sueño (especialmente la fase REM), salud y entorno.

Estas variaciones pueden influir en la calidad de la percepción, es decir, en cómo se percibe el mundo circundante. Algunos individuos pueden percibir la realidad tal como es, mientras que otros pueden filtrar o seleccionar lo que consideran como "verdadero" antes de interpretarlo y construir significados. Estos significados se integran en el proceso mental general y en la funcionalidad del sistema nervioso autónomo, influyendo en las acciones y comportamientos. Sin embargo, es importante mencionar que las personas con deficiencias sensoriales o agnosia, que es la incapacidad para identificar objetos mediante uno o varios sentidos, pueden experimentar limitaciones en este proceso.

La facultad de ser consciente de la propia conciencia confiere ventajas en la vida de un individuo. Le permite explorar y reflexionar sobre su propia conciencia, incluso alcanzando la meta-conciencia, que es la conciencia de tener conciencia. Sin embargo, es esencial destacar que esto no implica necesariamente saber qué es exactamente la conciencia en términos definitivos, ya que sigue siendo un misterio en constante exploración y debate.

LA INVESTIGACIÓN RELACIONADA con la conciencia a menudo se asemeja a un objeto cubierto por un manto misterioso. Se ha intentado descubrir lo que se encuentra debajo de ese velo mediante diagnósticos, explicaciones, el uso de instrumentos, observación de manifestaciones y aplicando lógica sistemática a través de conceptos. Sin embargo, a pesar de todos estos esfuerzos, el enigma de la conciencia persiste a lo largo de la historia de la humanidad.

La conciencia es un enigma que ha desconcertado a filósofos, científicos y pensadores durante siglos. Al explorar su naturaleza, se enfrentan a diversas posibilidades intrigantes. Por un lado, podría ser que la conciencia sea una ilusión o una entidad abstracta, un fenómeno subjetivo que desafía una comprensión concreta. También es concebible que se haya intentado explicar la conciencia en exceso, lo que podría llevar a una sobre explicación de algo que quizás nunca se comprenda y explique por completo. Incluso podría considerarse la conciencia como una paradoja, un misterio que desafía las categorías habituales.

En este viaje por la exploración de la conciencia, hay obstáculos importantes que dificultan su comprensión. Podría ser que se está buscando en la dirección equivocada, que falte un sistema de integración adecuado para entenderla completamente, que los métodos utilizados hasta ahora no sean los idóneos o que se necesite una mayor perseverancia y esfuerzo colaborativo inclusivo para abordar este enigma.

La idea/concepto de conciencia continúa siendo un misterio fascinante que hay que seguir explorando como un territorio desconocido, dispuestos a enfrentar sus desafíos y contemplar las diversas posibilidades que se presentan. En síntesis, se requiere considerar que:

a) Se ha estado buscando en la dirección equivocada.

b) Falte un sistema de integración para comprenderla plenamente.

c) Los métodos utilizados hasta ahora no sean los adecuados.

d) Se requiere una mayor perseverancia y esfuerzo colaborativo inclusivo para abordar este enigma.

Lo anterior lleva a abordar la conciencia desde diferentes posibilidades:

La conciencia como una ilusión o entidad abstracta: La conciencia podría no tener una existencia concreta y ser percibida de manera subjetiva, lo que la convertiría en una especie de ilusión o concepto abstracto.

Sobre explicación de la conciencia: Se ha intentado explicar la conciencia de manera excesiva, lo que podría llevar a una sobre explicación de un fenómeno que quizás no se pueda comprender en su totalidad.

La conciencia como paradoja: La conciencia como una paradoja, es decir, un fenómeno enigmático que desafía categorías y sistemas de comprensión convencionales.

Con lo visto anteriormente, la naturaleza de la conciencia sigue siendo un desafío intrigante y apasionante en la investigación científica y filosófica. A medida que avanza el entendimiento, es crucial mantener una mente abierta y estar dispuestos a explorar diferentes enfoques para comprender y explicar este fenómeno complejo.

Al respecto, puntualiza Roger (Bartra, 2017, pág.65):

"Es posible que la solución del problema se encuentre en un tipo de investigación que no acepte la separación tajante entre el espacio neural interior y los circuitos culturales externos. Para ello, en mi interpretación, habría que pensar que el cerebro está metido en una botella de Klein, donde el interior es también exterior. Pero esta clase de investigación avanza con grandes dificultades debido a que los neurocientíficos suelen ser alérgicos al uso de los descubrimientos de las ciencias de la sociedad y la cultura."

Estas ideas quizá se deban a que no hay una sola manera de explicación o una teoría general de la mente[lxxxi], debido a...

a) su complejidad estructural,

b) sus escalas de funcionamiento,

c) la diversidad de expresión de lo molecular a lo conductual,

d) el manejo general de solo dos líneas de investigación en las cuales a partir de ellas se investiga y filosofa, 1) las experiencias/fenómenos subjetivos y, 2) los procesos biológicos cerebrales. Todo esto requiere más tiempo de investigación, un lenguaje explicativo robusto/inclusivo y un esfuerzo profesional unificado para lograrlo.

Es posible que, al igual que sucede con la teoría de la gramática generativa de Noam Chomsky, que postula que el lenguaje humano es innato y sigue principios y reglas fundamentales para su creación, se esté trabajando en el desarrollo de una teoría de la "conciencia generativa". Esta teoría podría proponer que la conciencia también es un fenómeno innato, regido por principios y reglas subyacentes que la generan y la dirigen.

Así como la gramática generativa ha sido esencial para comprender la estructura del lenguaje, una teoría de la conciencia generativa podría resultar fundamental para desentrañar los misterios de cómo se forma y opera la conciencia en el cerebro humano. Esto llevaría a un enfoque más profundo y sistemático en la investigación de la conciencia y podría proporcionar una mayor comprensión de este fenómeno fascinante y complejo.

Al respecto David (Chalmers, 1995, pág.28) en su libro *La mente consciente*, señala qué se requiere para tener la posibilidad de una teoría de la conciencia[Nota final [lxxxii]]:

"...debería enunciar las condiciones bajo las cuales los procesos físicos dan origen a la conciencia y, para dichos procesos, debería especificar exactamente qué clases de experiencias están asociadas. Y nos gustaría que la teoría explicase cómo surge, de modo que la aparición de la conciencia nos parezca inteligible y no algo mágico. A la postre, nos gustaría que la teoría nos permita ver a la conciencia como una parte integral del mundo natural."

Lo anterior no implicará que se tenga desde el inicio algo explicativo de la teoría, ni una modelación única y funcional, mucho menos pruebas contundentes y una intuición del fenómeno de la conciencia.

De manera general Uriah (Kriegel, 2009) explica cómo se ha tratado de teorizar sobre la conciencia; desde a) una visión fisicalista, es decir, todo lo que existe físico (material), incluso lo mental, y, b) las ideas anti fisicalistas. La primera trata de explicar a la conciencia como un fenómeno que puede entenderse en términos de una física clásica (y biología también).

Otra forma de teorizar sobre la conciencia ha sido por los reduccionistas y no reduccionistas, por ejemplo, los primeros tratan de exponer lo fenoménico en un sentido no fenoménico, a partir de la perspectiva funcionalista y la representacional[Nota final [lxxxiii]]; los segundos autores, consideran lo físico y lo fenoménico diferenciado, tal es el caso de los dualistas con su propuesta cuerpo-mente.

Con relación a lo anterior Ken (Wilber, 1990, pág.47) se pregunta *"¿Es la conciencia en realidad materia, o es la materia en realidad conciencia?"*. Con relación a esta incógnita científica relacionada con la perspectiva física, Stuart Hameroff (Blackmore, 2005, pág. 168) comenta:

"Tu mundo complejo se describe mediante dos conjuntos de leyes: las leyes de Newton y demás en el nivel macroscópico, pero también las extrañas leyes de la mecánica cuántica a pequeña escala. Las partículas pueden existir simultáneamente en múltiples lugares -superposiciones- y estar interconectadas a distancia, y el tiempo es reversible. El problema es que no sabemos cuán pequeño es lo pequeño. La frontera entre el mundo cuántico y el mundo cotidiano -la reducción a estado cuántico, o el denominado colapso de la función de onda- es un gran interrogante en física, y parece tener algo que ver con la conciencia."

Otra manera de abordar teóricamente es desde la conciencia humana y la conciencia en otras especies, las cuales difieren a partir de sus métodos y visión del mundo; desde estas posturas explican Abreu y Badii (2007) que, las conciencias se abordan en diferentes sentidos, según personas y animales, considerando los aspectos como la sensibilidad, vigilia, autoconciencia, desde esta perspectiva son estudiados como sujetos con estados de conciencia, y de conciencia transitiva, de esta manera, comentan los autores, estos enfoques convencionales han tratado el tema desde el *"funcionalista, reduccionista, materialista, computacionalista"*. Con base a lo anterior, cabe mencionar que hay una vertiente de estudio de la conciencia, en otros animales[Nota final lxxxiv], especialmente con estudios de metacognición.

Es evidente que las diversas teorías e hipótesis sobre la conciencia tienen sus fundamentos y sostén paradigmático, pero también presentan debilidades explicativas en términos filosóficos, científicos y en la construcción de conocimiento a través de métodos hermenéuticos. La compleja naturaleza de la conciencia ha llevado a que se aborde desde múltiples perspectivas, siendo las principales la filosofía de la mente, la neurobiología y la psicología cognitiva, que exploran cuestiones relacionadas con el individuo y su conciencia.

Además, se ha ampliado el enfoque hacia la dimensión social, considerando la conciencia desde una perspectiva colectiva y como una propiedad que trasciende al individuo humano. También se ha explorado la conciencia en relación con aspectos más amplios del universo. Esto indica que existen múltiples aristas desde las cuales se puede abordar este tema.

Es importante reconocer que la información presentada en este contexto busca proporcionar una amplia comprensión del tema de la conciencia y puede motivar a los lectores a continuar investigando. Cada lector decidirá cuál de las propuestas teóricas le resulta más interesante y útil en su formación y actividades comunitarias. La diversidad de enfoques enriquece la comprensión de la conciencia y permite una exploración más profunda de este tema tan fascinante y complejo.

> *Funcionalmente, la atención, como manifestación de la conciencia, es un mecanismo por el que se ejerce, en grado distinto, un control intencional sobre la cognición y la acción humana.*
>
> (Rivas, 2008, pág.123)

EL PROCESO DE ATENCIÓN desempeña un papel fundamental en la comprensión del funcionamiento de la conciencia. A veces, la atención se activa o se pone en funcionamiento antes o después de las experiencias conscientes. Este proceso de atención tiene características específicas que incluyen la activación, orientación, focalización, concentración, estabilidad, expectativas del individuo e intencionalidad.

Según Posner (1990 y 1991) desde la perspectiva de la neurociencia, la atención se considera como un estado neurocognitivo que está directamente relacionado con la percepción y la acción. La atención se divide en tres redes interconectadas:

Red de alerta: Esta red está relacionada con la capacidad de estar alerta y consciente del entorno. Se activa cuando se está atento y alerta ante estímulos relevantes o novedosos en el entorno.

Red de orientación: Esta red se refiere a la capacidad de dirigir la atención hacia estímulos específicos. Permite enfocarse en objetos, eventos o información de interés.

Red ejecutiva: Esta red está relacionada con la capacidad de llevar a cabo tareas cognitivas complejas y la toma de decisiones. Está involucrada en la planificación, el control de impulsos y la resolución de problemas.

Estas tres redes trabajan en conjunto para regular y dirigir la atención de manera eficiente. El estudio de la atención y su relación con la conciencia es esencial para comprender cómo se procesa la información y cómo se generan las experiencias conscientes en la mente.

La atención es un proceso complejo que involucra diversos mecanismos y tiene la capacidad de adaptarse y responder tanto a factores internos, como externos. Algunos de los aspectos importantes de la atención incluyen:

Mecanismos de activación endógena/exógena: La atención puede ser activada tanto internamente (endógena), como externamente (exógena). La activación endógena ocurre cuando el individuo dirige su atención de manera voluntaria hacia un estímulo o tarea específica. La activación exógena ocurre cuando la atención se dirige hacia un estímulo que llama la atención de manera involuntaria, como un estímulo sorprendente o inesperado.

Codificación y mantenimiento de la información: La atención permite codificar y mantener la información relevante en la mente durante períodos de tiempo limitado. Esto es crucial para procesar y comprender la información que se percibe.

Flexibilidad y desenganche: La atención es flexible y puede cambiar de un objeto o tarea a otra. Puede desengancharse de una tarea para prepararse para otra, ya sea de manera voluntaria o en respuesta a estímulos cambiantes en el entorno.

Determinantes de la atención: La atención está influenciada por determinantes tanto externos, como internos. Los determinantes externos incluyen factores del entorno, como cambios, repeticiones, organización, movimiento y potencia del estímulo. Los determinantes internos están relacionados con procesos emocionales y racionales que pueden influir en la atención.

La atención se puede clasificar de diversas maneras según diferentes criterios, como su amplitud, actitud volitiva, manifestaciones motoras/fisiológicas y el órgano sensorial involucrado. Al comprender estos aspectos de la atención, se podrá avanzar en la comprensión de cómo funciona la mente y cómo interactúa con otros procesos mentales en el sistema mental del individuo.

A colación del párrafo anterior, se presentan nuevas preguntas:

¿Será necesario ahondar en detalle sobre las características de la atención, por ejemplo, cómo se da la activación, orientación, focalización, concentración, estabilidad, e intencionalidad?

¿Qué tan mecánico es considerar el proceso de atención en fases? - Inicio o captación, Mantenimiento y Cese-

La conciencia es el producto global de interacciones y de interferencias cerebrales inseparables de las interacciones e interferencias de una cultura sobre un individuo... ésta es una cualidad dotada de potencialidades organizadoras, capaces de retroactuar sobre el ser mismo, de modificarlo, de desarrollarlo.

(Morin, 1977, págs.132-133)

LA SECUENCIA DE ESTAR en un estado de conciencia y luego dirigir la atención hacia algo específico puede llevar a diferentes procesos mentales, como la reflexión, la evaluación o la revelación de representaciones de objetos o de uno mismo. Esta secuencia puede desencadenar una serie de procesos cognitivos y emocionales que influyen en cómo se percibe y comprende el mundo circundante.

La reflexión implica una consideración profunda y cuidadosa de un objeto o concepto, a menudo acompañada de pensamientos reflexivos. La evaluación implica valorar o juzgar algo en función de ciertos criterios o estándares. La revelación puede referirse a la experiencia de descubrir algo nuevo o comprender de manera más clara algo que antes no se entendía completamente.

Es importante destacar que la secuencia de conciencia y atención puede variar en función de la situación y de lo que está ocurriendo en un momento dado. Estos procesos son fundamentales para la capacidad de procesar información y tomar decisiones en la vida cotidiana, como dicen Bunge y Ardila (1988, pág.251):

"Toda conciencia es conciencia de algo. Este algo se llama contenido u objeto de la conciencia...El contenido (u objeto) de un estado consciente es el objeto percibido o en el cual se piensa mientras se está en ese estado".

De tal manera que, una parte del mundo que aparece (presencia) ante el individuo por *-percepción, reflexión o por reflejo/comparación-*, sigue siendo parte de la existencia propia y/o la coexistencia en el mundo o, por la ausencia de otros seres y objetos (cosas) de la naturaleza.

El proceso descrito en el párrafo anterior refleja la complejidad de cómo se interactúa con el mundo a través de la conciencia. Cuando se percibe algo, ya sea una imagen directa o una representación imaginaria, la mente procesa esta información de manera distintiva. Como menciona Martin Heidegger en su obra, la percepción de una imagen tiene una estructura diferente en comparación con la percepción directa o la representación imaginaria. (Heidegger, 1925, pág. 63):

"Si analizamos la percepción de una imagen, vemos claramente cómo lo percibido de una imagen en la conciencia tiene una estructura totalmente distinta que lo percibido en la percepción directa o que lo representado en el simple imaginarse algo."

Aceptar esto, podría generar/determinar una emoción, esa emoción generaría reacciones fisiológicas conductuales y nuevos pensamientos, para dar paso a la acción o alguna conducta.

Como se mencionó, esta percepción inicial puede generar emociones, y estas emociones a su vez pueden desencadenar respuestas fisiológicas y comportamentales. También influirán en los pensamientos y en cómo es interpretado lo que se está experimentando. La interconexión de estos procesos mentales es fundamental para tomar decisiones, generar respuestas emocionales y conductuales, y actuar en el entorno.

El concepto de "albedrío" y "intencionalidad" se entrelaza en este proceso. La conciencia y otros procesos mentales brindan la capacidad de tomar decisiones conscientes y poder actuar con un propósito definido. Sin embargo, este proceso es complejo y a menudo influenciado por una serie de factores, incluyendo las emociones, experiencias previas y entorno. La interacción entre estos elementos es lo que da lugar a la riqueza de la experiencia humana y a la toma de decisiones individuales.

Y así... se irán dando una sucesión de conciencias interconectadas, en un presente como parte natural y vital del individuo. Con relación a lo anterior, utilizando una frase de Georg Wilhelm Friedrich (Hegel, 1837, pág. 41): "*Saber significa tener algo como objeto ante la conciencia y estar cierto de ello*", ante esto, será interesante <saber>, por ejemplo, ¿cuántos estados de conciencia se pueden presentar de manera simultánea en un individuo?

Con relación al párrafo de arriba Karl (Popper, 1994, pág.158) dice:

"*Los estados de conciencia existen sin duda, incluso aunque sean vagos y difíciles de describir e incluso aunque su existencia plantee problemas difíciles.*"

Durante cierto período se les enseña y se satisface su curiosidad. Pero con los años el placer de profundizar, de descubrir, de inventar crece y poco a poco el valor y la dignidad del sujeto aumentan con esa actividad. Quien luego, en lo sucesivo, con ocasión de un fenómeno externo llega a tomar conciencia de sí en su interioridad experimenta un sentimiento agradable, una confianza en sí mismo, un placer que al mismo tiempo le da calma y serenidad. A esto se le llama descubrir, inventar... El hombre se conoce a sí mismo solo en la medida en que conoce el mundo, del cual toma conciencia solo en sí mismo como toma conciencia de sí solo en él.

(Goethe, 1997, pág. 83 y 90)

LA DINÁMICA DE LA MENCIONADA interactividad de los procesos mentales, aunada a los procesos biológicos (siempre basada en actos/movimiento y el cambio), se vuelve diversa y compleja, tanto por las circunstancias, como por los métodos de análisis[Nota final [lxxxv]] y, qué decir desde la perspectiva teórica con que se haga; por supuesto hay un reto implícito el cual es dejar, solo en la historia, la visión de querer entender al cerebro y a la mente, como una caja negra, una tabla rasa[Nota final [lxxxvi]] o una máquina de hacer pensamientos y emociones/sentimientos.

Lo que sí es evidente, son los momentos cuando de manera interrelacional, la mente influye en lo fisiológico y viceversa; también lo que sucede entre lo sensorial externo con la mente[Nota final lxxxvii]; lo ambiental con lo mental y/o fisiológico; y lo mental con el ambiente socioambiental.

Todo este acontecer se evidencia a través del lenguaje, construido a través de signos, representaciones abstractas, las cuales son convertidas en experiencias subjetivas[Nota final lxxxviii], comunicación y aprendizajes, asimismo, por acciones y comportamientos (innatos y aprendidos), muchos de ellos producto de las creencias que hay en cada individuo, mismas que, parten de un creer y se manifiestan en complejas interacciones sociales, algunas observadas por su coherencia/consonancia o por sus posibles disonancias cognitivas[Nota final lxxxix], es decir, como mencionó León (Festinger, 1957, pág.12) se da por *"la existencia de relaciones entre cogniciones que no concuerdan"*.

El caso hipotético que se presenta a continuación ejemplifica de manera clara la relación entre el conocimiento, la conciencia y la toma de decisiones en la vida cotidiana de una persona:

Imaginar a un agricultor comunitario que se dedica al cultivo de hortalizas. Durante muchos años, ha seguido el conocimiento tradicional en su práctica agrícola, utilizando pesticidas naturales que han sido transmitidos a través de generaciones (coherencia/consonancia). Sin embargo, un día decide tomar un curso donde le enseñan sobre el uso de productos agrícolas sintéticos.

Sin cuestionar demasiado la diferencia entre los pesticidas naturales y sintéticos, comienza a aplicar el pesticida sintético en su siguiente siembra. A medida que pasa el tiempo y acumula experiencia, comienza a comparar los resultados de ambas técnicas de control de plagas y se da cuenta de las notables diferencias entre ellas (conciencia). Reconoce que lo que aprendió en su niñez sobre la agricultura tradicional es menos perjudicial para su salud, el suelo y el agua.

A pesar de esta conciencia, continúa usando el pesticida sintético. Esto se debe a que la producción es mayor con este método, se requiere menos tiempo para la aplicación y, además, ya ha invertido dinero en la compra de productos químicos (disonancia cognitiva).

Sin embargo, después de dos temporadas, el agricultor observa que su salud se está viendo afectada negativamente. Se da cuenta de que no es el único, ya que algunos de sus vecinos también están experimentando problemas de salud similares. Tras investigar, descubre que existe una alta probabilidad de que estos problemas estén relacionados con el uso del pesticida sintético.

En este punto, el agricultor valora la calidad de su vida, la salud de su familia y la economía familiar. Finalmente, toma la decisión de dejar de utilizar el pesticida sintético y busca formas de descontaminar su terreno y su cuerpo.

Este caso hipotético demuestra cómo el conocimiento, la conciencia y la toma de decisiones pueden influir en las acciones de una persona en su vida diaria. También resalta cómo a veces se enfrentan conflictos internos cuando las acciones no están alineadas con lo que se sabe o cree. La capacidad de reflexionar sobre las elecciones y tomar decisiones informadas es fundamental para vivir de manera consciente y responsable.

> *La conciencia no es un modo particular de conocimiento, llamado sentido interno o conocimiento de sí: es la dimensión de ser transfenoménica del sujeto... Sin duda, la conciencia puede conocer y conocerse. Pero, en sí misma, es otra cosa que un conocimiento vuelto sobre sí.*
>
> (Sartre, 1943, pág.18)

Para qué preguntarse sobre la conciencia

Cuestionar el propósito de la conciencia es una empresa que lleva a explorar un vasto territorio de interrogantes y posibilidades. Al no hacerlo, se corre el riesgo de caer en la repetición de prácticas y lemas que, en última instancia, pueden carecer de beneficios sustanciales para quienes los siguen. Este es especialmente el caso cuando se utiliza el término 'hacer conciencia' en diversas esferas de la vida cotidiana.

La noción de 'hacer conciencia' a menudo se interpreta como un proceso mecánico, como si fuera posible producir conocimiento consciente simplemente proporcionando información y el paso inmediato realizar acciones. Ejemplos comunes incluyen frases como 'hacer conciencia de la pobreza' o 'hacer conciencia del beneficio del proyecto'. Sin embargo, esta perspectiva plantea interrogantes importantes.

En última instancia, cuestionar el propósito de la conciencia y cómo buscar y promover su comprensión es esencial para un mayor entendimiento de este concepto complejo y de su impacto en la sociedad.

¿Realmente es posible 'hacer' conciencia de esta manera?, ¿es tan sencillo y efectivo como parece? En este contexto, se debe considerar que quienes promueven cierta información pueden tener intereses particulares en juego. Esta lucha por influir en la conciencia de las personas puede tener consecuencias no deseadas, como la enajenación y la ignorancia.

Se ha observado y comprendido que, en el contexto de las relaciones sociales comunitarias, las dinámicas de poder y control sobre los demás son bastante comunes. Frente a esta situación, ya sea en el ámbito gremial o institucional, se hace un llamado a desarrollar conciencia como una medida preventiva para evitar verse afectado por las operaciones derivadas de estas formas de interacción social. Pareciera mágico que en el momento de "hacer conciencia" hubiera un halo protector o unos lentes que permiten observar otra realidad y, con base en ese estado, se puedan tomar decisiones.

En esta situación, se presentan múltiples factores que complican el escenario y que son de vital importancia para comprenderla.

En primer lugar, es esencial tener conocimiento de quién está tratando de ejercer control, cuáles son sus objetivos y qué repercusiones y beneficios persigue con sus acciones.

En segundo lugar, resulta crucial que el individuo se vuelva consciente de estos elementos mencionados anteriormente y comprenda el papel que desempeña en la dinámica en curso.

En tercer lugar, es necesario reconocer las acciones que se están llevando a cabo y que están permitiendo el ejercicio del control.

Por último, se debe considerar cómo se retroalimenta o se rechaza la situación en la que se encuentra, especialmente en términos de la emocionalidad que esta puede generar.

Es fundamental comprender que el trabajo comunitario implica tener en cuenta todos estos puntos, y no simplemente asumir que las personas necesitan "tener o hacer conciencia". Se trata de un proceso complejo que involucra aspectos individuales, colectivos y sociales, y no se reduce a un estado que determine por completo todo lo que ocurre en la comunidad.

Con relación a lo anteriormente expuesto, hay diferentes tipos de acciones[Nota final [xc]] de poder, por ejemplo, querer imponerse como autoridad; manejar los fondos de los proyectos comunitarios; producir/explotar un cierto recurso; todas estas acciones producen emociones y sentimientos de manera intensa, al respecto Antonio (Damasio, 2003, pág.126) señala que:

"...para que se produzca un sentimiento o sensación en el sentido tradicional del término se requiere que su contenido sea conocido por parte del organismo; es decir, la conciencia es un requisito. La relación entre sentimiento y conciencia es delicada. En términos sencillos, no podemos sentir si no somos conscientes. Pero resulta que la maquinaria de las sensaciones contribuye en sí misma al proceso de conciencia, a saber, a la creación del yo, sin el cual no se puede conocer nada. La manera de salir de esta dificultad pasa por darse cuenta de que el proceso de sentir es múltiple y está ramificado."

> *La mente es su propio espacio y cada uno de nosotros vive la vida de un fantasmal Robinson Crusoe. Podemos vernos, oírnos y empujarnos los unos a los otros, pero somos irremediablemente ciegos, sordos e inoperantes con respecto a la mente de los demás.*
>
> (Ryle, 1949, pág. 12)

ESTE TIPO DE ACTIVIDADES intencionadas hacia un control del "otro", están sucediendo en muchas sociedades modernas, pero afortunadamente la manipulación, producto de estos programas, es temporal y local, además, va cambiando según la moda de quienes tengan el poder socioeconómico.

Lo anterior podría considerarse como parte de la cultura consumista de conceptos, al respecto, es necesario aclarar que el tratar el tema de los procesos mentales, en particular el de conciencia, requiere de una visión distinta, no simplista y desgastante, por lo tanto, este paradigma tendrá que incluir estas maneras de concebir la conciencia, pero también considerar otras, con tendencia hacia el aprender/conocer la diversidad de mundos (individuos) desde lo racional, emocional e intuitivo. Esta perspectiva en principio puede ser tratada a través de tres formas experienciales interconectadas.

1) La experiencia introspectiva del individuo (de vigilia y onírica) desde su subjetividad, autorreflexión y representación, es decir, la relación e interpretación para enunciar lo real e imaginable de su mundo circunstancial, o la enacción (evidenciar lo presente) del mundo, ya sea temporal, de yuxtaposición espacial y de causa/efecto

2) La experiencia por interacción socioambiental o ecológica

3) La experiencia mental o los qualia (la palabra es el plural de quale o "cualidad", utilizado en filosofía de la mente)

. . . .

EN EL ÁMBITO DE LA filosofía de la mente, se encuentra el concepto crucial de los qualia Nota final [xci], que se refieren a las propiedades intrínsecas de los estados mentales conscientes Nota final [xcii] que conforman las cualidades sensoriales de la experiencia fenoménica de las personas. Los qualia son reconocidos en la teoría como las cualidades sensoriales de la conciencia fenoménica Nota final [xciii], y cada individuo los experimenta de manera única y subjetiva. Estas experiencias tienen una naturaleza no conceptual en primera persona, diría Peter (Carruthers, 2019, págs.16-20), lo que significa que no pueden ser completamente expresadas o reducidas a conceptos, y los artículos y eventos en el mundo pueden convertirse en objetos de una conciencia parcial. Algunos ejemplos de qualia elementales incluyen colores particulares con intensidad, la sensación táctil de los bordes de una textura, dolores específicos que no pueden describirse con palabras, olores que generan emociones, sonidos relajantes, el sabor de un chocolate o la sensación de ingravidez al volar. Cada uno de estos ejemplos ilustra la naturaleza única y subjetiva de las experiencias sensoriales en la conciencia humana.

Los qualia poseen características intrínsecas que son profundamente personales y subjetivas, pertenecientes al universo privado de cada individuo. Son experiencias directamente accesibles, experimentadas en primera persona, y poseen cualidades que son inmediatas, irrevocables y privadas. Estas experiencias son inefables, lo que significa que son difíciles de describir completamente con palabras, y se experimentan en su totalidad en lugar de dividirse en partes separadas. Son innegables en el sentido de que el individuo no puede negar su experiencia de ellos.

Los qualia también son temporales y pueden ser recordados, aunque describirlos con precisión y compararlos puede resultar complicado, lo que a menudo conduce a conflictos, contradicciones y fragmentación de los conocimientos generados a partir de estas experiencias.

Científicamente, los qualia continúan siendo un enigma sin fundamentos sólidos para explicarlos como fenómenos subjetivos del individuo. Algunos autores influyentes, como Nagel en 1974 y Crick y Koch en 2003, han señalado esta dificultad. Para que los qualia puedan considerarse como parte del conocimiento científico, se requiere llevar a cabo un enfoque en tercera persona para estudiarlos. Esto implica reconocer algunas propiedades biológicas donde se generen los qualia. Este enfoque podría ofrecer una mayor comprensión de estos fenómenos subjetivos y permitir una exploración más profunda desde una perspectiva científica.

> Siento que tan solo estamos intercambiando anécdotas entre nosotros, y nadie ha hecho lo que sí se han hecho en las ciencias físicas: proponer un marco adecuado al que todo el mundo pueda apuntarse, con leyes, reglas, principios y demás, un marco que pueda unificar con éxito los distintos niveles de trabajo sobre el cerebro.
>
> (Greenfield, pág.147, publicado en Blackmore, 2005)

HASTA AHORA, LOS QUALIA carecen de evidencias o argumentos explicativos, científicos y racionales sólidos. Sin embargo, esta falta de explicación no implica necesariamente que no existan. Es posible que sea necesario adoptar una perspectiva diferente o ser pacientes mientras se desarrollan metodologías de objetividad múltiple que reconozcan que los qualia no son la única fuente de conocimiento. Explorar esta compleja área de la experiencia subjetiva puede requerir enfoques innovadores y una comprensión más profunda de la conciencia humana.

Francisco Varela aborda el tema de la validez de los datos de primera persona, que incluyen tanto las experiencias subjetivas del individuo, como los datos provenientes del mundo exterior. En su análisis, Varela ofrece una perspectiva interesante sobre la importancia y la legitimidad de estos datos en el estudio de la conciencia y la experiencia humana, al respecto dice:

"Claro, éste es el enfoque habitual: que los datos del exterior son fiables y que los datos del interior son subjetivos e imprecisos. Pero ¿es cierto, o es solo que va a la par con la renuencia a estudiar de la conciencia?",

Más adelante, en su mismo comentario que hace como parte de la entrevista hecha por Susan Blackmore, dice

"Ahora bien, te pregunto lo siguiente: cuando obtienes datos a los que se puede acceder mediante métodos en primera persona, y luego los sometes a validación intersubjetiva, ¿por qué razón no deberían ser igualmente válidos, y convertirse en parte del saber común? Por lo tanto, la distinción entre objetivo y subjetivo, ¿qué es en realidad? No es más que un cambio en los tipos de herramientas que usas para observar." (Blackmore, 2005, pág. 305)

. . . .

Los qualia, esas experiencias subjetivas únicas y personales, surgen de una compleja interacción de diversos factores. Estos incluyen elementos genéticos, factores epigenéticos que afectan la expresión génica, la influencia de la memoria previa y los preconceptos, la intuición y el aprendizaje acumulado a lo largo de la vida. Todos estos componentes, en combinación con otros procesos mentales, contribuyen a la formación del conocimiento consciente y una percepción, en constante cambio, que se experimenta. Este enfoque permite comprender que la percepción no es estática, sino que evoluciona a medida que se interactúa con el mundo, se acumulan experiencias y hay un aprendizaje constante a lo largo de la vida.

Para muchos, conocer las bases neurales que sustentan la conciencia es una cosa, pero dar una explicación coherente a las experiencias subjetivas que vivenciamos es otra muy diferente. Es importante recordar la distinción entre experiencias conscientes y experiencias subjetivas conscientes. La primera hace alusión a las percepciones conscientes, por ejemplo, ver, oír, tocar, gustar, etc., en cambio la segunda se refiere íntimamente a los qualia, la experiencia de cómo es sentir algo.

(Maureira y Serey, 2011, pág.74)

LAS FORMAS EXPERIENCIALES subjetivas previamente exploradas, a pesar de su naturaleza temporal y finita, desempeñan un papel esencial en la existencia individual. Estas experiencias no solo constituyen la realidad subjetiva de cada persona, sino que también generan conocimiento arraigado en un momento específico en el espacio-tiempo. A través de estas experiencias, los individuos son capaces de identificar y reconocer su presencia en el presente, así como de distinguir entre lo que ya ha ocurrido en el pasado y lo que está por venir en el futuro.

Además, estas experiencias subjetivas actúan como una interfaz precisa tanto en las interacciones entre individuos, como en las experiencias internas de cada uno. Sirven para representar y anclar el mundo actual, permitiendo a las personas dar sentido a su entorno y a sí mismas en relación con ese entorno. En última instancia, estas experiencias subjetivas son una parte integral de la existencia de cada individuo y de su capacidad para comprender y relacionarse con el mundo que les rodea.

Estas experiencias se estructuran de a) ideas-pensamientos, b) emociones-sentimientos[Nota final xciv], c) creencias, d) sensaciones-imaginaciones, e) percepciones, f) intuiciones; de igual manera son un aprendizaje, el cual abre la posibilidad de crear/recrear e imaginar conocimiento (preconceptos y conceptos) y arte; en ellas se da un interactuar y focalización de múltiples relaciones que conforman su interpretado mundo/realidad (el cual es casi siempre simbiótico).

Estas experiencias desempeñan un papel fundamental en la preparación y adaptación del individuo en múltiples niveles de conciencia. A través de estas experiencias, el aprendizaje puede ocurrir de manera consciente o no consciente. Cuando el aprendizaje se vuelve consciente, el individuo tiene la capacidad de comprenderlo y racionalizarlo, lo que le permite ajustar y controlar situaciones o circunstancias de manera más efectiva.

Es importante tener en cuenta que diversas variables pueden influir en estas experiencias. Por ejemplo, los estados de salud de un individuo, las alteraciones emocionales que pueda experimentar, el entorno en el que se encuentra y factores como la pérdida de la audición, la visión o el daltonismo pueden tener un impacto significativo en cómo una persona percibe y procesa estas experiencias. Estos factores adicionales agregan complejidad al estudio de las experiencias subjetivas y resaltan la importancia de considerar un enfoque integral en la comprensión de la conciencia y la percepción humana.

El mundo no es lo que yo pienso, sino lo que yo vivo; estoy abierto al mundo, comunico indudablemente con él, pero no lo poseo; es inagotable.

(Merleau-Ponty, 1945, pág.16)

EN ESTAS EXPERIENCIAS, los individuos emplean su propio lenguaje para abstraer y desarrollar un sistema representacional. Un ejemplo notable de este sistema es el antropomorfismo, que les permite a las personas:

a) Interpretar la realidad desde una perspectiva antropomórfica, atribuyendo características humanas a objetos o fenómenos no humanos.

b) Retroalimentar sus memorias a través de la creación y el uso de estas representaciones antropomórficas.

c) Construir conocimiento basado en estas representaciones y

d) Elaborar narraciones e historias, ya sean simples o complejas, que pueden ser tanto reflejos de su propia existencia, como invenciones o ficciones.

· · · ·

ES IMPORTANTE DESTACAR que, independientemente de su veracidad, muchas de estas narraciones y representaciones antropomórficas son aceptadas como verdaderas y creídas por las personas. Este fenómeno refleja cómo los individuos utilizan su capacidad de lenguaje y pensamiento abstracto para dar sentido y significado a su mundo y sus experiencias, incluso cuando implican proyecciones humanas en elementos no humanos de la realidad. Al respecto habrá que considerar lo que comenta Daniel (Kahneman, 2011, pág. 251):

"La ilusión de que entendemos el pasado fomenta el exceso de confianza en nuestra capacidad para predecir el futuro."

(Ver más detalles sobre el tema *Las creencias conscientes*)

La comprensión del proceso de las experiencias y cómo estas se vuelven conscientes es una línea de investigación fascinante que plantea una serie de preguntas fundamentales (como se muestra en la Tabla 9) que merecen una exploración más profunda:

¿Quién o qué determina si estamos o no conscientes en un momento dado?
¿Cómo se produce la transición desde lo puramente experiencial hacia la conciencia?
¿Dónde se almacena el conocimiento generado a través de las experiencias?
¿Quién o qué controla lo que se convierte en conocimiento consciente y dónde se guarda ese conocimiento?
¿La conciencia es un proceso intencionado, y si es así, quién o qué lo hace intencionado?
¿Cuándo comienza un individuo su proceso de conciencia?
¿En qué nivel de conciencia se reconoce que se está consciente y cuándo ocurre esta toma de conciencia?
¿Cuál es la estrategia más efectiva para actuar en función del conocimiento consciente?
¿Se debe considerar la conciencia únicamente como un estado mental?
¿Qué parte del individuo solicita información a la memoria y la evalúa desde la razón, la lógica o la moral?
¿Quién decide tomar medidas o no basadas en el conocimiento resultante de la conciencia?
¿Es posible que la conciencia se observe a sí misma?
¿Dónde tiene lugar el proceso de conciencia?
¿Existen múltiples desencadenantes para el proceso de conciencia, o puede reducirse a tipos específicos de información generadores de conciencia?
¿Se puede comprender la conciencia sin categorizarla como un proceso, un estado, un fenómeno o un epifenómeno?
¿Son todos los procesos de conciencia uniformes y se perciben con claridad?
¿Cuál es la duración típica de un conocimiento consciente?
¿Quién y cómo se reconocen emociones, sentimientos e ideas como pasados o anticipatorios, y cuándo se vuelven conscientes?
¿Es la interacción entre los procesos de conciencia, las emociones, la intuición y el pensamiento/razonamiento lo que da lugar al conocimiento?
¿Qué ocurre en los intervalos en los que la conciencia no está activa?
¿Se podrá entender la conciencia, sus propiedades, características, dinámica, ontología y epistemología únicamente a través del progreso actual en neurociencia/neurofenomenología, o requerirá la integración de otras disciplinas, metodologías y enfoques de pensamiento?
¿Cómo influyen los estados de salud en la percepción y conciencia de una persona, y de qué manera afectan la formación del conocimiento consciente?
¿Cómo se ve influenciada la conciencia por el entorno en el que se encuentra una persona y cómo esto se traduce en la generación de conocimiento consciente?
¿Qué papel desempeñan las alteraciones emocionales en la percepción y toma de conciencia, y cómo impactan en la construcción del conocimiento consciente?
¿De qué manera interactúan los procesos de conciencia, las emociones, la intuición y el pensamiento/razonamiento para dar lugar a la creación de conocimiento consciente, y cómo pueden estas interacciones ser estudiadas y comprendidas?

¿Qué diferencias y similitudes existen en la percepción y conciencia entre individuos con discapacidades sensoriales, como sordera, ceguera o daltonismo, y cómo estas diferencias afectan la formación de conocimiento consciente?
¿Existe una relación entre la duración de un conocimiento consciente y su utilidad o efectividad en la toma de decisiones y la acción?
¿Cuáles son los mecanismos a través de los cuales la conciencia puede reconocer las emociones, sentimientos e ideas como pasados o anticipatorios, y cuál es su impacto en la toma de decisiones basada en el conocimiento consciente?
¿Qué métodos y enfoques interdisciplinarios son más prometedores para abordar las preguntas planteadas en la investigación de la conciencia y su relación con la experiencia y el conocimiento?

Tabla 9

• • • •

La conciencia es una característica del cerebro en un nivel superior al de las neuronas individuales.

(Searle, 2003, pág.123)

SIGUIENDO EN LA MISMA línea de razonamiento, una vez que el lector haya respondido a las preguntas anteriores, estará en posición de abordar una serie de preguntas adicionales que también resultan fundamentales para comprender la naturaleza de la conciencia y su relación con la experiencia y el conocimiento. Algunas de estas preguntas secundarias podrían incluir:

¿Quién soy, el que está pensando y tiene conciencia?
¿Quién o qué controla los actos, quién dice haz conciencia y manifiéstate corpórea o socialmente?
¿Qué sucede en el proceso de conciencia, el cual permite acceso para acercarse, alejarse o, haya una dirección específica hacia la interconexión con emociones e ideas?
¿Quién o qué determina si ese conocer, producido antes y durante la conciencia, se use, guarde o se ignore?
¿Quién dice, estás sintiendo tal cosa y debes reaccionar de este modo?
¿Quién valora si un estado consciente tiene la valencia bueno o malo?

PARA FINALIZAR ESTE hilo-madeja de preguntas, mismo que pueden convertirse en el inicio de una investigación, hay otras tres que son consideradas como propias del acto de estar en conciencia...

¿Me doy cuenta de quién soy?
¿Qué hago, qué dejo de hacer, dónde estoy y con quién estoy conviviendo yo mismo?
¿Por qué pienso, existo o tengo un destino?

CON ESTA SERIE DE PREGUNTAS se espera que los lectores se involucren en un ejercicio reflexivo, aunque se reconoce que pueden no tener la capacidad, información y experiencia para responderlas de manera definitiva. No obstante, este ejercicio puede contribuir a una comprensión más profunda de las propias preguntas. Antes de finalizar, se plantea otra pregunta fundamental: ¿Qué es el pensamiento? En los párrafos siguientes, se presentarán algunas ideas iniciales sobre este tema para facilitar su abordaje en futuras discusiones.

El pensamiento se define como una construcción mental originada por procesos de pensar[Nota final xcv], ya sean intencionales o no. Estos procesos generan conocimientos y saberes que consisten en imágenes, ideas, conceptos, entidades reales y abstractas, así como en elementos no conceptualizados (según Carruthers, 2000). Además, el pensamiento da lugar a acciones corporales, tanto simples, como complejas, que se manifiestan en forma de comportamientos. Estos procesos mentales y sus productos son percibidos y descubiertos de manera individual y contextual, y poseen la propiedad de ser comunicables o expresables. Esta característica está presente en diversos seres vivos y en artefactos que operan mediante inteligencia artificial.

De manera concisa, aunque con la advertencia de que esta explicación podría resultar simplificada, el pensamiento se define como un proceso mental que involucra aspectos cognitivos y emocionales. Este proceso se encarga de asociar, generar, manipular y organizar ideas y conceptos con el fin de comprender el mundo y permitir la interacción significativa.

El pensamiento desempeña un papel fundamental en la resolución de problemas, la toma de decisiones, la expresión de la creatividad y el aprendizaje. Existen diversos tipos de pensamiento que pueden manifestarse en diferentes contextos y situaciones para abordar los desafíos y oportunidades tanto a nivel individual, como colectivo. Algunos de estos tipos incluyen el pensamiento abstracto, adaptativo, analítico, concreto, convergente, creativo, crítico, disonante, divergente, ético, estratégico, holístico, intuitivo, lateral, lineal, lógico, metacognitivo, prospectivo, sintético y sistemático.

Para que ocurra el proceso descrito anteriormente, se requieren procedimientos que implican argumentos o pruebas, conocidos como razonamiento. En estos procedimientos, el pensamiento se combina con otros estados mentales, ya sea de manera voluntaria o como resultado de las actividades y circunstancias individuales. El pensamiento se convierte así en una facultad que permite explicar y reconstruir la realidad utilizando diversas estrategias conocidas como tipos de razonamiento. Estas estrategias son fundamentales para comprender y dar sentido al mundo.

Estos <tipos de razón> de los individuos, son utilizados para interpretar y relacionarse con la realidad/physis; como ya fue dicho, son actos mentales, los cuales podrían transformarse en un estado de conciencia, la pregunta consiguiente sería: ¿Qué da la posibilidad para que un producto generado por una razón se torne consciente?

Es importante reconocer que el razonamiento es un producto complejo de un conjunto de habilidades cognitivas que involucran diversos estados mentales. Estas habilidades permiten a los individuos relacionar, organizar y vincular información de manera estructurada, tanto interna, como externa, siguiendo reglas lógicas preestablecidas y conexiones causales. Estos razonamientos pueden utilizarse como estrategias, argumentos y conclusiones, lo que contribuye con la generación de nuevo conocimiento y a la resolución consciente de problemas.

La diversidad de razonamientos se refleja en la siguiente Tabla 10, que presenta una amplia lista de tipos de razonamiento. Cada tipo de razonamiento tiene sus propias características y aplicaciones, y la elección de cuál utilizar depende de la perspectiva, los objetivos y la interconexión cognitiva que el individuo establezca. Es importante recordar que estos razonamientos, aunque diversos, forman parte de un conjunto más amplio y plural, lo que significa que pueden reconocerse y distinguirse entre sí, pero siempre manteniendo la noción de su pertenencia a un conjunto integral. Además, algunos de estos razonamientos pueden ser agrupados en pares, como el razonamiento hipotético-deductivo.

....

Tipos de razonamiento

ABSTRACTO	CRÍTICO	INTERROGATIVO	DELIBERATIVO
ANALÍTICO	DEDUCTIVO	INTUITIVO	DIALÉCTICO
ANALÓGICO	DELIBERATIVO	INVESTIGATIVO	REFLEXIVO
CONCEPTUAL	DIALÉCTICO	LÓGICO Y NO LÓGICO	SINTÉTICO
CONVERGENTE	DIVERGENTE	MÁGICO	SISTÉMICO
CREATIVO	HIPOTÉTICO	METAFÓRICO	SYNVERGENTE
	HISTÓRICO	PRÁCTICO	TRADICIONAL
	INDUCTIVO		TRANSDUCTIVO

Tabla 10

• • • •

CON ESTOS TIPOS DE razones se generan diversos conocimientos y, quizá algunos podrían convertirse en estados de consciencia; de acuerdo con Robert (Rosenthal, 1990), no todos los estados mentales podrán ser estados de conciencia. Hasta ahora, se desconoce cómo sucede esa concienciación del conocimiento (Johnson-Laird, 1983, pág. 448 y en 1988, pág. 7).

La conciencia, en cualquiera de sus variadas connotaciones, ciertamente no se encuentra abajo en el sótano de la química o en el sub sótano de la física. Este intento de saltar, de un solo salto, desde el sub sótano de la mecánica cuántica hasta el ático de la conciencia, es lo que yo llamo el Sueño del Conserje.

(Calvin, 1996, pág.38)

> Un símil para imaginar qué es la mente, sería al considerar a las estrellas y cometas como lo consciente, los planetas y satélites vendrían siendo los otros estados mentales, los cuales, en conjunto, forman los sistemas solares mismos que, podrían ser las acciones y comportamientos; las memorias son los hoyos negros y, lo que no es cognoscible/perceptible, dentro y fuera del individuo, es la materia negra del Universo.

LA IMPORTANCIA DE COMPRENDER la conciencia individual es fundamental, pero es esencial abordar este tema sin caer en simplificaciones excesivas. La comprensión de la conciencia se enriquece cuando se explora su evolución histórica y se analizan los diversos fundamentos teóricos relacionados con ella. Este enfoque narrativo e histórico permite una apreciación más profunda y enriquecedora para aquellos que investigan, trabajan en la educación, la capacitación y la ciencia. Además, este enfoque contribuye con la creación de conocimiento, especialmente en el ámbito transdisciplinario.

No cabe duda de que los seres humanos poseen potencialmente conciencia, lo que implica la existencia de una mente. Esta mente ha evolucionado a lo largo de miles de años en relación con otras especies y ha experimentado cambios biológicos y sociales significativos. La mente humana es producto de la selección natural, procesos socioculturales y su propio desarrollo a lo largo del tiempo. Los seres humanos tienen una profunda convicción de la existencia de su mente y conciencia, lo que destaca aún más la importancia de explorar este fenómeno complejo y fascinante.

> *Sospecho que existe un fuerte vínculo entre el proceso neuronal que hace posible la sintaxis y el que hace posible nuestra conciencia especulativa tan superior a la de los animales, a saber, que ambas se fundan en la existencia de un proceso darviniano de fuerte competencia donadora en la corteza cerebral.*
>
> (Calvin y Bickerton, 2000, pág.34)

EL ESTUDIO DE LA CONCIENCIA conlleva necesariamente la comprensión de otros procesos que se agrupan bajo el término "mente". A lo largo de la historia, la mente ha sido objeto de estudio desde diversas perspectivas, incluyendo enfoques filosóficos, metafísicos y científicos.

Para algunos autores, la conciencia se considera como una parte integral del cuerpo, emergente de un proceso de evolución que abarca tanto aspectos biológicos a nivel de especie, como factores epigenéticos subjetivos y elementos socioculturales. La idea subyacente es que, si se logra comprender este proceso de evolución de la conciencia, se podría adquirir un conocimiento más profundo sobre su funcionamiento, desde los aspectos más simples hasta los más complejos.

Este enfoque sugiere que existe una estrecha relación entre la biología, la epigenética y los factores socioculturales en la formación y funcionamiento de la conciencia, y que el estudio interdisciplinario de estos elementos puede arrojar luz sobre la naturaleza de la mente y la conciencia humana, por ejemplo, Rodolfo (Llinás 2002, págs. 84 y 101) comenta que se rigen con las mismas reglas biológicas por ser producto de la evolución.

A este proceso evolutivo, habrá que incluir la evolución cultural, especialmente la relacionada al: a) sedentarismo, b) estilos de vida, c) el desarrollo de la tecnología y, d) la producción, acceso y manejo de información. Ambos procesos (biológico y cultural) podrían considerarse como parte de la explicación de la evolución de la conciencia.

> *La conciencia es solo una dimensión particularmente sofisticada de la vida biológica. Cuando mi vida biológica acabe, también lo hará mi conciencia.*
>
> (Paul Churchland, pág.89, publicado en Blackmore, 2005)

LA CUESTIÓN DE LA CONCIENCIA sigue siendo un tema de debate y controversia entre científicos y filósofos en la actualidad. Algunos de los puntos de discusión incluyen si solo algunos seres vivos poseen conciencia y por qué ha evolucionado como una estrategia a lo largo de millones de años.

También se discute si existe un nivel mínimo de conciencia que permite a los seres vivos responder a las diversas situaciones de su entorno, especialmente aquellos con sistemas nerviosos. Además, se exploran las relaciones funcionales entre la conciencia, las habilidades individuales, incluyendo las múltiples inteligencias, y cómo estas se correlacionan con las interacciones específicas tanto dentro de la especie, como entre especies. Se investiga cómo la conciencia puede desempeñar un papel en la supervivencia, particularmente en el autocuidado y el cuidado de la descendencia a través de estrategias de vida^{Nota final [xcvi]}.

En este proceso natural, sin caer en una intención de progreso, existen estudios de la conciencia para revisar qué especies de animales tienen a) conciencia de su exterior, b) una autoconciencia y, c) una conciencia de estar en conciencia.

Desde este mismo camino, Karl (Popper, 1977, pág.492) comenta:

"Naturalmente, la pregunta de cómo apareció la conciencia en la vida es increíblemente difícil, ya que los elementos de juicio son casi inexistentes. Lo mismo ocurre con los elementos de juicio acerca de cómo apareció la vida en el mundo. La situación es muy similar, y creo que lo único que quizá se pueda decir es que, si la historia evolutiva se aplica a la vida y a la conciencia, entonces tienen que existir grados de vida y grados de conciencia."

Según algunas perspectivas, existe la idea de que el cuerpo y la mente colaboran en sus funciones, aunque están separados en términos materiales. En otras palabras, estos enfoques sugieren que el cuerpo y la mente operan en conjunto, pero no están físicamente vinculados en una única entidad.

Por otro lado, hay propuestas que sostienen que la mente es simplemente un producto o fenómeno emergente del cerebro. En este contexto, se argumenta que la mente surge como resultado de procesos cerebrales complejos y que existen correspondencias lógicas y funcionales entre las actividades mentales y las actividades cerebrales. Esta perspectiva, respaldada por autores como Deacon (2011), plantea que el cerebro desempeña un papel fundamental en la generación y funcionamiento de la mente.

En resumen, estas diferentes concepciones sobre la relación entre el cuerpo y la mente son parte de un debate en curso en la filosofía de la mente y la neurociencia, y cada una de ellas presenta sus propios argumentos y evidencias que respaldan su enfoque particular para comprender cómo opera la mente en relación con el cuerpo; al respecto, solo para fortalecer esta idea, José Luis (Pinillos, 1969, pág. 83) explica:

"Sin cerebro no hay conciencia, pero la conciencia no es el cerebro. La conciencia es una función cerebral que trasciende su propio origen y es capaz de enfrentarse a él"

Desde esta visión, este conocer sobre la conciencia se puede lograr a través de la indagación de las investigaciones neurofisiológicas y psicológicas (Gestalt), a esta tendencia se le llama isomorfismo psicofísico, la cual tiene sustento en la teoría general de sistemas de Karl Ludwig von (Bertalanffy, 1968).

Es esencial realizar una reflexión en este punto acerca de los programas de investigación destinados a comprender la relación entre la materia y lo que no es materia, es decir, la mente. Este planteamiento presenta un enigma intrigante tanto en la filosofía, como en la ciencia, ya que involucra la interacción entre dos aspectos aparentemente distintos de la realidad.

La cuestión de si la materia ejerce influencia sobre lo que no es materia (la mente) y si lo que no es materia también tiene un impacto en la materia constituye un tema de gran complejidad. En el contexto de esta exploración, podría ser necesario reconsiderar la definición convencional de "materia" y ampliar las áreas de investigación relacionadas con la mente y la conciencia.

Este enfoque plantea la posibilidad de explorar nuevas perspectivas y paradigmas en la comprensión de la mente y su relación con el mundo material. A medida que avancen en la investigación y la exploración de estos fenómenos, es probable que surjan conceptos y teorías innovadoras que arrojen luz sobre la interacción entre la materia y lo que no es materia. Esto, a su vez, podría transformar la comprensión de la mente y la realidad en su totalidad.

> *...la conciencia se borra o se altera aun cuando todos los demás órganos del cuerpo estén listos para desempeñar su función normal.*
>
> (James, 1890, pág.7)

EN LO QUE RESPECTA a la mente y su naturaleza no material, se ha planteado la posibilidad de considerarla como un subproducto del cerebro o incluso como una forma de energía con propiedades notoriamente diferentes con las de la masa biológica. Desde esta perspectiva, la comprensión de la mente se basa en su interacción intrincada con el cuerpo y su entorno.

La mente se ha descrito como un tipo de energía, aunque su estructura y constitución exactas aún permanecen en gran medida desconocidas. Sin embargo, se reconoce que la mente está influenciada por varios sistemas dentro del cuerpo, así como por factores ambientales externos más allá de los confines de la piel. Además, se ve afectada por los productos generados por los procesos mentales en sí mismos.

Esta compleja interrelación entre la mente, el cuerpo y el entorno plantea desafíos significativos en la investigación y comprensión de la mente humana. A medida que avance la investigación en este campo, es probable que surjan nuevas teorías y enfoques que arrojen luz sobre la naturaleza y el funcionamiento de la mente, lo que podría tener un impacto profundo en la comprensión de la conciencia y la cognición.

Desde esta perspectiva, se establece una serie de relaciones donde los hechos biológicos y psicológicos sobrevienen a los hechos físicos, es decir, hay una sobreveniencia lógica (Chalmers, 1996); de manera simple se considera como una explicación, pero no muestra profundamente el fenómeno de la conciencia, por lo tanto, su existencia es un hecho que va más allá de la descripción y reducción de sus propiedades y del entendimiento de las funciones que se conocen hasta ahora, luego entonces, no está determinada solo por hechos físicos.

> *Mi mente y el mundo están compuestos por los mismos elementos. Lo mismo ocurre para todas las mentes y sus respectivos mundos, a pesar de la insondable abundancia de interacciones mutuas. El mundo me es dado de una sola vez: no uno existente y otro percibido. Sujeto y objeto son una sola cosa.*
>
> (Schrödinger, 1956, pág.30)

SE CONOCE ACERCA DE la mente a través de las manifestaciones corporales, cognitivas y emocionales, algunas veces expresadas en determinados comportamientos, costumbres y actitudes, por supuesto, todo esto entendido desde una visión clasificatoria y de explicación de su propia dinámica interactiva, ya sea que estas expresiones sucedan como respuestas de sobrevivencia^{Nota final} [xcvii] y adaptación del cuerpo o por la evolución del lenguaje y la comunicación, lo anterior lleva a una pregunta ¿Qué sería más enriquecedor, explicar o entender, qué es y cómo funciona la mente?

Cuando se trata de comprender la mente, existen dos enfoques fundamentales que se exploran. El primero se basa en el estudio de la mente a través de sus propias interacciones internas y su relación con otros individuos. Desde esta perspectiva, se busca desentrañar la mente utilizando una serie de conceptos y conocimientos específicos. La mente se describe como un sistema integrado, compuesto por estados cognitivos, emocionales, de conciencia, intuitivos y memorias, entre otros elementos.

Por otro lado, se plantea una segunda opción de acercamiento para comprender la mente. En este caso, se considera la mente desde su función, abordándola como un sistema dinámico que opera en un entorno complejo. Este enfoque se basa en la idea de que la mente funciona a través de sistemas dinámicos multi estables y caóticos, conocidos como estados mentales. Estos estados mentales representan la variabilidad y adaptabilidad de la mente en respuesta a su entorno y experiencias.

Ambos enfoques ofrecen perspectivas valiosas para comprender la mente y su relación con la conciencia. El estudio de la mente a través de su estructura y función permite una comprensión más completa de este fenómeno complejo en la experiencia humana.

Resulta bastante fácil ver por qué una mente parece milagrosa cuando no tenemos idea de todos sus componentes y de cómo se fabricaron. Cada componente tiene una larga historia de diseño, a veces de miles de millones de años.

(Dennett, 2000, pág.182)

EL LECTOR SE ENCONTRARÁ ante la tarea de explorar más a fondo este tema y decidir desde qué perspectiva o línea de investigación desea abordar el estudio de la conciencia, por ejemplo el emergentismo Nota final [xcviii], el epifenomenismo Nota final [xcix] y el computacionismo Nota final [c]... Entre las opciones que pueden considerarse se encuentran las siguientes:

La concepción de la conciencia como un fenómeno emergente que surge a partir de la interacción de varios estados mentales
La concepción de la conciencia como un fenómeno emergente que surge a partir de la interacción de varios estados mentales
La analogía de la conciencia como una especie de "máquina cartesiana", haciendo referencia con la dualidad mente-cuerpo planteada por Descartes.
La aproximación que la compara con un sistema de organización modular computacional-representacional de software y hardware, siguiendo las ideas de autores como Steven Pinker (1977)
La adopción de una perspectiva dualista que parte de un enfoque interaccionista y neurofisiológico, considerando la relación entre el cuerpo y la mente como un aspecto central en la comprensión de la conciencia.

SIGUIENDO LA PLURALIDAD de los diversos autores, una visión diferente con la de arriba expuesta, fue la propuesta por Roger Penrose, quien en una entrevista hecha por Susan Blackmore, comenta:

"El argumento de Gödel nos dice que no somos entidades meramente computacionales; que nuestra comprensión es algo que va más allá de la computación. No nos dice que sea algo no físico, pero nos falta algo crucial, que tiene que ver con la mecánica cuántica." (Blackmore, 2005, pág. 249)

También se puede considerar a la conciencia como la conjunción de interrelaciones que deben ser estudiadas desde una física distinta; así como otras áreas científicas que ofrezcan mayor comprensión de su origen/evolución (visión naturalista biológica) Nota final [ci], así como de su composición, estructura, dinámica relacional y funcionamiento, por ejemplo, el programa de investigación transdisciplinar sobre la biosemiótica[Nota final [cii]], el cual propone procesos fenosemióticos de la mente, es decir, proceso-signo o acción-signo para explicar la funcionalidad de la conciencia y las estrategias de interpretación de la realidad.

Con relación al sentido de interpretar, la conciencia se considera como un acto subjetivo de representación mental. Es una abstracción de algo que se reconstruye con conocimientos, necesidades e intencionalidad. Así, un saco con granos de maíz es visto como un contenedor con semillas, pero pudiera suceder que tenga un significado distinto basada en su uso, pero tal vez, pudiera significar para dos personas lo mismo como un valor convenido. Al interpretar se indica que el mundo existente es relativo a algo, según se percibe-conoce-representa, pero además existe, aunque los individuos no lo sepan o acepten, en este último caso, probablemente ese mundo sea mucho más detallado de objetos e interrelaciones.

Lo percibido en sí ya es un filtro, luego al instante de interpretar se reordenan y enlazan de acuerdo con las capacidades cognitivas y la experiencia vivencial (lo vivencial entendido como un estado que conjuga la experiencia interna y externa en una sola), conformando una representación nueva de ese mundo, una perspectiva, hecha de: signos, significaciones, patrones, símbolos y principalmente un lenguaje.

Para poder interpretar, se observa, analiza y reconstruye a partir de diversos conocimientos. También se logra a través de ajustar normas y creencias del individuo. Asimismo, se reconoce una relación, intencional o por necesidad, entre el individuo y su mundo, misma que se redescribe y es comunicada formando ideas llamadas frases, historias, discursos o conceptos, como si fuera ese todo para una sola situación. La unión de varias interpretaciones posibilita la formación de una unidad, un todo complejo, más allá de la suma de sus partes, el cual puede identificarse y aceptarse con propiedades y cualidades propias.

> *En efecto, cuando la conciencia entra en actividad, se confunden la cosa observada y el observador, y es muy difícil concebir que el sujeto no sienta la influencia de los sentimientos producidos por el objeto, y se ajuste, en un todo, á las reglas de la observación exacta. Si es necesario sujetarse á reglas severas en la observación exterior para evitar el error, es indudable que esas reglas no son •menos necesarias cuando se trata de la observación interna.*
>
> (Maudsley, 1880, pág.23-24)

CUANDO SE HABLA DE la interpretación de la realidad por parte del individuo, se pueden identificar diversos procesos que se llevan a cabo para lograrlo. Estos procesos incluyen:

a) Aislar las propiedades de los objetos y sujetos a través de la abstracción, para luego razonar sobre ellos.

b) Experimentar sensaciones que posteriormente se expresan e interpretan como percepciones, emociones y sentimientos.

c) Crear y recrear conocimientos que se entrelazan en múltiples formas de imaginación.

d) Descubrir de manera espontánea, sin un proceso de razonamiento consciente.

Con base en este análisis, es interesante relacionar la conciencia como un proceso que puede formar parte de estas confabulaciones o pseudo-reminiscencias, lo que a su vez influye en la interpretación que el individuo hace de su realidad.

Clínicamente, el término "confabular" se utiliza para describir cualquier expresión verbal o corporal involuntaria y objetivamente falsa que no corresponde con la realidad en su totalidad o en parte. Estas manifestaciones pueden ser indicativas de un trastorno orgánico o una fisiopatología subyacente. Se pueden distinguir diferentes tipos de confabulaciones, como las perceptuales y las mnésicas, que involucran la aparición de recuerdos de eventos o sucesos que nunca ocurrieron, así como la formulación de explicaciones delirantes.

Según Carl Wernicke, estas confabulaciones pueden ser el resultado de experiencias pseudo-delirantes asociadas a trastornos mentales, lo que contribuye con la generación de confabulaciones, al respecto el autor menciona:

"La fuerza y la fiabilidad de nuestros recuerdos se basan en gran parte en la conexión temporal, estrictamente implementada entre ellos, y uno puede imaginar que a lo largo del hilo del tiempo esos recuerdos se mantienen igual" (Wernicke, 1906, págs.102, 137 y 138).

Las confabulaciones pueden partir de recuerdos "reales" (visuales, olfativos, emocionales, eidéticos, fisiológicos, etc.) que se complementan/estructuran/rellenan con otros sucedidos en diferentes tiempos y contextos, igualmente, surgen por asociaciones a objetos y personas basados en fantasías o dogmas. Lo anterior, implica la relativización del conocimiento consciente con relación a si es verdadero o falso y a su funcionalidad al interpretar el individuo la realidad.

Una forma de comprender cómo se va construyendo la percepción de la realidad es a través de la monitorización de las narrativas que un individuo crea, ya sea con o sin confabulación, y con o sin intencionalidad o deliberación, sin necesariamente implicar la mentira.

Las narrativas están relacionadas con: a) la sincronicidad de los sucesos que se recuerdan, b) el ensamble de éstos, c) la calidad de la información accesible, d) el estado de salud momentáneo (por ejemplo, con estrés o drogado) o crónico (por ejemplo, la amnesia y alucinaciones), e) la reminiscencia de información de sueños al iniciar la vigilia, y f) las circunstancias/contexto que esté viviendo; si en lo anterior hay una confabulación, se verá reflejado en los comportamientos espontáneos, en la creatividad/fantasía, en falsas memorias, en las creencias imaginarias, y en afirmaciones verbales falsas involuntarias.

> *Ya sea despierto o dormido, su conciencia funciona como un modelo simplificado de usted y su mundo construido por su cerebro, a partir de las mejores fuentes de información disponibles. Durante la vigilia, el modelo se deriva de la entrada sensorial externa, las cual proporciona la información más actual sobre las circunstancias presentes, en combinación con información contextual, histórica y motivacional interna. Durante el sueño, hay poca información externa disponible y, dado un cerebro suficientemente funcional, el modelo se construye a partir de sesgos internos.*
>
> (Laberge, 2009, pág.19)

CUANDO UN INDIVIDUO confabula, no necesariamente se debe a problemas de salud mental. También puede ocurrir cuando se le somete a una presión para recordar un evento o historia tal como sucedió. En este caso, cualquier persona podría confabular o tener un reconocimiento falso como una forma de enfrentar el desafío. Si se le fuerza a recordar algo, es posible que confabule como una estrategia para resolver la situación, aunque lo que diga no necesariamente será coherente ni consistente. Es probable que esté confundido, y su conocimiento consciente solo le permitiría darse cuenta de su situación y considerar posibles escenarios futuros. Es importante destacar que esta situación difiere significativamente si la persona se encuentra en un estado de confusión, psicosis o padece de demencia senil, por ejemplo.

Los estudios de confabulación y la conciencia podrían ayudar a conocer más sobre esta capacidad vital, la cual permite sincronizar los pensamientos y los comportamientos, ya que, durante este proceso de filtrado, los pensamientos también se recodifican, todo este proceso proporciona información para decidir más adelante, así se sabrá si los individuos realmente han experimentado una situación o solo han pensado en ella.

Al respecto, sería muy interesante revisar la obra de Armin Schnider, quien comenta:

"...la memoria habría sido una facultad desventajosa en la evolución si no hubiera estado acompañada de un mecanismo que permitiera a las criaturas dotadas de memoria sentir

automáticamente si los próximos pensamientos y recuerdos se relacionaban con la realidad presente o no. Si uno está de acuerdo con este razonamiento, entonces la brecha entre la investigación sobre la amnesia y la investigación sobre la confabulación es verdaderamente sorprendente." (Schnider, 2008, pág.262)

En cuanto a la memoria, se puede afirmar que desempeña una función neurocognitiva esencial que se resume en la capacidad de almacenar, codificar, consolidar, evocar, recuperar, registrar y retener información previamente adquirida, ya sea a través de la percepción o el aprendizaje.

Hasta el momento, la descripción de los atributos de la mente, que incluyen la interpretación, percepción, abstracción, memoria, atención, alarma, razonamiento, emocionalidad y conciencia, sigue siendo un área de estudio profundamente interconectada pero no ha resultado en el desarrollo de una teoría general de la mente ni específicamente de la conciencia. Es posible que sea necesario abordar estos temas desde una perspectiva diferente, aprovechando la abundante información tanto científica, como filosófica disponible, enriqueciendo el lenguaje utilizado, reduciendo las lagunas en las investigaciones y forjando nuevos paradigmas a través de un enfoque transdisciplinario. Esta empresa requerirá la revisión de numerosos conceptos, hipótesis y modelos existentes, así como el fomento de una comunicación efectiva que promueva un avance significativo en estos campos.

Al respecto del comentario anterior, podría utilizarse a manera de descripción la palabra <consiliencia>, utilizada por William (Whewell, 1840), quien propone que es la unión de los conocimientos e información provenientes de distintas disciplinas, con el propósito de lograr una síntesis científica de entendimiento. De manera complementaria Klaus (Jaffe, 2012, págs.50-51) dice:

"Por consiliencia nos referimos a la convivencia armónica de varias disciplinas científicas sin que ninguna de éstas contradiga a otra... La consiliencia puede ser considerada como una condición falsable de las ciencias interdisciplinarias, aplicadas en un contexto complejo. Parece ser un concepto especialmente útil si deseamos fundir las ciencias sociales con las naturales, utilizando herramientas apropiadas para explorar fenómenos diferentes y uniendo disciplinas sin dejar de percibirlas en lo individual."

Creo que la forma correcta de conceptualizar la consciencia no se ha descubierto todavía, y que lo único que estamos haciendo es abrirnos camino hacia ella.

(Crick, 1990, pág. 319)

DE FORMA ESQUEMÁTICA, la mente puede interpretarse (sobre lo que se sabe y se cree saber) que está compuesta de diversos modos de organización, los cuales forman cada uno una unidad. Cada unidad se relaciona y se constituye de diferentes abstracciones y representaciones que son sustituidas con ideas/pensamientos. Estos pensamientos tienen por lo menos un rasgo de lo percibido en el mundo (con o sin conceptos), así como de la percepción obtenida por los datos sensoriales y por la información compilada/acumulada/diferenciada/procesada, tanto del presente, como la anterior (pasado).

De modo complementario, puede considerarse la propuesta de Arturo (Aguilar, 2001, pág. 17-18), quien propone estudiar la conciencia bajo un modelo desde diferentes paradigmas de forma simultánea, *"fisiológico, cognoscitivo y conductual"*, sugiere que cada uno lo haga con su propia metodología con su sistema para evaluar, asimismo, trabajar por nivel/escala de conciencia "instintivo, intuitivo, e intelectual", con el fin de poder distinguir y clasificar y, así se logrará diferenciar entre lo microscópico y lo macroscópico; además, será conveniente apostar por una visión transdisciplinaria, misma que hipotéticamente tendrá más información y la construcción de un entendimiento distinto.

Un tipo de acercamiento hacia una comprensión integral puede iniciarse con las emociones/sentimientos, estos modos de <estar> del individuo, son situaciones que le permiten conocer sobre su propia existencia (cualitativa y cuantitativa), aprender de sí mismo y del mundo, pensar, así como realizar un desencadenamiento de respuestas comunicativas, gratificantes o no, duraderas o no, intensas o no, innatas o aprendidas.

Asimismo, otra manera de incursionar las investigaciones puede darse a través de unidades específicas, las cuales conforman la actividad mental funcional con relaciones causales, a éstas se les ha descrito como <estados mentales>, cabe comentar que, no deben confundirse con los estados físicos cerebrales o los estados sensoriales, tampoco analizarse solo desde la valoración, neurológica y psiquiátrica, de las capacidades clínicas de un individuo "enfermo".

Los estados mentales desde la visión funcional se explican bajo modelos de interpretación, sobre cómo las ideas/pensamientos, emociones/sentimientos, se organizan, generan y se transforman como respuesta y/o estrategia del individuo para interactuar en su mundo interno y externo (esta división dual es una frontera endeble y artificial) de manera inmediata o a largo plazo.

Los estados mentales, dicen Abreu y Badii (2007, págs. 4-5), pueden ser estados conscientes y no consientes según *"sus dinámicas intra-mentales"* y sus diferentes interacciones. Para explicar la diversidad de significados interrelacionados que tienen, los han dividido en seis tipos. -

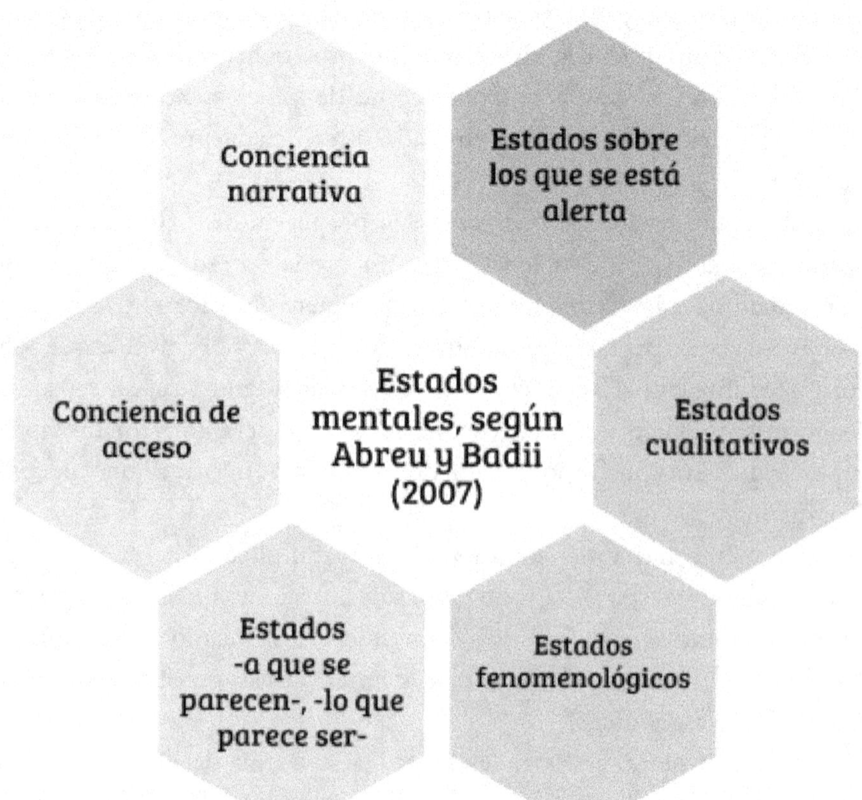

DESDE UNA PERSPECTIVA incluyente, los estados mentales se reconocen como unidades estructuradas o patrones dinámicos compuestos de conceptos[Nota final [ciii]] (aunque también pudiera haber patrones sin estas unidades básicas de conocimiento) hechos de ideas/pensamientos, imágenes, emociones/sentimientos, información perceptual, los cuales se van conformando en contenidos/conocimiento, por ejemplo, al tener contenido semántico de lo que se esté percibiendo, podría haber una reacción específica de alguna emoción.

De esta forma, los estados mentales se definen por intereses, motivaciones, deseos, intenciones, necesidades y acciones. Estos estados mentales permiten una racionalidad que ayuda a comprender, clasificar, comparar y determinar. Pero, sobre todo, contribuyen al desarrollo de inteligencias múltiples (según la teoría de Gardner, 1983). Estas inteligencias están conformadas por capacidades cognitivas que permiten a un individuo vivir y desarrollarse. Algunas de estas capacidades incluyen el lenguaje, la percepción, el razonamiento, las gnosias[Nota final civ], la motivación, la memoria, la intuición, la imaginación, la intencionalidad y la conciencia.

Aunadas a estas capacidades, de manera conjunta, se incluyen las habilidades[Nota final cv] emocionales, por ejemplo, la autoconciencia[Nota final cvi], el autoconcepto, la expresión emocional, la autorregulación, lo asertivo, la automotivación, la empatía y las destrezas de convivencia social.

Para lograr integrar todo lo arriba mencionado, seguramente se tendrá que crear un programa transdisciplinar/multicultural de investigación.

Una vez que se hayan identificado los estados mentales por tipos, como los expuestos en la imagen 3.

Imagen 3

• • • •

ES POSIBLE QUE SEA necesario explorar y profundizar en el conocimiento de los estados mentales desde diversas perspectivas relacionadas con su dinámica y funcionalidad. Estos estados mentales también pueden ser estudiados desde su fenomenología, que puede manifestarse de varias formas, como la sensorial, la intencional, la causal y la de conciencia.

Es importante señalar que, aparte de las perspectivas biologicistas, computacionales y filosóficas (que, si bien son necesarias, también pueden complicar las investigaciones), sería beneficioso incorporar la perspectiva de los "procesos" para comprender la red de procesos mentales, especialmente el proceso de conciencia. Además, sería sumamente interesante desarrollar una comprensión más profunda de estos procesos y de sus interrelaciones.

Al respecto, se pueden enunciar algunos procesos mentales más estudiados, como los expuestos en la siguiente Tabla 11.

• • • •

Procesos mentales

Alertar	Aprender	Atender	Comparar	Comunicar
Conocer	Creer	Decidir	Deliberar	Emocionar
Identificar	Inferir	Intención	Interpretar	Intuir
Memorizar	Motivar	Observar	Pensar	Percibir
Planificar	Priorizar	Razonar	Sentir	Significar

Tabla 11

• • • •

La complejidad de los procesos mentales requiere investigar cómo están interconectados. En ocasiones, un proceso puede ser el resultado de otro proceso mental, servir como insumo para otro, o incluso desencadenar la inercia de otros procesos (ver Imagen 4), que presenta los procesos mentales desde una perspectiva esférica. Además, se debe tener en cuenta las interacciones con los diversos sistemas corporales.

ES IMPORTANTE DESTACAR que, con la exposición anterior, no se pretende definir un modelo o presentar diagramas de los mecanismos de estos procesos. Todavía queda mucho por descubrir e integrar antes de que se pueda esquematizar o modelar de manera precisa. Sin embargo, esta diversidad invita a trabajar colectivamente y de manera transdisciplinaria para avanzar hacia el entendimiento de los procesos mentales.

. . . .

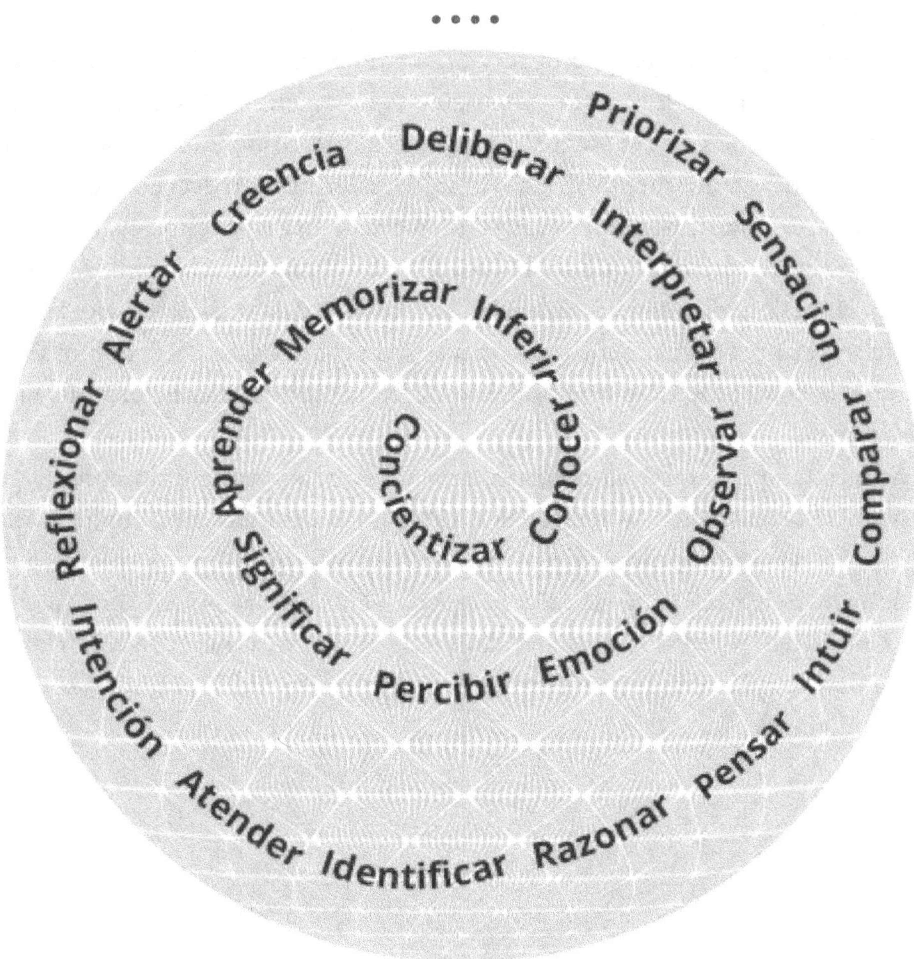

Imagen 4

. . . .

DE MANERA COMPLEMENTARIA, los estados mentales pueden describirse a partir de diferenciarlos por características particulares (Searle, 1982, págs.422-423) como son, la subjetividad, la intencionalidad, la causación intencional y la conciencia.

En un lenguaje más coloquial, se pueden identificar varios tipos de estados mentales basados en sistemas de creencias, deseos y pensamientos. Algunos ejemplos incluyen estados de felicidad, amor, duda, deseo, compasión, creencia, empatía, dolor, agrado, intención, atención, aburrimiento, cansancio, ensoñación, estados oníricos, nostalgia, entre otros. Estos estados mentales pueden ser analizados desde diversas perspectivas, como la filosófica, antropológica, tecnológica, psicológica y neurobiológica. Idealmente, podría haber una integración de todas estas perspectivas si se adopta un enfoque holístico.

Desde el contexto que compete a esta sección, es importante entender que la conciencia es considerada como uno más de los estados mentales, vale la pena recordar que, cualquier estado mental es producto y productor de la mente, aunque hay autores quienes comentan que la mente no es una serie integrada de estados mentales, si no es solo una propiedad del cerebro.

Pueden entenderse a partir de explicaciones de su estructura y función, cuando se dice -estado mental- se refiere a algo (contenido) que existe procedente y actuante en la mente (ideas, emociones, creencias, etc.), el cual tiene sus particularidades, propiedades y características, además, tiene relaciones entre semejantes e igualmente con otros sistemas biológicos del cuerpo. Podría decirse, por lo tanto, que, el contenido es lo que podría estar como conocimiento/experiencia consciente total o en fragmentos.

Al enunciar <estado mental> no obligatoriamente debe ser entendido como algo material/ físico, hay evidencia de sus vínculos neuronales, estos no necesariamente implican que sean una causa, producto o fenómeno fisiológico cerebral; sería oportuno evitar ser solo cerebrocentrista/ neurocentrista al investigar el tema de la conciencia. Hay todavía mucho por descubrir de esa fantástica red neuronal de alrededor de cien millones de células y sus miles de conexiones sinápticas que tienen cada una, además, de sus productos que genera, junto con los cambios socioambientales que vivencia el individuo.

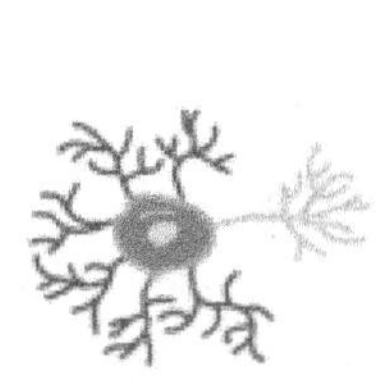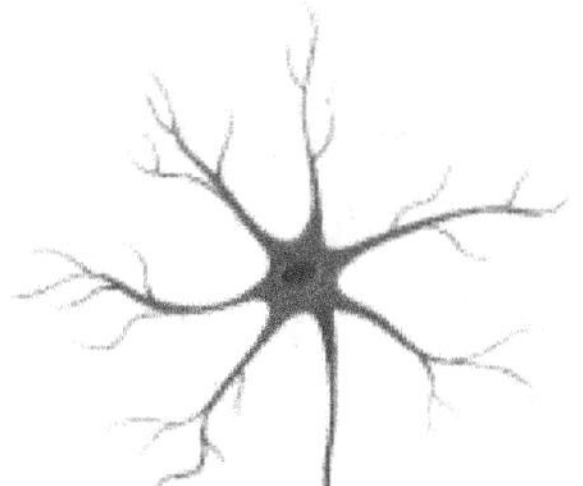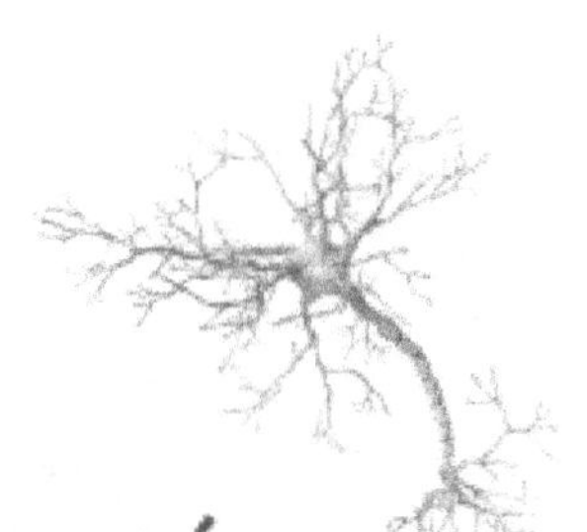

Somos más allá de un montón
de neuronas funcionando

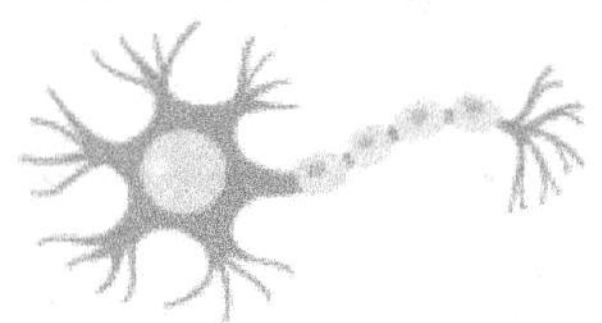

LOS PÁRRAFOS ANTERIORES plantean una complejidad que requiere de una visión amplia y colectiva para poder entender y explicar la serie de relaciones específicas entre los estados mentales y el cuerpo, y estas dos categorías, ligadas a la interrelación con el ambiente socioambiental. Al reconocer dichas interacciones, se hace necesario ir formando/deformando interpretaciones y representaciones/significación/comunicación con el mundo o su realidad.

Al respecto, con el propósito de reforzar lo anterior, se cita a Andy Clark (1997, pág. 24), quien señala:

"La consecuencia es que lo externo y lo interno se entremezclan empezando por nuestro propio cuerpo"

La búsqueda interdisciplinaria plantea preguntas intrigantes sobre el inicio y la duración del proceso de conciencia para convertirse en un estado de conciencia. Además, surge la interrogante sobre la extensión del conocimiento en relación con lo que se ha vuelto consciente. En otras palabras, la conciencia se desarrolla en respuesta a "algo", como ciertos estados mentales, incluso la conciencia de uno mismo en el proceso de conciencia. Esta última cuestión se deriva de la naturaleza subjetiva, circunstancial y relacional de la conciencia. Por lo tanto, la conciencia está estrechamente relacionada con la dinámica funcional de otros procesos mentales y su propia estructura y dinámica, que varían según la complejidad individual. En este contexto, sería problemático creer que la comprensión de este proceso se logra únicamente mediante el descubrimiento o la invención de leyes psicofísicas o neurofísicas.

> *Si deseo entender las bases neuronales de la consciencia, no basta con realizar experimentos psicológicos sobre personas en estado de vigilia. También debo estudiar las células nerviosas y las moléculas del cerebro humano, así como su interacción. Una parte de esta información (sobre todo la información referente a la estructura) puedo obtenerla de un cerebro muerto, pero para estudiar la compleja actividad de las células nerviosas necesitamos experimentar con cerebros humanos vivos. No existen dificultades técnicas insalvables para hacerlo, pero sí hay abrumadoras consideraciones éticas que hacen imposibles o muy difíciles ciertos experimentos.*
>
> (Crick, 1990 pág. 131)

PARTICULARMENTE, DESDE una visión biológica, Eric Kandel expone en su libro *Biología de la mente*, una serie de pruebas experimentales, que, desde su perspectiva, corroboran que la conciencia es un producto de la actividad cerebral, el autor (Kandel, 2019, pág.262) propone ciertas características de la conciencia divididas en tres:

1) sentimiento cualitativo,

2) subjetividad,

3) unidad de la conciencia.

En su planteamiento, explica que la actividad consciente se da seleccionando un elemento a la vez y lo hace a través del cerebro, pero este órgano puede funcionar directamente o de manera diferenciada y selectiva, es decir, por ejemplo, se puede pensar, aunque haya alrededor estímulos sensoriales como el ruido o mucha luz. Al respecto, este autor explica:

"Por lo general, imaginamos que el cerebro recibe aportes sensoriales y envía resultados como respuesta. Esa idea suele ser cierta, pero consideremos lo siguiente: incluso en completa oscuridad, sin ningún estímulo visual, mantenemos estados de actividad muy complejos, que se originan en el córtex y, por tanto, son de naturaleza descendente o cognitiva. Por otra parte, cuando soñamos, a veces somos conscientes de situaciones llenas de vida y emoción, aunque algunas señales del mundo exterior no puedan llegar al córtex. En ocasiones pensamos y planeamos cosas haciendo caso omiso de las circunstancias que nos rodean. Incluso cuando soñamos despiertos, imaginando acontecimientos futuros, el cerebro bloquea temporalmente los estímulos sensoriales y empieza a sopesar las ideas generadas desde dentro." (Kandel, 2019, pág. 271)

Al igual que el anterior autor, Edelman y Tonini (2000) argumentan en su libro *El Universo de la conciencia*, que cada día en la actualidad se ha refinado el estudio científico sobre la mente, incluidos trabajos sobre conciencia, pero aún se desconoce cómo funciona y cuál es la geografía de los acontecimientos mentales.

A diferencia de estos últimos autores, Colin (McGinn, 1989, pág.349) propone buscar otros caminos o planteamientos para estudiar a la conciencia, ya que: *"...no seremos capaces de resolver el misterio"*, si se parte de querer entender a la mente y sus experiencias subjetivas a partir de un agregado de neuronas.

Este reto de mirar hacia otros objetos de estudio implica incursionar en esos patrones de conexión neuronal, los cuales se componen de millones en cada cuerpo, asimismo, se tendrá que considerar la dinámica de sus conexiones existentes en todas las partes de los sistemas cerebrales, para ello habrá que continuar apoyando programas de investigación científica/filosófica que integren distintos paradigmas.

Algunos de estos problemas entre autores, como los anteriores, hablan desde una visión dualista (intentando ser monistas)^{Nota final [cvii]}, pero con diferente perspectiva científica, parten de querer definir qué es lo físico/corporal y lo mental, como aspectos que pueden entenderse diferentes o dependientes, además, hay otro cuestionamiento que gira alrededor de estas ideas, se basa en querer saber si estas conexiones sistémicamente organizadas, son producto de una causa o de una intencionalidad.

CON RELACIÓN A ESTA disputa entre dualistas y monistas, Gilbert (Ryle, 1949) comenta que ha imperado el dualismo, mismo que le llama *-doctrina oficial-*, el cual, a lo largo de su libro *El concepto de lo mental*, trata de desmitificar explicando que es un mito filosófico conocido como "*el dogma del Fantasma en la Máquina*". Afirma que es un error categorial creer que la mente es un fantasma que habita un cuerpo (máquina), es decir, hay mal uso de conceptos (quizá también vocabulario) relacionados con lo mental y el tratar de entender todo en conjunto usando las mismas formas de pensar.

Al respecto, algunos autores comentan que el inicio de la visión dualista de la conciencia se da con René Descartes, la cual partía de creer que el conocimiento es acumulativo[Nota final cviii], de seguir esa tendencia, se hubiera esperado que después de muchos años estas ideas se mejorarían o hubieran corregido, aunque hoy en día hay contemporáneos (científicos y filósofos) materialistas que siguen creyendo y trabajando bajo la idea "conciencia como una experiencia". No se trata de descalificarla, solo señalar que son unas de tantas, por ejemplo, otra más como son las naturalistas cognitivas (algunos usando modelos cognitivos de la mente), que se exponen aquí.

Es importante abstenerse de juzgar si la propuesta dualista de Descartes sobre el cuerpo y la mente en el siglo XVII fue correcta o incorrecta. Hacerlo sería un error de presentismo histórico y no reconocer el impacto significativo que este pensador tuvo en el desarrollo del pensamiento científico y en la conceptualización de lo mental, por lo tanto, hay que aceptar que existen varias maneras de abordar este tema, al respecto, dice Gilbert Ryle:

"*Debido a que el pensamiento, el sentimiento y los actos de una persona no pueden describirse únicamente con el lenguaje de la física, de la química y de la fisiología, se supone que deben ser descritos en términos análogos. Como el cuerpo humano es una unidad compleja organizada, la mente humana también debe ser una unidad compleja organizada, aunque constituida por elementos y estructura diferentes. Como el cuerpo humano, al igual que cualquier otro trozo de materia, está sujeto a causas y efectos, también la mente debe estar sujeta a causas y efectos, pero (Dios sea loado) de tipo no-mecánico."* (Ryle, 1949, pág. 17).

En este mismo tenor, Anyerson Stiths y sus colaboradores (Gómez-Tabares y Col., 2020, págs.383 y 388) hacen un análisis de las aportaciones de autores que están en pro o en contra del dualismo cuerpo-mente, con el propósito de entender qué ha sucedido a lo largo de la historia, al respecto mencionan:

"En consecuencia, es posible afirmar que el problema mente-cuerpo debe plantearse en un nivel conceptual, epistemológico y semántico, en el sentido de analizar las categorías cognoscitivas sobre cómo se comprende lo mental, y la manera como el lenguaje y sus usos afectan el significado." En una especie de conciliación a partir de lo revisado por los autores, comentan: *"Sin embargo, el problema de la relación de lo físico con lo mental en términos ontológicos debe disolverse para dar paso a una comprensión científica de la consciencia, donde el aporte de la filosofía es el de analizar las bases epistemológicas que soportan teóricamente los hallazgos e interpretaciones de la evidencia empírica."*

Los párrafos de arriba sobre mente-cuerpo, merecen ampliarse, para ello es necesario dejar pendientes investigaciones, las cuales corresponderían a otro texto, donde haya el desarrollo de las siguientes preguntas:

• • • •

* ¿Qué sucede o se requiere para que la plataforma o escenario mental del individuo esté vivenciando un asunto y se mantenga como prioritario por determinado tiempo?

* ¿Cuándo deja de ser el principal escenario mental o se desaparece como proceso de conciencia?

* ¿Al estar en un estado de conciencia es posible diferenciar una percepción en vigilia, estando en un sueño lúcido o en una alucinación?

* ¿Hay conciencia de un conocimiento consciente?

* ¿Hay conciencia proactiva y reactiva?

* ¿Si hay un Yo, cómo forma parte del diálogo interno, y entonces quién es el "otro" con quien se dialoga?

. . . .

La cuestión de la conciencia ha sido en cierto modo como el santo grial de la neurociencia. Si me dices que tienes interés en saber exactamente qué partes del cerebro están activas cuando eres consciente de algo, una flor, un pensamiento, una canción, estás preguntando por lo que se conoce como los «correlatos neurales de la conciencia.

(Gazzaniga, 2010, pág.289)

EL TRABAJO QUE FALTA por hacer con relación a estas preguntas, requiere una consideración sobre los procesos mentales y su relación fluctuante, terminal o de retroalimentación, considerando que hay distintas perspectivas filosóficas y científicas con las que se aborda, sobre este punto, puede mencionarse el caso del investigador Antonio (Damasio, 2010, págs. 241-242), quien desde la neurociencia, considera que la conciencia es un proceso mental que se entiende por medio de estados mentales que suceden cuando el individuo está despierto.

Desde este mismo sentido arriba expuesto, Michael (Gazzaniga, 2005, pág. 32) afirma:

"Cuando hablamos de conciencia, solemos interpretarlo, en el sentido psicológico, como un atributo del ser sensible, sabedor de los efectos que las propias acciones tienen sobre uno mismo y sobre los demás. Pero un neurocientífico emplea el término en un sentido clínico, que es diferente del uso cotidiano. En sentido clínico, la conciencia alude a un estado de atención, de vigilia."

Con relación a las distintas perspectivas académicas, Luis (Álvarez Munárriz, 2014, pág.13) hace un llamado de atención sobre la falta de incorporación de otras ciencias, específicamente sobre el tema del cerebro y sus estados mentales, dando énfasis en la conciencia, por lo que argumenta:

"Nadie puede negar la relevancia del cerebro en la generación de la experiencia consciente, pero es insuficiente para dar una explicación completa de la naturaleza de la conciencia. Se puede ciertamente discutir si es falso, pero lo que es indiscutible es que este modelo no solo está agotado sino además atascado y, por tanto, necesitado de renovación y perfeccionamiento. En efecto, son muchos los investigadores que han mostrado la debilidad de esta forma de reduccionismo psicofísico y por ello la necesidad de una teoría de la realidad humana que sirva para construir mejores modelos que los que provienen de la Neurobiología."

Para ampliar la comprensión científica del cerebro y el cuerpo en relación con la conciencia, es necesario considerar diversas estrategias:

a) Incorporar metodologías transdisciplinarias que permitan abordar el tema desde múltiples perspectivas y disciplinas.

b) Realizar estudios antropológicos de las prácticas milenarias Nota final [cix] relacionadas con la conciencia alterada, como los descritos por Eliade (1951) y Berman (2000)Nota final [cx].

c) Ampliar el lenguaje técnico utilizado en el estudio de la conciencia.

d) Explorar la posibilidad de entender los procesos mentales como un sistema mental integrado que podría estar distribuido en diferentes áreas del cuerpo, siguiendo un enfoque modular en el que las unidades sean independientes y no centralizadas, como se ha investigado en obras como "El cerebro social" de Gazzaniga (1985).

e) Incluir estudios que incorporen conocimientos de otras áreas del conocimiento, como la física cuántica, el plasma como el cuarto estado de la materia, las estructuras fractales, los modelos de alostasis ^{Nota final [cxi]} y la salutogénesis ^{Nota final [cxii]} (según Antonovsky, 1979), entre otros. Estos enfoques pueden ayudar a explicar los estados mentales, incluyendo procesos bioquímicos relacionados con la memoria, como se ha explorado en el trabajo de Rose (2012).

Además, dos áreas que han sido relativamente poco exploradas pero que tienen el potencial de enriquecer la comprensión de la relación entre el cerebro y el cuerpo son las siguientes:

a) El estudio del sistema nervioso entérico y su posible influencia en los estados mentales. Aunque es posible que no haya experiencias conscientes en este sistema, su relación con el sistema nervioso central y su papel en la regulación de procesos digestivos y metabólicos podrían estar relacionados con estados emocionales y mentales.

b) Las investigaciones sobre el sistema inmunológico desde una perspectiva de las neurociencias. Entender cómo el sistema inmunológico se comunica con el sistema nervioso central y cómo las respuestas inmunológicas pueden influir en la función cerebral y, por lo tanto, en los estados mentales, es un área prometedora que merece una mayor atención.

Estas áreas de estudio pueden arrojar luz sobre la complejidad de la relación entre el cerebro y el cuerpo en la generación de estados mentales y emocionales.

La inclusión de estas áreas de investigación sin duda contribuirá significativamente a la explicación de muchas incógnitas relacionadas con los estados mentales y su interacción con el cuerpo. Al ampliar el conocimiento sobre el sistema nervioso entérico y la interconexión entre el sistema inmunológico y el sistema nervioso central, se estará eliminando la marginalidad de estas investigaciones, similar a lo que ha ocurrido en el pasado con otros descubrimientos científicos.

Por ejemplo, el descubrimiento de los cannabinoides endógenos en mamíferos (Mackie y Col., 1993), incluido el sistema endocannabinoide humano, ha tenido un impacto significativo en la comprensión de cómo funcionan ciertos aspectos del sistema nervioso y cómo influyen en estados mentales y emocionales. Del mismo modo, explorar y comprender el papel del sistema nervioso entérico y el sistema inmunológico en la generación de estados mentales podría llevar a avances importantes en la neurociencia y la comprensión de la mente y el cuerpo.

> *...la conciencia es un estado mental que se produce cuando estamos despiertos y en el que se da un conocimiento personal e intransferible de nuestra propia existencia, sea cual sea el entorno en el que se halle situada en un momento determinado.*
>
> (Damasio, 2010, pág.239-240)

ES IMPORTANTE REITERAR que los estados mentales no son entidades aisladas, sino que forman parte integral de un conjunto de recursos corporales que incluyen no solo el cerebro, sino también otros sistemas y órganos del cuerpo. Además, estos estados mentales están en constante interacción y retroalimentación con el entorno social y natural en el que se encuentra el individuo.

Esta interacción no solo les proporciona una estructura y función, sino que también influye en la capacidad del individuo para llevar a cabo una variedad de acciones y respuestas. Estas acciones pueden abarcar desde la reflexión y la confrontación hasta el estremecimiento, la confusión, la incomodidad, la creatividad y la búsqueda de una explicación. En conjunto, estas interacciones y respuestas contribuyen con la complejidad de la experiencia humana y con la comprensión de los estados mentales en su contexto más amplio.

Asimismo, estos recursos mencionados, podrían formar parte del análisis de escenarios supuestos, ante situaciones específicas vivenciadas por el individuo; igualmente en esa sinfonía mental, cabe la posibilidad de realizar un soliloquio[Nota final cxiii] o un diálogo con algún otro humano, con otra especie o, con un artefacto que disponga de inteligencia artificial, aunque el artefacto no pueda tener una experiencia vivencial ni conciencia.

Los estados mentales desempeñan un papel fundamental en la generación de la experiencia subjetiva de un individuo, ya que forman parte del campo mental integrado que constituye su realidad cognitiva y emocional. Para comprender adecuadamente estos estados mentales, es necesario contar con indicadores objetivos que permitan a un observador identificar si tienen un contenido cognitivo basado en hechos objetivos, ya sean reales o irreales, y si están relacionados con causas internas y externas[Nota final cxiv].

Este tipo de comprensión proporcionaría un enfoque particular para presentar los conocimientos generados en estos procesos mentales, lo que a su vez facilitaría la identificación de estados mentales individuales y su relación con las conductas resultantes. En conjunto, estos aspectos contribuyen con la comprensión más profunda de la complejidad de la mente y su influencia en la percepción y el comportamiento humano.

A manera de ejemplificar lo relacionado con la experiencia subjetiva[Nota final cxv], se retoma el comentario de Karl (Weik, 1979, pág. 16):

"La experiencia no es lo que le pasa al hombre, sino lo que el hombre puede hacer con lo que le pasa", frase muy parecida a la expuesta hace más de 1900 años dicha por Epicteto, y que fue escrita por Flavio (Arriano, 1994, pág.23): *"Cuando algo ocurre, lo único que está en nuestro poder es nuestra actitud hacia ese suceso; podemos aceptarlo o rechazarlo. Lo que realmente nos atemoriza y desconsuela no son los acontecimientos en sí mismos, sino la forma como pensamos en ellos. No son las cosas las que nos perturban, sino la forma como interpretamos su importancia. ¡Dejemos de atemorizarnos con nociones impulsivas, con nuestras reacciones e impresiones sobre la forma como son las cosas! Las cosas y las personas no son lo que deseamos que sean ni lo que aparentan ser; son lo que son."*

Siguiendo esta misma idea, pero ahora con relación al tema se propone que: No son las cosas que pasan las que hacen conscientes a las personas, sino lo que se hace como parte del vivir y aprender sobre esas cosas.

La intención no es etiquetar o definir la conciencia como un estado mental único y supremo, donde el conocimiento tenga una mayor claridad o intensidad. Más bien, se busca resaltar las funciones de la conciencia en su interacción con otros estados mentales. Desde esta perspectiva, se pretende superar la narrativa misteriosa y las complejidades asociadas con la conciencia.

No se está abogando por tratar a la conciencia como algo aislado y mítico que sea considerado como lo más importante dentro del ámbito mental. En cambio, se abordará principalmente a través de su relevancia y sus interacciones con los otros estados mentales, reconociendo así su lugar dentro de un sistema complejo de procesos mentales interrelacionados.

> *Debiéramos evitar confundir la atención o estado de alerta con la conciencia. Un animal atento o alerta se percata de su entorno y de sí mismo, pero puede no ser consciente ni de una ni de otra cosa, por la simple razón de que la conciencia no es equivalente al darse cuenta o percatarse (el hecho de advertir estímulos externos o internos). La conciencia es la vigilancia de las propias percepciones y pensamientos.*
>
> (Bunge y Ardila, 1988, pág.190)

DENTRO DEL AMPLIO ESPECTRO de estados mentales, dos de ellos que están estrechamente vinculados con la conciencia son la alerta y la atención. En el estado de alerta, se genera una vigilancia intensa, ya sea sobre el entorno o sobre uno mismo. Este estado mental se caracteriza por su capacidad para preparar al individuo ante la posibilidad de un cambio inminente o la necesidad de una acción inmediata, especialmente en situaciones que involucran peligro o desestabilización. La alerta tiende a funcionar de manera automática y sin un razonamiento previo en la mayoría de los casos.

En cuanto a la atención, es importante destacar su naturaleza direccional, ya que se encarga de inhibir, monitorear, intensificar y facilitar la concentración hacia objetivos relevantes para el individuo. Este proceso de atención se beneficia de una amplia gama de información que proviene de los sentidos. Su función principal consiste en evaluar y comprender lo que está ocurriendo tanto en el entorno, como en el interior del individuo.

La atención tiene la capacidad de discriminar y priorizar la información recibida a través de la percepción. Puede funcionar de manera voluntaria y activa, pero también de forma pasiva o involuntaria, dependiendo de la situación. La atención, en colaboración con otros procesos mentales, permite al individuo adaptarse eficazmente a diferentes situaciones y desempeñarse de manera eficiente.

En este mismo sentido de arriba, es oportuno citar a Gilbert (Ryle, 1949 pág.139) quien en su libro *El concepto de lo mental*, expone:

"Algunas de las explicaciones tradicionales de la conciencia han sido, por lo menos en parte, intentos de clarificar los conceptos de atención, pretendiendo de ordinario aislar algún ingrediente especial común a todos ellos. Este ingrediente común ha sido descrito, usualmente, empleando el lenguaje de la contemplación o de la inspección, como si parte de la diferencia entre sentir un cosquilleo y advertirlo, o entre leer un párrafo y estudiarlo, consistiera en el hecho de que el cosquilleo y la lectura tuviese lugar, en sentido metafórico, con buena luz y bajo la mirada de la persona interesada. Pero las cosas son al revés: lejos de ser el concepto de prestar atención una forma de inspeccionar o vigilar, inspeccionar y vigilar son en sí ejercicios especiales de atención, puesto que, si una persona es descrita, en sentido literal o metafórico, diciendo que es un espectador, siempre tiene sentido preguntarse si ha sido un espectador atento o distraído, alerta o no."

El estado de alerta y el estado de atención, aunque comparten la capacidad de focalizar selectivamente la información, difieren en cuanto al gasto de energía involucrado. En general, estar en alerta se asocia con un mayor gasto de energía en comparación con el estado de atención.

Por ejemplo, cuando una persona experimenta sufrimiento debido a un deseo intenso, se encuentra en un estado de alerta. Esto se debe a la necesidad o la vulnerabilidad que subyacen al deseo intenso. En este estado, la persona tiende a recrear escenarios en su mente, comparándolos con situaciones de felicidad, amor, alegría, tristeza, melancolía y otras emociones. Este proceso de respuesta se asemeja a una vigilancia interna que detecta cambios tanto internos, como externos.

Como resultado, se experimenta un consumo de energía, ya que se generan acciones y reacciones en respuesta a esta alerta.

A medida que el proceso continúa, la atención entra en juego para estabilizar la situación. Dependiendo de la interacción con otros estados mentales y factores sociales, la persona puede alcanzar un estado de conciencia en el que es consciente de su sufrimiento. Luego, toma decisiones sobre si desea mantener, evitar o eliminar ese sufrimiento. Este proceso también puede aplicarse a situaciones en las que una persona experimenta enojo o rechazo hacia algo que difiere de sus deseos o preferencias.

> *Igual que la sombra corre siempre por detrás o por delante de nosotros, nuestra conciencia tampoco se agota en los problemas que sabemos resolver, en las estrategias que dominamos, en las tareas que repetimos mecánicamente.*
>
> (Arana, 2015, pág.108)

PARA JOHN (SEARLE, 2006, págs.147-148), los estados conscientes son fenómenos reales que se revelan ante el mundo real, una probabilidad es que sean causados por procesos neurobiológicos, como lo sería un dolor, enojo o un deseo, ya que estos son estados cerebrales (neurobiológico/comportamental).

Esta explicación es discutida por Hilary Putnam quien comenta sobre la confusión que se tiene entre los estados mentales con los cerebrales, por lo tanto, debe ser bien revisada, para evitar caer en solo argumentos fisicoquímicos, basados en hipótesis funcionalistas de inspiración "mecanista" y dejar de lado los mundos fenoménicos. Al respecto Hilary (Putnam, 1981, págs.6-7) destaca:

"*...el teórico de los estados cerebrales no solamente dice que el dolor es un estado cerebral; lo que le interesa mantener, por supuesto, es que todo estado psicológico es un estado cerebral... el teórico de los estados cerebrales tiene que esperar que algún día se desarrollen leyes neurofisiológicas que sean independientes de la especie, lo cual parece mucho menos razonable que tener la esperanza de que las leyes psicológicas (de una clase lo suficientemente general) puedan ser independientes de la especie o, dicho de una forma aún más débil, que pueda encontrarse una forma de escribir leyes psicológicas que sea independiente de la especie.*"

Los procesos mentales son interactuantes, siendo difícil de distinguirlos por separado, debido a su gran interactividad e interdependencia. Para saber cuál proceso tiene mayor inercia o conocer qué inició o desencadenó una acción, se puede utilizar un ejemplo. - el individuo reflexiona y acepta su enojo y por qué de la situación que se lo provocó. En ese contexto, pudieran producirse, además, de la conciencia del enojo, otros estados mentales, sin que estos formen parte del proceso de conciencia, o bien se podrían presentar inmediatamente después del estado de conciencia. Otro caso podría ser cuando un individuo está enojado y puede reconocer el ambiente que lo provoca, aunque igualmente podría estar sorprendido y meditabundo de lo que le sucede.

Como dice David (Rosenthal, 2005, págs.243-245), el estado mental cuando es consciente se puede inferir y también es posible observar o comunicarlo a través del lenguaje. Aunque esta aseveración debe distinguirse a partir de las propiedades mentales -fenoménicas y psicológicas-^{Nota} final [cxvi] de la conciencia, no obstante, son diferentes e independientes, pero podrían estar relacionadas.

Los ejemplos anteriores muestran que la conciencia debe valorarse sin exacerbar su función, es uno más de los estados mentales, que, si bien evolutivamente ha dado prerrogativas cognitivas a los humanos, también ha sido clave en la sobrevivencia de otras especies.

Esta visión sobre la función de la conciencia tiene que visualizarse de manera conjunta y, reconocer que la inmensa variedad de situaciones que se viven día a día, especialmente en la resolución de problemas y toma de decisiones presentes y futuras, no son por el momento posible de simular artificialmente, para de allí, obtener mejores explicaciones y entendimientos.

Ciertamente, existen otras opciones y enfoques para investigar las experiencias mentales y comprender cómo los estados mentales se adaptan y funcionan eficientemente a lo largo del tiempo. Dos de estos enfoques son el modelo de alostasis y el de modularidad sistémica.

El modelo de alostasis se centra en la capacidad del organismo para mantener la estabilidad a través de cambios y ajustes constantes en respuesta a las demandas del entorno. En el contexto de los estados mentales, este enfoque podría explorar cómo los estados mentales cambian y se adaptan en función de las circunstancias y las necesidades del individuo. Esto podría incluir investigar cómo la mente regula la respuesta con las emociones, el estrés y otras variables psicológicas y fisiológicas para mantener un equilibrio dinámico.

El enfoque de modularidad sistémica considera que la mente está compuesta por unidades independientes y dependientes que funcionan de manera modular. Estas unidades pueden ser responsables de diferentes aspectos de la experiencia mental, como la percepción, la memoria, las emociones, entre otros. Este enfoque podría ayudar a comprender cómo los estados mentales se organizan y se interconectan en el sistema mental, lo que contribuye a la eficiencia y adaptabilidad de la mente.

Ambos enfoques ofrecen perspectivas interesantes para explorar la dinámica de los estados mentales y su relación con la adaptación y la eficiencia en la experiencia humana. Estas investigaciones pueden arrojar luz sobre cómo funciona la mente en situaciones cambiantes y desafiantes.

Es interesante explorar cómo los estados mentales pueden ofrecer ventajas desde una perspectiva de aptitud evolutiva. Estas ventajas pueden entenderse a través de tres temas clave:

a) **Lo anticipatorio**: Los estados mentales permiten a los individuos anticipar eventos y situaciones futuras. Esta capacidad de prever y planificar puede proporcionar una ventaja en la supervivencia y la reproducción, ya que permite a los individuos prepararse para retos, encontrar recursos y tomar decisiones informadas en su entorno.

b) **La construcción de narrativas cronológicamente coherentes**: La mente humana tiene la capacidad de construir narrativas coherentes y secuenciales sobre eventos pasados y futuros. Esta capacidad para organizar la experiencia en una narrativa puede ayudar a los individuos a comprender su propia historia y a comunicar información a otros. La construcción de narrativas también puede desempeñar un papel importante en la transmisión cultural, la identidad personal y colectiva, así como en la cohesión social.

c) **La abundancia de establecer hipótesis**: Los estados mentales incluyen la capacidad de establecer hipótesis y teorizar sobre los mundos. Esta habilidad para formular preguntas, buscar respuestas y generar explicaciones, puede impulsar el proceso de aprendizaje y adaptación. Los individuos que generan y prueban hipótesis de manera efectiva, pueden tener una ventaja al comprender y adaptarse a su entorno.

· · · ·

EN CONJUNTO, ESTOS aspectos muestran cómo los estados mentales pueden haber evolucionado para proporcionar ventajas adaptativas a lo largo de la historia humana. La mente humana es una herramienta poderosa que ha contribuido al éxito de la especie en la lucha por la supervivencia y la reproducción.

Lo anterior se integra con lo ya expresado por Michael (Gazzaniga, 1985, pág. 118):

"El cerebro izquierdo construye teorías para explicar por qué han ocurrido estos comportamientos, y lo hace así debido a la necesidad que tiene el sistema cerebral de hacer coherente la totalidad de nuestros comportamientos."

Estructuralmente hablando, como un biosistema, la conciencia puede distinguirse a través de distintas revelaciones que se producen al unísono con otros procesos emocionales y racionales. Se utilizan diversas lógicas para identificarla, considerándola como un proceso que podría o no estar relacionado con otros estados mentales. Esta comprensión de la conciencia se desarrolla a través de múltiples niveles, capas, estratos, espectros y grados, los cuales se expondrán en los siguientes párrafos como conceptos descriptivos de los diversos procesos que experimenta un individuo. Es importante destacar que, en ausencia de estos procesos, la conciencia podría ausentarse, al menos, temporalmente.

Esto implica que la única opción disponible sería recurrir a los sistemas mnémicos o de memoria para obtener información y operar mediante procesos básicos biológicos, incluyendo los instintivos y cerebrales, así como los procesos mentales.

Este tipo de investigación tiene más de 100 años de interés en el círculo de las neurociencias, como se puede constatar con los trabajos de Wilder (Penfield, 1958 y 1978) -conocido como el topógrafo del cerebro- quien comentó que todas las experiencias del individuo quedan registradas en el cerebro, para demostrarlo estuvo buscando la localización de la memoria a través de la experiencia, basando su trabajo en la activación eléctrica del registro secuencial de la consciencia. Como todo progreso científico, hubo otros investigadores que contrastaron la investigación, como lo fue Karl (Lashley, 1950), quien probó algo distinto con relación a la memoria, proponiendo que se encuentra distribuida sobre el córtex, posteriormente esta idea se amplió con los trabajos de Karl (Pribram, 1971 y 1980).

> *La consciencia no es tan completamente inobservable como el alma; la observamos al atisbarla de improviso y, como quien diría, al sorprenderla desprevenida (introspección).*
>
> (Watson, 1961, pág.28)

POR DÉCADAS, ESOS INSTANTES o hiato (irrupción) temporal de la conciencia, han sido de gran interés para muchos científicos, tratando de encontrar cómo se da la reacción de mantenimiento o de alostasis cuerpo-mente, hasta ahora todavía con pocas explicaciones científicas, incluidas las relacionadas con la dimensión del tiempo y de cómo se integran a la historia individual y su futurización.

Si el lector tiene interés sobre este tema, puede ampliarse esta historia conociendo el trabajo de diversos investigadores de neurociencias anglosajones compilados en los escritos de John (Horgan, 1994 y 2000), en ellos narra sobre las teorías y modelos de la mente, estudios sobre terapias y enfermedades.

Cuando la conciencia se reactiva después de una interrupción temporal, se inicia un proceso irreversible que continúa su curso, a menos que se interrumpa retroalimentando a través de otros procesos mentales. Este fenómeno sigue un patrón cíclico que es heterogéneo y aleatorio en su naturaleza.

En el caso de que haya una continuidad en los estados mentales, como parte de un proceso evolutivo que involucra pensamientos y emociones conscientes que el individuo "cree" poseer, se vuelve necesario mantener un ajuste constante para lograr estabilidad y adaptación. Esto se hace con el propósito de crear y recrear narrativas "cohesivas" o hilos conductores perceptuales que son esenciales para la interpretación y comunicación con el mundo circundante. Este aparente continuum es una percepción interna que se reconstruye a través de una representación tanto de los objetos percibidos, como de los productos mentales. Este proceso es esencial para la interpretación y comunicación efectiva con el entorno.

En el caso de los individuos humanos, la continuidad de los estados mentales se percibe como una necesidad fundamental. Existe un deseo intrínseco de mantener una secuencia temporal coherente, un hilo conductor que conecte las experiencias pasadas, lo que se traduce en una sensación de estabilidad temporal. Se presume que toda esta información se almacena en la memoria y que, en principio, solo se necesitan metodologías, herramientas o técnicas adecuadas para recuperarla.

Los individuos también sostienen la creencia de que todo lo que han percibido a lo largo de su vida se encuentra potencialmente almacenado en una especie de reserva de memoria, con la posibilidad de ser recuperado en algún momento. Sin embargo, esta recuperación no garantiza que la información se presente de manera nítida o idéntica a como se percibió y se interpretó en un principio. La memoria humana tiende a ser selectiva y susceptible a cambios, lo que significa que la representación de experiencias pasadas puede estar sujeta a distorsiones o modificaciones con el tiempo. Sin embargo, la fidelidad de esos recuerdos puede variar con el tiempo y está sujeta a la influencia de factores cognitivos y emocionales.

> *El tiempo como ley de afinidad de momentos precede necesariamente a cada experiencia, experiencia que consta de signos temporales con sensaciones de contenido. Como el tiempo forma una cadena irrompible, perdura en la conciencia del sujeto cuando vivencia un momento particular, momento que se asocia a su antes y a su después, a su pasado y a su futuro.*
>
> (Uexküll, 1890, pág.57)

UNA EXPLICACIÓN ALTERNATIVA para determinar si un pensamiento o sentimiento pertenece al pasado, presente o futuro se basa en el contenido almacenado en la memoria. La memoria humana tiende a retener lo básico y lo fundamental de las experiencias, pero no registra todo en detalle. Por ejemplo, algunas emociones se viven intensamente en el momento, algunas se convierten en sentimientos más duraderos, mientras que otras son respuestas momentáneas y efímeras. La información subjetiva de estas experiencias se almacena en la memoria.

Se podría suponer que, con el paso del tiempo, se presenta una experiencia similar, quizás desencadenada por una situación semejante o por una información de recuerdo incompleta. En este caso, las similitudes entre la experiencia actual y la pasada pueden surgir debido a que lo almacenado en la memoria consiste en una secuencia de imágenes, proto-imágenes encadenadas, que se reconstruyen al expresarse. Estas proto-imágenes luego se entrelazan con la experiencia presente y se tejen juntas para formar una narrativa coherente. Esto puede contribuir con la sensación de familiaridad o similitud entre eventos pasados y presentes.

Desde estas perspectivas, se plantea que lo único verdaderamente continuo en la experiencia del individuo son su percepción sensorial y las funciones automáticas vitales[Nota final cxvii], lo que se denomina como "automatismo" en un sentido funcional. En cuanto a las sensaciones, es decir, las cualidades de las cosas del mundo que impactan al individuo, solo se podrá comprender esa afectación cuando se tenga acceso y se integren a través de asociaciones con procesos como el perceptual, emorracional y de conciencia[Nota final cxviii]. (Ver ampliamente en la sexta parte del libro "Observación en el trabajo comunitario")

Esto implica que la percepción sensorial, que incluye la información que llega a través de los sentidos, y las funciones vitales automáticas son elementos constantes en la experiencia humana. Sin embargo, la interpretación de estas percepciones y su significado, así como la evaluación de las sensaciones, dependen de procesos más complejos, como los perceptuales, emocionales-racionales y conscientes.

Lo expuesto sugiere que, para mantener la conciencia sobre una experiencia específica, se requiere una alimentación constante de las percepciones relacionadas, incluyendo la sinestesia si está presente en la persona. La atención se enfoca en los actos relacionados con la experiencia consciente, creando un bucle de conciencia específico. Por ejemplo, una vez que alguien es consciente del placer que le proporciona comer chocolate, adquiere un conocimiento muy específico de esa experiencia. Si surge otra oportunidad de comer chocolate, la atención se centra en ese acto para discernir la cualidad fenoménica del chocolate, generando así un conocimiento consciente que se mantiene durante un tiempo. Sin embargo, con la repetición de esta experiencia, es posible que la atención disminuya y la conciencia se debilite o se pierda.

Es importante señalar que el vocabulario utilizado para describir estas situaciones relacionadas con la conciencia a menudo se encuentra limitado, ya que algunas experiencias no pueden explicarse de manera completamente satisfactoria mediante palabras u otros símbolos. La riqueza de las experiencias conscientes a menudo supera la capacidad de expresión del lenguaje, lo que puede dar lugar a dificultades para comunicar plenamente ciertos aspectos de la conciencia y la percepción.

Antes de continuar explorando el tema de la conciencia como un estado mental, es esencial introducir el término "emorracional." Este neologismo tiene como objetivo unificar y reconocer la estrecha relación entre los procesos emocionales y racionales, que a menudo se encuentran interconectados en la experiencia humana. A pesar de que históricamente se han diferenciado por razones prácticas, metodológicas y culturales, estos procesos son intrínsecamente integrales y se combinan de acuerdo con las circunstancias, la herencia genética, la experiencia y el aprendizaje individual. En ocasiones, uno puede desencadenar al otro, expresarse primero o coexistir de manera unitaria, y todos estos estados pueden percibirse en un estado de conciencia.

El concepto de "emorracional" se diferencia claramente del término "razonamiento emocional," que se utiliza en la psicología cognitiva y tiene un significado distinto.

También es importante destacar que el término "emorracional" se distingue de la noción de "sentipensante" propuesta por Orlando Fals Borda (2009). Mientras que "sentipensante" se refiere a una capacidad sociológica de actuar con el corazón y la cabeza de manera integral, "emorracional" se enfoca en la integración y la interacción entre las emociones y la racionalidad a nivel individual.

La consideración del concepto "emorracional" facilita la comprensión de la génesis y la historia de las emociones, intuiciones y pensamientos/razonamientos en cada individuo, así como su funcionalidad y la intensidad de sus respuestas e impactos. Aunque es importante estudiar estos aspectos de manera particular, la aproximación "emorracional" permite una visión integral, reconociendo la interacción inherente entre estas dimensiones y su interacción con otros procesos mentales y emocionales.

En sí, el término "emorracional" enfatiza la conexión intrínseca entre lo emocional y lo racional en la experiencia humana, lo que enriquece la comprensión de cómo estos procesos interactúan y dan forma a la conciencia y comportamiento.

No siendo los cuerpos sino móviles motores, nada hay real en ellos sino los movimientos; á esto se reducen todos los fenómenos físicos. Pero el movimiento considerado directamente en sí mismo y no ya indirectamente por la percepción exterior, se reduce á una serie continua de sensaciones infinitamente simplificadas y reducidas. Así los fenómenos físicos no son sino una forma rudimentaria de los fenómenos morales, y llegamos á concebir el cuerpo según el modelo del espíritu. Uno y otro son una corriente de fenómenos homogéneos que la conciencia llama sensaciones, que los sentidos llaman movimientos y que por su naturaleza están siempre en camino de perecer y de nacer.

(Taine, 1870, pág. 9)

COMPRENDER LA CONCIENCIA a través del estudio de sus procesos, componentes e interacciones representa un paso esencial para identificar los diversos estados de conciencia. No obstante, este acercamiento al entendimiento de la conciencia, aunque valioso, no proporciona respuestas definitivas a una serie de interrogantes fundamentales:

a) No se puede determinar con certeza el origen real de la conciencia, es decir, de dónde procede en última instancia.

b) La cuestión de por qué se posee un conocimiento consciente particular, en lugar de otro, esto plantea desafíos en la epistemología y la percepción de la realidad.

c) El funcionamiento de las complejas relaciones dentro de la conciencia, es decir, cómo interactúan y se integran sus diversos aspectos, sigue siendo un campo de estudio en desarrollo.

Además, persiste el enigma de sí la conciencia es exclusivamente un producto del cerebro o si pudiera surgir desde otras partes del sistema nervioso del cuerpo, lo que continúa siendo objeto de debate en las neurociencias y la filosofía de la mente.

También se plantea la incógnita de lo que sucede cuando el proceso de conciencia[Nota final cxix] parece ausente o intermitente, es decir, cuando no está en funcionamiento o experimenta intervalos. Esta situación podría atribuirse a diversas circunstancias, como:

a) Estrategias de conservación de energía.

b) La prioridad otorgada a otros procesos mentales que involucran imágenes y conocimientos de objetos, seres y fenómenos.

c) La influencia de otros sistemas biológicos en el individuo.

d) Condiciones de salud particulares.

e) Pérdida de partes de órganos.

f) Trastornos metabólicos.

g) Momentos específicos, ya sean naturales o inducidos artificialmente, como la anestesia, el insomnio, el letargo, estados de malestar (o "pachucho," término usado en España), estados vegetativos, enfermedades, situaciones frenéticas o de peligro inminente.

Este tema se desarrolla con mayor profundidad en la sección "Conciencia sin inconsciente," lo que subraya la complejidad y los numerosos factores que influyen en la presencia o ausencia de la conciencia en la experiencia humana.

El estado de conciencia es extremadamente variado en su forma y calidad, y su comprensión profunda, ya sea a nivel individual, desde la perspectiva subjetiva de cada persona o en un contexto colectivo, proporciona una valiosa herramienta para el autoconocimiento. Estar consciente de uno mismo, es decir, tener la capacidad de reconocer lo que se está pensando, sintiendo y experimentar la percepción sin la restricción del tiempo, abre la puerta a un autoconocimiento más profundo y enriquecedor.

Estar consciente de sí mismo, es decir, saber qué se está pensando, sintiendo, y percatarse de estar sin tiempo, da la posibilidad de que con ello se logre momentáneamente un autoconocimiento, en el cual no siempre habrá momentos de felicidad o será visto como un poder exclusivo de los humanos (ver Quinta parte. *La comunidad en su viaje hacia el autodesarrollo*), más bien, esa experiencia de consciencia individual (llamada <mundo vivido> por Edmund Husserl), se tendrá que asumir como una capacidad estratégica natural y socialmente ventajosa.

Habría que tener cuidado en asumir que, al ser consciente de algo, se pueda adivinar la consciencia de otro individuo, o creer que, de manera mecánica, con información o, con el implante de un biochip programado, se influirá mágicamente a un individuo y lo hará consciente, igualmente, es ingenuo considerar que, todo lo que se vuelva "consciente" será un tesoro valioso más que el resto de los otros procesos mentales.

EN EL FUTURO CERCANO, comprender la composición de los estados de conciencia no garantizará una comprensión completa de su funcionamiento y ubicación. Aun cuando se intente integrar sus componentes, su complejidad demanda un enfoque diferente, así como herramientas, lenguajes y metodologías específicas para su exploración y comprensión.

Se especula que los estados de conciencia pueden originarse a partir de diversas fuentes, como percepciones, ideas, emociones, creencias, dogmas, vacíos emocionales, pensamientos o memorias. También podrían surgir de manera indirecta a través de otros contenidos de conciencia, que a su vez son hechos relevantes en el proceso de reconocimiento de acciones, comportamientos, estados de ánimo y prácticas de relajación y meditación.

Una analogía útil para comprender los estados de conciencia podría ser compararlos con los estados del agua. En su forma líquida, la conciencia fluye y se entrelaza con otros estados mentales. En su estado sólido, se almacena como parte de la memoria. En su forma sublime, surge en momentos efímeros y breves. En su estado gaseoso, se manifiesta permeando los múltiples sentidos de percepción y otros órganos del individuo.

La complejidad y diversidad inherentes a los estados de conciencia requieren un enfoque multidisciplinario y una apreciación de su riqueza y dinámica. Esto se asemeja con la capacidad del agua para asumir diversas formas en función de su entorno y condiciones.

Cuando se emprende la tarea de determinar o analizar un estado de conciencia, como la perplejidad, sorpresa, dolor, desesperación, comprensión, aceptación o sorpresa, se abre la posibilidad de construir nuevos conocimientos y enriquecer la comprensión de cómo transcurre la existencia a nivel individual y de especie. Este enfoque también permite una comprensión más profunda de la "consciencia ampliada", tal como propone Antonio (Damasio, 2010). Esta perspectiva va más allá de una mera clasificación desde la neurobiología o la concepción de la conciencia como una función mental superior.

Cabe indicar que la clasificación de funciones mentales superiores e inferiores, son una visión jerárquica de explicación de las cosas del mundo, desde este punto de vista, hay algunas que son superiores^{Nota final [cxx]} entre éstas se incluye el aprendizaje, lenguaje, atención, memoria, emociones, percepción, conciencia, intención, imaginación y el pensamiento/razonamiento, con las cuales los individuos tienen o no experiencias conscientes.

Hay también otras funciones que son nominadas como ejecutivas, entre ellas incluyen, el libre arbitrio, regulación y control de procesos conductuales o mentales, toma de decisiones, anticipación, monitorización, organización, planificación y la volición. Al respecto, Henrry (Maudsley, 1880, pág.470), desde su visión fisiológica analiza la conciencia como parte de la mente y la ubica localizada en el cerebro, por lo que comenta: *La conciencia es un factor concomitante de la función mental y no su factor esencial.*

El engranaje sistemático de los diversos factores del ánimo da cuenta de una coacción regular continua. Únicamente la conciencia parece escapar a esta coacción, porque ella misma dicta constantemente imperativos al órgano del juicio, sin recibirlos de ningún otro órgano del ánimo. Así parece participar de manera autónoma en la regulación y, por lo tanto, ser libre.

(Uexküll, 1890, pág.157)

LO QUE SE CONOCE SOBRE la conciencia, en parte, surge a través de la creencia y la experiencia, tanto en creencias pasadas, como en las presentes. Estas creencias están fundamentadas en aspectos que incluyen condicionamientos religiosos, tradicionales, culturales y ambientales. Además, el conocimiento acerca de la conciencia se construye y adquiere mediante una combinación de conocimientos científicos, empíricos y metafísicos. Sin embargo, en su mayor medida, lo que se aprende y se asimila en el ámbito mental se origina a partir de experiencias y vivencias personales, y esto se refleja en los comportamientos de cada individuo.

Cada persona teje una narrativa que abarca su pasado, su presente y sus proyecciones imaginarias, construyendo así su propia historia personal.

Cada estado de conciencia es singular y único, y su esencia no puede ser modificada ni transmutada. Sin embargo, como estado, puede servir como un valioso conocimiento almacenado en la memoria, con el potencial de generar nuevos estados similares, reformulados o completamente diferentes, que se originan a partir de él. En un contexto político, a menudo se utiliza la noción de "cambio o transmutación de la conciencia" para señalar transformaciones en los paradigmas sociales actuales y los que se desean alcanzar. En otras palabras, estas ideas tienen un poder significativo para provocar cambios tanto a nivel individual, como colectivo, y se utilizan para invitar y persuadir a las personas a adoptarlas como parte de su forma de vida social.

Para comprender mejor el párrafo anterior y retomar el enfoque en el tema, es necesario proporcionar una breve explicación de lo que constituye un estado de conciencia.

Un estado de conciencia se define como un tipo de conocimiento generado a través de la interacción de diversos procesos mentales, tanto internos, como externos, que involucran al cuerpo y el entorno circundante. Este conocimiento se forma a partir de una variedad de información, que puede ser real, creada o imaginaria, y que es reconocida por el individuo como parte de su experiencia personal. Estos estados de conciencia representan productos complejos que desempeñan un papel estratégico en actividades como el análisis, la reflexión, la toma de decisiones, la creatividad, el aprendizaje, la aceptación y la expresión.

Los estados mentales de conciencia se construyen a partir de información generada por procesos mentales como la atención, la alerta, la contemplación, la observación, el deseo, el dolor y las creencias. También se nutren de la información almacenada, procesada y creada en sueños, a través de intuiciones, y especialmente mediante el procesamiento de operaciones emocionales y racionales, así como de experiencias conscientes almacenadas en la memoria.

> **Si la conciencia perceptiva y la conciencia intelectual reflejan la realidad de modo diferente, entonces tenemos dos formas diferentes de conciencia.** *El pensamiento y el habla resultan ser la clave para comprender la naturaleza de la conciencia humana... La conciencia se refleja en una palabra como el sol en una gota de agua. Una palabra es a la conciencia lo que una célula viva al conjunto de un organismo, lo que un átomo al universo. Una palabra es un microcosmos de la conciencia humana.*
>
> (Vygotsky, 1934, pág. 205)

ESTOS ESTADOS DE CONCIENCIA interactúan con otros procesos mentales cognitivos y emocionales, y esta interacción puede dar como resultado la generación de un nuevo estado de conciencia, independientemente de si se manifiesta en la expresión física del individuo o no. En otras palabras, las acciones posteriores dependerán del trabajo realizado en los procesos mentales que siguen a la formación de un estado de conciencia. Por ejemplo, cuando se combinan estados emocionales y racionales, y se genera un conocimiento que tiene en cuenta sus características y propiedades específicas, se crea un estado de conciencia distinto al que estaba presente en el individuo inicialmente.

Cada estado de conciencia puede ser comprendido a través de procesos específicos que tienen la capacidad de manifestarse o evocarse mediante el uso de lenguaje verbal o corporal, o bien, pueden permanecer en la memoria del individuo hasta que las circunstancias o situaciones los requieran, en una perspectiva que asemeja la memoria a un almacén de información. También existe la posibilidad de que se forme un bucle de conocimientos, los cuales tienen el potencial de generar cambios en el comportamiento del individuo.

Es importante recordar que el proceso de conciencia, en ciertos momentos, forma parte de otro estado de conciencia o está implicado en un proceso de comprensión más amplio. Esto puede ocurrir cuando la mente se encuentra activa en el ámbito emorracional, tanto durante la vigilia, como en los estados de sueño REM o no REM. Esta dinámica de la conciencia refleja su naturaleza multifacética y su compleja relación con otros procesos mentales; en este último punto, cabe resaltar lo que opina Matthew (Walker 2018, pág.78) en su libro *Por qué dormimos*:

"A pesar de estar dormido, la actividad de las ondas cerebrales asociadas no se parece a la del sueño profundo de ondas lentas no-REM. En cambio, la actividad cerebral del sueño REM es una réplica casi perfecta de la que se observa durante el estado de vigilia atenta. De hecho, en estudios recientes de exploración del cerebro mediante imágenes por resonancia magnética (IRM) se ha visto que hay partes individuales del cerebro que durante el sueño REM están hasta un 30 por ciento más activas que cuando estamos despiertos".

En esta fase cotidiana de dormir hay interrupción de la percepción exterior, por lo tanto, las experiencias de conciencia se dan en los sueños, es decir, en el sueño REM o sueño paradójico.

El proceso de conciencia involucra una serie de actos que ocurren en un "espacio" que es tanto corpóreo, como mental. Es importante destacar que este proceso no se limita a un solo acto, sino que puede dar lugar a varios procesos de conciencia distintos. En esta abstracción, el individuo puede tomar conciencia de sí mismo y actuar de manera automática, lo que se conoce como preconciencia.

En otras palabras, este proceso implícito de auto-intimación o conciencia pre-reflexiva puede manifestarse de manera independiente a la representación de objetos en el mundo exterior. Aunque ambos aspectos, la auto-intimación y la representación mental, son componentes fundamentales de la conciencia, con o sin contenido conceptual, sintáctico y semántico, pueden coexistir en la mente del individuo y contribuir con la representación e interpretación de su mundo circundante.

EN CUANTO A LOS NIVELES de consciencia, estos pueden ser categorizados en escalas, estratos y niveles, y también pueden experimentar variaciones en su intensidad, tanto en contextos reales, como en aquellos creados e imaginarios. Dentro de estos niveles, existe una flexibilidad en el acceso a recuerdos diferenciados, que depende de la capacidad variable de energía según se encuentre en estado de vigilia, sueño o ensoñación (aunque se desconoce si esta flexibilidad también puede ocurrir cuando el individuo se encuentra en estado de coma).

Arturo (Aguilar, 2001, pág.17) explica que los niveles de conciencia, desde la visión funcionalista, con criterio temporal/evolutivo, están percibidos de forma continua[Nota final cxxi], así los niveles son clasificados en *"instintivo, intuitivo, e intelectual"*.

Los niveles de conciencia observados por los individuos pueden ser catalogados espacialmente, de diversas maneras, desde...

a. los superficiales a los profundos,
b. los parciales a los totales,
c. los cotidianos adaptativos a los expandidos,
d. los cotidianos a los iluminados (cosmovisión budista),
e. los niveles extremos de conciencia Keter, es decir, lo más elevado, al Maljut cuando se manifiesta (modelo concéntrico de la Kabbalah),
f. el mundo visible y el mundo invisible (visión del mundo chamánico),
g. lo enfocado en un instante preciso, hasta lo que es considerado como inmenso.

La conciencia se puede entender a través de su composición multidimensional en niveles, como propone Wilber (1990). Esta perspectiva permite a los individuos evaluar su situación inmediata y asumir una responsabilidad personal o colectiva por sus acciones.

En este trabajo, se evita el uso de prefijos como "pre", "in", "sub" o "supra" al referirse a la conciencia como niveles físicos. Esto se debe a que la conciencia no se considera como una entidad con una anatomía definida o divisiones tangibles a las cuales se pueda acceder físicamente. Sin embargo, se reconoce la posibilidad de que la conciencia pueda influir causalmente en los estados mentales. Por lo tanto, el término "inconsciente" tampoco se considera simplemente un epifenómeno.

Desde una perspectiva corporal, es posible identificar niveles de conciencia perceptual basados en el sistema sensorial. Estos niveles perceptuales pueden clasificarse, desde la experiencia del observador, en:

a) Mecánicos, químicos y lumínicos.

b) Locales o sistémicos.

c) Corporales, emocionales y cognitivos.

En la sexta parte de este libro, Tomo III, se encuentra una lista que proporciona una explicación detallada de cada uno de los sentidos humanos que se presentan en la Imagen 5. Estos sentidos, una vez que son percibidos, dan lugar a la experiencia sensorial. Posteriormente, estas experiencias se convierten en perceptos, que son las representaciones mentales de las percepciones.

A partir de estos perceptos, se pueden generar o determinar distintos niveles de conciencia. Por ejemplo, se puede hablar de la "conciencia de audición" cuando se perciben sonidos o de la "conciencia de nocicepción" cuando se experimenta dolor.

Es importante destacar que la combinación e integración de las percepciones que experimenta el individuo, así como su proceso de aprendizaje, pueden dar lugar a una amplia variedad de niveles de conciencia, cada uno relacionado con aspectos específicos de la experiencia sensorial y el conocimiento asociado.

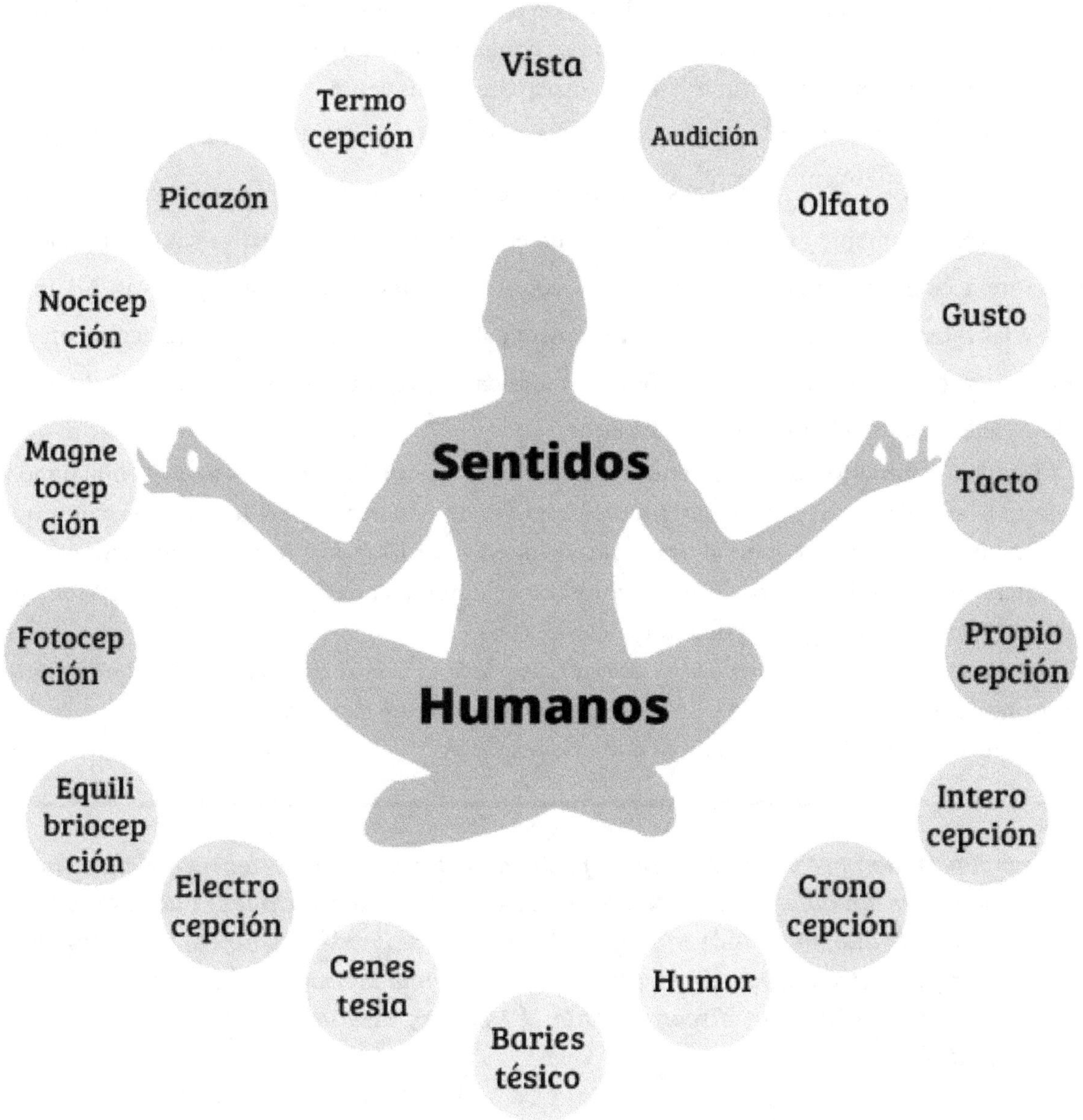

Imagen 5

• • • •

DESDE UNA PERSPECTIVA tomada de la física, la idea de un espectro puede ser aplicada al análisis de los estados de conciencia. Esto implica que los estados de conciencia pueden ser evaluados en términos de distintas intensidades, que varían según el tipo de estado y su nivel de energía. No se limita únicamente a la medición de las frecuencias cerebrales y sus fluctuaciones. Al considerar el espectro presente en cada estado y su conjunto, se reconoce una variación no secuencial a lo largo de una hipotética continuidad de la experiencia consciente.

A pesar de que estos estados de conciencia puedan ser examinados desde una perspectiva objetiva y científica^{Nota final [cxxii]}, se reconocen como experiencias subjetivas. Esto abarca tanto lo que ocurre en la mente y el ánimo del individuo en su interior, como las diversas manifestaciones en sus interacciones sensoriales y experienciales, cognitivas y emocionales introspectivas. Además, se aplica a las interacciones ecológicas que experimenta al darse cuenta de cómo interactúa con otros seres y su entorno inmediato. Este fenómeno también se presenta durante estados meditativos o debido a la excitabilidad inducida por fármacos.

El carácter subjetivo de la experiencia consciente de un individuo señala la dificultad de determinar si cada especie tiene sus propios estados de conciencia. Dado que esta cuestión es aproximativa e inferencial, por ahora, solo se pueden utilizar los recursos intelectuales y de comunicación disponibles para nosotros como especie humana para abordarla, para ello se cita a Thomas (Nagel, 1974, pág. 437) quien menciona:

"La razón es que todo fenómeno subjetivo está conectado esencialmente con un solo punto de vista, y parece inevitable que una teoría física objetiva abandone ese punto de vista.".

Esto no implica evitar ser empáticos con otras especies.

La conciencia siempre alude a la percepción dualista de la experiencia, donde hay un experimentador, un objeto experimentado y una relación (o relaciones) que los vincula a ambos... en cada momento de la conciencia la mente está ligada a su objeto por estos cinco factores. Hay: contacto entre la mente y su objeto; una sensación específica de placer, displacer o neutralidad; un discernimiento del objeto; una intención hacia el objeto; y atención al objeto.

(Varela, 1992, págs. 92-93)

LOS ESTADOS DE CONCIENCIA se presentan en diversos grados, lo que permite establecer una escala de medición para evaluar la intensidad de la actividad en cada uno de estos estados. Estos grados de conciencia pueden servir como referencia y ser útiles para mapear y medir la intensidad de la actividad en diferentes circunstancias. Los estados de conciencia pueden variar en función de su relación de proporción y de permanencia o por intervalos, y pueden manifestarse en una variedad de situaciones, como en el trabajo, durante el enamoramiento, durante el sueño[Nota final cxxiii], bajo anestesia, en estado de coma, durante la contemplación profunda, durante la hipnosis, en situaciones de estrés, durante la lectura de un texto, durante la observación de algo, durante un duelo, entre otros.

La intensidad de estos estados de conciencia puede depender de varios factores, como la salud del individuo, la presencia de ciertos fármacos en su organismo, la presencia de trastornos mentales, la práctica de la meditación o el auto-diálogo, entre otros.

Esta comprensión de los estados de conciencia ayuda a explicar cómo se generan diferentes tipos de conocimiento a través de la conciencia, que pueden ser parciales y falibles. Estos conocimientos pueden manifestarse en uno o varios estados de conciencia, que son unidades transitorias y diversas con distintos niveles de intensidad e información. Además, estos conocimientos pueden interactuar y retroalimentarse entre sí, y luego formar parte de otros procesos mentales del individuo. Sin embargo, estos conocimientos nunca representan una comprensión completa de todo lo que sucede en los procesos mentales. Pueden ser almacenados en las memorias del cuerpo, integrarse en procesos emorracionales o permanecer como estados meditativos de autoconciencia. También existe conocimiento producto de la actividad emorracional, que es independiente de la conciencia consciente y puede haberse modificado al considerar al propio individuo y su interacción con su entorno.

> *La conciencia, entonces, podría considerarse como la matriz del "darse cuenta", la intuición y el conocimiento.*
>
> (Aguilar, 2001, pág. 7)

LOS CONOCIMIENTOS EMORRACIONALES se generan debido a su valor, prioridad e importancia en formas complejas de comunicación conocidas como memorias. Estas memorias almacenan, retienen, codifican y reconstruyen representaciones mentales con propiedades semánticas/intencionales, como imágenes, símbolos, patrones y esquemas. Estos conocimientos emorracionales operan a través de distintos bucles de procesos que determinan diversos aspectos de la información, como cantidad, calidad, movimiento, velocidad, umbral, intensidad, fuerza, ensamblaje, codificación y dirección.

El proceso de conciencia y la creación de diferentes estados de conciencia contribuyen a la elaboración de un conocimiento más integral que refleja la realidad del individuo y sus múltiples relaciones con el entorno socioambiental.

Además de la inferencia causal biológica propuesta por Gerald Edelman, que se basa en la interacción del individuo con el mundo físico a través de sus sentidos, también existe una interdependencia con otros procesos emorracionales. Esto incluye el uso del sistema mnémico y sus diversas formas de memoria, que pueden registrar eventos, procedimientos, relaciones y compartir información compleja con otros procesos cognitivos.

Esta interdependencia de los procesos emorracionales también desempeña un papel en la generación de reacciones automáticas del cuerpo, como el automatismo, que permite un ahorro de energía y una mayor eficiencia sin la necesidad de la intervención de otros procesos mentales. Además, contribuye a las acciones instintivas del individuo Nota final [cxxiv], sus memorias Nota final [cxxv] y sus hábitos.

> *Vemos cosas que en realidad no están y recordamos cosas que en realidad no han ocurrido, y aunque éstos puedan parecer los mismos síntomas de un envenenamiento con mercurio, son ingredientes fundamentales para la receta de una dichosa realidad normal y sin <tropiezos. Sin embargo, esa normalidad tiene un precio. Aunque seamos conscientes en un sentido más o menos académico de que nuestro cerebro está completando la información, no podemos evitar esperar que el futuro se desarrolle con los detalles que hemos imaginado.*
>
> (Gilbert, 2006, pág.114)

DESDE UN ENFOQUE FUNCIONAL, la conciencia puede considerarse como un proceso modulador que influye en algunos procesos cognitivos. Por ejemplo, cuando alguien está leyendo y se da cuenta de lo que está haciendo en ese momento, la actividad deja de ser automática y se toma una decisión sobre cómo procesar la información que se está adquiriendo. Esta toma de conciencia puede llevar a la aparición de emociones relacionadas con lo que se lee o con el interés en comprender lo que está sucediendo como resultado de la lectura. Además, pueden surgir representaciones mentales de imágenes relacionadas con el contenido. Posteriormente, el individuo puede volver al acto intelectual de abstracción.

Continuando con este ejemplo, cuando alguien se concentra intensamente en una actividad, como leer, es probable que en algún momento experimente una interrupción consciente o inconsciente. Esta interrupción puede ser un mecanismo de equilibrio para preservar la energía corporal y puede indicar un riesgo de fatiga o la iniciación de otra actividad, como caminar o mover las piernas. El reconocimiento de esta interrupción pone en alerta al sistema mental integrado y puede desencadenar una serie de reacciones fisiológicas y emocionales, como emociones y movimientos corporales. Esto puede considerarse una medida de seguridad y adaptación interna o externa.

En otro escenario, se puede reconocer una similitud entre dos conjuntos de información y utilizar la memoria para conectar ideas afines. Por ejemplo, alguien podría identificar similitudes entre la adicción al consumo de refrescos debido a su alto contenido de azúcar y la adicción a dispositivos electrónicos y, la televisión debido a su exposición a la luz y la sobreestimulación visual.

Estos dos conocimientos pueden conectarse y formar una comprensión más completa o relacionarse a través de la identificación de acciones conjuntas, como beber refrescos mientras mira televisión. Esta percepción de la situación como única puede mantenerse durante un tiempo, pero también puede cambiar a medida que se toman decisiones y se modifica el comportamiento.

El párrafo anterior sugiere una perspectiva implícita en la que los sistemas nerviosos se consideran como los creadores del mundo perceptible experimentado. Desde esta visión, se plantea una propuesta holográfica basada en la idea de David Bohm (1980).

Según esta propuesta, los sistemas nerviosos tienen la capacidad de captar y almacenar ondas cuánticas que contienen una gran cantidad de información. Esto es posible debido a los patrones de interferencia, que pliegan la información con un alto grado de complejidad. Desde esta perspectiva, la información se despliega en tres dimensiones a medida que se recupera, y estos procesos están intrínsecamente vinculados como una única entidad.

 Esta entidad se describe como organizada, con un orden implicado que abarca todas sus partes interconectadas. Se caracteriza por un flujo constante, indefinible e inmensurable. En resumen, la propuesta holográfica de David Bohm sugiere que los sistemas nerviosos humanos tienen la capacidad de procesar información de una manera altamente compleja y que esta información se encuentra interconectada en una totalidad unificada en constante movimiento ^{Nota final} [cxxvi] .

David Bohm propone una perspectiva que desafía la noción tradicional del mundo como un conjunto de partes indivisibles y donde el espacio y el tiempo se construyen por conveniencia. En su enfoque, Bohm sugiere que el movimiento real no se relaciona con magnitudes compuestas por instantes o puntos, lo que cuestiona la manera en que tradicionalmente se entiende la realidad.

Bohm también argumenta que la materia, la vida y la conciencia no son entidades separadas, sino más bien sub-totalidades de una totalidad implícita. Esto implica que todas estas dimensiones de la realidad están interconectadas y forman parte de un todo unificado en lugar de existir de manera aislada.

En esencia, Bohm promueve una visión holística y dinámica del mundo que va más allá del mecanicismo tradicional, al respecto menciona:

"...el orden implicado se aplica tanto a la materia (viviente y no viviente) como a la consciencia, y que, por consiguiente, esto hará posible una comprensión de la relación general entre ambas, por lo cual seremos capaces de llegar a cierta noción del fundamento común de ambas.", (Bohm, 1980, pág. 171).

Desde esta perspectiva, la eficiencia y eficacia de las memorias, usadas como parte del proceso de conciencia, radica en su plasticidad, orden y vías de adaptación de los tipos de recuerdos (nítidos, falsos o regenerados) que se están conjugando. Hay otra estrategia evolutiva que puede explicar lo anterior, a través de un modelo holográfico (Pribram y Ramírez, 1980; Bohm, 1980; Pribram, 1999; Wilber,1986), es decir, las imágenes son almacenadas (topográficamente por el cuerpo) con una organización compleja.

El modelo propuesto sugiere que el almacenamiento de información es eficiente y ocupa muy poco espacio, lo que facilita su acceso. Además, se sostiene que la información se mantiene en su forma original, conservando las dimensiones y características con las que fue percibida por los sentidos, sin cambiar su proceso interpretativo para comprender su significado.

Sin embargo, se reconoce que, al recordar, los detalles pueden ser menos precisos en comparación con la experiencia original. Esto puede deberse a factores como la posible mezcla de información almacenada y otras variables, como la forma en que la información se conecta en la mente y la lógica con la que se organiza. Estas variaciones pueden depender del estado mental en el que se encuentra la persona y en qué nivel de conciencia se encuentre.

Bajo esta visión científica, el cerebro es entendido (analogía) como un procesador y, por lo tanto, posiblemente funciona como una organización holonómica, en otras palabras, las representaciones de la información que llegan al cerebro no son fotográficas, sino que son parecidas al proceso de reconstrucción de una imagen óptica; para explicar este fenómeno, se utilizan los principios de la física cuántica y las características de los patrones de onda, considerando que el cerebro funciona de manera similar a un holograma, (Pribram,1999).

Al respecto Pribram y Martín (Ramírez, 1980, pág. 74) mencionan:

"Por otro lado, al igual que ocurre en el holograma, el cerebro también funciona holonómicamente, procesando los datos como un todo, como resultado de las interacciones que tienen lugar en las sinapsis nerviosas; esto permite comprender la naturaleza, a modo de imagen, de la percepción, y la posibilidad de mantener una determinada capacidad sensorial incluso tras daños masivos del sistema nervioso propio de dicha sensación."

Los autores explican que el cerebro tiene la capacidad de manejar una gran cantidad de información por segundo. Esta información es procesada a través del sistema nervioso y se basa en un modelo similar al de un holograma. Además, los autores también describen las relaciones entre los procesos sensoriales, la proyección de imágenes, la percepción y la conciencia en su libro "Cerebro, mente y Holograma", los autores destacan (Pribram y Martín Ramírez, 1980, pág. 120):

"La conciencia, por tanto, es activada por un mecanismo de alguna manera parecido a un holograma, que dispone al organismo para localizar nuevas experiencias y actúa a cierta distancia de los interfaces receptivos y expresivos que unen el organismo y su medio ambiente."

En este contexto, la idea del modelo de holograma sugiere que la información se procesa de manera holística y que cada parte del cerebro contribuye a la formación de una representación completa de la realidad.

Esto implica que la conciencia y la percepción se basan en la integración de múltiples entradas sensoriales y no en la simple acumulación de información fragmentada.

Esta explicación arriba expuesta, forma parte de investigaciones neurocientíficas que llevan a recapacitar sobre:

a) la concepción de la realidad,

b) el paradigma imperante del cerebrocentrismo y, sobre todo,

c) la gran diferencia de análisis que hay acerca de estados mentales a partir de 1) su función particular, 2) de sinergia entre dos o más, 3) su relación con el tiempo, 4) la intensidad, 5) la cantidad/calidad de información, 6) la correspondencia con otras partes del cuerpo, así como, 7) las diferencias de intervención que llevan a cabo, dependiendo de las capas/niveles de los mismos estados mentales y del gasto de energía que se produce en cada individuo.

Lo anterior, ha permitido ir comprendiendo a la conciencia como una estrategia evolutiva, donde está incluida la sobrevivencia, así también, se nutre la explicación de ciertos tipos de relaciones socioambientales conocidos como modelos de vida y de creencias, con los cuales se van entendiendo las bases estructurales sociales y la propia identidad de los individuos.

AL INTEGRARSE EL PROCESO de conciencia como un producto y productor de lo emorracional, se van cimentando lógicas de respuesta, tales como, a) dónde se detona, b) cómo surgen y se guardan nuevos conocimientos, c) tipos de respuestas fisiológicas, y, d) las actitudes o lo que sucede con las acciones del cuerpo.

La integración del proceso de conciencia como un producto y productor de lo emorracional, tiene importantes implicaciones en la forma en que se comprende y responde a diferentes situaciones.

Al considerar esta integración, se pueden analizar diversas lógicas de respuesta:

a) Dónde se detona: La conciencia, junto con lo emorracional, puede determinar dónde se origina una respuesta a nivel mental. Esto implica que ciertos estímulos o pensamientos pueden desencadenar respuestas en el individuo, ya sea en forma de emociones, pensamientos o comportamientos.

b) Cómo surgen y se guardan nuevos conocimientos: La interacción entre la conciencia y lo emorracional puede influir en la forma en que se adquieren y almacenan nuevos conocimientos. Los estados de conciencia pueden facilitar o dificultar la asimilación de información, dependiendo de factores como la intensidad emocional o la atención prestada.

c) Tipos de respuestas fisiológicas: La conciencia y lo emorracional también están relacionados con las respuestas fisiológicas del cuerpo. Por ejemplo, una emoción intensa puede desencadenar cambios en la frecuencia cardíaca o la liberación de hormonas, y la conciencia de estas respuestas puede influir en cómo se experimenta, interpreta y se gestiona la emoción.

d) Actitudes o lo que sucede con las acciones del cuerpo: La conciencia puede influir en las actitudes y acciones del individuo. La toma de decisiones, las respuestas a situaciones sociales y las elecciones de comportamiento pueden estar influenciadas por el conocimiento consciente de los procesos emocionales y racionales.

La integración de los estados de conciencia y el emorracional forman una parte fundamental de la experiencia humana, siendo interacciones complejas que varían de una persona a otra.

Al respecto, Jean (Piaget, 1974 y 1975) trató el tema "toma de conciencia" desde su enfoque evolutivo, biológico, afectivo, psicosocial, físico y cognitivo, con el propósito de poder explicar su conceptualización, la cual va de la acción [Nota final cxxvii] /conducta a la representación, misma que se da a través de una reconstrucción de la realidad por medio de una abstracción reflexiva.

La idea de la "toma de conciencia" en el contexto del desarrollo infantil, como es utilizada en las teorías de Piaget, la cual se origina en los trabajos de Edouard Claparède, es un concepto importante para comprender cómo los niños adquieren conocimiento y se adaptan a su entorno. Esta idea se relaciona con la noción de que el aprendizaje y el desarrollo cognitivo a menudo ocurren a través de la experiencia y la resolución de problemas.

La "ley de la toma de conciencia" propuesta por Claparède sugiere que cuando un niño se enfrenta a una situación en la que sus acciones habituales no logran resolver un problema o adaptarse a una nueva circunstancia, se produce una toma de conciencia. En este punto, el niño se da cuenta de la discrepancia entre lo que sabe y lo que necesita saber para abordar la situación de manera efectiva.

Esta toma de conciencia puede ser el primer paso hacia la adquisición de nuevos conocimientos y habilidades. A través de la reflexión sobre la situación, la exploración de nuevas estrategias y la adaptación de su comportamiento, en este sentido el niño puede avanzar en su comprensión y capacidad para enfrentar desafíos similares en el futuro.

En sí la "toma de conciencia" es un proceso clave en el desarrollo cognitivo infantil que implica la reflexión y la adaptación cuando se enfrentan a problemas o situaciones nuevas. Esta noción ha influido en la comprensión de cómo los niños aprenden y se desarrollan a lo largo de las etapas de su vida.

Esta toma de conciencia pasa de una incorporación práctica de la realidad a una conceptual, por ser ésta, esencialmente, una conceptualización (Piaget, 1975, págs.143-150), misma que, va transformando y modificando las acciones.

Al respecto Lev Semiónovich (Vygotsky, 1934, pág. 151) en su último libro, *Pensamiento y lenguaje*, sostiene que:

"El uso consciente de los conceptos se puede lograr mediante su sistematización, basada en las relaciones de generalidad entre los conceptos. Al mismo tiempo, el uso consciente de los conceptos implica que éstos se puedan controlar voluntariamente. Piaget es incapaz de resolver el problema de la conciencia porque se limita a los conceptos espontáneos, a los que considera los únicos productos legítimos del pensamiento del niño. Al rechazar la noción de sistema conceptual, Piaget ha hecho imposible la resolución del problema de la conciencia."

Comprender estas ideas abre la puerta al uso adecuado del término "toma de conciencia". En lugar de concebirla como un proceso lineal que surge automáticamente a partir del conocimiento y que resulta en acciones directas o automáticas, la toma de conciencia se percibe como un proceso más complejo.

Este proceso complejo implica el reconocimiento de que las acciones y sus consecuencias tienen implicaciones más profundas. Incluye la noción de intencionalidad, que ofrece diversas posibilidades para llevar a cabo una acción. Para ello, se tienen en cuenta conceptos y acciones previas almacenadas en la memoria. A continuación, se desencadena una reflexión sobre la acción que el individuo está llevando a cabo, lo que abre la puerta a la posibilidad de realizar cambios en lo que se está ejecutando.

En sí, la toma de conciencia es un proceso que va más allá de una simple secuencia lineal de conocimiento y acción, ya que involucra la consideración de experiencias y acciones pasadas, así como una reflexión que puede dar lugar a modificaciones en el curso de las acciones presentes.

Por ejemplo, se realizará una limpieza comunitaria con el objetivo de eliminar la basura en la zona habitacional y sus alrededores. De forma automática se propone solo recoger los residuos que se vean en áreas públicas, pero al tomar conciencia surgen algunas opciones distintas de qué se recogerá, cómo hacerlo, por lo que permite elegir el modo de realizarlo y cuál de ellas es más eficiente; se da una representación (recreación de imágenes y sonidos) de cómo se hará la colecta, cómo se guardarán los desechos y de qué forma se verá estéticamente el lugar, es decir, ya hay una conceptualización de <limpieza>, por lo tanto, no solamente se aplica una acción por ocurrencia de manera inmediata o por tradición.

En toda esta situación se utiliza la memoria con conceptos basados en contenidos previos (contaminación, composta, reciclado, etc.) y acciones previas (propias que se hicieron o fueron hechas por otros individuos) que se elegirán, después se toma la decisión por una y se ejecuta la acción; al momento de estar trabajando hay una reflexión de lo que se está efectuando y, cabe la posibilidad de reconsiderar si dicha acción deba continuar.

Para ilustrar este concepto, se puede considerar a partir de una actividad comunitaria de limpieza, cuyo objetivo es eliminar la basura en una zona residencial y sus alrededores. Inicialmente, de manera automática, se propone simplemente recoger la "basura" visible en las áreas públicas. Sin embargo, al tomar conciencia de la situación, surgen diversas opciones sobre cómo abordar esta tarea y cuál sería la manera más eficiente de llevarla a cabo.

En este punto, se crea una representación mental que incluye la visualización de cómo se llevará a cabo la recolección de basura, cómo se manejará como desechos separados y cómo se verá estéticamente el área después de la limpieza. Este proceso implica la conceptualización de lo que significa realmente "limpieza". De esta manera, la acción no se realiza simplemente por inercia o tradición, sino que se aborda a partir del conocimiento consciente y un pensamiento reflexivo.

Durante esta actividad, la memoria desempeña un papel fundamental, ya que se recurre a conceptos previamente almacenados, como contaminación, composta, reciclado, entre otros, así como a experiencias pasadas relacionadas con acciones similares realizadas por la comunidad. Con esta información en mente, se toma una decisión sobre cómo llevar a cabo la limpieza y se ejecuta la acción correspondiente. Además, durante el proceso de trabajo, se mantiene una reflexión constante sobre lo que se está haciendo, lo que abre la posibilidad de reconsiderar la acción en curso si es necesario.

> *La toma de conciencia de una acción material consiste en su interiorización en forma de representaciones, y éstas, por su parte, no se identifican en absoluto con simples imágenes mentales que copien las progresiones motrices, sino que conllevan una conceptualización debida a la necesidad de reconstruir en el nivel de la conciencia lo que hasta entonces solo se había alcanzado por vía motriz o práctica.*
>
> (Piaget, 1975, pág.60)

LA COMPRENSIÓN DE LA estructura de la conciencia se ha logrado, en parte, a través de la investigación empírica y experimental[cxxviii], particularmente en el campo de la psicología experimental. Los experimentos mentales han sido una herramienta valiosa para desentrañar los componentes y el funcionamiento de la conciencia. Estos enfoques han permitido avanzar más allá de la mera creencia en la interacción de elementos físicos y biológicos constitutivos de la conciencia.

A través de experimentos y observaciones controladas, se ha obtenido una comprensión más profunda de cómo la conciencia se compone y opera. Esta investigación ha revelado patrones organizativos y relaciones espaciales que subyacen en la experiencia consciente. Además, ha ayudado a identificar procesos cognitivos y emocionales específicos que contribuyen con la estructura de la conciencia.

Desde este sentido, el enfoque empírico y experimental ha sido esencial para avanzar en el entendimiento de la conciencia, permitiendo explorar más allá de las meras suposiciones sobre su naturaleza y composición.

La construcción de una perspectiva integral de la mente es un desafío fascinante y complejo. En este planteamiento hipotético, se sugiere que los procesos mentales y la conciencia son complementarios al micelio neuronal, que se estructura mediante redes de microtúbulos y nanotubos.

Estas biomoléculas específicas se encargan de la transmisión y manipulación de información y energía, creando conexiones multidimensionales en el cuerpo que funcionan a partir del conocimiento, ya sea aprendido o innato. A su vez, estos procesos neuronales generan tanto procesos fisiológicos, como estados mentales.

La mente, en esta concepción, se compone de procesos y estados mentales que involucran una energía diferente a la orgánica y son resultado y causa del trabajo constante del sistema neuronal. Estos procesos son esenciales para integrar, interpretar, sintetizar y resolver las diversas situaciones y circunstancias que un individuo enfrenta en su vida, contribuyendo así a su supervivencia y adaptación al entorno complejo de la realidad.

La propuesta de los "mundos conjugados" como metodología, según Figueroa (2003), ofrece una interesante perspectiva. A través de diferentes estados y cristales mundanos, esta metodología podría permitir no solo la percepción de los instantes en los mundos constituyentes de la realidad, sino también una comprensión más profunda de uno mismo desde diversas perspectivas y dimensiones. Esto podría ser especialmente relevante para explorar y comprender los estados mentales y la conciencia desde una variedad de ángulos.

Desde este paradigma podría decirse que... "La realidad es lo más colapsante que puede existir, es la totalidad de la coexistencia pasada y presente, lo indigesto, lo todo y lo nada a la vez." (Figueroa, 2003, págs. 188 y 216).

Esta hipótesis plantea una visión integral de la mente que busca integrar aspectos neuronales, cognitivos, emocionales y energéticos en la comprensión los procesos mentales. Su exploración a través de metodologías como los "mundos conjugados" podría ofrecer nuevas perspectivas y avances en la comprensión de la mente humana.

La conciencia, como fenómeno mental, se explica a través de estados mentales, ya que constituye un estado más de los existentes.

Cualquier opción de explicación implicará conformar de manera conjunta un <todo> particular, mismo que también esté organizado/fragmentado, regulado y relacionado con otros sistemas biológicos del individuo y, con distintos procesos mentales de individuos de la misma especie, además de relacionarse con otros géneros de vida que tengan mente.

La conciencia individual, evolutivamente hablando, trasciende su comprensión, desde lo estructural, por ser un fenómeno biológico innato/aprendido diferencial. Se reconoce que no es constante ni permanente en las diversas fases de crecimiento y desarrollo biológico/comportamental, mental/cognitivo y social/interespecie del individuo.

Se puede esperar que todos los seres vivos que tienen conciencia nacen con esa potencialidad. Por supuesto, tampoco será la misma conciencia cada vez, ya que, durante sus fases y desarrollo, habrá cambios, tanto de dirección/intencionalidad, como de las interrelaciones coexistentes que se van dando en los instantes específicos que todo ser vivo tiene en su vida.

Cuando se da la conciencia, como consecuencia habrá estados de conciencia, los cuales podrían generar aprendizajes (pre y post) experienciales y racionales, tanto triviales, como profundos.

Por lo tanto, la conciencia puede considerarse como un fenómeno complejo y dinámico que evoluciona a lo largo del tiempo y está sujeto a cambios en su naturaleza y manifestación.

Ser consciente es vivir la particularidad de su propia experiencia, transponiéndola en la universalidad de su saber. Es decir, que la conciencia no puede describirse más que como una estructura compleja, la de la organización misma de la vida, de relación que ata al sujeto, a los demás y a su mundo.

(Ey,1967, pág. 11)

LA VISIÓN CIENTÍFICA más respaldada hasta ahora es la perspectiva neurobiológica, que clasifica la conciencia en cuatro niveles clínicos: alerta, letargo, estupor y coma. Sin embargo, esta explicación, que se basa en la función de las estructuras cerebrales, se reconoce como una simplificación de un fenómeno mucho más complejo.

La comprensión de la conciencia se torna especialmente desafiante al considerar la diversidad de neurotransmisores y las múltiples estructuras sensoriales involucradas en el proceso de conciencia.

Desde esta misma idea, se puede agregar otra posibilidad, por ejemplo, cuando un individuo es analizado con o sin la influencia de principios activos (drogas naturales o sintéticas) fluyendo en sus sistemas orgánicos; se trata de detectar en términos neurofisiológicos, si éstos le están provocando excitación a los sistemas neuronales, no solo al cerebro craneal y sus sistema nervioso autónomo, sino también a los otros dos cerebros sistémicos, el sistema nervioso entérico, Gershon (2003),

Matveikova (2011), (Koch, 2012) -segundo cerebro-, y el sistema nervioso cardiaco, Armour y Ardell (1994), Gelpi y Buchholz (2018) -tercer cerebro-.

Es importante señalar que estas áreas de investigación han sido exploradas de manera limitada hasta ahora, y el tema de la conciencia no ha sido plenamente abordado desde esta perspectiva interdisciplinaria. A pesar de ello, se reconoce empíricamente que se experimentan estados conscientes en los tres sistemas cerebrales mencionados, que están interconectados neuronalmente y comparten la producción de neuromoduladores. En el futuro, con un enfoque transdisciplinario más sólido, será posible comprender mejor las experiencias conscientes y su relación con estos tres "cerebros".

El que mejor se precie de practicar la introspección no llegará á descubrir nunca por las relaciones de su conciencia que la causa de una genialidad ó de una modalidad particular de su espíritu radica en el hígado, en el corazón ó en cualquier otro órgano; ni llegará nunca á tener un concepto de la influencia enorme que la actividad de sus vísceras ejerce sobré su parte moral ó sea sobre la constitución momentánea de su yo.

(Maudsley,1880, pág.29)

BAJO LA PERSPECTIVA anteriormente descrita, es posible distinguir entre dos formas de conciencia. La primera se genera de manera voluntaria (volitiva) como parte integral de otros procesos mentales, mientras que la segunda está relacionada con el sistema nervioso autónomo y es activada por las circunstancias internas o externas[Nota final cxxix] que enfrenta el individuo. Esto significa que los actos de conciencia pueden variar en intensidad y grado de control según las situaciones que experimenta la persona. En otras palabras, la conciencia no es una entidad estática y uniforme, sino que puede fluctuar y adaptarse a las condiciones del momento presente. "Lo que soy no me limita a mi cuerpo"

Es importante también considerar la naturaleza de la retención de conocimientos conscientes. La conciencia actúa como una especie de "temponauta" en la vida del individuo (viajero en los tiempos), permitiéndole experimentar su realidad en el presente. Si bien puede utilizar información del pasado almacenada en la memoria o imaginar posibles futuros, estos manejos temporales de la información ocurren solo en el instante presente. No existe un conocimiento consciente del pasado ni del futuro, ya que funcionalmente solo existen en el momento presente, en ese famoso "aquí y ahora".

Reforzando lo anterior, pero desde una perspectiva budista enfocada a la impermanencia, Francisco Varela y sus colaboradores (Varela y Col., 1992, pág.98) citan lo siguiente: "*¿Existen pruebas de momentaneidad en el funcionamiento del cerebro? Aclaremos de qué se trata. Un examen realizado mediante la presencia plena/conciencia abierta revela que nuestra experiencia es discontinua: surge un momento de conciencia, parece permanecer un instante y se esfuma para ser reemplazado por el momento siguiente.*"

En este mismo enfoque, otro autor latinoamericano Rodolfo (Llinás, 2002, pág.47), propone igualmente que el funcionamiento de la conciencia es una experiencia discontinua.

El cerebro causa ciertos fenómenos «mentales», tales como los estados mentales conscientes, y esos estados conscientes son, simplemente, rasgos de nivel superior del cerebro. La conciencia es una propiedad emergente.

(Searle,1992, pág.28)

PARA COMPRENDER CÓMO se desarrolla y modifica la estructura fundamental de la conciencia, es esencial examinar su función. Esto implica comprender cómo opera el conocimiento derivado de emociones, pensamientos e intuiciones, así como las respuestas que generan y su influencia específica en el individuo. Un ejemplo es la percepción que surge al ver y tocar las olas del mar, junto con las emociones y pensamientos que esto provoca. De todo este conocimiento, solo una parte se vuelve consciente y, a partir de ahí, puede dar lugar a un comportamiento o actitud.

La función de la conciencia se despliega a través de una serie de acciones interdependientes y relacionadas con otros estados mentales, generalmente denominados procesos mentales. Además, involucra otras partes del cuerpo y las interacciones con su entorno social y natural. En conjunto, estos elementos ayudan a mantener y regular la complejidad y el equilibrio de los componentes estructurales de la conciencia siguiendo un conjunto de reglas definidas.

La conciencia ha posibilitado sin lugar a dudas el aumento del conocimiento, así como el desarrollo de la ciencia y de la tecnología, dos vías a través de las que podemos tratar de manejar los dilemas y aprovechar las oportunidades que el estado humano de conciencia ha puesto de manifiesto.

(Damasio, 2010, pág.399)

CON RESPECTO A LA CORRELACIÓN entre los estados mentales, es importante referirse a uno de los párrafos de la última observación hecha en la Declaración de Cambridge sobre la conciencia, publicada el 7 de julio de 2012:

"En humanos, hay evidencia la cual sugiere que la conciencia se correlaciona con la actividad cortical, lo que no excluye posibles contribuciones de procesos subcortical y cortical tempranos, como sucede en la percepción visual. Las pruebas de que en humanos y animales no humanos surjan sentimientos emocionales de las redes cerebrales subcorticales homólogas, proporcionan pruebas concluyentes de la evolución compartida de la calidad afectiva."

Estructura y función de la conciencia son propiedades complementarias, pero no explican integralmente qué son todos aquellos procesos conscientes, ni cómo ha sido la evolución autoconsciente y colectiva, aunque sí proporcionan información sobre las ventajas adaptativas y su concomitancia con los otros estados mentales.

En síntesis, una manera de abordar a la conciencia es a través de sus características expuestas en la siguiente Imagen 6 dividida en tres partes.

-Atemporal como un conocimiento existente en la mente
-Biográfica y socioambiental

-Coextensiva a los otros estados mentales
-Conocimiento consciente que puede estar disponible en la memoria

-Correlación con otras partes del cuerpo y otros estados mentales
-Cualitativa

-Definida en contenido y espaciotemporal
-Evolutiva biológicamente

-Existente en diferentes especies es una estrategia de sobrevivencia
-Finita

-Física/no física siendo una parte integral del individuo

-Impredecible al manifestarse o con dificultad de una voluntad para que se cree

-Individual por generarse en un ser vivo, social porque puede compartirse y, colectiva pueden crearse experiencias conscientes

-Intensa y variable en cantidad de energía
-Irreductible

-Inespecífica que garantice un conocimiento verdadero y de valoración de pensamientos, emociones, acciones y conductas

-Influenciada por la historia de vida del individuo, de sus relaciones socioambientales, su cultura, los cambios ambientales, y su filogenia

-Intencional

-Intermitente

-Percibida así misma como proceso mental (apercepción).
-Real

-Tempo-espacial al manifestarse (comunicación) en sucesos internos y externos, a velocidades y periodos diferentes, así como con distinta cantidad de conocimientos

-Un acceso para iniciar un pensar sobre un contenido distinto o sobre el propio conocimiento consciente

-Es un conocimiento diferencial en estructura y función, que en conjunto tiene una singularidad

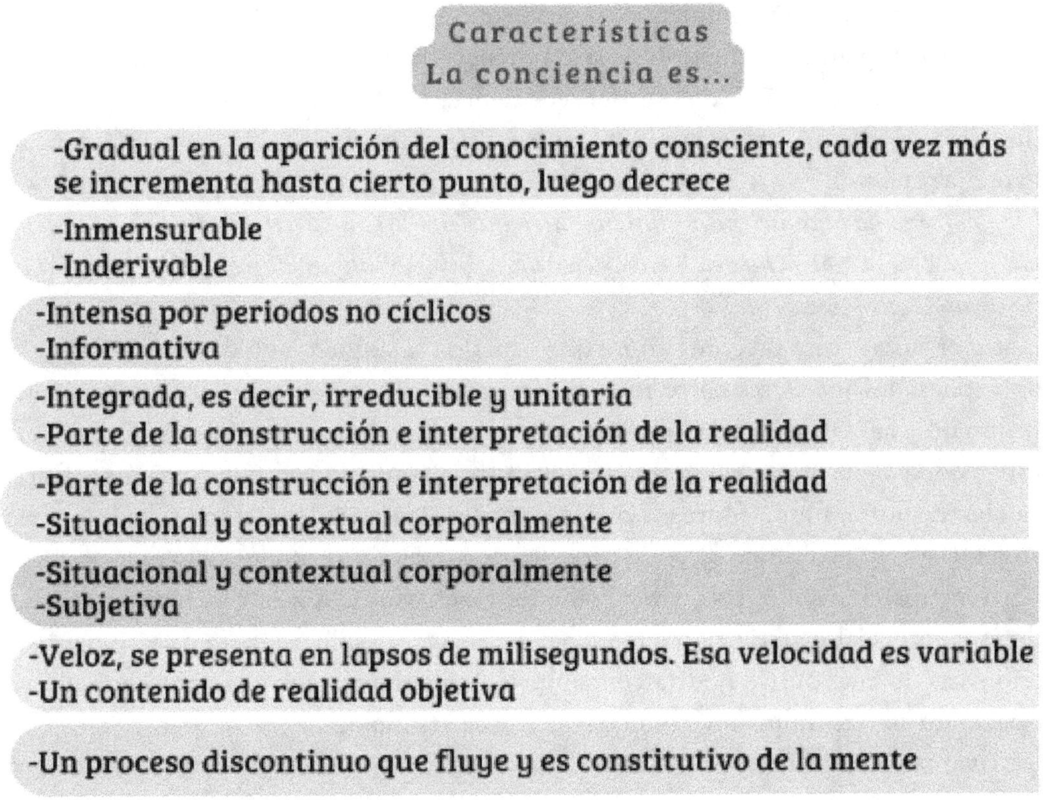

Imagen 6

• • • •

PARA TERMINAR ESTE apartado relacionado con "para qué preguntarse sobre la conciencia", se aborda un tema de vanguardia en el siglo XXI, los artefactos con inteligencia artificial y la conciencia.

Este tipo de tecnología se ha popularizado en todo el mundo, especialmente a través de los dispositivos electrónicos, como se evidencia en las estadísticas que reflejan el incremento de la adopción de celulares y tabletas debido a la accesibilidad a Internet[Nota final cxxx]. Esto se puede corroborar en el informe The Global E-waste Monitor (2020). A modo de ejemplo, el Instituto Nacional de Estadística y Geografía (INEGI) en su informe de 2023 señala que, en México, de una población de 129 millones de habitantes, 93.8 millones son usuarios de teléfonos celulares.

Actualmente, se continúa investigando y explorando las vías tecnológicas que permitirían a la inteligencia artificial emular de manera semejante la conciencia humana. Aunque aún persiste la falta de consenso entre los seres humanos acerca de qué es exactamente la conciencia, dónde reside y cómo funciona, se plantea la cuestión de si la potencia del método científico permitirá algún día abordar el enigma de la existencia de la propia conciencia.

Al respecto, el físico y matemático británico Roger Penrose (1996, pág. 21) formula una interrogante pertinente:

"Es el fenómeno de la consciencia humana, algo que está más allá del dominio de la investigación científica, ¿o podrá la potencia del método científico resolver algún día el problema de la propia existencia de nuestro yo consciente?".

Lo anterior suscita otra pregunta sobre qué ocurriría si surgiera una conciencia artificial muy, así como explicar las interfases entre los estados mentales, las velocidades de comunicación, la conservación de la energía en la actividad mental y saber si realmente son estados individualizados, además, se podría incursionar en otras ideas atractivas como son el conocer cómo físicamente funcionan las memorias y emociones, de qué está constituida una idea y cómo sucede que se vuelve una representación y de ahí una serie de procesos corporales y mentales, así como las bases para lograr la desencriptación del ADN y saber cómo funciona nanoscópicamente, entre muchas más.

Todo este potencial investigativo daría lugar a debates complejos, fuera de visiones fisicalistas y reduccionistas, lo cual quizás podría contribuir a una comprensión más profunda de qué es la conciencia, tanto en seres humanos, como en otras especies biológicas.

Hay cuatro caminos planteados con relación a la inteligencia artificial y la conciencia, el primero que considera que el estado y procesos mentales de conciencia son solo posibles que se den en algunos seres vivos, el segundo está convencido de que pronto el desarrollo tecnológico logrará que los artefactos con inteligencia artificial produzcan su propia conciencia, quizá no con las características que tiene la humana, el tercero se basa en la probabilidad y extrapolación antropocéntrica de que si se logra una superinteligencia, que vaya más allá de emular la inteligencia humana, de ella emanarán conocimientos conscientes sobre propia de su existencia y sus procesos de pensar; el cuarto camino se basa en que no se puede decir si la inteligencia artificial tendrá su propia conciencia hasta que el propio humano no pueda explicar y desentrañar este proceso mental.

La inteligencia artificial en este milenio avanza de manera exponencial en comparación con otras tecnologías, es una cuarta revolución humana, donde cada vez se está teniendo más claridad sobre el tipo de consumidor, con enfoques hacia la asistencia personal y colectiva, sobre la búsqueda de información específica, la consulta de mega datos, asimismo, la eficiencia en los procesos para el uso de otras tecnologías y en la optimización de recursos.

Otro aspecto donde el trabajo comunitario tendrá que incorporar este tipo de inteligencia, es al ampliar la perspectiva del entendimiento de la realidad, así como desarrollar la comunicación interna, con otros seres vivos y cosas, además con beneficios como será la precisión en diagnósticos y estrategias de solución de problemas, junto con la democratización del conocimiento y la colaboración colectiva de manera más amplia y dinámica.

Seguramente se irán dando más beneficios, aunque antes habrá que resolver asuntos como es la autonomía de la energía y de otros recursos que se necesitan para su mantenimiento, además de que se usa por parte de los consumidores; incluso se tendrán que considerar seriamente temas como la contaminación térmica, atmosférica (por uso de electricidad) y la acústica como resultado de la operación de los miles de centros de datos que dan este tipo de servicio, junto con ello la creación de normas eficaces sobre seguridad y ética, que conlleve a una equidad y accesibilidad amplia en su uso, formación, alfabetización digital y desarrollo sustentable de infraestructuras, evitando, entre otros temas, sesgos, discriminación y pérdida de control humano .

Lo anterior implica que este tipo de inteligencia requiere un sustento basado en lo que se siga investigando, a fondo, sobre la conciencia, considerando las diversas perspectivas que se mencionan en este capítulo. Hay que ser insistentes en continuar con las pautas de desarrollo tecnológico y sus normas éticas, junto con la creación de estilos de vida amigables, respetuosas y virtuosas entre humanos y máquinas inteligentes, por último y muy importante, una educación tecnológica y humanista que permita mejorar la vida en el planeta Tierra.

La posibilidad de que surja una conciencia artificial plantea una serie de preguntas interesantes. Por ejemplo, ¿qué ocurriría si esta conciencia fuera muy similar a lo que se cree que es la conciencia humana? ¿Podría explicar las relaciones entre los estados mentales, las velocidades de comunicación, la conservación de la energía en la actividad mental y si realmente son, estados individualizados?

Además, se podrían incursionar en otras ideas atractivas como son el conocer cómo físicamente funcionan las memorias y emociones, de qué está constituida una idea y cómo sucede que se vuelve una representación y de ahí una serie de procesos corporales y mentales, así como las bases para lograr la desencriptación del ADN y saber cómo funciona nanoscópicamente, entre muchas más. Estos son solo algunos de los muchos temas que podrían investigarse si surgiera una conciencia artificial.

La relación entre humanos y máquinas ha sido una parte fundamental de la historia, que se remonta a la creación de tecnologías prehistóricas como tornos, palancas, arcos, ruedas y poleas. Estas tecnologías se utilizaron para la creación de utensilios, herramientas, cerámicas y textiles, y desempeñaron un papel crucial en el desarrollo de diversas culturas. Desde la agricultura hasta la conservación de alimentos, el aprovechamiento de recursos hídricos, las actividades militares, la construcción y la generación de energía, estas tecnologías han evolucionado a lo largo del tiempo. A pesar de que algunas de estas tecnologías han sido comprendidas y mejoradas, otras todavía mantienen su misterio, tal como lo hicieron durante siglos.

Actualmente, la ciencia que ha comenzado a aportar de manera significativa al desarrollo de la inteligencia artificial es la física cuántica. Los avances en esta área han brindado nuevas ideas y conceptos que se aplican en el diseño de algoritmos y sistemas de inteligencia artificial. Ejemplos valiosos incluyen la superposición cuántica y el entrelazamiento cuántico, que se utilizan para crear algoritmos de aprendizaje automático altamente eficientes.

Asimismo, la investigación sobre la conciencia también ha proporcionado valiosos aportes a la comprensión de la inteligencia artificial. Destacados investigadores en este campo, como Roger Penrose, Stuart Hameroff y Christof Koch, han propuesto que la conciencia es un fenómeno emergente que surge de las propiedades cuánticas de la materia. Esta perspectiva despierta un gran interés en la comunidad científica, ya que podría tener implicaciones profundas en el desarrollo de sistemas de inteligencia artificial más avanzados y sofisticados.

El periodo medieval en Europa es representativo de la creación de mecanismos complejos como parte de una producción tecnocientífica. Ejemplos notables incluyen la imprenta, los molinos, la brújula magnética, así como desarrollos arquitectónicos como el arco apuntado y el contrafuerte. En esta época, el tema de la tecnología moderna se introdujo con la influencia de René Descartes, quien, basándose en su enfoque de razonamiento y en el método científico, propuso una visión dualista que consideraba al cuerpo humano como una máquina gobernada por las leyes de la física. Este debate continúa en la actualidad y se ha intensificado con la llegada de la tecnología de inteligencia artificial, donde los humanos son los destinatarios de la inteligencia, de manera similar a cómo las computadoras son receptáculos de programas inteligentes.

La inteligencia artificial, como todo paradigma nuevo, cuenta con defensores y detractores, y plantea cuestiones éticas, investigativas y prácticas que aún se debaten en múltiples aspectos de la vida cotidiana, que abarcan desde la educación, la filosofía y la técnica hasta lo político, lo empresarial y lo cultural. Se busca regular y establecer estándares que definan el funcionamiento de los artefactos tecnológicos, sus destinatarios y los impactos socioambientales que conllevan. Idealmente, el propósito es promover el bien común y garantizar la compatibilidad, la interoperabilidad y la seguridad/confiabilidad de la tecnología.

Algunos aspectos relacionados con las tecnologías inteligentes involucran a personas a favor de la aceptación del uso de manera cotidiana, mientras que otros expresan preocupación o rechazo debido a una resistencia a que haya una habituación de las tecnologías inteligentes y que éstas puedan lograr tener una autonomía constante, la cual podría poner en peligro a los humanos, en toda esta situación existe un miedo a ser controlados o sustituidos por este tipo de tecnologías. Sin embargo, también hay quienes les agrada la posibilidad de que haya una oportunidad de mejorar la calidad de vida, la comunicación, las investigaciones y la conservación del entorno natural.

En el mismo sentido del párrafo anterior, es necesario hacer una revisión desde diferentes aspectos, además de considerar sus repercusiones benéficas y de los riesgos, tanto al producir las tecnologías, como usarlas y desecharlas. Esto implica considerar que hay diversas responsabilidades y códigos de ética, lo que implica entrar en la encrucijada de la certeza y la verdad, ya sea de quienes las diseñan e innovan y los que invierten para su desarrollo con distintos fines, por ejemplo para mejorar su actividad lucrativa, para investigación, para normar la seguridad, y otros usos como es el comercial, el tan complicado tema armamentista, el político y su gobernanza, y el administrativo-contable, asimismo para ser aplicados en búsqueda del bien común en áreas de la salud, agricultura, astronomía, neurociencias, entre otras. Por supuesto, siempre y cuando se consideren las implicaciones éticas con el uso de las tecnologías, un ejemplo de ellas son las planteadas por Judith Jarvis Johnson en su artículo de 1985, "El dilema del tranvía".

Existen dos aspectos que resaltan y complican la normalización tecnológica a nivel mundial. Uno de ellos es la visión utilitaria promovida por corporaciones que buscan persuadir a los consumidores de que estas tecnologías pueden satisfacer de manera más eficiente diversas áreas productivas y de salud para abordar necesidades y problemas específicos. El otro aspecto involucra la visión corporativista y una burocracia pública tecnocrática que busca ejercer control y poder a través del uso de la inteligencia artificial.

Otro aspecto que influye en este proceso de culturización tecnológica es la tendencia a humanizar todo lo próximo donde se vive, atribuyendo a seres u objetos cualidades y características humanas. Esto ha llevado a la creación de tecnologías de inteligencia artificial con rasgos y formas de comunicación humanoides, incluyendo robots, avatares y holografías, con el objetivo de lograr una semejanza, no solo física, sino también en términos de comunicación interactiva, inteligente y autonomía. Esta tendencia ha llevado a la búsqueda de lenguajes comunes y estrechas interacciones, creando una similitud, no solo en apariencia, sino también en la forma en que interactúan. En un futuro próximo, se podrá convivir con mascotas robóticas, o "robothijos," los cuales se conviertan en acompañantes emocionales y asistentes en el trabajo.

En la actualidad, se plantea un dilema en esta historia: un futuro colaborativo donde máquinas inteligentes y humanos trabajen juntos para lograr un desarrollo estratégico en pro del bien común. Esto implica una evolución conjunta que permita a las máquinas inteligentes y a los humanos convivir manteniendo claros los límites éticos y los propósitos que fomenten, optimistamente, un crecimiento económico, social y tecnológico que rompa con la alienación económica y mejore la calidad de vida de todos los seres humanos, respetando a otras formas de vida.

Por otro lado, se vislumbra un futuro fusionado, donde la tecnología se integra en el cuerpo humano y en otras especies, generando seres que son difíciles de distinguir debido a su fusión. Esto podría dar lugar a especies tecnobióticas con capacidad para reproducirse, similar a los organismos, y desarrollar estados mentales, parecidos a los humanos, esto y otras visiones humanizadoras de lograrse, transformarían la forma en que abordan asuntos y problemas, ya que se aprovecharían nuevas fortalezas y distintas perspectivas de ver y vivir en el mundo. No obstante, esta posibilidad se deberá regir por un enfoque ético que busque una convivencia armoniosa entre humanos y máquinas.

Por otra parte, desde una perspectiva temerosa que extrapola lo que ha sido la historia humana, existe la eventualidad de la creación de supermáquinas independientes capaces de dominar los espacios humanos.

En términos generales, se vislumbran futuros desafíos que, más allá de los temores, las especulaciones y las visiones de control, se podrían centrar en temáticas como es la colaboración simbiótica entre diferentes especies y máquinas inteligentes. Se plantean cuestiones sobre la independencia y autonomía de los artefactos inteligentes y cómo afectarán las interacciones laborales, recreativas, de servicios públicos y en el hogar, además de las posibles apariciones o avances en el desarrollo de superinteligencias, en caso de que sea vuelva realidad la teoría de los filósofos Omohundro-Bostrom (2005).

Para muchas personas en la actualidad, el uso de artefactos con inteligencia artificial resulta atractivo por su capacidad de facilitar la comunicación, brindar entretenimiento, respaldar en tareas monótonas y servir como herramientas de investigación, desde análisis y procesamiento de datos hasta simulaciones, entre otras funciones. Esta tendencia a humanizar parece prevalecer sobre estas máquinas que quieren desarrollarse con características humanas, con capacidad de pensar, razonar y tener conocimientos conscientes. No obstante, también existe un interés creciente en explorar otras perspectivas, como la inteligencia vegetal, que se encuentra en sus primeras etapas de construcción como paradigma, y que podría enriquecer la comprensión de la inteligencia artificial y sus aplicaciones, así como aportar matices diferentes en términos de ética y desarrollo.

Explorar la inteligencia vegetal Nota final [cxxxi] enriquecerá el desarrollo tecnológico, ya que su evolución ha sido muy diferente de la <animal>, sus estrategias de vida, desde aspectos bioquímicos, plasticidad genética, organización de la información, producción de la energía/materia y el desarrollo estructural orgánico, han tenido una historia de evolución muy diferente, la cual al conocerla podría dar distintas perspectivas con respecto a su adaptación fisiológica a climas, modos de reproducción, así como métodos distintos de comunicación y uso eficiente de la energía, el conocer las distintas estrategias de sobrevivencia, así como conocer por ejemplo los mecanismos biológicos como es la memoria la cual al parecer es un proceso distinto al que tienen los animales.

Con respecto a lo que se ha trabajado científicamente en comparación con la inteligencia animal, la vegetal tiene muy poco, sin embargo, los estudios que se han realizado hasta ahora demuestran una necesidad de redescubrir y rediseñar metodologías de investigación para poder seguir explicando la dinámica de los mundos que constituyen la realidad, donde la producción de un conocimiento interdisciplinario es vital y será parte esencial de la mejora en temas como es la inteligencia artificial.

Conocer lo anterior daría muchas ventajas a la inteligencia artificial, ya que permitiría incursionar en diseñar y crear tecnologías distintas con mayores ventajas de desarrollo y efectividad, adaptaciones específicas en forma, tamaño o estructura según la interacción con el medio circundante, así como capacidades para formar estructuras complejas y organizadas, todo ello serviría no solo para seguir buscando satisfacer aspectos humanos, sino atreverse a interactuar con otros mundos de los seres vivos desde dimensiones distintas y novedosas.

Actualmente, se encuentra el desafío de lidiar con lo que existe en el mercado relacionado con la inteligencia artificial y su incorporación a las comunidades humanas. Para abordar este desafío se tendrá que comenzar a alfabetizar al respecto, profundizar en lo que está sucediendo con la intercomunicación, el sentido de pertenencia, así como de cohesión social, más allá de solo ver este tipo de tecnología como una esperanza de mejora de servicios, alimentación, seguridad, educación institucionalizada, acceso a la información, planificación, sino también en aspectos delicados como es la identidad, la preservación de la cultura y saberes, asimismo la estructura de la fuerza laboral debido a la tecnologización, la educación personalizada y su acceso, la calidad de vida y las formas de relacionarnos y regular la dinámica social.

Incluir sucintamente estos temas en este capítulo se hace necesario, ya que implica visualizar una oportunidad distinta de abordar el para qué conocer más sobre la conciencia individual y colectiva, además invita a estar atentos a los impactos actuales y futuros que se están dando con la incorporación de los artefactos inteligentes en la vida comunitaria.

El tema central, la "conciencia," no puede ser abordado de manera aislada del conjunto de otros estados mentales y sus procesos que, en su conjunto, configuran el complejo concepto de la mente. En el contexto de este libro, se explorarán las creencias como un estado mental, ya que desempeñan un papel crucial en el contexto del trabajo comunitario.

Se ha observado que los individuos humanos albergan una serie de ideas, conceptos y contenidos emocionales específicos, todos ellos organizados en patrones que pueden ser tanto estables, como dinámicos. Estos patrones funcionan como mecanismos de identificación, protección, estabilidad y ajuste en el proceso de aprendizaje.

A medida que las personas generan ideas, pensamientos y experimentan emociones y sentimientos, establecen una relación entre sí y con los diversos aspectos de sus mundos, tanto internos, como externos. Es importante destacar que la distinción entre estos mundos es en última instancia una metáfora, ya que la experiencia humana es intrincadamente interconectada. A través de sus experiencias y relaciones, los individuos interpretan sus acciones y su interacción consigo mismos en un mundo que es subjetivo y, al mismo tiempo, compartido con otros seres y objetos. Esto da lugar a procesos de identificación y comunicación que son fundamentales en la construcción de la realidad individual y colectiva.

> *La creencia puede concebirse, pues, como una condición inicial subjetiva que, añadida a los estímulos correspondientes y a otras condiciones internas, (intenciones, otras creencias), explica un conjunto de comportamientos aparentemente inconexos. Si entendemos "causa" en el sentido de condición inicial, la creencia sería una causa del comportamiento... Las creencias morales y religiosas pretenden ser aceptables intersubjetivamente, pero de hecho se fundan en razones que solo pueden ser suficientes para aquellos sujetos que tengan ciertas condiciones que les permitan acceder a una forma de sabiduría.*
>
> (Villoro, 1982, págs.38 y 246)

EN EL CONTEXTO DEL trabajo comunitario, se encuentra una faceta esencial para comprender la complejidad de una comunidad y el entorno en el que viven sus individuos. A medida que se adentra en este ámbito y toma medidas en él, se desarrollan relaciones interespecíficas que abarcan aspectos afectivos, la construcción de conocimiento, la creatividad y el desarrollo sociocultural.

Desde una perspectiva evolutiva, es importante destacar que lo emocional tiene precedencia y está intrínsecamente relacionado con lo cognitivo en términos biológicos. Estos dos aspectos se influyen mutuamente a medida que interactúan y se retroalimentan a través de las relaciones con el entorno social y ambiental. Con frecuencia, esto se manifiesta en forma de estructuras vivenciales dentro de cada individuo, que incluyen creencias arraigadas, patrones de pensamiento automático y estados emocionales específicos. Estos elementos se establecen como posibles respuestas a situaciones y contextos, tanto internos, como externos, y se manifiestan en forma de costumbres, hábitos, actitudes, experiencias perceptuales y comportamientos.

Cuando se trata de comprender un tema personal, comunitario o un proyecto colectivo, las creencias desempeñan un papel central. Estas creencias se consideran una forma de conocimiento, ya sea de naturaleza racional o vivencial, y tienen un impacto particularmente significativo en los comportamientos de las personas. Por ejemplo, cuando un individuo se enfrenta a una idea, pensamiento o estado emocional, tiende a considerarlos como verdaderos, ya sea a nivel individual o grupal. Esto refleja la organización mental y la lógica interna de cada individuo, y a menudo estas creencias son aceptadas y consensuadas como realidades compartidas.

El análisis de las creencias, tanto a nivel individual, como comunitario, es esencial para identificar las ideas y pensamientos que pueden estar asociados a estados emocionales específicos. Comprender cómo estas creencias se traducen en acciones concretas o patrones de comportamiento es crucial para el éxito de proyectos comunitarios y la toma de decisiones informadas.

El entendimiento de las creencias conlleva una profunda influencia en la comunidad, y esta influencia puede ser profunda y trascendental. Un ejemplo ilustrativo es el "efecto Pigmalión", también conocido como la profecía autocumplida, propuesto por Rosenthal y Jacobson (1968). Este fenómeno se refiere a la situación en la cual las expectativas de una persona sobre lograr algo o influir en los demás se basan en sus propias creencias, comunicación de esas creencias y motivación personal. A medida que estas expectativas se comunican y se refuerzan a través de la confirmación de la creencia, se producen cambios en la actitud y el comportamiento de las personas involucradas.

El "efecto Pigmalión" describe un ciclo constante en el que las creencias y expectativas de una persona influyen en el comportamiento de los demás, lo que a su vez refuerza esas mismas creencias. Esto puede tener un impacto significativo en la comunidad, ya que las creencias individuales y colectivas pueden dar forma a la realidad de las personas y generar cambios notables en su comportamiento y actitud. Por lo tanto, comprender cómo funcionan las creencias y cómo pueden influir en la comunidad es fundamental para el trabajo comunitario y la toma de decisiones informadas.

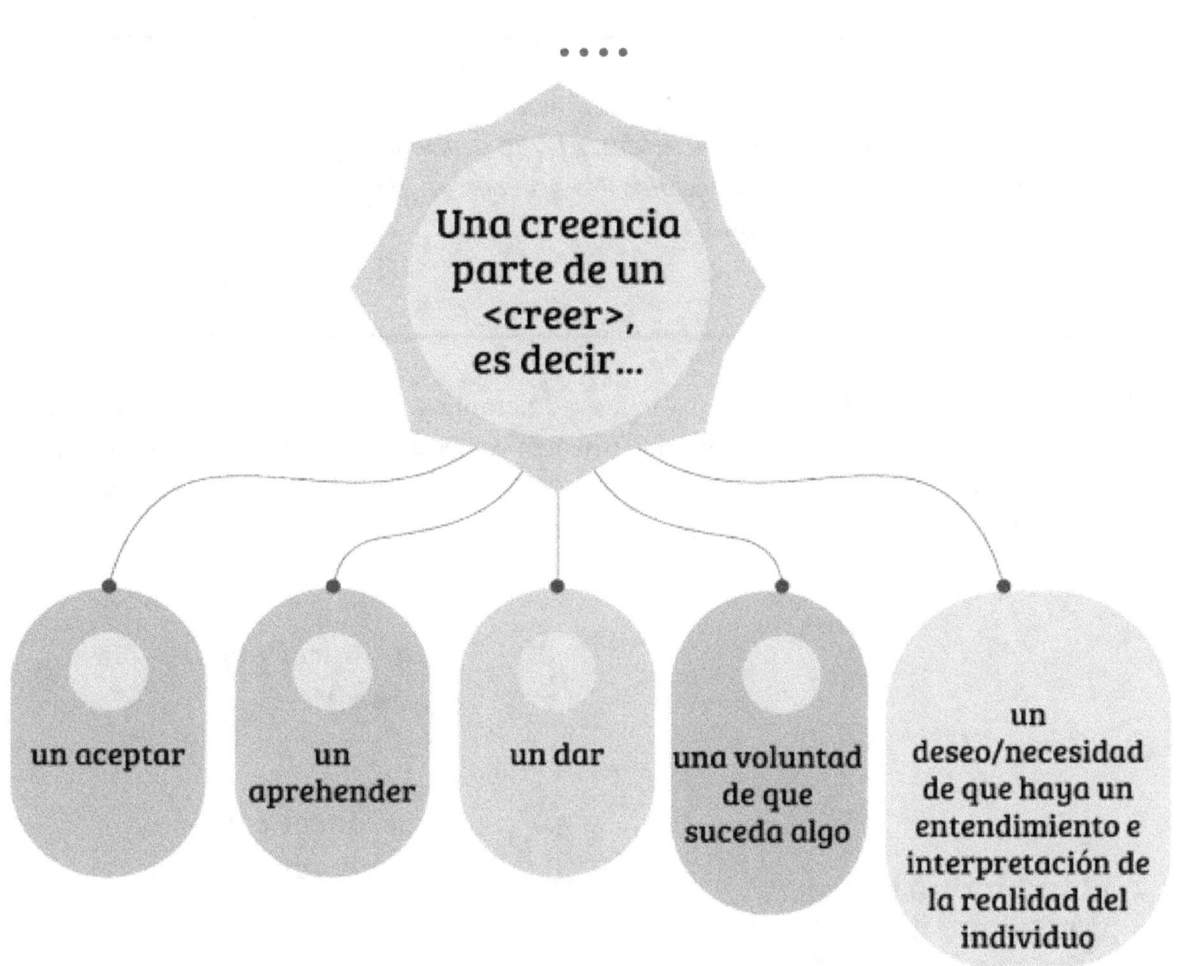

Imagen 7

ANTE LA INFORMACIÓN de la Imagen 7, surge la pregunta ¿y en qué se cree? De manera general se puede decir que se cree en ideas/imágenes, emociones/sentimientos, energías visibles e invisibles, historias propias y ajenas, y, cosas/artefactos.

LA INFORMACIÓN EXPUESTA en la Imagen 8 permite al individuo saber que "algo posee" de manera estructurada, por lo tanto, es un constructo subjetivo, pero sobre todo social, del cual dispone y acompaña sus pensamientos/sentimientos y actos/conductas simbólicas y procedimentales, según las situaciones o circunstancias que se presenten.

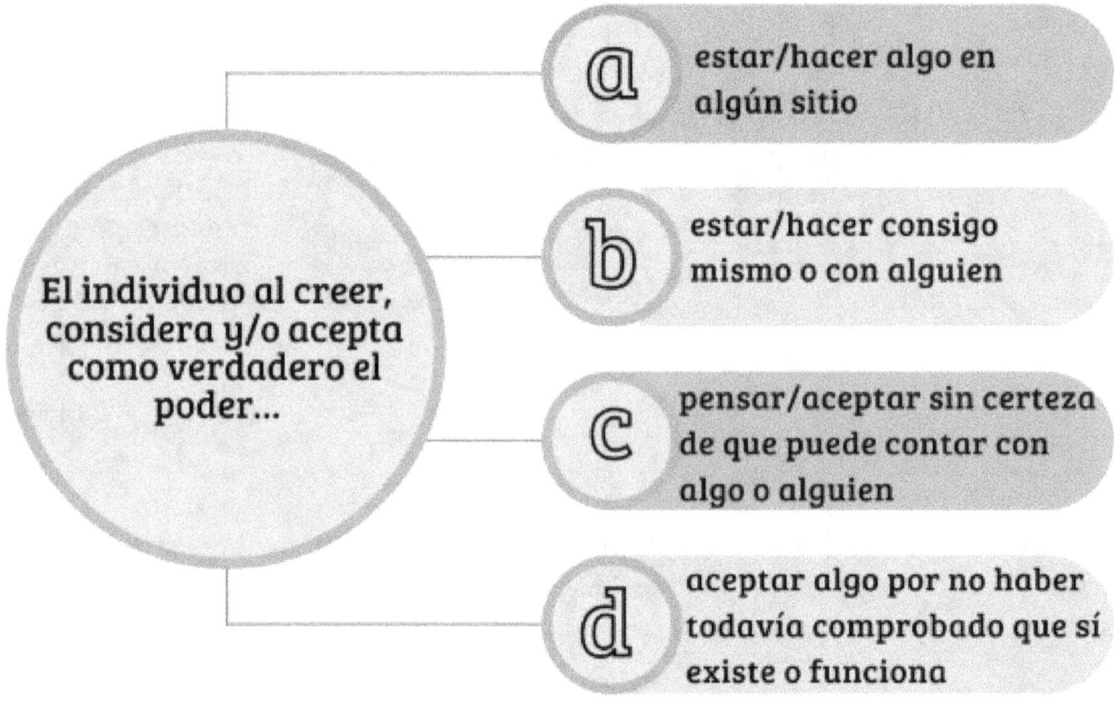

Imagen 8

· · · ·

LAS CREENCIAS FORMAN parte de un sistema dinámico, llamado sistema de creencias, compuesto de costumbres, frases, hábitos, memorias, mitos, reglas, rituales y por supuesto creencias. Funciona este sistema a partir de múltiples capacidades prácticas de convencimiento, justificación, razonamiento y voluntad. Su función social y de autorreconocimiento no es un mecanismo automático ni lineal, es decir, no se activa ni producen acciones y comportamientos, por lo tanto, hay que entenderlo desde una complejidad fisiológica, a partir de una correlación con otros estados mentales y una posible causación.

Las creencias forman parte de un sistema dinámico llamado sistema de creencias, compuesto por costumbres, frases, hábitos, memorias, mitos, reglas, rituales y, por supuesto, creencias. Este sistema funciona a partir de múltiples capacidades prácticas de convencimiento, justificación, razonamiento y voluntad. Su función social y de autorreconocimiento no es un mecanismo automático ni lineal, es decir, no activa ni produce acciones y comportamientos por sí mismo. Por lo tanto, se debe entender desde una perspectiva de complejidad fisiológica, en correlación con otros estados mentales y una posible causación.

La función del sistema de creencias, como un modelo o estructura, es ayudar a comparar conocimientos y aprendizajes propios y ajenos, al mismo tiempo que proporciona significado y coherencia al mundo del individuo. Para comprenderlo adecuadamente, se debe considerar la posibilidad de que ocurran tres situaciones.

Si la información entrante tiene una correspondencia que puede considerarse "no gratificante", hay la posibilidad de que disminuya la energía anímica del individuo, se generarán emociones/sentimientos, comportamientos, pensamientos que pueden afectar negativamente, las cuales están relacionadas al incremento de hormonas como es el cortisol y la noradrenalina;

La información entrante se relaciona/retroalimenta con otro patrón de conducta más complejo que es la personalidad.

Por supuesto, estas situaciones pueden darse como eventos separados, concatenados y, también se van creando estrategias de efectividad.

EL SISTEMA DE CREENCIAS se asemeja a un tejido de razones, motivaciones y actitudes emocionales que se originan a partir de la percepción, interpretación, representación e influencia del mundo, tanto en su aspecto social, como natural.

Este sistema representa una de las estrategias fundamentales para la acción cotidiana y la planificación, con el propósito de reproducir una narrativa coherente y lógica que abarca una serie de pensamientos, emociones, comportamientos y acciones. La finalidad de esta estrategia puede es adquirir aprendizajes a partir de experiencias propias o ajenas, así como simplemente funcionar como una narrativa explicativa.

Este ciclo del sistema de creencias puede detenerse cuando ya no hay más motivos para permanecer activo o cuando su capacidad de explicación comienza a debilitarse. Podría decirse que los humanos tienen creencias por el papel exitoso que han desempeñado en la evolución biológica y cultural (Defez Martín, 2005, pág.210).

De manera genérica se clasifican tres tipos de sistemas de creencias. –

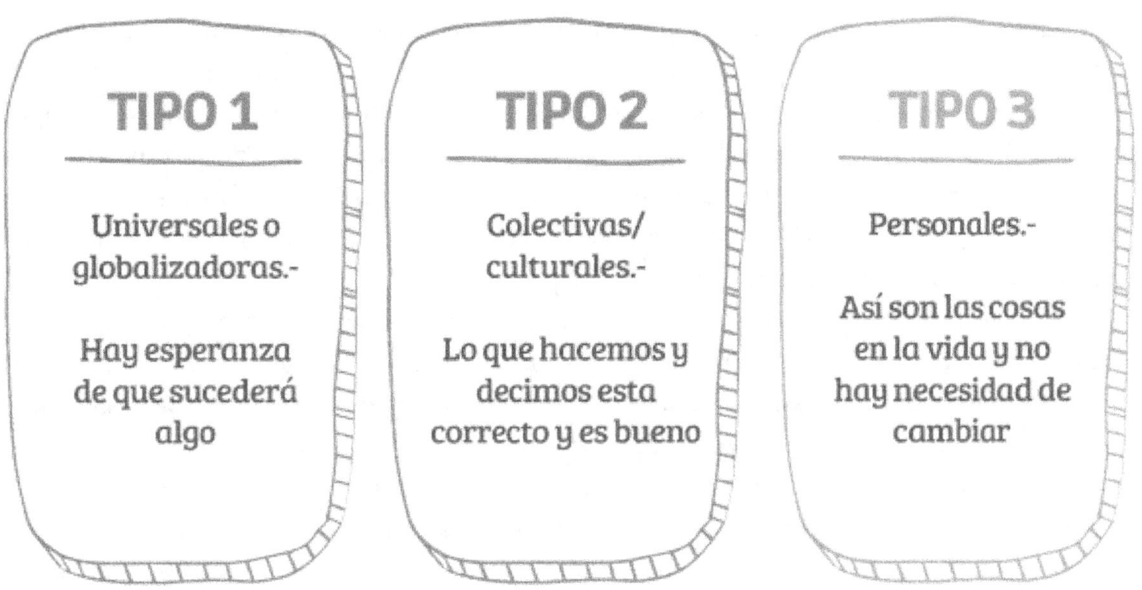

EL SISTEMA DE CREENCIAS puede estar compuesto tanto por creencias similares, como por aquellas que son diferentes pero compartidas. Estas creencias pueden servir de base para dos o más individuos, aunque no necesariamente llevarán a los mismos resultados, dado que suelen derivar de suposiciones distintas.

Por ejemplo, en ciertas comunidades, existe la creencia de que cuando la luna está llena y se ve roja, esto influye en el comportamiento de los animales, incluyendo el humano. Sin embargo, un individuo podría creer que esto sucede debido a un efecto natural gravitatorio respaldado por conocimientos específicos, considerando que es una explicación real y aceptable. Por otro lado, otro miembro de la comunidad podría argumentar que este comportamiento se debe a un elemento "mágico" presente en su tradición cultural.

En el caso de los sistemas con creencias compartidas, estas tienden a llevar a actitudes colectivas que se traducen en acciones intencionales basadas en un punto en común. Los individuos se identifican con estas creencias a medida que participan en actividades y se comunican con otros que comparten las mismas convicciones.

Por ejemplo, algunos pueden tener la creencia de que sembrar el primer día de lluvias del verano asegurará una buena cosecha, una tradición que han heredado de sus abuelos y han practicado desde su niñez. Tienen fe en que esta acción les garantizará alimentos abundantes y experimentan emociones positivas al imaginar una cosecha exitosa. Sin embargo, en este caso, cabe la reflexión sobre si realmente existe la posibilidad de que algo bueno suceda al reproducir esta acción en una fecha específica, dado que existen muchas variables naturales que podrían influir en el resultado.

Las creencias compartidas se arraigan en la concepción social y forman parte de actitudes que se manifiestan a través de comportamientos y prácticas colectivas. A pesar de que los individuos pueden tener intereses comunes, también pueden tener diferencias, lo que da lugar a interpretaciones y acciones independientes en el mundo, tanto a nivel individual, como grupal.

Habría que preguntarse ¿Las creencias solo pueden detectarse a través de su expresión en acciones y comportamientos? Una opción es investigar desde el diálogo y la cultura, con las precauciones como lo señala David (Bohm, 1996, pág. 44):

"Podríamos afirmar que nuestra cultura suele reunirse en grupos grandes por dos razones fundamentales, para divertirse y para realizar un trabajo útil. El diálogo del que estoy hablando, sin embargo, no trata de cumplir ninguna agenda ni tampoco apunta a realizar ninguna actividad particularmente útil. Porque cualquier intento de alcanzar un propósito u objetivo útil se asienta necesariamente en una creencia de lo que es útil, y esa creencia termina limitándonos. Personas distintas tienen ideas diferentes sobre lo que es útil, y eso no hace más que ocasionar problemas."

El diálogo y la cultura en un contexto comunitario puede dejar ver creencias implícitas que influyen en las interacciones sociales y en su toma de decisiones, incluso cuando las personas no tienen conocimientos conscientes de ellas.

El objetivo del diálogo no consiste en analizar las cosas, imponer un determinado argumento o modificar las opiniones de los demás, sino en suspender las propias creencias y observarlas, escuchar todas las opiniones, ponerlas en suspenso y darnos cuenta de su significado.

(Bohm, 2015, pág.55)

DADO EL ENFOQUE Y OBJETIVO de este libro, se abordará de manera específica el concepto de las creencias como parte del sistema de creencias. Es importante recordar que, en este contexto, las creencias son consideradas como estados mentales. (Price, 1934).

Las creencias son pensamientos/conocimientos, emociones/sentimientos, historias/narraciones, ideas/imágenes, y conductas estructuradas en forma de patrones que tienen una conformación/retroalimentación de identidad del individuo. Estos elementos representan un tipo de conocimiento que puede o no ser consciente para las personas.

Las creencias se componen de conocimientos específicos, interrelaciones, recuerdos, inferencias y aprendizajes que pueden estar activos y conscientes en la vida diaria de las personas. Además, existen creencias pasivas y no conscientes almacenadas en la memoria individual y colectiva. Estas últimas, de manera metafórica, esperan un "gatillo" que las active, manifestándose en actos o comportamientos que pueden ser coherentes o contradictorios con lo que se sabe y se expresa sobre el tipo de creencia en cuestión; al respecto Luis (Villoro, 1982, pág.25) menciona:

"La creencia sería el componente "subjetivo" del saber. La mejor manera de analizarla no sería entonces examinar lo creído sino el acto de creer. Creer sería realizar un acto mental de una cualidad peculiar."

Si se acepta que las creencias son un tipo de patrón mental presente en los individuos, es importante considerarlas también como patrones de interferencia en el funcionamiento de la mente. Desde este enfoque teórico, se puede ir más allá de la idea de que las creencias simplemente generan acciones de manera automática y directa. En lugar de eso, se pueden ver las creencias como estructuras mentales complejas que influyen en la percepción, el pensamiento y el comportamiento de una persona.

Bajo esta perspectiva, las creencias pueden ser susceptibles de modificación, control o desprogramación a medida que se comprenden en profundidad y se exploran sus interconexiones con otros aspectos de la mente y la conciencia. Esto implica que las creencias no son estáticas ni inmutables, sino que pueden evolucionar y cambiar a lo largo del tiempo a medida que el individuo adquiere nuevos conocimientos y experiencias.

Las creencias tienen funciones que forman parte del resultado de acciones y reacciones tales como se muestran en la Imagen 9:

• • • •

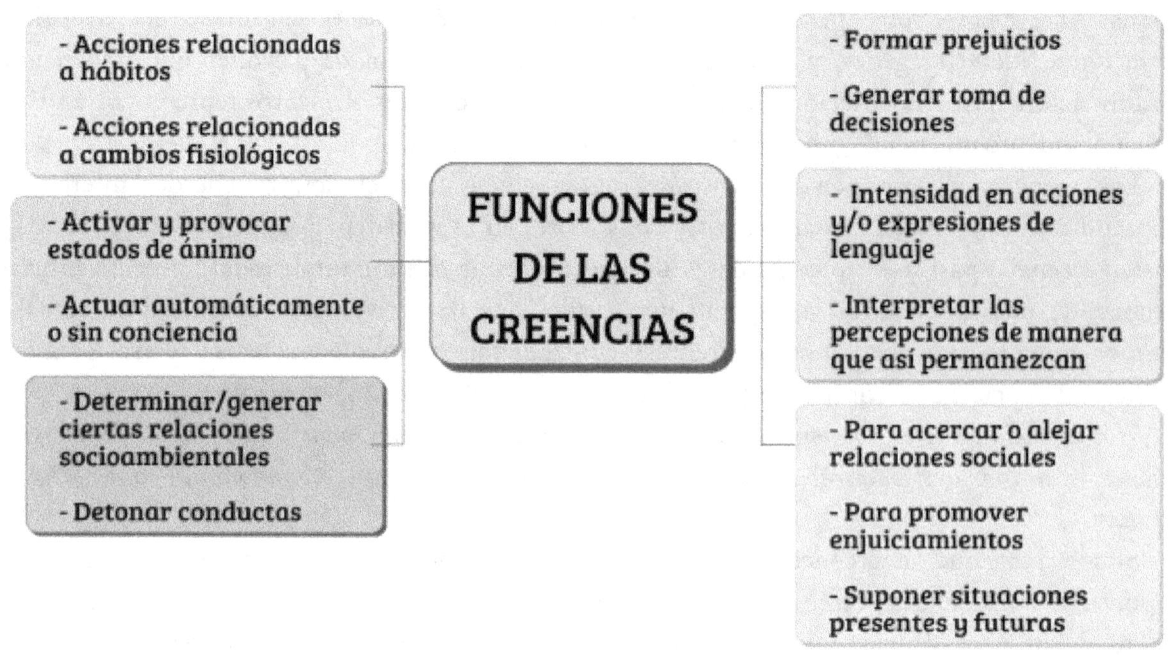

Imagen 9

• • • •

ES IMPORTANTE ABORDAR con precaución la idea de que lo mental genera de manera directa las acciones y reacciones físicas y lingüísticas. Esta concepción tiende a simplificar la complejidad de la mente y la relación entre las creencias y el comportamiento. La realidad es que la influencia de las creencias en las acciones y reacciones humanas es más sutil y compleja de lo que a menudo se plantea.

La noción de que las creencias pueden ser moldeadas, puestas o quitadas de manera personal y colectiva es un tema que ha sido discutido y explorado en diversos campos, incluida la psicología y la sociología. Si bien es cierto que las creencias pueden ser modificadas a lo largo del tiempo, este proceso suele ser más complicado de lo que sugieren las afirmaciones simplistas. Las creencias están arraigadas en la identidad y la cultura de las personas, y cambiarlas requiere un proceso reflexivo y a menudo prolongado.

En cuanto al uso de afirmaciones en el trabajo comunitario, es importante recordar que su efectividad puede variar de una persona a otra. Si bien algunas personas pueden encontrar beneficios en el uso de afirmaciones para promover un cambio positivo en su vida, no todas responderán de la misma manera a esta técnica. Por lo tanto, es fundamental considerar la diversidad de perspectivas y enfoques en el trabajo comunitario y abordar las creencias y prácticas con sensibilidad y respeto hacia las necesidades individuales y culturales de las personas, por ejemplo, cuando se usan tales como: *El pasado se ha terminado, ya no tiene poder en el presente. Acepto a mis compañeros del barrio tal cual son. Elijo vivir plenamente, me acepto como soy, puedo cambiar y ser diferente a otros.*

Asimismo, se emplean técnicas de modificación del lenguaje sintáctico con el propósito de transformar o cambiar creencias arraigadas. Por ejemplo, se reemplaza la afirmación "La gente que vive en el campo es pobre" por "La gente que vive en el campo es sustentable". Sin embargo, es fundamental comprender que esta transformación va más allá de una simple reestructuración gramatical y no se limita a repetir la nueva frase con diferentes refuerzos. En realidad, implica la necesidad de modificar y reconstruir el propio conocimiento subyacente a esa creencia en primer lugar. Además, es esencial considerar una serie de factores adicionales, como los aspectos técnicos, pedagógicos, conductuales y socioambientales, para lograr un cambio efectivo en las creencias arraigadas.

La modificación de las creencias a través de cambios en el lenguaje es usada para buscar transformar la percepción y la valoración de determinadas ideas o conceptos. Al cambiar la forma en que se expresa una creencia, se considera que podría influir en cómo las personas la perciben y la relacionan con su realidad.

La modificación de las creencias no se limita únicamente a la reestructuración sintáctica de las frases. Si bien este enfoque puede ser útil en algunos casos, hay que tener precaución al modificar o reconstruir una creencia, ya que implica un proceso con un enfoque integral donde se incluye la forma en que se expresa, cómo se comprende y tiene relación con otras creencias y experiencias personales.

Para lograr un cambio efectivo en las creencias, será fundamental considerar una variedad de factores, técnicos, pedagógicos, conductuales y socioambientales. Esto incluye la aplicación de estrategias educativas y culturales adecuadas, la comprensión de las motivaciones y experiencias individuales, y tomar en cuenta el contexto socioambiental de la población.

Hay muchas ideas por reflexionar sobre los últimos párrafos expuestos, ya que no siempre es necesario considerar que una creencia originará directamente acciones o comportamientos detectables y externos, tampoco es necesario tener una nueva creencia para sustituir otra, o, que es imposible vivir sin un tipo de creencia que ya se tuvo.

Seguramente cada individuo en determinada comunidad tendrá creencias sintácticamente parecidas a las arriba expuestas, mismas que competirán o harán sinergia con otras; las preguntas que manan ante esta dinámica serían ¿Cómo se instalan/crean, activan y seleccionan las creencias que están establecidas en el individuo? ¿Qué tantas creencias pueden ser conscientes y si hay reconocimiento de las experiencias conscientes?

Asimismo, una vez que se contesten las preguntas y surjan más, será oportuno considerar si las creencias son un referente estructural al momento recibir la información el individuo, es decir, entenderlas como un modelo-guía-patrón que perfila, facilita y desencadena (directa o indirectamente) necesidades y acciones intelectivas o físicas/biológicas, ya sea de manera automática o que sirven para encontrar o corregir comportamientos, por ejemplo, las conductas disfuncionales.

Además, las creencias pueden ser concebidas como un modelo de naturaleza multicausal, compuesto por ideas organizadas que influyen y, en ciertos casos, determinan actos racionales, emocionales y corporales. Funcionan como patrones que dirigen y dan forma a lo que se comunica, se realiza o se piensa en situaciones y contextos particulares, tanto a nivel individual, como en el ámbito colectivo. En este proceso, las creencias desempeñan un papel fundamental en la adquisición y el aprendizaje de conocimientos específicos.

> *Por diferentes que sean esas doctrinas, al tratar de caracterizar la creencia, todas tienen algo en común: todas son "mentalistas" e "idealistas" por cuanto determinan la creencia como una ocurrencia o un dato en la conciencia privada. Creer es un sentimiento o un acto de una cualidad específica que ocurre en la mente de un sujeto; por lo tanto, solo es accesible a este sujeto; solo él podrá percatarse de tener esa ocurrencia, porque solo él tiene acceso a los datos de su propia conciencia.*
>
> (Villoro, 1982, pág.27)

UNA DE LAS FUNCIONES atribuidas a las creencias es la de servir como un mapa que orienta al individuo hacia estados emocionales específicos, actuando como una suerte de referencia que le permite navegar desde un punto inicial. Se les compara con un cristal a través del cual se percibe el mundo circundante, sugiriendo que influyen significativamente en la percepción de la realidad.

Además, se destacan como puntos de inflexión que pueden llevar al individuo a aceptar o rechazar pensamientos. Estas creencias también se señalan como desencadenantes de procesos intelectuales, como el análisis, la refutación o la formulación de conjeturas acerca de ideas, acciones y comportamientos. En un sentido más práctico, se subraya su papel en la identificación, diferenciación y toma de decisiones relacionadas con experiencias mentales, ya sean de naturaleza perceptual o consciente. Este párrafo ofrece una visión integral de las diversas funciones desempeñadas por las creencias en la vida de un individuo.

Como complemento a lo anterior, se retoma a Jordan (Peterson, 1999, pág.70) quien afirma:

"Dicho de otro modo, nuestras creencias pueden modificar nuestras reacciones a todo, incluso a aquellas cosas tan primarias y fundamentales como son la comida y la familia."

> **La comprensión que tenemos del mundo social depende de nuestra forma de pensar, de nuestras creencias y de lo que hayamos aprendido sobre las normas y reglas sociales implícitas que gobiernan las relaciones interpersonales. Este conocimiento resulta esencial para establecer una buena relación con personas de otras culturas, cuyas normas pueden ser muy diferentes de las que hayamos aprendido en nuestro entorno.**
>
> (Goleman, 2006, pág.123)

PARA QUE FUNCIONEN las creencias, es necesario conocer sus contenidos, muchos de ellos se basan en una narrativa sólida/reproducible/coherente, formada de pensamientos, ideas, emociones y sentimientos. Desde la evolución social humana, puede considerarse como una estrategia de sobrevivencia/adaptación (para estructurar y desestructurar) a través de la cual hay una interacción de...

a) sus elementos,

b) otros estados mentales (por ejemplo, el deseo, la intención) y,

c) las relaciones sociales y ambientales que tiene el individuo.

Esta narrativa, en un momento y espacio determinados, se percibe como verídica y viable para la persona, ya que desempeña una función integral que trasciende la división tradicional entre lo interno y lo externo. Se la considera como un modelo, una guía, un patrón, un mapa o una referencia, y cumple una función activa que contribuye a generar y modificar otras acciones, ya sea en situaciones o circunstancias específicas.

Para que esta construcción narrativa de las creencias se mantenga y se fortalezca, es esencial tener en cuenta los elementos comunes que la estructuran, tal como se detallan en la siguiente Imagen 10.

Imagen 10

. . . .

LA INFLUENCIA DE LAS creencias en las acciones y conductas de un individuo es un fenómeno que puede variar significativamente dependiendo de varios factores. La construcción de la estructura de la creencia, la interpretación simbólica y conceptual que el individuo le atribuya, y las circunstancias contextuales desempeñan un papel fundamental en la forma en que estas creencias afectan su comportamiento.

Esta dinámica puede manifestarse de diferentes maneras, ya sea de forma directa o indirecta, como se ilustra en la Tabla 12. Sin embargo, es esencial comprender que este efecto no debe ser visto como una explicación causal definitiva de cómo un individuo percibe o interpreta la realidad que lo rodea. En cambio, es un proceso intrincado y multifacético que interactúa con otros aspectos de la experiencia humana.

. . . .

Las creencias participan de manera directa o indirecta en la causalidad de acciones y conductas las cuales llevan a provocar...		
aceptación/rechazo	habilitación/inhabilitación	potenciación/imposibilitar
afirmación/negación	incredulidad/dogmatismo	producir juicios morales/juicios éticos
agrado/desagrado	incremento/disminución de cambios corporales y/o externos	protección-seguridad/ataque
ajuste/distorsión	interpretación por una causa/interpretar por un destino	racionalización de algo/emocionarse por algo
atraer/evadir	la igualdad/desigualdad	salud/enfermedad
comparación/resignación	logro/fallo	situaciones azarosas/deterministas
conservación de ideas/radicalización de ideas	moderación/exageración	tender hacia una capacidad/incapacidad
cosmovisión flexible/rígida	orden/desorden	una actitud de responsabilidad/evasión
dependencia/emancipación	particularización/generalización	una actitud esperanzadora/desesperanza
estructuración/desestructuración	pensamiento lógico/ilógico	una comprensión por causalidad/por casualidad
éxito/fracaso	pensamiento racional/irracional	validación/invalidación
facilidad/complicación en lo que se dice y hace	posibilidad/imposibilidad	

Tabla 12

• • • •

ESTAS DUALIDADES QUE se han presentado pueden manifestarse en diferentes momentos del desarrollo de una creencia, ya sea de manera individual o en combinación. Además, las creencias pueden actuar como una causa que desencadena reacciones específicas. Por ejemplo, lo desconocido en ciertas circunstancias puede generar incertidumbre y/o miedo, debido a que se relaciona con experiencias arraigadas en un sistema de creencias que se vincula con la seguridad.

De manera general, el contenido de las creencias emerge como resultado de los procesos mentales internos del individuo. Sin embargo, algunos autores sugieren que dicho contenido también puede ser influenciado por las interacciones con el entorno social (las creencias de otras personas) y el entorno natural del individuo. Algunos enfoques combinan tanto el aspecto interno, como el externo para explicar cómo se forma el contenido de las creencias.

> *Incluso cuando una creencia no tiene relación alguna con la realidad, desempeña un papel importante en el tejido del vínculo. Compartir una creencia es hacer una declaración de amor y elaborar un sentimiento de familiaridad.*
>
> (Cyrulnik, 2012, pág.130)

COMO COMPLEMENTO A lo anterior, de manera sistemática se muestra una propuesta de ciertos elementos/unidades de la estructura composicional de las creencias (ver Tabla 13).

ELEMENTOS/UNIDADES
QUE CONFORMAN LAS CREENCIAS

Causas	Comprensibilidad	Comunicabilidad	Conjeturas
Deseos	Dilemas	Emorrazones	Esquemas
Frustraciones	Implicaciones	Individualidad	Interactividad
Mandatos	Objetividad	Presión	Preconclusión
Protección y estabilidad	Reconocimientos	Repetitividad	Respuesta a priori
Supuestos	Temores	Temporalidad	Visualización

Tabla 13

• • • •

ESTOS ELEMENTOS SON complementados de manera específica en la Tabla 14. Para su lectura debe leerse de manera continua hacia la derecha, en la primera columna están los elementos/unidades, en la segunda columna se encuentran las características/premisas de las que parten para la conformación de cada elemento/unidad, en la tercera columna, se expone de dónde provienen las creencias y, en la última columna, se enuncia de manera sintética cuáles son los beneficios de la creencia.

Elementos/unidades que conforman las creencias ➡	Características y cualidades de las creencias ➡	Se forman las creencias a partir de…	Beneficios de las creencias
Causas	Tienen una secuencia no lineal de origen-causa-consecuencia Hay una constante por periodos de largo de tiempo que se dan de manera intermitente Están fundamentadas en ideas y/o emociones	-procesos emorracionales propios y socioculturales. -relaciones sociales muy cercanas, ya sea emocional o ideológicamente. -la voluntad para aceptar y luego entender/sentir/reproducir el contenido de una creencia -razones y/o motivos que se creen -el aprendizaje autodidacta	Evita considerar lo espontáneo como una constante de cambio.
Comunicabilidad	Pueden armonizarse entre similares Están relacionados con otros estados mentales. Se expresan con imágenes, creaciones artísticas, acciones mecánicas/automáticas, pensamientos, lenguaje verbal y lenguaje corporal	-una historia vox populi -al aceptar con razonamientos una idea propia o ajena -en la convivencia social/cultural con personas con poder carismático o poder ideológico	Facilidad de conexión entre individuos.

Comprensibilidad	Se explican con razones y motivos	-una filosofía de opuestos: lo bueno y lo malo, lo justo y lo injusto, lo ideal y lo catastrófico	Se comprenden las diferencias que se provocan al entrar en acción.
Conjeturas	Aisladas sin un referente, pero con contenido	-de otras acciones o comportamientos	Seguridad constante o momentánea de las acciones que realiza.
Deseos	Ajustadas a una circunstancia	-de otro estado mental	Estabilidad constante o momentánea en la relación de sus emociones y pensamientos.
Dilemas	Coherentes es su discurso/redacción	-de una intencionalidad	Efectividad= eficiencia más eficacia, en la reproducción de acciones y conductas.
Emorrazones	Se activan por una necesidad o una prioridad	-decisión intencionada del individuo	Facilidad en su aplicación por estar estructuradas en narraciones, historias y explicaciones de cómo funciona el mundo propio y de otros.

Esquemas	Son patrones que se construyen, reproducen y aprenden Forman parte de la personalidad	-motivación para afirmar una idea estructurada	Ayuda en la toma de atajos al momento del manejo de estructurar la información.
Frustraciones	Contundentes	-desencadenar algo proactivo, protector o preventivo	Permite que haya una significación y valoración de las cosas, así como situaciones y relaciones socioambientales.
Impacto	Modifican las experiencias del individuo	-un impacto fuerte emocional-racional o racional-emocional -con aprendizajes traumáticos, sublimes o fantásticos	Puede medirse algo que suceda al expresarse la creencia.
Implicaciones	Buscan que haya introspección y acción	-expectativas propias y de sus seres queridos	Se puede compartir con más de dos personas a través de un consenso, lo cual ayuda a retroalimentarse.
Individualidad	Es parte esencial de la historia biográfica del individuo	-en la interacción constante de contenidos provenientes de la introspección, e las relaciones culturales, de los medios de comunicación y redes sociales	Puede haber estrategias para modificar o sustituir la creencia.

Interactividad	Para mantenerse se asocian con teorías, imágenes con poder, comportamientos, historias/narraciones, conocimientos y saberes	-en la convivencia social/cultural con amigos y compañeros -una o varias creencias establecidas	Hay una comunicación específica que puede identificarse en diferentes niveles de acción.
Mandatos	Son circunstanciales.	-experiencias fallidas o exitosas.	Es una forma ordenada obligada para hacer algo.
Objetividad	El individuo las considera reales sin considerar su subjetividad Aseguran una certeza Interpreta la realidad inmediata Producen pensamientos proposicionales, es decir, son enunciados verdaderos o asertivos	-reforzamientos con repeticiones o rituales -una moral específica	Distingue las cualidades propias de las cosas o individuos, independiente de lo que piense o sienta en ese momento.
Precisión	Se basan en hechos tangibles y no tangibles Siguen una lógica propia	-reforzamientos con ideas o imágenes específicas	Tiene un objetivo concreto.
Pre-conclusión	Son descontextualizadas	-facilitar una relación sin conflictos	Ayuda a tomar rápidas decisiones.

Protección y estabilidad	Hechas con frases de fácil apropiación	-ilusiones sin sentido -un proceso de adaptación socioambiental -un área de confort	Proyecta seguridad.
Reconocimientos	Son globalizadoras	-imitar a otros seres o formas conocidas	Facilita la distinción o identificación de algo o alguien.
Repetitividad	Se reproducen casi siempre igual Tiene una estructura estable que le permite reproducirse y mantenerse sin cambios en sus contenidos	-en el aprendizaje familiar infantil y adolescente	Puede predecirse o identificarse.
Respuestas a priori	Son personalizadas	-intercambio de valores	Ahorro de energía para tomar decisiones y ejecutar una acción.
Supuestos	Se dan en diversas situaciones, directas o de bucle	-interpretaciones personales y colectivas	Parte o se fundamenta en algo para iniciar, sin tener que buscar y conocer algo nuevo.
Temores	Son subjetivas	-la evasión/control de ciertas emociones	Hay preparación para evitar un daño o efecto desagradable.

| Temporalidad | Tienen una percepción del tiempo para estructurar y medir el cambio de una acción | -motivación para salvar

-circunstancias concretas | Permite comparar el cambio que se da interna o externamente, al diferenciar pasado y presente. |
| Visualización | Tienen una lógica, un orden y un propósito | -mezclas de diversas características perceptuales | Se crean imágenes que facilitan la comunicación y la recreación de una experiencia. |

Tabla 14

La creencia es «perturbable» porque es finita, es decir, que el misterio infinito que rodea la comprensión humana puede descomponerse en nuestros modelos provisionales sobre cómo actuar en todo momento y punto, y perturbar su estructura.

(Peterson, 1999, pág.52)

EN EL ANÁLISIS DE LAS creencias pueden distinguirse algunos principios como son la causalidad, intencionalidad, emorracionalidad, coherencia, congruencia, persistencia y regularidad. Asimismo, puede haber tres tipos genéricos hacia dónde va dirigida cada creencia, como se muestra en la siguiente Imagen 11:

creencias para uno mismo, es decir están en función de un autoconcepto

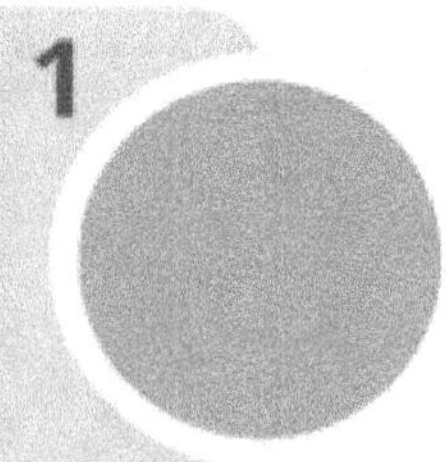

las creencias hacia los demás, basadas en su interrelación socioambiental y su comunicación

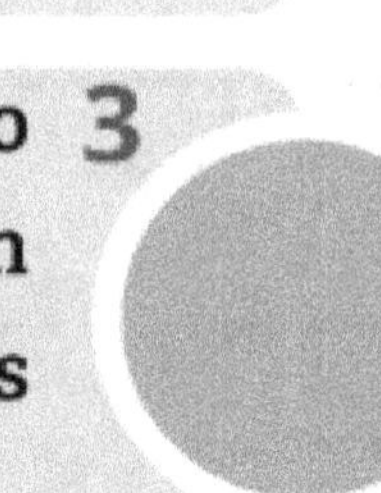

las creencias que funcionan sólo para alguien específico o en situaciones y/o circunstancias concretas

Imagen 11

• • • •

LAS CREENCIAS NO SON estáticas ni definitivas; en cambio, son parte integral de las diversas etapas en la vida de un individuo. Por lo tanto, presentan las siguientes características:

1. Varían en su duración y vigencia.
2. Emergen en momentos específicos o durante etapas particulares de la vida.
3. Se desarrollan como respuesta a situaciones concretas.
4. Se manifiestan de manera más notoria en contextos sociales y actividades específicas.
5. Persisten en la mente del individuo debido a su relevancia y utilidad en la búsqueda de objetivos y efectividad personal.
6. En ciertos casos, estas creencias pueden permanecer latentes por un período antes de influir en el pensamiento y comportamiento del individuo.

El momento en que las creencias se desarrollan está intrínsecamente vinculado a una variedad de interacciones, que se describen en la siguiente Tabla 15. Esta representación tiene como objetivo destacar la naturaleza diversa y multifacética de los estados mentales, que abarcan desde las actividades esenciales para la supervivencia hasta las más sutiles y etéreas.

• • • •

Las creencias tienen relación con...		
El autoconcepto	Las emociones específicas	Las relaciones sociales recreativas/culturales
El desarrollo ético/moral personal	Las energías o poderes sin comprensión	Las situaciones operativas prácticas
El futuro de la persona	Las expectativas que regulan las acciones	Los momentos especiales
El futuro del mundo, incluida la persona	Las experiencias (conocimiento) que se encuentran en la memoria	Los olores, colores, imágenes, texturas, sonidos, frases, gestos
El origen-causa-consecuencia	Las razones implícitas y explícitas	Los valores sociales
La comparación entre objetos y sujetos	Las relaciones con otros seres vivos y ambientes	Una intencionalidad
La planeación de vida	Las relaciones sociales familiares	Uno mismo, con los demás, con el mundo
Las capacidades y habilidades personales	Las relaciones sociales laborales	

Tabla 15

• • • •

DESPUÉS DE EXAMINAR la lista, podría surgir la pregunta: ¿Qué desencadena la formación de creencias? Dada su complejidad, es necesario considerar una variedad de situaciones y factores que intervienen, entre ellos:

a) Los deseos,

b) Las necesidades,

c) Las intenciones,

d) Circunstancias y situaciones,

e) La influencia de otras creencias,

f) Los efectos del entorno específico,

g) Los estados de ánimo,

h) Las acciones y conductas de otros individuos.

• • • •

ESTOS ELEMENTOS PUEDEN contribuir con la formación y desarrollo de creencias en un individuo.

Según su disposición/determinación/cualidad de la creencia, variará en su temporalidad. En cualquier caso, al detonar la creencia, habrá que considerar dónde afectará, por ejemplo, podría ser en el ambiente social, la educación/socialización propia y colectiva, en las experiencias propias y ajenas, así como en su identidad/carácter/temperamento/personalidad. Ahora habrá que preguntarse ¿Cómo es posible que una creencia modifique, cambié o afecte acciones y/o conductas de las personas?

> *...si el acceso a la conciencia de otros fuese total, paradójicamente, perderíamos nuestro sentido de identidad y se erosionaría nuestra conciencia.*
>
> (Bartra, 2007, pág.105)

LAS CREENCIAS PUEDEN ser vitales (por ejemplo, las que se usan para mantener un tipo de alimentación y también en las relaciones sociales) y tener la finalidad de selección, regulación y estabilización en las relaciones socioambientales que lleve a cabo el individuo. Al respecto, Antoni (Defez Martín, 2005, pág.113) en su texto *Propuesta direccional creencia-acción*, argumenta:

"Ahora bien, si creencia y acción son, en cierto sentido, una y la misma cosa, siendo la acción lo que hace existir la significación, el contenido de la creencia, entonces nada parece hablar en contra de la idea

de que con la palabra 'creencia' abarcamos un conjunto difuso y abierto de conductas naturales y a la vez lingüísticas."

Adherirse a un conjunto de ideas y ser persuadido al considerarlas verdaderas lleva a una permanencia a través de la práctica (creencia en, creencia con, creencia que...). Esta permanencia persistirá hasta que surja alguna otra creencia que la sustituya, eclipse o transforme su existencia, o bien, modifique los atributos previamente adquiridos o determinados por el individuo. En sí, las creencias tienden a mantenerse hasta que sean reemplazadas o modificadas por otras creencias, desde esta perspectiva el entendimiento de las creencias va más allá de lo que William (James, 1897) consideró como *"la voluntad de creer"* donde encaja lo que se dice, se hace y se piensa, como producto de la diversidad de causas del creer.

> *Una tercera razón por la que somos científicos mediocres es que nuestros cerebros han sido formados para la aptitud, no para la verdad. A veces la verdad es adaptativa, pero a veces no. Los conflictos de intereses son inherentes a la condición humana y tenemos tendencia a querer que prevalezca nuestra versión de la verdad, más que la verdad misma.*
>
> (Pinker, 1997, pág.434)

CUALQUIER EXPLICACIÓN relacionada con este tema requerirá examinar desde qué perspectiva se está abordando. Por un lado, existe el punto de vista representacionista, donde la creencia se considera como una actitud proposicional basada en enunciados verdaderos o asertivos. En este enfoque, las creencias representan al mundo tal como el individuo lo interpreta.

Por otro lado, están los funcionalistas, quienes consideran las creencias a partir de la función causal que desempeñan, es decir, las acciones y comportamientos que generan. Estas creencias se originan a partir de percepciones y recuerdos, como un sonido, una frase, una imagen o la textura de algo. También pueden surgir de una idea que se escucha, la emoción de alguien, una emoción propia, así como la influencia de otras creencias y los cambios en el estado de ánimo.

Las creencias pueden ser abordadas desde diferentes perspectivas, ya sea como representaciones del mundo o como elementos funcionales que influyen en el comportamiento y las acciones de los individuos.

Con relación a lo anterior, es oportuno mencionar una frase que escribió David (Bohm, 1996, pág. 47) quien dice:

"Las creencias que sostenemos influyen tácitamente sobre el significado global de lo que hacemos."

En este contexto, al considerar una explicación del conocimiento sensible de las creencias, que es diferente de la percepción del mundo exterior al individuo, el interpretacionismo se convierte en una herramienta útil para comprender las creencias. Desde esta perspectiva, las creencias se forman a partir de un mundo que no es directamente perceptible, lo que significa que existen diversas concepciones de la realidad.

El interpretacionismo sugiere que las creencias son la causa de procesos interpretativos y predictivos en la actividad de los individuos. Estos procesos se ven influenciados por el lenguaje, la ubicación espaciotemporal y las prácticas sociales. En otras palabras, las creencias no solo representan una visión del mundo, sino que también influyen en cómo se interpretan y predicen eventos y situaciones en función de la comprensión subjetiva de la realidad de cada individuo.

De manera complementaria, es interesante presentar una perspectiva desde la neurobiología, para ello se cita a Robert (Sapolsky, 2017, pág.99) quien en su libro *Compórtate*, menciona:

"Por lo tanto, la información sensorial que se dirige al cerebro procedente tanto del mundo exterior como del propio cuerpo puede alterar rápida, poderosa y automáticamente el comportamiento. En los minutos previos a que llevemos a cabo nuestro comportamiento prototípico, existen más estímulos complejos que también nos influyen."

Además de considerar las fases del desarrollo del individuo, la influencia del ambiente social/natural (no como aspectos causales sino explicativos), este mismo autor reconoce la influencia del constructo cultural, como parte de esta complejidad llamada comportamiento.

> *Las creencias constituyen la base de nuestra vida, el terreno sobre que acontece. Porque ellas nos ponen delante lo que para nosotros es la realidad misma. Toda nuestra conducta, incluso la intelectual, depende de cuál sea el sistema de nuestras creencias auténticas. En ellas "vivimos, nos movemos y somos". Por lo mismo, no solemos tener conciencia expresa de ellas, no las pensamos, sino que actúan latentes, como implicaciones de cuanto expresamente hacemos o pensamos. Cuando creemos de verdad en una cosa no tenemos la "idea" de esa cosa, sino que simplemente contamos con ella".*
>
> (Ortega y Gasset, 1997, pág.22)

ES IMPORTANTE DESTACAR que el proceso de formación y manifestación de las creencias es considerablemente complejo. No se limita únicamente a la producción, activación, regulación e inhibición sistémica de neurotransmisores y hormonas, aunque estos desempeñen un papel significativo.

Existen múltiples factores que influyen en la configuración de las creencias, y en algunos casos, una sola creencia puede dar lugar a situaciones multimodales diversas.

Este análisis es, en última instancia, una explicación simplificada de un fenómeno sumamente complejo. Para una comprensión más integral de las creencias, se requiere de investigaciones interdisciplinarias que aborden este tema desde diversas perspectivas.

Es fundamental trascender más allá de enfoques reduccionistas como el materialismo eliminativo^{Nota final [cxxxii]} y el fisicalismo, y considerar cuidadosamente una variedad de supuestos que se aplican a diferentes tipos de creencias, incluyendo aquellas que son limitantes, adquiridas, empoderantes, potenciadoras, irracionales, centrales, religiosas, entre otras.

> *No solemos darnos cuenta de la forma en que nuestras creencias inciden sobre la naturaleza de nuestra observación, pero el hecho es que determinan nuestra forma de ver las cosas, de experimentarlas y, en consecuencia, afectan a todo lo que hacemos. Bien podríamos decir que vemos a través de nuestras creencias y que éstas constituyen, en cierto modo, una especie de observador.*
>
> (Bohm, 2015, pág. 111)

ALGUNAS CREENCIAS SON utilizadas como referentes prácticos por los individuos en relación con escalas que tienen como objetivo detectar trastornos psicológicos. Por ejemplo, varios psicólogos, incluyendo a Aaron Beck, Albert Ellis y Myrna Weissman, han propuesto escalas de actitudes disfuncionales. Estas escalas evalúan la dimensión afectiva en categorías basadas en creencias relacionadas con la aprobación, el amor, el rendimiento, el éxito, el perfeccionismo, los derechos sobre los demás, la interacción social, la omnipotencia y la autonomía^{Nota final [cxxxiii]}.

Por otro lado, algunas concepciones de las creencias las definen como ideas arraigadas en la mente del individuo, con un origen innato, una estructura predefinida y un poder de control. Esta perspectiva las enmarca en una visión computacional del mundo, donde una creencia puede considerarse como un software para algunos o incluso como un malware para otros, utilizando una metáfora basada en sistemas informáticos.

Desde esta metáfora, se plantea la idea de que, si se desean identificar y modificar las creencias, es necesario llevarlas al proceso de conciencia del individuo, cambiar el proceso de aprendizaje subyacente, modificar los mapas de comportamiento y, en última instancia, reevaluar los valores que las sustentan.

Con relación a esta visión anterior, John (Searle, 1984, pág.414) explica que los individuos son considerados máquinas biológicas por no poder resolver el problema mente-cuerpo, sobre esto escribió:

"...la investigación en psicología cognitiva y en inteligencia artificial ha establecido que la mente es al cerebro cómo el programa del computador es al hardware del computador."

> La conciencia es un dispositivo evolucionado que nos permite prestar atención a una porción de información y mantenerla activa dentro de este sistema de transmisión. Una vez que la información es consciente, puede conducírsela con flexibilidad hacia otras áreas de acuerdo con nuestras metas actuales. Por eso podemos nombrarla, evaluarla, memorizarla o usarla para planificar el futuro.
>
> (Dehaene, 2015, pág.203)

EN LA ACTUALIDAD, SE ha extrapolado la idea de visión computacional a enfoques modernos que ofrecen "ingenierías mentales" destinadas a la restructuración cognitiva y la modificación del lenguaje sintáctico. Estas herramientas, que incluyen técnicas como la reestructuración cognitiva, la exposición gradual y la terapia de aceptación y compromiso, tienen como objetivo identificar y corregir patrones de pensamiento negativo en los individuos.

Desde esta perspectiva, se plantea la posibilidad de que, al aplicar este conjunto de herramientas, las creencias dejen de influir negativamente en la vida del individuo o lo lleven a un estado de equilibrio y continuidad en su experiencia de vida. Esto resalta la importancia de la colaboración interdisciplinaria entre la psicología, la neurociencia, la lingüística y la filosofía para comprender cómo funcionan las creencias y cómo se pueden modificar.

Lo anterior puede llevar al interés de conocer cómo el individuo interactúa emocional y racionalmente desde lo interno y externo (ambas como una unidad), por lo tanto, de manera muy general, se podría conocer (desde una visión fisiológica) cómo funciona el entramado de procesos mentales.

Por ejemplo, desde esta visión del mundo se podría explicar de manera lineal (casi rayando en la simplicidad interaccionista), a partir de preguntas tales como: qué sucede cuando llega una información sensorial, cuánta llegó, en qué secuencia y de qué calidad; y todo esto podría analizarse, a partir de nuevas preguntas, una de ellas sería: ¿Cómo sucede la selección de información?

Arbitrariamente se puede iniciar con la llegada de información la cual podría ser por medio de un sonido, un olor, una emoción o una imagen, para luego pasar a alguna memoria, de ahí se vincularía con un proceso emorracional para "convertirse" en conocimiento, mismo que, tiene la posibilidad de pasar a formar parte del proceso de conciencia y después al de aprendizaje, y luego conformar/estructurarse en un patrón que estará potencialmente disponible en alguna memoria del individuo.

EN RELACIÓN CON LAS creencias, se ha observado que estas pueden desencadenar una variedad de emociones, ya sea como resultado de su propia acción o como respuesta a patrones preestablecidos, tanto innatos, como adquiridos a través del aprendizaje.

Este proceso es altamente complejo y multifacético, y podría concebirse de manera visual como una intrincada telaraña con múltiples niveles, campos y capas interconectadas. Uno de los productos potenciales de este proceso es la capacidad de modificar o incluso formar nuevos conocimientos, habilidades, destrezas, hábitos o conductas en el individuo.

A pesar de que podría parecer que existe un procedimiento definido para el funcionamiento de las creencias, en realidad, el proceso es mucho más dinámico y multidireccional.

Se podría decir que el individuo posee un área, aunque aún no claramente definida, donde las emociones están "preparadas" para desencadenar respuestas correspondientes. Desde este estado emorracional, las emociones pueden generar, total o parcialmente, una serie de reacciones corporales, la producción de imágenes que recrean experiencias pasadas, el surgimiento de ideas y pensamientos, así como la manifestación de un lenguaje o acciones conductuales tanto internas, como externas.

Sin embargo, es importante tener en cuenta que este proceso no sigue un camino lineal, sino que es altamente interactivo y multidireccional. El estado emorracional debe ser analizado considerando las múltiples retroalimentaciones que intervienen para mantener su existencia. Además, es fundamental reconocer que parte o la totalidad de este proceso puede llegar a un estado de conciencia o cognitivo, finalizando en algún punto de almacenamiento en la memoria, donde permanece en espera de futuras activaciones.

Esta descripción de los procesos relacionados con las creencias plantea numerosas incógnitas debido a las muchas brechas en el conocimiento sobre el funcionamiento de la mente. A pesar de más de tres décadas de investigaciones intensivas en el campo, estas lagunas explicativas, como las denomina Levien (1983), (el autor las llamaba brechas explicativas y Bernard Baars lagunas explicativas) siguen siendo un desafío para comprender completamente el tema de la mente. Sin embargo, es alentador ver cómo están surgiendo nuevas áreas de investigación, especialmente en las neurociencias y el desarrollo de la inteligencia artificial, que prometen arrojar luz sobre estos aspectos complejos de la cognición humana.

De manera práctica, el facilitador comunitario, no solo ahora conoce qué son las creencias, sino que surge el reto de saber cómo puede intervenir con algunas propias y las compartidas en la comunidad donde trabaja; para ello no hay receta efectiva, ni una sola técnica, lo recomendable será considerar los siguientes aspectos, ver Tabla 16, para incorporarlos como parte del trabajo que se tendrá que realizar a nivel individual y colectivo.

Al respecto, Jordan (Peterson, 1999, pág. 243) expone:

"Toda cultura mantiene ciertas creencias clave que son de importancia capital para esa cultura, sobre las que se basan todas las creencias secundarias. A esas creencias clave no puede renunciarse fácilmente porque, si se renuncia a ellas, todo se cae y lo desconocido vuelve a gobernar."

De esta manera, las ideas de las creencias desde lo colectivo ayudarán a comparar las relaciones socioculturales a partir de diferentes aspectos, los cuales permitan saber:

a. su origen,
b. percepción/interpretación del mundo,
c. actitudes y comportamientos,
d. consecuencias/impactos individuales y colectivas,
e. tipo de lenguaje utilizado, e igualmente,
f. cómo afectan y son afectados los individuos y los ambientes naturales y antrópicos, cuando otros individuos aplican sus creencias.

Aspectos por considerar en la intervención comunitaria, cuando se están trabajando las creencias	
Aprendizajes a través de las experiencias conscientes	Creación de nuevos objetivos y metas
Cambio de una verdad por otra verdad más creíble, lógica y loable.	¿Cuáles son los motivos que las sustentan?
Conocimientos conscientes reconocibles por algunos miembros	Cuestionamientos acerca de ciertas creencias
¿Cuáles son los desafíos concretos y posibles?	Experiencias que estén relacionadas al tema principal de la creencia
Discursos y lenguajes que permitan reconocer, modificar o sustituir	Identificación de acciones, hábitos y conductas relacionadas a una o varias creencias
Evidencias técnicas/métodos y narrativas	Impactos socioambientales producto de las creencias
Pensamientos cotidianos, teóricos y "mágicos"	Posibilidades para decidir transformar/ajustar/adecuar o para sustituir/eliminar las creencias
Relación de las creencias con otros aspectos culturales de la comunidad, como son mitos, leyendas, costumbres, religión, entre otras	Revaloración del autoconcepto como persona en cada miembro de la comunidad o grupo de trabajo
Sustitución de creencias por otras	Visualización de otros retos en la vida comunitaria

Tabla 16

. . . .

COMO COMPLEMENTO A lo anterior, podrían surgir nuevas preguntas que den cabida a otras investigaciones, por ejemplo. –

¿Cómo es posible que se mantengan esas creencias en la comunidad?

¿Cómo se puede observar quién tiene ciertas creencias las cuales son colectivas?

¿En qué asuntos específicos se puede trabajar, en lo individual y en otras colectivamente, con relación a las creencias?

¿Cuál es la problemática metodológica para detectar sistemáticamente las creencias?

• • • •

PARA ESTAS PREGUNTAS no hay una sola respuesta, sino una serie de asuntos a considerar, siempre y cuando se haga de manera integral, tanto en lo individual, como en lo colectivo, además, de la inclusión de metodologías transdisciplinarias. Desde este orden técnico, se facilitará la convivencia comunitaria y se logrará potenciar las creencias benéficas, asimismo, se podrán mitigar las que no están funcionando socioambientalmente. Una opción, por ejemplo, podría ser al utilizar el pensamiento abstracto, de tal modo que, haya una reflexión sobre lo implicado en la creencia, con énfasis en los múltiples significados para cada situación presente, pasada y futura.

Siguiendo las dudas anteriores, en las Tablas 17 y 18 se presentan algunas ideas generales que ayudan en la construcción de respuestas relacionadas a las preguntas. En el primero es relativo a las maneras de mantenerse las creencias individuales y colectivas, en el segundo se señalan algunos actores sociales, los cuales podrían considerarse al estar investigando sobre ciertas creencias comunitarias.

• • • •

Maneras de cómo se mantienen las creencias individuales y colectivas	
A través de un diálogo interno y la estabilidad que se da con las acciones o conductas que genera	Hay un convencimiento que genera una actitud la cual refuerza la permanencia
Conservando el estado emocional que lo hace permanecer	Repitiendo historias o narraciones reforzantes
Conviviendo en lugares y con personas que refuerzan indirectamente su permanencia	Retroalimentando las evidencias racionales y emocionales que justifican su existencia
Los rituales y prácticas asociados a ciertas creencias, como ceremonias religiosas o tradiciones culturales	Validando una compleja red de razones (implícitas y explícitas), a veces están justificadas en lo individual o en lo colectivo.
Focalizando a los pensamientos y emociones que la estructuran y si es posible dando un ajuste que no afecte su esencia	La reafirmación constante entre pares refuerza la creencia y crea un sentido de pertenencia.
Transmisión de generación en generación a través de la educación y la socialización	Al considerar, conscientemente, como una estrategia de socialización posibilita beneficios
Respaldar creencias preexistentes y evitar información que las desafíe	Crear vínculos fuertes para la identidad personal y grupal
Mantener la influencia de líderes carismáticos o figuras de autoridad	Vinculación con emociones y valores profundos
Promover experiencias personales	Presión social en la conformación y mantenimiento de creencias compartidas

Tabla 17

<table>
<tr><td colspan="2">Al observar a la gente se puede identificar quién tiene ciertas creencias, para ello se considera a...</td></tr>
<tr><td>Quien las comparte de modo no consciente. Algunas personas pueden tener creencias sin ser plenamente conscientes de ellas. Estas creencias pueden manifestarse a través de sus acciones, elecciones y comportamientos, a menudo revelando su presencia de manera indirecta.</td><td>Quien las tiene conscientes y sabe que hay opción de cambiarlas o modificarlas, son personas que están abiertas a la autorreflexión y la autoevaluación</td></tr>
<tr><td>Quien las comparte socialmente de manera consciente, estas personas expresan sus creencias porque están seguras de sus puntos de vista y pueden buscar la validación de otros</td><td>Quien las tiene y no sabe que las tiene, son personas con creencias arraigadas, pero no tienen conocimiento consciente de su existencia</td></tr>
<tr><td>Quien las observa de otras personas y las aprehende, a través de la observación directa o la influencia de modelos a seguir</td><td>Quien las tiene y observa cómo funcionan algunas, esta comprensión la logran a través de la autorreflexión profunda de las creencias y sus efectos</td></tr>
<tr><td>Quien las observa de otras personas y las estudian de manera más profunda, analizando cómo se forman, permanecen y cambian</td><td>Quien no las tiene y es consciente de su existencia, es decir no le interesa adoptarlas</td></tr>
</table>

Tabla 18

· · · ·

MÁS ADELANTE, EN LA sexta parte La comunidad y su dinámica socioambiental, se encuentran los *Asuntos para atender o solucionar en la Comunidad,* uno de esos asuntos por supuesto son las creencias comunitarias o las creencias individuales que impactan (positiva y negativamente) a las comunidades.

Otra importante información para tener elementos de análisis cuando se quieran contestar las preguntas expuestas arriba, son las dos siguientes tablas; en la Tabla 19 se esbozan ciertos asuntos a considerar para trabajar con las creencias.

Asimismo, de manera complementaria, en la Tabla 20 se presentan ideas generales a tomar en cuenta cuando se están buscando/descubriendo, de manera específica, las creencias comunitarias.

Asuntos con los que se pueden trabajar las creencias		
Acciones concretas	Dogmas	Memorias propias
Ambientes específicos (situaciones y circunstancias)	Estados emocionales	Mitos
Comportamientos subjetivos y comprobables por otro	Ideologías	Normatividad, ética y moral
Conductas	Inteligencias	Personalidad
Convicciones	Lenguaje verbal y corporal	Valores
Cosmovisiones	Leyendas	
Desarrollo psicosocial	Memorias ajenas	

Tabla 19

¿Cuál es la problemática para detectar/buscar en las creencias? Es cuando...		
se compara un pensamiento racional con uno irracional	se identifican los cambios en los estados mentales y sus correlatos fisiológicos	se puede diferenciar cuándo una acción o una conducta es parte de una creencia
se conoce y luego sistematiza la dinámica constante de las interrelaciones con los ambientes del individuo	se sabe de la imposibilidad de determinar cuántas acciones y/o comportamientos son parte de una creencia.	se hayan dos creencias expresándose al mismo tiempo.
se trata de diferenciar a las creencias como parte de un sistema complejo de comportamientos	se interpreta a la creencia dependiendo de quién la analice y quién la comparte, así como qué métodos utilizan	se conoce cuándo se manifiestan ciertas acciones y comportamientos auto observables u observadas por otros
se desconoce la intencionalidad de algunas creencias	se interrelaciona con otros estados mentales	se tiene baja participación de la gente comunitaria
se identifican acciones que pueden o no ser coherentes con la propia creencia o la narración que se hace de ella	se conoce la posibilidad de tener creencias casi iguales, pero al expresarse son acciones y comportamientos distintos y viceversa	se sabe de la falta de tiempo para dar seguimiento a la evolución de algunas creencias
se reconoce cuál es el contenido (información) de la creencia	se producen acciones y comportamientos no lineales o con reacción simple	se tienen métodos estandarizados para la investigación sobre creencias comunitarias
se sabe de la falta de una teoría sobre el funcionamiento de los estados mentales	se reconoce que no siempre todos los conocimientos son conscientes antes, durante y después de activarse la creencia	se tienen pensamientos subjetivos al tratar de analizar las creencias

Tabla 20

. . . .

PARA FINALIZAR ESTA sección, en la Tabla 21 se presentan algunos tipos de creencias con sus respectivos ejemplos, solo cabe aclarar que son únicamente, ejemplos. Es posible que según la circunstancia y experiencia estos ejemplos de creencias podrían formar parte también de otros tipos de creencia.

. . . .

Tipos de creencias	Ejemplos de creencias
Atributivas de un valor	La gente pobre es más propensa a la violencia
Adaptativas	Según el tipo de ropa que uses será básico para que te acepten
Adquiridas	Es porque así lo siento al igual que todo mundo en este lugar
Comparativas para ciertos valores	Todos somos iguales en este mundo
Compartidas socialmente	Existe la inmortalidad del alma
Conscientes	Creo que creo
Con contenido parecido, pero con acciones y comportamientos distintos	Somos iguales, pero no siempre debe ser
Credibilidad espontánea	La vida es una energía especial en el Universo
Culposas	Comer sin agradecer a Dios, me hace sentir mal Si guardo silencio siempre nunca me molestarán
Causales	Dejar botellas de vidrio en el bosque provoca incendios
Disposicionales (se activan cuando son necesarias, como causa de un comportamiento)	En esta casa siempre habrá comida para todos para que no haya hambre
Dogmáticas	Dios es el padre de todos
Expiatorias	Si pecas hay consecuencias
Espontáneas	Así somos y nos debemos aceptar
Fácticas.	El cielo siempre es azul en invierno

Fantásticas	Las hadas y otros seres mágicos viven en esos bosques
Idiosincráticas	Todo lo que hagamos no nos sacará de la pobreza
Impuestas	Si lo hago me irá mal Siempre será así, nada cambiará
Incongruentes (en el discurso se dice algo que se hace comúnmente, pero con las acciones o comportamientos se muestra lo contrario)	Acepto mi vida con filosofía, aunque no esté de acuerdo
Interdependientes (dos o más creencias)	Quiero que quien esté alrededor mío, se sienta bien siempre
Irreflexivas	La comunidad es un grupo de personas que están reunidos para apoyarse
Justificadas sin una "razón" para justificarse	Si llego tarde a las citas no pasa nada Creo en Dios
Latentes	Siempre estoy listo, si me buscan me encuentran Algo puede explotar o salirse de control de mi ser
Limitantes.	Es difícil o imposible ir en contra de los demás.
Momentáneas/episódicas	No saldré el día de hoy porque me duelen las rodillas y seguramente lloverá
Morales.	Debo ser siempre bueno
Naturalistas.	Es sabia la naturaleza y limpiara todo el desorden que hacemos en ella
No conscientes	Atraigo siempre problemas

Parciales o probabilística (con relación a leyes de probabilidad)	Es probable que al subirme a ese juego se descomponga
Colectivas	Venimos del mismo ancestro
Totalizante	Es todo o nada
Potenciadoras	Siempre que doy, obtengo más
Procesual	Todo lo que existe en el mundo cambia constantemente, aunque no lo veamos o podamos comprobar
Proposicionales (con ellas se define si algo es verdadero, probable o falso, con relación a una creencia en…, creencia de…, creencia de que…, creencia con…)	Yo creo en mí para lograrlo
Pseudo verdaderas	Cada vez que lo golpeo lo hago por su bien
Públicas	Todos tenemos los mismos derechos
Ocultas	Solo nosotros sabemos quién nos salvará
Racionales	Todos vamos a morir
Irracionales	Todos deben ayudarme porque soy bueno
Reflexivas	Si cumplo siempre, me irá bien
Sintácticamente iguales, semánticamente diferentes	El trabajo siempre tiene recompensa y enaltece
Supervivencia (básicas biológicamente)	Los vegetales en mi comida deben ser de diferentes colores porque es saludable
Verdaderas	Estoy vivo porque late mi corazón
Con voluntad	Soy capaz de cambiar si me lo propongo

Tabla 21

• • • •

> *Si una persona no encontrara razones que aducir para su creencia, si, a instancia ajena, se percatara de que solo motivos personales la inducen a creer, entonces pondría en cuestión su creencia. Si creo solamente porque lo deseo o tengo interés en ello, me doy cuenta de que mi creencia no está justificada.*
>
> (Villoro, 1982, pág.111)

La conciencia funciona

Desde un punto de vista práctico, es interesante tratar de entender a la conciencia desde su funcionamiento, como un producto, empírico e intelectivo, asimismo, es atrayente poder evidenciar las relaciones supraindividuales y ambientales a partir de la interacción de los sentidos/percepción y, de los procesos emocionales y cognoscitivos, mismos que, son retroalimentados y operan como un tipo de conciencia afectiva y otra cognitiva.

Desde una perspectiva procesual y evolutiva, la conciencia se forja y nutre en constante evolución, desempeñando un papel fundamental en el desarrollo del proceso emorracional del individuo. Este proceso emorracional abarca la gestión de las actividades conscientes y no conscientes del individuo, involucrando una compleja interacción entre la acción, la conducta y otros estados mentales

Este proceso emorracional se enriquece mediante el desarrollo de un conocimiento multidimensional y en constante relación con su entorno, abarcando tanto las facetas conscientes, como las no conscientes de su experiencia, como parte de la comprensión e involucramiento en el mundo de cada individuo.

En ese ocupar y preocupar del individuo, se da una diversidad de posibilidades... *pensar algo y actuar diferente, pensar algo y actuar de manera coherente, actuar automáticamente y pensar en otra cosa*, etc.

La consciencia permite al individuo humano que entienda todo el significado de estar viviendo y conviviendo, en este sentido, es necesario mencionar algunas de sus funciones (ver la información de las imágenes de abajo), las cuales son un complemento a las características aludidas al final del anterior apartado.

Para comenzar con las características, hay que indicar que no son exclusivas e independientes, sino que están integradas a otras funciones corporales, como parte de la sobrevivencia, vivencia y convivencia humana.

> *Las cualidades de la Conciencia solo pueden ser conocidas a través de su vivencia directa además de por razones obvias, porque pertenecen y están situadas en un eje de desarrollo evolutivo al cual debe uno pertenecer y en el que se requiere estar situado para poder tener acceso a la vivencia de la cualidad correspondiente de la Conciencia.*
>
> (Grinberg, 1991, pág.43)

La conciencia es un proceso mental integrado a otros, es parte constituyente de una serie de funciones diversas, entre ellas...

Amalgama la identidad personal como parte de un auto reconocimiento

Conforma la iniciación-regulación-determinación de procesos mentales

Constituye un conocimiento específico al instante del ensimismamiento/introspección

Es parte del observar, reflexionar y actuar de manera intencionada

Diferencia estar en un estado mental o en otro

Distingue las reacciones de las emociones, sentimientos y actitudes

Es partícipe con información definida en momentos creativos; contribuye al facilitar procesos analíticos/reflexivos

Es evaluativa/valorativa de actos presentes y pasados

Forma parte del libre albedrío

En los pasos o transiciones de sueño a vigilia, desmayo a vigilia, anestesiado a vigilia

Evita riesgos o errores

Forma parte al realizar una elección o decidir sobre algo

Al ser informativa/comunicativa de información - trascendente

En la adaptación a situaciones y circunstancias del individuo

Posibilita la responsabilidad de actos/comportamientos haciendo eficiente las facultades psicofísicas

Potencia el uso de otros procesos mentales como puede ser la atención y alerta

Previene situaciones que puedan afectar al individuo

Forma parte del planear, predecir, adivinar y crear escenarios posibles

Participa en la preocupación o interés de manera específica

Es parte de la reflexión sobre la existencia de lo relacional con cosas/seres vivos y consigo mismo

LA CONCIENCIA DESEMPEÑA un papel fundamental al interferir y condicionar los actos automáticos biológicos del cuerpo, como la respiración y la digestión, ya que interviene al dirigir los estados mentales como es la atención y la alerta hacia la priorización o la inhibición de estos procesos. Además, cuando se manifiestan acciones emorracionales y conductas, como la imaginación o la contemplación, algunos estados de conciencia pueden tener un efecto disruptivo en esos momentos.

Asimismo, la conciencia ejerce una influencia estratégica al motivar o impedir que los individuos se mantengan en zonas de confort rutinarias, en las cuales pueden sentirse seguros y libres de incertidumbre. También interviene para superar la procrastinación, es decir, la tendencia a posponer la realización de tareas, y para promover la emancipación de patrones de comportamiento restrictivos.

En resumen, la conciencia actúa como un elemento clave en la regulación y la adaptación de los individuos a su entorno, influyendo en la toma de decisiones, la gestión de la atención y la búsqueda de experiencias más allá de las zonas de confort.

Al unísono. Un individuo realiza actividades biológicas involuntarias de su corazón, del control de la pupila, de sus sistemas digestivo, respiratorio, glandular y circulatorio. Asimismo, percibe y puede observar una multiplicidad de objetos del ambiente inmediato, por ejemplo, el sonido del segundero del reloj y en la lejanía escucha ladrar a un perro; aprende ideas/conceptos al leer o escuchar una canción; expresa, comportamientos individuales y sociales, para adaptarse a la circunstancia que está viviendo, tal vez cruza la pierna o se rasca la barbilla para sentir una sensación agradable; contempla las imágenes que surgen de su memoria al conectarse/asociarse con el aprendizaje que está experimentando, quizá un recuerdo específico de las vacaciones del año pasado; reflexiona qué hace en ese momento y se percata de que existe; siente e identifica el placer al estar realizando un determinado acto físico o intelectual/cognoscitivo, esto le sucede al estar sentado, leyendo y bebiendo de manera automática un café; decide parar y efectuar otra actividad, antes de actuar lo previamente planeado, se restriega los ojos y se comunica con alguien para preguntar algo. Integra todo lo observado de varias percepciones, incluida la del mismo acto de apercepción (percepción de estar en conciencia). Todo este complejo proceso se desarrolla en un instante fugaz y está en constante conexión temporal y espacial a lo largo de la vida del individuo.

EN ESTE ASPECTO, LAS emociones (innatas y aprendidas) son un tipo de acción específica del individuo, funcionan a manera de respuestas de ajuste, adaptación, mantenimiento y de acondicionamiento ante percepciones y pensamientos, con sus diversos razonamientos, los cuales pueden estar interactuando hacia sí mismo del individuo o con otros, aunada a esta interacción, se encuentra la retroalimentación (constante o intermitente) de los productos mentales mencionados y en especial, del tráfico y manejo/tratamiento, de la información proveniente de las memorias.

Con relación al párrafo anterior, desde la visión orgánica, acerca de la memoria, podría preguntarse:

· · · ·

• • • •

LA MEMORIA OPERA EN estrecha relación con otros procesos, especialmente con el proceso de la conciencia. En este proceso, se integra constantemente información y datos sensoriales, tanto aquellos que provienen del interior del cuerpo del individuo, como los que llegan desde su entorno externo.

La apropiación, apertura y aprehensión de esta información forman parte esencial de otros procesos intelectuales, emocionales, imaginativos, creativos e intuitivos Nota final [cxxxiv]. Estos procesos pueden ser fundamentales para llevar a cabo reflexiones o análisis de conocimientos, así como para desarrollar un mayor autoconocimiento. En todos estos casos, existe la posibilidad de que la información se convierta temporalmente en conocimiento consciente antes de que pueda ser almacenada en la memoria a largo plazo.

Al respecto, pudiera ser práctico y aportaría bastante información si se lograra lo que propone Eric (Kandel, 2019, pág.274), quien considera se haga: "*...el estudio de las emociones inconscientes, el sentimiento consciente y sus expresiones corporales.*"

<table><tr><td>

...la cognición no consiste en representaciones, sino en <acciones encarnadas>. Correlativamente, podemos decir que el mundo que conocemos no es un mundo preestablecido; más bien es un mundo <enactuado> a través de nuestra historia de acoplamiento estructural, y los goznes temporales que articulan la emergencia de diferentes modos de acción están enraizados en rápidas dinámicas no-cognitivas que activan diferentes micromundos. Estos goznes constituyen, a la vez, la fuente del sentido común y de la creatividad en cognición.

(Varela, 2000, pág.235)

</td></tr></table>

EL ESTUDIO DEL FUNCIONAMIENTO de la conciencia comenzó a abordarse en el siglo XIX, especialmente desde una perspectiva fisiológica y materialista. En este enfoque, se postulaba que el cerebro, en particular la corteza cerebral, era el supuesto lugar de la conciencia, aunque en ese momento no existían pruebas científicas sólidas que respaldaran esta afirmación.

En esa época, se hacía una distinción funcional entre diferentes tipos de conciencia, como la conciencia colectiva mencionada por Wilhelm Wundt (1896, pág. 417). Además, se exploraban temas relacionados con la conciencia nacional, la conciencia de clase social y otros aspectos similares. Los estudios abordaban tanto aspectos filosóficos, como psicológicos y fisiológicos relacionados con la conciencia.

Es importante destacar que, a lo largo de los años, el estudio de la conciencia ha evolucionado significativamente, incorporando hallazgos científicos y teorías más avanzadas en campos como la neurociencia cognitiva y la psicología contemporánea. Estos avances han contribuido a una comprensión más profunda y multidisciplinaria de la conciencia, como puede verse cronológicamente en los trabajos de Johannes Müller, Hermann von Helmholtz, John Hughlings Jackson, Ernest Weber, Gustav Fechner, Wilhelm Wundt, Carl Stumpf, Edward Titchener, Hugo Münsterberg, Alfred Grafé y Émile Durkheim; ya a finales del siglo XIX, se empezó a investigar de manera más detallada, por ejemplo, con un enfoque filosófico sobre la mente, tal es el caso de Franz Brentano, Hermann Lotze, Edmund Husserl, y William James.

Un ejemplo temprano de los primeros trabajos científicos en psicología experimental se llevó a cabo en el primer laboratorio de psicología experimental, que fue fundado en 1879 en la ciudad de Leipzig, Alemania, bajo la dirección de Wilhelm Wundt. Este laboratorio marcó un hito importante en la historia de la psicología, ya que se centró en la investigación sistemática de procesos mentales utilizando métodos específicos y controlados.

Es relevante destacar que este enfoque experimental en psicología se basó en gran medida en el trabajo previo realizado en Estados Unidos en el año 1875, en el laboratorio liderado por William James, un influyente filósofo y psicólogo. Estos primeros laboratorios sentaron las bases para la psicología como una disciplina científica y contribuyeron al desarrollo de métodos de investigación que permitieron estudiar la mente y el comportamiento de manera más rigurosa y objetiva desde la visión científica.

El aporte de todas estas investigaciones se amplió como objeto de estudio, en el caso de Wundt quien consideró que eran importantes los aspectos sociales/culturales con relación a la conciencia, al respecto propuso que:

"La conciencia individual se halla sometida á las mismas condiciones externas que todo el conjunto de los hechos psíquicos, del cual es solamente una expresión diferente que sirve especialmente para poner de manifiesto las relaciones recíprocas de las partes donde está constituido... En el hombre y en los animales á él semejantes, el órgano principal de la conciencia es la corteza cerebral, en cuyos tejidos celulares y fibrosos están representados todos los órganos que se encuentran en relación con los procesos psíquicos." (Wundt, 1896, pág.275)

Con relación a la obra de Wundt, Jacobo (Grinberg, 1990, pág. 88) sostiene:

"La conciencia podría entonces ser concebida como un fenómeno general y ampliamente extendido que se manifiesta de diferentes formas. Algo similar debía pensar Wundt cuando afirmaba que toda entidad viva tenía conciencia; en lo único que difieren los procesos conscientes es en su nivel de complejidad.".

Jacobo consideró a la conciencia como un fenómeno del cerebro, el cual al igual que los otros estados mentales, es independiente de la actividad neuronal, y forma parte de una matriz de energía que trasciende al individuo: *"El cerebro consciente es la conexión entre nosotros y las organizaciones de la energía en el espacio. Somos una manifestación de esas interacciones."* (Grinberg, 1990, pág. 88).

Este autor presentó su aporte científico sobre la conciencia en los años ochenta y noventa, el cual ha sido considerado que se encuentra en las "fronteras" de diversos conocimientos, tanto científicos, como los de la no ciencia; en uno de sus primeros escritos comenta sobre el tema:

"Es posible postular que lo que llamamos conciencia existe de antemano a un nivel energético dado y que la función del cerebro es la de establecer un contacto con ese u otro nivel dando así lugar a diferentes manifestaciones de la conciencia. En términos físicos, tal conexión implica la expansión de un campo neuronal y la interacción de este con diferentes niveles del campo cuántico." (Grinberg, 1978, pág. 71)

LA INFORMACIÓN QUE va formando parte del proceso de conciencia, es solo una pequeña parte de todo un gran universo constituido por los otros procesos mentales, al respecto diría Gregory (Bateson, 1972, págs.172-173):

"*...la totalidad de la mente es una trama integrada (de proposiciones, imágenes, procesos, patología neural, o lo que usted quiera, según el lenguaje científico que prefiera usar) y si el contenido de la conciencia es solo una muestra extraída de diferentes partes y localidades de esta red, entonces, inevitablemente, la visión consciente de la red como totalidad es una negación monstruosa de la **integración** de esa totalidad... Lo que la conciencia nunca podrá apreciar sin ayuda (sin ayuda del arte, los sueños y cosas semejantes) es el carácter sistémico de la mente*".

Operativamente, el proceso de conciencia es finito. Sin embargo, desde una perspectiva figurativa, podría concebirse que el conocimiento consciente se asemeja a una especie de plataforma^{Nota final [cxxxv]} o pantalla tridimensional. Esta representación metafórica describe esta plataforma como holográfica, dialógica, sensorial y referencial, lo que añade una dimensión a este espacio no material (lattice o estructura fundamental). Aquí, los productos de los procesos mentales, como ideas, pensamientos, conocimiento, imágenes y emociones, se reúnen de manera selectiva en esta estructura fundamental, dando forma a la experiencia consciente.

Cabe la duda si los procesos mentales suceden de manera volitiva, por heteronomía (reglas impuestas), espontáneamente o una combinación de estos. En el caso de los procesos de conciencia son productos -particulares y complejos-, los cuales son tratados, abstraídos y reconocidos como parte del individuo, siendo en sí, entendidos y aceptados como objetos no subjetivos que están en una dinámica constante de relación interna y externa (división dual incómoda, pero práctica para una explicación).

CADA <INSTANTE DE CONCIENCIA> puede dirigirse sobre sí mismo, acerca del -tú-, del -ello- o solo sobre el acto mismo de estar en conciencia; Estos procesos cognitivos ocurren simultáneamente y continúan su ciclo a través de diversos caminos. Pueden manifestarse como comportamientos, recuerdos, nuevos razonamientos, percepciones e interpretaciones, evaluaciones, atención o focalización, o desencadenar una amplia gama de emociones. Para el individuo, estos ciclos procesuales pueden tener una naturaleza infinita y pueden ocurrir de manera compuesta o en forma de múltiples bucles interconectados.

Por el momento, desde una perspectiva científica, puede que no sea posible determinar si existe un sitio específico en el cuerpo donde reside la conciencia. Algunos neurobiólogos sugieren que el córtex cerebral podría desempeñar un papel importante en la conciencia debido a sus hallazgos experimentales y descubrimientos bioquímicos localizados en esa región (desde esta perspectiva científica quizá -especulación- la mayor parte de los estados mentales se llevan a cabo entre los neurópilos). Sin embargo, esta idea puede considerarse solo como una opción explicativa y desde ese modo, reflexionar si esta cosmovisión está siendo fundamentada sobre un fisicalismo de la mente o, se esté abusando de la teoría computacional para entender la mente.

Los estudios neurobiológicos basados en los estados mentales como productos del cerebro datan más de ciento setenta años, por ejemplo, las aportaciones de Hermann von Helmholtz (1860-1878) sobre fisiología, específicamente sobre el impulso nervioso y su principio de la <inferencia inconsciente>Nota final [cxxxvi]. Además, cabe resaltar las aportaciones de este investigador, quien propuso un principio fundamental de la física, la Conservación de la Energía, igualmente, aportó nuevas ideas sobre las teorías sobre la percepción, la audición y la visión.

En este mismo tenor de reconocer los primeros trabajos científicos sobre temas relacionados con la conciencia, está un ejemplo histórico sobre la idea de los estados mentales, concretamente como fenómenos del cerebro, para ello es necesario mencionar a Hippolyte (Taine, 1870, pág. 322) quien escribe en el capítulo II de su libro *La inteligencia:*

"«Creo, dice M. Tyndall (i), que todos los grandes pensadores que han estudiado esta materia, están prestos á admitir la hipótesis siguiente: que todo acto de conciencia, sea en la esfera de los sentidos, del pensamiento ó de la emoción, corresponde á un cierto estado molecular definido del cerebro; que esta relación de lo físico con la conciencia existe invariablemente, de tal suerte que, dado el estado del cerebro, podría deducirse el pensamiento ó el sentimiento correspondiente, ó que, dado el pensamiento ó el sentimiento, podría deducirse el estado del cerebro."*

La estrategia narrativa para facilitar el entendimiento sobre lo mental, como se vio arriba, ha sido el uso de las metáforas como mecanismo lingüístico/cognitivo (Lakoff y Johnson, 1980)[Nota final cxxxvii] y los cuentos; especialmente con las metáforas, se facilitan las descripciones para demostrar la funcionalidad mental, por supuesto parten de diferentes analogías, por ejemplo, la mente como: máquina, recipiente, computadora, ser vivo autónomo, objeto, edificio de conocimientos, camino por donde transitan las ideas, pensamientos, emociones, creencias, etc.

> *Las mentes no son trozos de un mecanismo de relojería. Son, simplemente, trozos de un no-mecanismo.*
>
> (Ryle, 1949, pág. 20)

CUANDO SE RECONOCEN o se construyen metáforas, es esencial diferenciar entre su significado literal y las inferencias que puedan derivarse de ellas. Esta distinción es crucial para evitar una interpretación errónea y para comprender completamente el mensaje que se desea transmitir. Además, es importante tener en cuenta quién está realizando la interpretación y en qué se fundamenta su conocimiento y sus experiencias personales, ya que esto puede influir significativamente en la manera en que se comprende y se relaciona con la metáfora en cuestión.

Al respecto, José (Chamizo, 1992, pág.842) afirma:

"...una característica esencial de la función cognoscitiva de la metáfora es la de posibilitar la creación de nuevos significados para los términos. Y ello porque el destino del significado metafórico de un término es justamente el de dejar de ser metafórico para lexicalizarse y pasar a ser entendido por los hablantes como un significado literal más de ese término".

En caso de querer revisar metáforas y su análisis, de manera amplia y sistemática Douwe Draaisma (1998) presenta en su libro *Las metáforas de la memoria. Una historia de la mente*, donde expone un gran número de metáforas, en su obra explica pedagógicamente cómo autores científicos las han propuesto con relación a temas de la mente y sobre su relación con el cerebro.

Se presentan a continuación en la Tabla 22, algunas metáforas relacionadas con la funcionalidad de la conciencia, las cuales han sido utilizadas a través de la historia antigua y contemporánea. Cabe señalar que, la mayoría forma parte del trabajo de autores los cuales han sido citados a lo largo de esta primera parte del libro.

Metáforas relacionadas a la funcionalidad de la conciencia	
La alegoría de la caverna	Platón
El teatro para escenificar los estados mentales, en especial el teatro de la conciencia	Hippolyte Taine
El cerebro como máquina mecánica que genera actividad mental	René Descartes
El homúnculo u hombrecillo que habita en el cerebro el cual hace la labor de dirigir, acomodar, observar e interpretar el mundo; la central telefónica para explicar las múltiples relaciones y su cierto número de acciones a partir de una organización	Henri Bergson
El fenómeno perceptual en constante movimiento, llamado "el río de la conciencia"	Edmund Husserl
El iceberg para explicar, estructuralmente, que la parte consciente de los individuos es la punta del iceberg, pero gran parte de los estados mentales están abajo en diferentes niveles poco visibles, de manera reprimida y/o censurada, a esto le llamaron inconsciente y ha servido para explicar muchos comportamientos	Esta metáfora es atribuida a Sigmund Freud, aunque él jamás la escribió
La televisión o pantalla de cine como representación de imágenes mentales	
La computadora/informática para las interconexiones con sus sistemas de soporte para el manejo de información utilizando software con sus hardwares	Newell, Shaw y Simon
El telar encantado para explicar la complejidad del funcionamiento cerebral a través de sus interrelaciones y circuitos que crean texturas homogéneas conocidos como fenómenos mentales	Charles Sherrington
La navaja suiza, el funcionamiento de cada navaja tiene una funcionalidad para distintas actividades se puede utilizar, así la mente trabaja, la conciencia sería una de las varias navajas	Jerry Fodor

La conciencia como agua burbujeante, -burbujeante olla de agua hirviendo-	**Michael Gazzaniga**
Espacio de Trabajo Global. Es un teatro donde hay luz en el escenario debido al foco de la consciencia, la cual está dirigida con atención a los actores que compiten por aparecer en escena; es como un círculo iluminado, esa luz muestra de forma global el contenido de la obra a través de la actividad de los actores en el escenario, en ese espacio hay una memoria de trabajo, misma que es usada por el "director" para tomar decisiones, esta acción la realiza tras bambalinas junto con otros trabajadores; mientras el público se encuentra sin luz viendo la obra	Bernard Baars. Una propuesta similar la presentó años después David Rosenthal.
El exocerebro para suponer que los individuos están naturalmente equipados con escáneres cerebrales, los cuales permiten ver los patrones de actividad cerebral y, por otra parte, saber que el carácter "privado" de la conciencia no tiene relación dónde se encuentra el cerebro, para ello la idea es imaginar un cerebro distribuido por toda la piel en lugar de estar oculto en el cráneo; qué pasaría, no por estar visible será más fácil comprender la conciencia	Colin McGinn
El foco de la atención visual. El sistema visual presta atención a un lugar del campo visual o a un objeto en concreto. Si el objeto se mueve, entonces podría la atención ligarse al objeto en lugar de centrarse en un lugar	Francis Crick
La habitación china. El computador no tiene que saber lo que quiere decir nada, solo funciona con ceros, unos y símbolos. La mente tiene contenido semántico, por lo tanto, la sintaxis no es semántica, es decir, el computador desde su sintaxis no puede pasar a la semántica. Refutación a la propuesta de que la mente es como un computador digital	John Searle
La campanilla eólica pensante para explicar la actividad cerebral en términos de organización y estructura. También incluye otra que es "fama en el cerebro"	Daniel Dennett

Nación China. Cada habitante de China tiene un transmisor/receptor de radio, el cual se puede considerar como una neurona en un cerebro gigante. Si cada habitante enviara señales durante un determinado tiempo ¿sería posible que todos los habitantes tuvieran el mismo patrón e información, es decir, los mismos estados mentales? Seguro tendrían una gran saturación y no tendrían lo mismo, por lo tanto, no puede considerarse un acto mental como un conjunto arbitrario de estados. Es un argumento contra el funcionalismo	**Ned Block**
Los borradores múltiples son para interpretar a la conciencia a través de narraciones y representaciones que sucesivamente durante la vigilia tienen acceso al razonamiento, al lenguaje y las conductas las cuales fluyen del pasado al futuro	Daniel Dennett
Internet proporciona una buena analogía para el papel de la conciencia en el conflicto: Internet permite que dos personas de diferentes ciudades debatan, pero no puede resolver los conflictos entre ellas. Otra analogía sería un intérprete que traduce para dos partes que están en conflicto sobre algún tema. El intérprete es necesario para la instanciación del conflicto y para su potencial resolución; el intérprete, sin embargo, no puede resolver el conflicto. En resumen, para avanzar en la identificación de los sustratos neurales de la conciencia, es esencial tener en cuenta que la conciencia es un fenómeno asociado con el procesamiento similar a la percepción y con la interfaz del sistema nervioso somático. (Morsella y Col., 2016)	Ezequiel Morsella

Tabla 22

De acuerdo, la otra cuestión es para qué sirve la conciencia. No creo que sea exclusiva de los seres humanos. Quiero decir que un perro, si le pisas la cola, aúlla, lo siente. Al menos, así lo veo yo. Entonces, tenemos que preguntarnos cuál es su función, basándonos en que sí, no tuviese una función de supervivencia, no habría evolucionado. Y lo que me choca de la conciencia es que está íntimamente asociada al momento presente.

(Gregory, pág.153, publicado en Blackmore, 2005)

LA CONCIENCIA SE CONFIGURA como un conocimiento que surge de diversas relaciones, tanto internas, como externas, y se encuentra intrincadamente ligada a procesos biológicos, cognitivos y emocionales, así como a las experiencias y memorias del individuo. Este proceso puede tener su inicio en las sensaciones y percepciones, que se organizan y se despliegan en una experiencia tanto interna, como externa, con los *qualia* y el manejo de datos e información del presente (aquí y ahora), asimismo, con la disponibilidad y calidad de sus memorias.

Además, desde una manera integral, hay una interrelación con otros estados mentales como es la Atención, Searle (2000), Crick y Koch (2003), la Alerta, Kandel (2001), la Contemplación y Observación (ver en este libro la sexta parte: Ejercicios participativos de observación, integración y propuesta), los cuales trabajan de manera interdependiente, mismos que, van funcionando/activando según las necesidades y circunstancias que tenga el individuo, ya sea para el control neuromotor del cuerpo, y/o para la construcción de la realidad que se va presentando, con estrategias que le permitan ahorro de energía, focalizar objetivos, relacionarse o mantenerse a salvo.

Un ejemplo clásico para entender la coordinación e integración de los estados mentales, juntamente con el cuerpo, sucede al conducir un vehículo, bajo el supuesto de que:

a) al hacerlo se podría estar consciente de sí mismo

b) consciente de otro estado mental que se esté viviendo (capacidad)

c) del mundo externo (fuera de la piel del individuo)

d) en esa acción de conducir participan todas las funciones mentales y motrices voluntarias, incluida la memoria de trabajo propuesta por (Baddeley, 1998), en la cual considera la integración de todos los estados mentales y fisiológicos participantes como una experiencia unitaria, misma que, permite una funcionalidad operativa y de sobrevivencia, por lo menos, para el individuo que conduce

e) el conducir implicará la intervención directa y coordinada de muchas partes de la persona

• • • •

ANTES DE INICIAR LA conducción, se lleva a cabo un proceso de aprendizaje que abarca tanto aspectos técnicos, como mecánicos relacionados con los movimientos y conocimientos sobre conceptos visuales y prácticos. Además, se reconoce la importancia de las experiencias previas vividas antes de emprender la práctica de la conducción. A lo largo de este proceso, se desarrollan y utilizan una serie de automatismos, se mantiene la atención selectiva, alertas y se aplican conocimientos conscientes en un constante vaivén de interacción. En sí, proporciona una visión completa de cómo un individuo se adapta y responde a las situaciones y estímulos durante su viaje en automóvil.

Procesos mentales/corpóreos al conducir: **El individuo al subirse al automóvil y sentarse frente al volante, primero revisa las partes que se usarán del artefacto; el cuerpo se adapta a la posición sentada, hace una exploración visual y táctil, se ajusta el cinturón de seguridad, confirma un control motor del cuerpo y hace una representación de sus futuros movimientos; enciende el auto e imagina el lugar a donde quiere ir; aunque sabe que está vacío el auto, examina si hay alguien adentro; vuelve a pensar y focaliza a dónde va; aplica la habilidad motriz para conducir al mover brazos y piernas para dirigirse hacia el sitio; la atención entra en acción para revisar lo que hay alrededor y en el camino; al mismo tiempo de tomar el volante, dimensiona su cuerpo y del auto, siendo desde ese instante un solo objeto que se desplaza; al ir avanzando empieza a tratar de hacer un reconocimiento facial al buscar caras conocidas de la gente que va en la calle caminando o en auto, también va midiendo con la velocidad la distancia que tiene con relación a los objetos que hay alrededor; se prepara a tomar decisiones por si pudiera suceder algo; observa el movimiento y comportamiento de los vehículos que van cercanos, trata de predecir su movimiento e intenciones y se pone alerta a los cambios; de manera coordinada mueve el volante, los pedales del acelerador y freno, y piensa en la música que le gustaría escuchar; al prender el radio en la estación favorita, percibe cómo cambió su cuerpo al escuchar el sonido; le da comezón y se rasca la barbilla; aplica su capacidad de estabilidad perceptiva para observar imágenes, sonidos, movimientos y así poder diferenciar que va en el auto, junto con los otros automóviles colindantes, gente caminando e infraestructuras urbanas, lo que le permite una coordinación específica y le da seguridad para continuar conduciendo; se concentra en algunos autos con características que le evocan marcas, años y modelos, cuenta de vez en cuando los que son del mismo color; se acuerda de su auto preferido y cuando se subió a uno de su tipo por primera vez, se mantiene unos instantes reviviendo esos recuerdos, pestañea y se da cuenta de que por un momento no tuvo control de lo que hacía, le entra un vacío estomacal, siente una ausencia de sí mismo e inmediatamente pone atención de dónde está y lo que está haciendo; al escuchar el claxon de un camión se alerta con relación a episodios pasados, los cuales ha clasificado como problemas cuando se va conduciendo, esas memorias son propias, y otras ajenas, de ese modo, queda en estado de vigilancia para evitar accidentes; entiende que deberá estar alerta cuando vea sobre su camino, en la calle, un artefacto que tenga una caja con tres colores, tiempo atrás aprendió a distinguir su significado, por ejemplo, el rojo es para actuar con alerta y detenerse; mientras va con atención especial por si encuentra cualquiera de estos tres colores, se imagina qué hacer, eso le da seguridad sobre qué acción aplicar dependiendo del color que esté encendido y así tomar una decisión, seguir, continuar con precaución o parar; al ir conduciendo le fluyen** pensamientos para planear lo que hará el fin de semana; más adelante mira la coloración roja, es una información precisa a diferencia de las caras o vehículos que va detectando y categorizando, por lo tanto, hay una rápida respuesta y reconoce que deberá parar, por lo que reaccionan las habilidades cognitivas y motoras para disminuir la velocidad y detenerse; mientras está parado en espera del cambio de color, llegan a su mente escenas de la fiesta que tuvo anoche, se da cuenta de que es un agradable recuerdo y busca más memorias de esos momentos, por lo que empieza a percibir el olor del pan tostado con mantequilla que comió y las voces de la plática que tuvo en la mañana, cambia el semblante de su cara y mueve un poco su cuerpo al percibir esas emociones representadas en las escenas-recuerdo que está viendo; sale de ese momento al ver de reojo a una persona pidiendo dinero entre los autos, lo observa, visualiza en su mente las memorias de conocimientos sobre la situación de quienes se quedan sin trabajo y tienen que mendigar, cambian sus emociones, toma una moneda, abre la ventana y se la entrega; mira a su alrededor a los vecinos que comparten la avenida, de frente observa pasar a una persona con su perro, lo relaciona con algo conocido y se da cuenta de que olvidó darle de comer a su gato, trata de llamar por teléfono, pero su pensamiento anticipatorio lo pone en alerta porque cambió el semáforo a color verde, tiene que continuar su camino; conduce mirando con atención hacia el carril donde va, en los espejos laterales ve de reojo y a sus dos lados, también sigue pensando la manera de avisar para que alguien le dé comida a su amigo; prende el aire acondicionado como respuesta automática al sentir las gotas de sudor escurriendo por su cuello; le llegan remembranzas alegres de su gato cuando están juntos, esas escenas le provocan un cambio de expresión en su cara, también le aparecen los recuerdos del día que se dio cuenta de que llegó a su casa en su auto y al apagarlo no se acordaba del trayecto que había hecho; más adelante en el camino ve con atención una motocicleta que va zigzagueando, se percata que puede haber peligro, por lo que pone cuidado, reforzándolo con un recuerdo que le ayuda a imaginar qué podría ser peligroso para él y los demás que van en la avenida; sube un puente y mira hacia abajo, siente vértigo, se alerta y aprieta el volante, acrecientan los latidos de su corazón, lo percibe con una pequeña presión en su garganta; disminuye la velocidad con control y precisión para no causar caos o se desestabilice; de reojo mira el reloj y se da cuenta de que llegará tarde a la cita; sospecha lo que le dirán y aparecen ideas sobre qué hará para resolverlo; se vuelve a acordar del minino y que no ha podido resolver cómo buscar a alguien que lo alimente; echa un vistazo de nuevo al reloj y al comparar la hora actual con la anterior, percibe el cambio de tiempo; recapacita sobre qué hará, toma la decisión y acelera más; se imagina y justifica que así llegará puntual; se pone en alerta al manejar, tratando de predecir qué hará el conductor del carro que va adelante, su intención es rebasarlo cuando sea posible; sincroniza sus movimientos corporales, a los cuales se suma el rascado de pierna para quitar la comezón; disminuyen la cantidad de pensamientos e intensidad de sus sentimientos; su concentración se focaliza en lo que hay y se mueve en la calle, deja de percibir lo que hay alrededor de adentro del auto, solo mira de reojo los espejos para tener más información de qué hay en su entorno y continuar su camino; mientras observa el automóvil que está enfrente y toma precaución para no acercársele mucho, se pregunta dónde será el mejor sitio para estacionarse; pone atención las distancias que hay entre los autos estacionados y calcula espacialmente si puede entrar en alguno de esos lugares, para ello se imagina las posibilidades de hacerlo y toma la decisión; al mirar cambios de color y textura en el suelo, le llegan recuerdos de que pueden ser baches en la vía donde va, concentra su mirada en el camino y los sortea para evitar le afecten los neumáticos; como ráfaga aparece la imagen de la carpeta verde con los documentos que tiene que entregar, gira la cabeza para mirar y confirmar que sí la trajo; por fin llega; al estacionarse hace un breve y rápido recorrido de su viaje; mueve su cuerpo para bajarse, revisa el tablero y apaga el auto; inspecciona que todo esté bien y evite olvidar algo; toma los documentos, abre la puerta sin necesidad de mirar dónde está la manija, sale y cierra el automóvil; en ese momento su individualidad cambia al separarse del vehículo; fija la mirada hacia los edificios, específicamente reconoce el lugar donde debe llegar; camina directamente hacia el sitio de la reunión; cruza la calle mirando de reojo y en alerta, sin perder la cadencia de piernas e ideas que va tejiendo relacionadas con la reunión que tendrá; llega al edificio, antes de abrir la puerta para entrar se detiene en el pasillo, sus ojos giran hacia arriba a la derecha y aparecen en su mente imágenes de quiénes probablemente estarán ahí, inmediatamente aparecen emociones; suspira, abre la puerta y avanza; a los pocos segundos de llegar se conecta en un diálogo con sus compañeros y se desvanece todo lo sucedido en el tránsito que hizo desde la casa a su destino.

> *Todo el mundo tiene alguna conciencia de que la capacidad de atención es limitada, y nuestro comportamiento social tiene bien en cuenta estas limitaciones. Cuando el conductor de un coche está adelantando a un camión en una carretera angosta, por ejemplo, los pasajeros adultos dejan muy sensatamente de hablar. Saben que no es una buena idea distraer al conductor, y también sospechan que este se ha vuelto momentáneamente sordo porque no quiere oír lo que le dicen.*
>
> (Kahneman, 2011, pág.28)

LA NARRACIÓN PREVIA expone los diversos estados mentales con conocimientos y habilidades generados cuando se están realizando multi funciones, así como los diferentes instantes en que se dan los estados de conciencia. Todo el proceso de estar conduciendo conlleva un gasto de energía variable debido a la combinación de atención, alerta, memoria, cognición y coordinación muscular. Además, la narrativa indica los distintos momentos de adaptación necesarios para poder realizar los cambios y las estrategias que permiten regular las subidas y bajadas de intensidad de los estados mentales.

A veces, sin embargo, ocurre que al llegar a un lugar no se tienen recuerdos ni conocimiento consciente del trayecto realizado, y surge la pregunta: "¿Cómo logré llegar aquí si no recuerdo haber caminado ni conducido, solo recuerdo un instante absorto pensando en algo?". Más adelante, en el apartado de "Senderos de la conciencia", de manera sintética, se encuentran otros ejemplos que permiten comprender los procesos de introspección en diversas situaciones cotidianas.

La descripción detallada de lo que sucede al conducir un automóvil resalta la complejidad de las funciones mentales y físicas involucradas en una actividad aparentemente simple. Esta reflexión puede ser aplicada de manera útil al considerar la planificación y ejecución de actividades comunitarias donde participan múltiples personas.

Al abordar esta actividad, es fundamental realizar una reflexión exhaustiva sobre todos los aspectos que la compondrán, teniendo en cuenta su dinámica y los posibles desafíos que podrían surgir. Como facilitador o líder comunitario, es esencial identificar las necesidades de la comunidad y los recursos disponibles. También se deben evaluar las condiciones en las que se llevará a cabo la actividad, el equipo necesario y el material requerido.

Esta reflexión previa permite una mejor planificación y preparación, lo que aumenta las posibilidades de éxito al llevar a cabo la labor comunitaria. Además, facilita la identificación de posibles obstáculos y la implementación de estrategias para abordarlos de manera efectiva.

En síntesis, al igual que en la conducción de un automóvil, un enfoque detallado y reflexivo es esencial para alcanzar los objetivos de una actividad comunitaria de manera exitosa.

> *Si hay un fenómeno que parezca presentarse inmediatamente a la conciencia en forma de cantidad o al menos de magnitud, es sin discusión el esfuerzo muscular. Nos parece que la fuerza psíquica, prisionera en el alma como los vientos en el antro de Eolo, espera allí tan solo una ocasión para lanzarse afuera; la voluntad vigilaría a esta fuerza y, de cuando en cuando, le abriría una salida, proporcionando la evacuación al efecto deseado.*
>
> (Bergson, 1889, pág.27)

COMO FUE SEÑALADO, las funciones ejecutivas son un conjunto de procesos cognitivos múltiples, los cuales trabajan de manera independiente y correlacionada (Lezak, 2004), tales como:

....

a) la elección de objetivos

b) la planeación usando la memoria y la imaginación,

c) la anticipación

d) el uso de la retroalimentación

e) la memoria de trabajo

f) la volición

g) la autorregulación-ajuste-control

h) el uso de inteligencias para la resolución de problemas/toma de decisiones y modulación de las emociones

i) la selección de la conducta para situaciones específicas

....

EN ESTE CONTEXTO, SURGE la pregunta fundamental: ¿Cómo planificar y programar actividades comunitarias de manera efectiva, de modo que se pueda llevar a cabo un seguimiento preciso del tiempo transcurrido entre cada una de ellas? Para abordar esta cuestión, es esencial no solo establecer un cronograma de actividades, sino también recopilar y analizar datos para comprender lo que sucede entre cada acción y determinar con precisión cuánto tiempo se requiere para su realización.

La programación de actividades comunitarias implica una cuidadosa planificación que debe incluir la asignación de recursos, la identificación de responsables y la definición de objetivos claros. Sin embargo, no basta con crear un calendario; es necesario llevar a cabo un seguimiento detallado de cada etapa y recopilar información relevante para evaluar el progreso y la eficacia de las actividades.

Este enfoque basado en datos permite no solo medir el tiempo transcurrido entre actividades, sino también identificar posibles retrasos o áreas de mejora. Así, se facilita la toma de decisiones informadas y se optimiza la ejecución de las actividades comunitarias para lograr resultados más efectivos y eficientes. En última instancia, el análisis de datos y el seguimiento constante son herramientas fundamentales para el éxito en la programación de actividades comunitarias.

Estos procesos, incluyendo la conciencia, no ocurren siempre de manera simultánea en el espacio y el tiempo, ni se desarrollan de manera uniforme o constante. Además, no pueden ser simplemente entendidos como herramientas para adquirir nuevas habilidades, capacidades y conocimientos.

La complejidad de estos procesos requiere una comprensión más profunda, ya que también involucra mecanismos que intervienen en el control, la interferencia y la inhibición de ideas, pensamientos, emociones y comportamientos.

Estos mecanismos de control, tal como lo describe Diamond (2013), y la capacidad de inhibir, como lo sugiere Friedman & Miyake (2004), son esenciales para ajustar, mantener y adaptar las acciones del individuo de acuerdo con las circunstancias cambiantes.

Al considerar estas observaciones en el contexto de actividades cotidianas, como conducir un automóvil, se puede tomar conciencia de la complejidad y la importancia de estos procesos en la vida diaria.

> **Nadie comparte los datos sensoriales de otra conciencia, como nadie experimenta el dolor de muelas que atormenta al vecino.**
>
> (Sanfélix Vidarte, 2010, pág.336)

ESTAS DIVERSAS FACETAS que conforman al individuo se entienden como una unidad integral, no dualista, pero altamente creativa y dinámica, siguiendo la perspectiva que Nietzsche (1883) describió como múltiples y dotadas de voluntad.

Todas estas facetas colaboran para generar respuestas adaptativas ante las circunstancias y momentos que el individuo experimenta, permitiéndole tener una conciencia de su propia existencia.

Los estados de consciencia funcionan con una multiplicidad heterogénea, cuanti-cualitativas, además, generan ideas/pensamientos, emociones/sentimientos y memorias que se interconectan en la vigilia, en el sueño, en los ensueños y la meditación, produciendo en sí, nuevas experiencias y la producción de conocimiento.

Para finalizar esta sección centrada en la cosmovisión de entender funcionalmente qué es la conciencia, Edgar (Morin, 1986, pág. 134) destaca que:

"La consciencia es la emergencia del pensamiento reflexivo del sujeto sobre sí mismo, sobre sus operaciones, sobre sus acciones... es por tanto nueva comunicación, al mismo tiempo que nueva separación y distanciación de sí a sí, de sí a los demás, de sí al mundo. En esta nueva comunicación/ distanciación va a permitir ella el examen, el análisis, el control de los diversos componentes de la unidad compleja que es el acto humano de conocimiento (la representación, la percepción, el lenguaje, la lógica, el pensamiento)."

Sin embargo, toda la terminología de lo mental y lo físico tiende por naturaleza a plantear una oposición absoluta entre uno y otro término, por lo cual acaso sea mejor no utilizarla y limitarse a decir que la conciencia es un rasgo biológico del cerebro al igual que la digestión es un rasgo biológico del tracto digestivo.

(Searle, 2004, pág.150)

> *De acuerdo con esto considero que el cerebro tiene el mayor poder en el hombre. Pues es nuestro intérprete, cuando está sano, de los estímulos que provienen del aire. El aire le proporciona el entendimiento. Los ojos, los oídos, la lengua, las manos y los pies ejecutan aquello que el cerebro apercibe. Pues en todo el cuerpo hay entendimiento, en tanto que hay participación del aire, pero el cerebro es el transmisor de la conciencia.*
>
> (Hipócrates de Cos, 440 y 400 a. C, pág.417)

LA SIGUIENTE ACTIVIDAD tiene el propósito de practicar el interiorizar y aprender más de cómo está funcionando la mente del lector. Más adelante, en la Cuarta parte del libro (Tomo III) se especificarán detalles didácticos para planear actividades de capacitación, formación o impacto social (Ejercicio).

Realizar este ejercicio varias veces puede proporcionar una gran cantidad de información interesante a nivel personal. Al repetirlo, es posible obtener una comprensión más profunda de lo que sucede cuando se imagina o recuerda, así como de la manera en que se generan las emociones y las imágenes mentales^{Nota final [cxxxviii]} al pensar en un tema específico.

Además, esta actividad puede ayudar a desarrollar una mayor conciencia del tiempo físico, que se experimenta como una serie de instantes que permiten observar el flujo del mundo. Estos instantes también pueden utilizarse para medir la duración de cambios en la experiencia consciente^{Nota final [cxxxix]}, como la percepción de sensaciones como el color, la temperatura, el dolor o el placer. Cada individuo puede percibir estos cambios a diferentes velocidades, lo que se conoce como tiempo inmanente.

En el contexto del trabajo en comunidad, estos aprendizajes y experiencias pueden ser considerados a través de acuerdos y costumbres sociales, lo que constituye el tiempo social.

. . . .

INSTRUCCIONES

1º Paso, 1. Selecciona un lugar donde puedas trabajar de manera cómoda, tranquila, segura y sin interrupciones.

Determina un tiempo por día (horas) que utilizarás para realizar el ejercicio, quizá sean necesarios varios días para terminarlo. Puede decidir trabajar una hora por día, dividirla a la mitad con un descanso intermedio de 10 minutos. Haz un calendario con los días que hará el ejercicio. Lo importante es que administres tu tiempo y estés enfocado para tener una mejor eficiencia. A lo largo del ejercicio, tómate el tiempo necesario para reflexionar sobre tus respuestas y pensamientos. La autorreflexión te ayudará a profundizar en tu proceso y a obtener una comprensión más profunda de ti mismo y de tus metas.

Recuerda que es un trabajo personal. Puedes pedir ayuda para que alguien te acompañe (Se sugiere que no opine ni te apoye con respuestas) y te dé soporte-confianza. Asume que el resultado es solo tuyo. Este ejercicio hazlo con lo que tengas, inventes, puedas conseguir y tengas a la mano, lo importante es que lo lograrás. Tus respuestas deben ser activas y constructivas, convencid@ de que te llevarán a funcionar bien, aunque anímicamente, por el momento, no lo estés.

En todo el ejercicio mantente motivad@ para realizarlo bien hecho; aliméntate adecuadamente y con productos sanos; toma descansos que te ayuden a relajarte; duerme completas tus horas de sueño (8 horas); haz ejercicio durante el día, de preferencia trata de usar la mayoría de tus sentidos con las actividades físicas; considera siempre que es un juego de aprendizaje; medita y reflexiona tus vivencias; que sea agradable y seguro el ambiente donde harás la actividad; planea y cumple las acciones que se te indiquen; elabora un plan de apoyo por si necesitas que alguien te ayude. Recuerda que durante el ejercicio tendrás un proceso de automejora y autocuidado.

2º Paso, comienza por leer el grupo de preguntas del ejercicio que se encuentran más abajo, bajo los títulos "¿Qué sucede cuando se ve por dentro de uno mismo sin usar los ojos?" y, "¿Qué sucede cuando estoy en soliloquio?"

3º Paso, elige un solo tema que sea cotidiano o que te interese y que hayas experimentado en algún momento. Puede ser algo como la lectura de un libro favorito, una visita a un amigo o un paseo por un lugar en particular.

4º Paso, asegúrate de tener papel y lápiz a la mano para que puedas escribir libremente sobre esta experiencia y las respuestas a las preguntas.

5º Paso, ahora, siéntate cómodamente, cierra los ojos y comienza a visualizar y concentrarte en el tema que seleccionaste. Sumérgete en esa experiencia y mantén tu atención enfocada en ella.

6º Paso, responde las siguientes preguntas relacionadas con "¿Qué sucede cuando se ve por dentro de uno mismo sin usar los ojos?".

¿Qué sucede cuando se ve por dentro de uno mismo sin usar los ojos?

¿Con qué se está viendo?

¿Quién construye las imágenes que se ven?

¿Quién construye las imágenes que se ven?

¿Cómo y en dónde se mantienen por instantes esas imágenes?

¿De dónde provienen las imágenes que van surgiendo?

¿La luz que forma la imagen cómo aparece en la mente?

¿Cómo y para qué fluye la intensidad de las imágenes?

¿Qué sucede cuando se va narrando (sin hablar) un tema y aparecen imágenes?

¿Qué reacciones sientes (emociones) cuando van apareciendo imágenes?

¿Qué sucede cuando aparece una imagen que no había la intención de verla?

· · · ·

7º PASO, ESCRIBE LAS respuestas sin detenerte a razonar; evita corregir la redacción o analizar. Es posible que surjan conocimientos conscientes específicos, sobre el tema que seleccionaste, al estar contestando.

8º Paso, una vez contestadas las preguntas, guarda todas tus respuestas y comentarios.

9º Paso, lee la información obtenida un día después. Descansa y si es posible camina un poco, come/bebe algo.

10º Paso, analiza los resultados, luego escribe tus reflexiones, puedes igualmente hacer un dibujo para representar lo que estás pensando/sintiendo.

11º Paso, realiza las preguntas con relación a "Soliloquio", es decir, estar platicando con uno mismo. Quizá ayude si cierras los ojos y recuerdas la pregunta, luego escribes las respuestas. Nota: Es posible que algunas personas no tengan la capacidad de crear imágenes visuales en su mente, esto es conocido como afantasia, aun así, si ese fuera el caso, puedes continuar con la actividad.

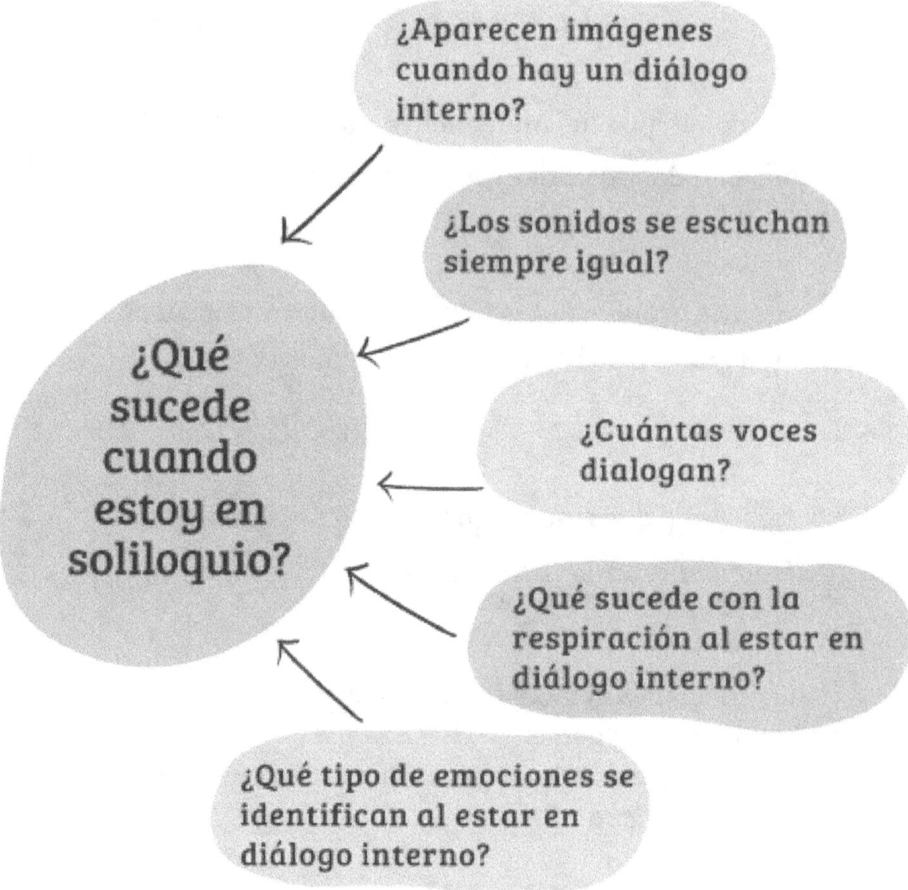

12º PASO, ESCRIBE LAS respuestas sin detenerte a razonar; evita corregir la redacción o analizar. Es posible que surjan conocimientos conscientes específicos al estar contestando.

13º Paso, una vez contestadas las preguntas, guarda todas tus respuestas y comentarios.

14º Paso, lee la información obtenida un día después.

15º Paso, analiza los resultados, luego escribe tus reflexiones y qué aprendiste sobre el tema que seleccionaste; puedes igualmente hacer un dibujo para representar lo que estás pensando/sintiendo.

16º Paso, incorpora lo aprendido con la vida que tienes, quieres y deseas.

17º Paso, después de completar este proceso, tómate un tiempo para vivir la experiencia. Permítete disfrutar las experiencias que has experimentado.

18º Paso, sonríe y felicítate por haber completado este ejercicio.

> *La conciencia es un mal juez de lo que pasa en el fondo del ser, porque no penetra hasta él.*
>
> (Durkheim, 1893, pág.468)

La concepción del "Yo" se presenta como un punto de partida fundamental para abordar el tema de la conciencia. Sin embargo, es importante aclarar que esta perspectiva no se adhiere al solipsismo, una corriente que sostiene la existencia exclusiva de uno mismo como la única realidad, implicando que solo existe una conciencia que otorga objetividad al mundo. Abrazar este enfoque sería una simplificación excesiva y poco adecuada para el propósito de este trabajo. En su lugar, resulta más apropiado explorar conceptos relacionados con la conciencia reflexiva, la autenticidad del ser y la representación completa de la individualidad como un ser humano, un sujeto y una entidad viviente.

Esta sección partirá de la idea del Yo, desde la perspectiva mencionada por Susan (Blackmore, 2005, pág.22):

"La esencia de la conciencia es la subjetividad, y la experiencia subjetiva parece implicar siempre a alguien que está teniendo esa experiencia; en otras palabras, un yo."

Por lo tanto, habría un interés especial, no solo de la conciencia y la relación directa con el conocimiento del Yo, sino del tener información de cómo cambia.

De cualquier manera, busque dónde se encuentra ese "yo". ¿Existe? ¿Cómo localizarlo? ¿Cómo reconocerlo? Si usted intenta plantear esas cuestiones y resolverlas con aplicación, va a experimentar que ese "yo" no es sencillo de localizar ni autentificar. No es una experiencia breve, cuyos límites son fáciles de circunscribir. Por el contrario, podría parecerse a una larga caza. Se necesita tiempo, ocasiones diversas, cierta constancia y obstinación. Entonces, ¿dónde está esa evidencia llamada "yo"? Buscará durante mucho tiempo, en diferentes sitios, desde distintos ángulos. Hay muchas posibilidades para que, al fin y al cabo, vuelva con las manos vacías. Ahí es cuando las cosas empiezan a ponerse interesantes.

(Pol Droit, 2001, pág. 24)

DESDE UNA PERSPECTIVA amplia y no dogmática, el concepto del "Yo" en un individuo puede entenderse como un acto de autoafirmación, una autodesignación que se autorreferencia en su propia existencia, independientemente de la existencia del mundo circundante. Esta noción puede considerarse como una idea a priori, universal y necesaria, en línea con la perspectiva de Kant.

El "Yo" es una entidad resonante en el diálogo, la cual se establece dentro de su complejo sistema de vida, es una representación mental, dinámica y evolutiva como un ser único. Al expresarse, narrarse o pensarse a sí mismo como "Yo", se resalta la singularidad y exclusividad de su identidad, arraigada en su subjetividad y en otros procesos corporales relacionados.

Además de estas perspectivas, existe la visión budista que aporta matices adicionales al concepto de "Yo". Desde esta óptica, el "Yo" se percibe como una convención cuya existencia se encuentra en constante cambio y se manifiesta en momentos de consideración, siendo una idea impermanente, veraz y real. Esta concepción se origina tanto en el cuerpo y sus sentidos como en los pensamientos, emociones y deseos del individuo.

> *En sentido estricto, conciencia es el proceso por el que una mente se ve imbuida por una referencia que llamamos yo, y se dice que sabe de su propia existencia y de la existencia de objetos a su alrededor.*
>
> (Damasio, 2003, pág.202)

CABE CONSIDERAR QUE existen otras formas de abordar el tema, por ejemplo, la observación de Vicente (Simón, 2001, pág. 208) quien dice:

"Se le podría llamar sencillamente «yo», pero también sería adecuado referirse a ella como «conciencia». Ambas denominaciones me parecen acertadas, aunque en algunas ocasiones una de las dos resulte superior a la otra. He optado por llamarla conciencia, pero el lector puede hacer el ejercicio mental de sustituir «conciencia» por «yo» y explorar los pensamientos que tal sustitución le genera. Los inconvenientes del término «conciencia» proceden de la facilidad con que se confunde la actividad de la conciencia con su contenido."

Existen otras perspectivas importantes para abordar el tema del "Yo". Por un lado, se plantea la posibilidad de que el "Yo" sea un epifenómeno cerebral, es decir, una manifestación que surge como resultado de la actividad cerebral. Esta perspectiva sugiere que el "Yo" podría ser una construcción emergente del funcionamiento del cerebro, lo que implica que su existencia y percepción están vinculadas a procesos neuronales y cognitivos.

Además, se puede considerar que el "Yo" deriva de las representaciones que el individuo elabora acerca de la realidad que lo rodea. En este enfoque, el "Yo" se concibe como una construcción mental que surge de la interpretación que el individuo hace de su experiencia y de cómo se relaciona con el mundo circundante.

También se plantea la idea de que el "Yo" es una comunicación interactiva de los estados mentales, un fenómeno que está presente de manera continua desde la infancia. En este contexto, el "Yo" se concibe como el resultado de la interacción y comunicación entre los diversos estados mentales de un individuo a lo largo de su desarrollo.

Desde la perspectiva budista se entiende como una experiencia de vacío, al respecto Susan (Blackmore, 2005, pág. 211) señala:

"Sin *embargo, al practicar la meditación o la atención plena, se me hace mucho más fácil enfrentarme a la idea de que no hay ningún yo, y por eso me parece que sería muy útil que nos preparásemos mejor para aceptar eso."*

El Yo aún con lo subjetivo que es, no está fuera de los alcances de la ciencia, como diría Mario (Bunge, 1980, pág. 200):

"Pero pretender que yo no puedo ser sujeto de investigación científica porque soy único y opaco al público no es más convincente que sostener que la geofísica y la geología son imposibles porque nuestro planeta favorito es único e inaccesible para muchos."

> *...sugiero que la conciencia humana del yo transciende todo pensamiento puramente biológico.*
>
> (Popper, 1977, pág.124)

EN EL ANÁLISIS DE LA conciencia, es relevante abordar los diversos aspectos del concepto del "Yo". A continuación, se presentan de manera explicativa y secuencial las diferentes facetas del "Yo" que pueden ser consideradas como parte integral de dicho análisis. Estos enfoques proporcionan una comprensión más completa y matizada de cómo se percibe y experimenta la propia identidad, autoconciencia [Nota final [cxl]], los estados de conciencia [Nota final [cxli]], y desde una conciencia en un contexto social [Nota final [cxlii]].

El Yo prenatal	Aunque no sea autoconsciente, en este período, el Yo prenatal comienza a adquirir conocimiento de su existencia a través de las relaciones que va vivenciando durante hasta ante de nacer. El Yo prenatal se encuentra en una fase inicial de desarrollo, donde las experiencias y relaciones iniciales establecen las bases para la percepción de la propia existencia. Igualmente, forma parte de la formación de la identidad desde el sentido de percepción de su existencia
El Yo cuerpo	Con la generación de conocimiento y el aumento de las comunicaciones propias, con otros seres vivos y cosas, va creando una correspondencia sensible para distinguirse el individuo a partir de su cuerpo. Este Yo cuerpo representa la percepción de uno mismo como una entidad física que puede interactuar, expresarse, sentir y reproducirse. Es importante destacar que este concepto debe incluir la influencia de los millones de microorganismos que coexisten en simbiosis con el individuo. Es decir, un ser activo que se diferencia físicamente del mundo se percibe como unidad, con la cual de manera innata puede: hacer, expresar, sentir y reproducir
El Yo piel	Cuando el individuo empieza a diferenciarse, entre el anterior que fue y el actual, visión operativa, el niño tiene una nueva vivencia que son los contenidos psíquicos a partir de su experiencia de lo que es el todo, partiendo de la superficie del cuerpo, (Yo piel), lo cual da la posibilidad de tener pensamientos sobre sí mismo
El Yo cognitivo	Con la madurez y la adquisición de conocimiento, el individuo desarrolla un Yo cognitivo, que le permite comprender el origen, las causas y las consecuencias de sus acciones, transformando sus experiencias en conocimiento. El Yo cognitivo es una parte esencial de la identidad de un individuo que se desarrolla con el tiempo y la adquisición de conocimiento. A medida que se adquiere experiencia y conocimiento, se aprende a evaluar las situaciones de manera más objetiva y a considerar las implicaciones a largo plazo de las elecciones

El Yo emocional	Paralelamente, el individuo también experimenta un Yo emocional, que abarca sus emociones, sentimientos y comportamientos, y que contribuye a su comprensión integral de sí mismo. Incluye un vasto espectro de experiencias, desde emociones básicas, hasta matices emocionales más complejos. Estas emociones y sentimientos no solo son respuestas internas a estímulos externos, sino que también desempeñan un papel crucial en la toma de decisiones y en la forma de relacionarse consigo mismo y con los demás. El Yo emocional desarrolla patrones únicos de respuesta emocional y estrategias de afrontamiento a lo largo de la vida, basados en experiencias pasadas y en la forma en que ha aprendido a manejar las emociones
El Yo social	A la par, el individuo se percibe como parte de una comunidad de otros individuos, cada uno de los cuales se presenta como un "yo soy" único. Establece relaciones interdependientes con ellos a través del lenguaje y la comunicación (Yo social)
El Yo cultural	El Yo cultural representa cómo el individuo se identifica y se siente perteneciente a diversas relaciones con su cultura, incluyendo sus creencias, valores y tradiciones culturales. En este proceso se comprende cómo la identidad del individuo se moldea y se relaciona con el entorno sociocultural en el que vive.
El Yo narrativo	El "Yo" se ve como una narrativa del propio individuo que construye para dar significado y coherencia a su vida. Esta narrativa no se limita a las palabras habladas o escritas, sino que abarca la forma en que una persona organiza y da sentido a sus experiencias, metas, sueños y aspiraciones a lo largo del tiempo, por lo tanto, es una autoexpresión y autodescubrimiento. El individuo busca mantener una coherencia en su historia personal que va construyendo, y reinterpretando, no es estática, evoluciona a medida que el individuo crece, aprende y experimenta nuevas cosas

El Yo integral	A medida que el individuo crece y madura, desarrolla la capacidad de diferenciar entre su ser interno y su entorno externo. Comienza a comprenderse a sí mismo como una parte integral de la naturaleza más amplia (Yo integral). Hipotéticamente, este individuo puede desarrollar procesos mentales más complejos, incluido el proceso de conciencia, que le permite reflexionar y tomar conciencia de su propia existencia y experiencia
El Yo conciencia	El individuo desarrolla un Yo conciencia mediante la reflexión interna sobre sus pensamientos, sentimientos, intuiciones e imágenes mentales. Este proceso se lleva a cabo a través de un diálogo interno que implica una experiencia introspectiva temporal. En este diálogo, el individuo explora y relaciona sus experiencias emocionales, cognitivas, intuitivas y volitivas con las interacciones que experimenta en el mundo que lo rodea. La Yo-conciencia le permite al individuo comprender y tomar decisiones basadas en sus percataciones y en la comprensión de su entorno
El Yo identidad	El individuo de manera constante e intermitente crea estados de conciencia para cada uno de los Yos arriba descritos, esto le permite ir teniendo más control de todos esos "Yos", así como autoconocerse -con o sin autoengaño (Davidson, 1986) y autocrítica-, por lo que busca un reconocimiento/diferenciación para saberse desde un propio lenguaje -narración propia- que él es socialmente una persona (Yo identidad). Esta identidad se construye a lo largo de la vida a través de experiencias, relaciones y autodescubrimiento
El Yo Autoconcepto	El "Yo" se relaciona con la percepción y la imagen que el individuo tiene de sí mismo. Incluye la autopercepción de características, habilidades, valores y creencias integradas de manera coherente y consistente, influyendo en las decisiones que toma, en su comportamiento y autoestima

El Yo trascendental	Como persona tiene la potencia y posibilidad -quizá intencionalidad- de tener una autonomía para pensar. Además, cuenta con la capacidad de remembranza, ya sea de forma íntegra, reconstruida o fragmentada (de referentes al pasado y futuro). También tiene la habilidad de modificar comportamientos (aunque habrá de reconocer su dificultad de cambiar debido a su complejidad como un fenómeno biopsicosocial), habilidades para conocer y reconocer emociones -propias y ajenas-, así como crear complejos procesos mixtos los cuales le permiten estar en estados sublimes y de contemplación (Yo trascendental)

• • • •

LA NARRACIÓN ANTERIOR destaca la diversidad de enfoques y perspectivas que existen para abordar el tema del Yo. Un ejemplo notable es la propuesta de Ortega y Gasset (1966, pág. 84), quien plantea la existencia de un Yo psicocorporal, un Yo espiritual o mental, y un Yo del alma, considerando la interdependencia entre el Yo y el Mundo como elementos que influyen en la vida de un individuo.

Desde estas distintas perspectivas el Yo forma parte del entendimiento de los procesos de conciencia, incluidas las investigaciones relacionadas a lo neurológico, por ejemplo, en el entendimiento de las enfermedades, por ejemplo, la esquizofrenia[Nota final cxliii] y el trastorno de personalidad múltiple[Nota final cxliv]. De manera conexa en la búsqueda de qué es el Yo, las neurociencias han incursionado con estudios específicos encaminados hacia la percepción, emotividad, memoria, lenguaje e intencionalidad. A continuación, se presenta una imagen que proporciona una amplia gama sobre estudios del Yo que ayuda al facilitador comprender lo complejo del tema.

. . . .

. . . .

NO SE TRATA DE DEFINIR y encuadrar la existencia de uno o varios Yos, se pretende reflexionar sobre su dinámica y evolución, la cual seguramente se sigue dando en otras especies vivas, primitivas y complejas, asimismo, tratar de comprender cómo los Yos del individuo van cambiando, por ejemplo, si se utiliza la paradoja de Teseo, la cual sigue atrayendo a muchos filósofos (comenzando por Heráclito y Platón) y científicos de las neurociencias[Nota final [cxlv]].

La autoconciencia es un acto y mediante todo acto se nos realiza algo. Todo pensar es un acto y todo pensar determinado es un acto determinado; y por cada pensar determinado se origina en nosotros también un concepto determinado.

El concepto no es otra cosa que el acto mismo del pensar y abstraído de él no es nada. Asimismo, por el acto de la autoconciencia ha de surgir en nosotros un concepto y éste no es otro que el del Yo.

(Schelling, 1800, parágrafos174, § 366)

DESPUÉS DE REVISAR lo anterior y tal vez leer definiciones en distintos diccionarios, tal vez el lector decida no incursionar en esta temática del entendimiento del Yo, así que, para facilitar la comprensión de estas ideas, mejor puede decidir la adopción de un concepto que ya conoce, por considerarlo más apto.

Para finalizar este breve apartado, solo como una manera de aproximación se expondrán en la siguiente Tabla 23, de manera general, una síntesis de las propuestas del Yo, provenientes de diferentes autores (algunos); la importancia de proponer estas ideas es por su vinculación que puede haber con otros conceptos, como es la percepción de sí mismo, la materia viviente, el principio ideal, la razón, el pensamiento cognoscente y, la conciencia.

Frases descriptivas sobre el Yo	Autores
Es el cuerpo-alma (dualismo)	Platón
Es la unidad hilemórfica	Aristóteles
Es la persona *imago Dei*	Agustín de Hipona
Es el autoconocimiento.	Tomas de Aquino
Es una ilusión, es un acto de imaginación, el cual se puede descomponer en sentimiento, percepción, materia, impulso y conciencia	Budismo
Es el cuerpo-mente, res cogitans, res extensum. Yo soy una cosa pensante	René Descartes
Es la ficción construida a partir de nuestra experiencia. Conjunto de percepciones sin que alguien aglutine	David Hume
Es el sujeto empírico y trascendental	Immanuel Kant
Es el principio absolutamente creador	Johann Gottlieb Fitche
Es la unidad pura de la autoconciencia objetiva	Georg Wilhelm Friedrich Hegel
Es la instancia intermedia entre la biología de un individuo y su ambiente, está ligada a procesos de identificación, misma que está relacionado con la historia (vicisitudes y deseos) del individuo	Sigmund Freud
Es la conciencia inmediata de las vivencias, incluidas las de mi cuerpo, misma que trasfiero a otros cuerpos que percibo, sobre éstos me represento y puedo representar lo que estos son y experimentan	Edmund Husserl
Es una actividad interior a sí mismo, es un ser-mixto, un compuesto de actividad y de pasividad, es una reflexión sobre la existencia del yo que es totalmente inestable y oscilante	Louis Lavelle
Es la estructura compleja somática y psíquica	Carl Gustav Jung

Es el componente consciente y propositivo del estilo de vida unitario mediante el que la persona se apropia de sus decisiones y actividad voluntaria	Alfred Adler
Es el diálogo entre el Yo-Tú en una relación de seres sintientes y el Yo-Ello en un conocer el mundo de los objetos, es en sí el encuentro con el otro	Martín Buber
Aborda cómo los individuos desarrollan su comprensión del Yo a medida que maduran en las etapas del desarrollo cognitivo, desde una perspectiva muy propia, teniendo con cambios debido al aprendizaje social, teniendo una comprensión más completa de sí mismos y hacia los demás a medida que avanzan en las etapas	Jean Piaget
Destaca cómo la interacción social influye en la construcción del Yo y el pensamiento	Lev Vygotsky
Es unidad inseparable somática, psíquica y espiritual	Víctor Frankl
Es *Self* en proceso y cambio	Carl Rogers
Es el interferente o integrador de polaridades	Fritz Perls
Es la estructura compleja de acción, motivación, cognición y afecto	Les Greenberg
Es una estructura imaginaria e instrumento -es una imagen- opuesta al sujeto que tiene una estructura simbólica	Jacques Lacan
Es un sistema o conjunto de sistemas organizado como esquema de autorreferencia que produce atribuciones y sesgos cognitivos	Hazel Rose Markus y Shinobu Kitayama
Es una idea fortalecida por la experiencia, es el propio pasado, es memoria, es la imagen que se ha construido de sí mismo	Jiddu Krishnamurti
Es el concepto de "ser-para-sí" y "ser-en-sí" en la fenomenología existencialista ofreciendo una perspectiva sobre la conciencia y la identidad	Jean-Paul Sartre

Es el Yo-piel en el niño es el mantenimiento lo mental, es una envoltura de sensación-imagen de la piel, dando la posibilidad de una excitación y defensa propia y externa, es una estructura de relación con otros seres, proporciona una individuación del Sí-mismo	Didier Anzieu
Es el concepto que no es más que un caso particular de animal dotado con conciencia, del mismo modo que, Tierra es un caso particular del concepto de Planeta	Mario Bunge
Es una abstracción que se define por la multitud de atribuciones e interpretaciones que han compuesto la biografía del cuerpo viviente del cual es su centro de gravedad narrativa. Es una ilusión benigna del usuario	Daniel Dennett
Es una capacidad de organizar la intencionalidad bajo coacciones de racionalidad, de tal manera que sea posible realizar acciones voluntarias intencionales, así como hacer inteligible el carácter de mis experiencias, cuyas razones no son causalmente suficientes para determinarlas. Hay algo consistente en sentir que uno es uno mismo. Es sentir que uno es uno mismo	John Searle

Tabla 23

. . . .

Para mí, la raíz, la causa fundamental de la ignorancia, es la conciencia del "yo", de la cual surgen el conflicto y el dolor. Mientras existe la conciencia del "yo", tiene que haber sufrimiento, del cual nadie puede liberarlos. En su devoción a una persona o a una idea, pueden separarse momentáneamente de esa conciencia del "yo", pero mientras ésta subsiste, es como una herida que siempre está supurando. La mente puede liberarse de esa ignorancia solo cuando afronta la vida de manera total, cuando experimenta completamente, sin prejuicios, sin ideas preconcebidas, cuando ya no se halla mutilada por una creencia o una idea.

(Krishnamurti, 1933, Oslo, Noruega,)

Los conocimientos, emociones, creencias y otros estados mentales pueden potencialmente hacerse conscientes, lo cual representa una estrategia fundamental que los individuos emplean no solo para su supervivencia y autoconocimiento, sino también para el desarrollo de sus relaciones personales y su interacción con el entorno socioambiental.

Esta capacidad de encender y apagar la conciencia es un proceso dinámico que permite a los seres humanos experimentar el mundo de maneras diversas y complejas.

Si se acepta lo anterior, se dará paso a una serie de preguntas relacionadas a ese proceso de conciencia. Este proceso puede ser tanto selectivo, como aleatorio, lo que lleva a indagar en varios aspectos. Primero, es importante entender en qué momento se vuelven conscientes ciertos estados mentales y qué provoca que esa concienciación ocurra. Además, resulta relevante explorar por cuánto tiempo sucede que se hacen conscientes y cuánto dura esta conciencia.

Existen otras interrogantes que merecen atención. Por ejemplo, cómo es que estos estados mentales se complejizan a medida que se combinan, generando tiempos distintos de intensidad y permanencia como parte del proceso de conciencia. Estas y muchas más incógnitas se enlazan con la explicación de su manifestación o existencia temporal. Esta parte del proceso de conciencia puede considerarse como "prendido" cuando la conciencia está en función, y "apagado" cuando se encuentra en un estado aletargado o cuando se trata de conocimientos no conscientes.

Es importante considerar que en este proceso de conciencia hay una subjetividad, pero también hay posibilidad de investigar con instrumentos de las neurociencias y con experimentos mentales científicos y filosóficos^{Nota final [cxlvi]}; en todo este trabajo la idea es, conocer cuándo y cómo se puede interrumpir y alimentar la conciencia, ya sea:

a) por la llegada o producción de sensaciones,

b) por la percepción,

c) por la sobrecarga de otras ideas y/o emociones, como causa de una prioridad/ necesidad.

Asimismo, este prende y apaga, sirve como referencia temporal al investigar algunos estados de consciencia y su posible análisis de la variación de intensidad y capacidad, por ejemplo en:

a) un periodo de vigilia/despierto y sueño fase REM,

b) una fase de vigilia y la intervención de sustancias químicas, y,

c) la transición que puede haber entre la vigilia, el sueño y estar sonámbulo.

• • • •

IGUALMENTE HAY QUE estimar que puede haber dificultades en el proceso de conciencia, debido a situaciones especiales, por ejemplo, anomalías en la percepción como son: la rivalidad binocular[Nota final [cxlvii]], la agnosia, alucinaciones y, la ceguera al cambio como un fenómeno perceptivo cotidiano, así como por enfermedades[Nota final [cxlviii]], estados de ánimo ocasionados por agotamiento o por accidentes; en todos ellos son afectados los sistemas cerebrales[Nota final [cxlix]], de esta manera, en este prende y apaga de la conciencia, es relevante tomar en cuenta la deficiencia o exceso de bioelementos en el cuerpo, incluida la importantísima agua.

> *... «conciencia» alude a aquellos estados del sentir y del advertir que, típicamente, dan comienzo cuando despertamos de un sueño sin sueños y continúan hasta que nos dormimos de nuevo, o caemos en un estado comatoso, o nos morimos, o, de uno u otro modo, quedamos «inconscientes».*
>
> (Searle, 1997, pág.19)

ANTES DE CONTINUAR, cabe aclarar que la experiencia consciente es posible que se vaya difuminando, quizá se deba a una estrategia de conservación de la energía, a la priorización de otros estados mentales u otras distintas circunstancias internas-externas del individuo (más allá de su piel).

Es cierto, es importante evitar que se entienda este proceso como algo mecánico o simplista, como si se tratara de usar un interruptor de luz para controlar la conciencia, haciendo una analogía con un foco (bombilla) que se puede apagar o encender. En lugar de usar metáforas relacionadas con la luz y la electricidad, es más adecuado abordar este fenómeno de manera más compleja y matizada, reconociendo la riqueza y diversidad de los estados mentales y su relación con la conciencia.

Hay conciencia con o sin acción/conducta externa al cuerpo, esclareciendo que antes de cualquier acción voluntaria, le precede por lo menos en tiempo, un pensamiento, ya que no hay una simultaneidad, como dice Daniel (Wegner, 2002, pág.60):

"La sincronización de la conciencia se combina con la dificultad anatómica de la voluntad para indicar que lo que tenemos aquí no es una bombilla."

Los cuestionamientos relacionados con las ideas de arriba son:

¿Hay una memoria específica para almacenar/controlar el conocimiento consciente y no consciente?

¿Cómo un pensamiento produce acciones y una acción pensamientos?

CUANDO SE PRENDE O apaga un estado de conciencia, los otros estados mentales siguen funcionando; esta aseveración puede fundamentarse utilizando la propuesta de varios investigadores, entre ellos Peter (Carruthers, 2019, pág. 22). La proposición explicativa indica que cuando la conciencia se desvanece, es decir, entra en un estado intransitivo, se mantienen algunas percepciones por un tiempo y puede haber una conciencia fenoménica, esta situación puede ser en el momento/transición de pasar de vigilia a sueño (estado hipnagógico) o por efectos anestésicos, asimismo, puede reconocerse que hay diferentes tipos de transitividad no solo por las sensaciones y percepciones, sino por su intencionalidad (conciencia transitiva), esto sucederá dependiendo del tipo de especie (incluida la humana) y sus propias características biológicas.

En sí, en el momento en que la conciencia se activa, su singularidad radica en su capacidad para interactuar con otros estados mentales, que pueden incluir una variedad de conocimientos. Este proceso conlleva puntos de inflexión cruciales en la toma de decisiones, momentos de asombro y la apreciación de instantes sublimes. Además, proporciona la posibilidad de reflexionar profundamente sobre un tema o idea específica, marcando un antes y un después en la percepción del presente. La conciencia, en este sentido, actúa como un catalizador para la exploración y el entendimiento de la experiencia humana.

En este contexto, las decisiones que toman los individuos están intrínsecamente vinculadas a su cosmovisión y con la capacidad de su memoria, que abarca la velocidad de acceso a la información, la calidad de dicha información y la integridad de su conexión con otros conocimientos previos. La toma de decisiones se considera como el producto del aprendizaje acumulado por el individuo a lo largo de su vida, un proceso que ha sido fundamental para interpretar sus circunstancias, experiencias y dinámicas socioambientales.

Desde esta perspectiva, también es esencial evaluar la eficiencia de las decisiones, lo cual implica analizar la intensidad y velocidad de la energía que impulsa las respuestas fisiológicas, emocionales e intelectuales del individuo. Este análisis se realiza en función de los resultados esperados y permite ajustar y perfeccionar las estrategias de toma de decisiones. En este contexto complejo de cambios intencionales en la toma de decisiones, el nivel de conciencia de los estados mentales desempeña un papel fundamental y debe ser considerado como un factor clave en el proceso decisional.

Es fundamental reconocer que la funcionalidad de los individuos no siempre está ligada de manera constante a los procesos de conciencia. En otras palabras, es importante comprender que todos los procesos mentales tienen su propio valor y relevancia, y que su funcionamiento global implica una comprensión integral de estos procesos en conjunto. Es importante destacar que, en estado de vigilia, la mayoría del tiempo, no se están generando conocimientos conscientes, ya que simplemente se está despierto, por lo tanto, no hay garantía automática de una conciencia plena.

La medición del tiempo de permanencia de los estados mentales en relación con los actos voluntarios es un desafío interesante. Esto podría lograrse mediante la aplicación de metodologías que involucren la conciencia y su correlación con las actividades cerebrales. También es posible considerar la conciencia como un producto cerebral que se manifiesta en ciertas áreas específicas del cerebro. En cualquier caso, la investigación sobre la medición y evaluación de la velocidad de los procesos de conciencia es un tema que ha sido objeto de estudio durante muchos años. Por ejemplo, los experimentos pioneros realizados por Benjamín (Libet, 1965).

De manera general, estas formas tradicionales de investigación sobre la conciencia se han desarrollado de tres maneras:

EN CUALQUIERA DE LOS casos anteriores, su trabajo lo realizan desde el área de conocimiento en que fueron formados (monodisciplinar), aunque hay otros profesionales quienes trabajan con equipos multidisciplinarios e interdisciplinarios.

Una constante entre muchos neurocientíficos a lo largo de la historia ha sido la búsqueda de una localización específica de la conciencia dentro del cerebro. Este enfoque se remonta a finales del siglo XIX y se ilustra claramente en los trabajos de Hermann (Lotze, 1885). Desde entonces, los científicos han estado intrigados por la posibilidad de identificar una región cerebral particular como el asiento de la conciencia, lo que ha dado lugar a diversas teorías y enfoques en el campo de la neurociencia.

Hasta la fecha, las investigaciones en neurociencia han demostrado que, desde una perspectiva física, lo que se observa son cambios en las actividades de diversas regiones del cerebro en lugar de un encendido o apagado directo de la conciencia en sí misma. Estos cambios pueden ser capturados en milisegundos utilizando diversas técnicas de imagen cerebral, como la resonancia magnética funcional (RMF), la magnetoencefalografía, o el electroencefalograma (EEG). Sin embargo, es importante destacar que estas técnicas se utilizan para estudiar los correlatos neuronales de la conciencia, es decir, las actividades cerebrales asociadas con estados conscientes.

A través de estas técnicas, se han investigado los procesos relacionados con la conciencia, pero no se ha logrado identificar una localización específica ni el dinamismo de un estado mental concreto. Este enfoque también se ha aplicado al estudio de la imaginería mental, con el objetivo de comprender cómo se activan e inactivan las áreas cerebrales en la creación de imágenes mentales. Sin embargo, aún queda mucho por descubrir en este campo, y la relación entre la actividad cerebral y la conciencia sigue siendo un misterio en muchos aspectos (Amedi y Col., 2005), (Ionta y Col., 2012).

Los estudios de imaginería mental se basan en las representaciones mentales, las cuales dan la experiencia a la percepción, son considerados como un tipo de percepción con los "ojos" de la mente, sin la percepción de estímulos sensoriales aferentes/externos, donde se incluyen: imágenes visuales (localizadas en el lóbulo occipital) (De Borst y Col., 2012), las auditivas (localizada en corteza premotora y la corteza motora suplementaria) (McNorgan C., 2012), las olfativas (localizada en corteza olfatoria primaria) (Rinck y Col., 2009), las motoras (localizada en corteza motora primaria, cortezas motoras suplementarias, el tálamo y el cerebelo) (Pelgrims y Col., 2011) (Van der Meulen y Col., 2012), entre otras percepciones.

El fenómeno de la imaginería mental es inherentemente subjetivo, ya que implica la creación de imágenes mentales basadas en la memoria y la representación interna de objetos, escenas, o experiencias sin que estos estén presentes en el entorno físico. Su importancia es notable debido a su influencia en varios procesos cognitivos y su relación con la memoria.

Algunos de los aspectos en los que la imaginería mental puede tener un impacto significativo incluyen:

a) Efectos en la comunicación: La capacidad de imaginar y visualizar situaciones puede influir en la forma en que los individuos se comunican y expresan ideas.

b) Ritmo de producción de imágenes: Algunos individuos pueden generar imágenes mentales de manera más rápida y eficiente que otras, lo que puede afectar su capacidad para resolver problemas o tomar decisiones.

c) Comprensión del lenguaje: La imaginería mental desempeña un papel importante en la comprensión del lenguaje, especialmente en la interpretación de descripciones visuales y narraciones. Estas imágenes mentales ayudan a dar un sentido a las palabras y permiten que el lector u oyente se sumerja en la historia o la información de una manera más vívida y personal.

d) Desplazamiento corporal: La capacidad de imaginar el movimiento y la interacción con el entorno puede influir en la planificación motora y la percepción del espacio.

e) Dimensionalidad del cuerpo: La imaginería mental también puede influir en la forma en que se percibe el propio cuerpo y su relación con otros seres vivos y el entorno.

f) Producción de emociones: Las imágenes mentales pueden evocar emociones, sentimientos o cualquier otro tipo de respuestas afectivas, lo que puede ser relevante en sus relaciones sociales.

g) Respuestas neuromotoras al imaginar: Se ha observado que la imaginería motora puede desencadenar respuestas neuromotoras similares a las acciones reales, lo que tiene implicaciones en la capacitación y adiestramiento.

h) Influencia del entorno: Las imágenes mentales que un individuo crea pueden estar influenciadas por el ambiente en el que se encuentra. Las imágenes mentales no son entidades aisladas, sino que están interconectadas con las experiencias sensoriales, al ambiente emocional, las memorias asociadas y el contexto ambiental-cultural de un individuo.

Todos estos trabajos se realizan tanto en primera persona (conociendo subjetividades), como en tercera persona (desde el conocer científico objetivo), tratando de afrontar el cíclico problema que va de lo subjetivo a un conocimiento objetivo. En sí, el propósito de las actuales investigaciones científicas enfocadas en el tema complejo de lo mental-corpóreo, es tratar de explicar desde la perspectiva objetiva de la tercera persona, la experiencia que se vive en primera persona.

> *El último de los absurdos es intentar tratar la conciencia misma independientemente de la conciencia, esto es: tratarla solamente desde el punto de vista de la tercera persona, y esto lleva a la concepción de que la conciencia como tal, como eventos fenoménicos «internos», «privados», no existe realmente.*
>
> (Searle, 1992, pág.34)

LA DINÁMICA DE PRENDER y apagar la conciencia influye significativamente en la dirección de pensamientos y acciones En particular, cuando se trata de procesos de rememoración, esta alternancia puede detener o redirigir las acciones, otorgándoles un valor distinto. Este vaivén de conocimientos crea la posibilidad del libre albedrío^{Nota final [cl]} (si es que realmente se tiene como individuos y especie, y si existe, según la cosmovisión de cada individuo), se generan cambios de inercias/flujos en los pensamientos y emociones presentes. También en este cambio, cuando se prende la conciencia, es decir, se da una experiencia consciente, voluntaria, donde hay conocimiento consciente, en el cual hay diferente intensidad y periodicidad, ahí cabe la posibilidad que en ese proceso se detone la creatividad del individuo, al imaginar historias futuribles bajo un tiempo inmanente (psicológico).

Con respecto al párrafo anterior, Stephen (Laberge, 2009, pág. 40) expone:

"Dado que la ventaja más general ofrecida por la conciencia lúcida, tanto soñar, como estar despierto es una capacidad para la acción flexible y creativa, la mayoría de las diversas aplicaciones del sueño lúcido serán en sí mismas ejemplos de creatividad, ampliamente definida."

Este proceso sosiega a la incertidumbre y mantiene latente ciertos conocimientos por un tiempo como experiencia consciente, hasta que estos se vuelven un aprendizaje/hábito/automatización/memorias y, los pensamientos, emociones, acciones y comportamientos no necesariamente estarán en condición de Yo consciente; quizá, como parte del transcurrir de la vida (existencia), habrá nuevamente un cambio, por supuesto si hay nuevos sucesos que requieran ser un objeto de conocimiento consciente, a partir de las propias experiencias subjetivas o, si se requiriera inferir sobre algo sucedido.

> *Si las máquinas de neuroimagen llegaran a ser instrumental rutinario de los laboratorios de psicología, quizá supondrían la ruina de roda una generación de psicólogos que se dedicarían, y todo luce creer que lo harían, a la reconversión industrial de la psicología experimental en neuroimágenes y ellos mismos en neurocientíficos cognitivos, sin aumentar necesariamente su conocimiento (otro que los infalibles correlatos cerebrales), ni dirimir las teorías en disputa (las neuroimágenes siempre darían al menos para dos teorías, una reduccionista y otra no reduccionista).*
>
> (Pérez, 2011, pág.202)

LA IDEA DE PRENDER y apagar la conciencia se vuelve aún más interesante cuando se consideran los avances en las neurociencias y su relación con los procesos mentales. Estudios en este campo han demostrado que las emociones, pensamientos y otros estados mentales pueden estar relacionados con actividades biológicas específicas, como la liberación de ciertas proteínas y minerales en el cerebro.

Desde esta perspectiva, estar en un estado consciente podría implicar la producción o la interacción de estos elementos bioquímicos, lo que podría activar o desactivar estados mentales particulares.

En el marco de las neurociencias, se plantea la posibilidad de que la conciencia sea un estado distinto y estratégico en el panorama de los procesos mentales. Esto sugiere que la conciencia no solo es un estado en sí mismo, sino que también tiene la capacidad de influir en otros procesos mentales al regular la producción y la interacción de componentes bioquímicos específicos en el cerebro.

Este enfoque podría abrir nuevas perspectivas para comprender la naturaleza de la conciencia y su relación con otros aspectos de la cognición y la experiencia humana. Sin embargo, es importante recordar que la investigación en este campo aún está en desarrollo y que la conciencia sigue siendo un fenómeno complejo y enigmático que requiere una exploración continua desde diversas disciplinas y perspectivas.

Cuando la conciencia se ve interrumpida en un individuo, esto puede ocurrir debido a diversas situaciones, tales como:

a) al momento de que se rasque la piel por comezón

b) por tener un dolor intenso

c) un desmayo,

d) un bostezo

e) estar tomando una siesta

f) al vivenciar un orgasmo

g) al percatarse de estar en peligro

h) estar embelesado por algo

i) por estornudar

j) cuando se enfoca en estar buscando olores agradables o en hallar ciertos pensamientos con interés

· · · ·

LOS MOMENTOS ANTERIORES conducen al individuo a interactuar con diferentes estados mentales y actividades corporales específicas. Existe la posibilidad de activar una continuidad o estabilidad temporal y espacial que el individuo busca estratégicamente para seguir con otros estados mentales o regresar al episodio de conciencia en el que se encontraba.

Otra situación en la que la conciencia se apaga es cuando el individuo siente preocupación por la posible amenaza de alguien más. Esta preocupación genera tensión o estrés emocional, lo que provoca que la conciencia se vea momentáneamente interrumpida. El individuo actúa físicamente o procesa ideas con el propósito de tomar medidas. Una vez que ha pasado el evento, reconoce lo sucedido y recupera la conciencia. En este punto, puede experimentar una sensación de alivio y tranquilidad, o bien, puede tomar un tiempo para prepararse para posibles alertas futuras.

Finalmente, otro escenario en el que la conciencia se apaga de manera definitiva es cuando el individuo fallece o sufre graves lesiones cerebrales. También puede apagarse temporalmente en casos de graves traumas, como en un estado de coma, durante un ataque convulsivo, tras un fuerte golpe o debido a los efectos de una anestesia. En cualquiera de estos casos, la comunicación con el individuo se vuelve difícil, lo que dificulta determinar si la conciencia sigue presente.

Cuando se trata del fallecimiento, se presume que la conciencia se extingue materialmente, pero algunos investigadores se han dedicado a estudiar si la conciencia pudiera persistir incluso cuando el cerebro ya no está funcionando. Para obtener más información sobre este tema, se puede consultar el trabajo de Johnjoe (McFadden, 2020).

> *...solo te encuentras con el mundo en todas sus manifestaciones a través de la conciencia. Y cuando la conciencia cesa, este mundo también cesa.*
>
> (Koch, 2012, pág.38)

ES IMPORTANTE RECORDAR que los procesos mentales pueden dejar de funcionar eficientemente o experimentar una disminución en su actividad cuando una enfermedad afecta al individuo. Esto se establece a menudo a través de un diagnóstico médico basado en la observación de una serie de síntomas predefinidos. Por ejemplo, trastornos como la heminegligencia, la asimbolia del dolor, la astereognosia, la paramnesia, el síndrome del miembro fantasma, la anosognosia, la afantasia y la agnosia digital son condiciones en las que los procesos mentales humanos pueden verse afectados, a menudo dependiendo de si el hemisferio derecho o izquierdo del cerebro está comprometido.

Por lo tanto, es necesario investigar más a fondo qué factores hiperestimulan, bloquean, desbloquean, potencian o inhiben estos procesos mentales, desde diversas perspectivas científicas, filosóficas, sociológicas, antropológicas y psicológicas.

Lo anterior pareciera indicar que la conciencia tiene una localización específica en el cerebro o, es producto de una activación temporal de una cadena/red de neuronas, las cuales producen una mente donde se generan estados mentales y sus experiencias. Al respecto se pregunta David Chalmers *¿Cómo alcanzan los cien mil millones de neuronas que interactúan en el cerebro a confluir de algún modo para producir la experiencia de la mente consciente, con todas sus maravillosas imágenes y sonido?* (Blackmore, 2005, pág. 59)

Esta idea ha sido permanente en las neurociencias y filósofos afines, la cual tuvo su comienzo a partir de que lo expusiera William James en 1890. Con relación a los progresos de estos estudios, hasta el momento solo se tienen investigaciones donde están localizados algunos lugares relacionados con la memoria y la atención -hipocampo y corteza prefrontal- (Stuss y colaboradores, 1986), con las emociones (sistema límbico), experiencias subjetivas conscientes (mesencéfalo), con la alerta (sistema nervioso simpático), pero no hay ninguno específico para la conciencia; sin estar del todo comprobado, los neurobiólogos consideran que el mesencéfalo y la neocorteza están muy relacionados a los procesos de conciencia[Nota final [cli]].

> *La ausencia de un neocórtex no parece excluir un organismo de experimentar estados afectivos. Evidencia convergente indica que los animales no humanos tienen sustratos neuroanatómicos, neuroquímicos y neurofisiológicos de estados de conciencia, junto con la capacidad para exhibir comportamientos intencionales. Por consiguiente, el peso de la evidencia indica que los humanos no son los únicos que poseen los sustratos neurológicos que generan conciencia. Los animales no humanos, incluidos los mamíferos y las aves, y muchas otras criaturas, incluyendo pulpos, también poseen estos sustratos neurológicos.*
>
> (La Declaración de Cambridge sobre la Conciencia, 7 de julio, 2012)

EL AVANCE SOBRE ESTE tema se dio con mayor importancia en 1967-1968 con los trabajos científicos de Roger Sperry y Michael Gazzaniga[Nota final [clii]], donde muestran que los humanos tienen "dos cerebros", es decir, parten de un lugar llamado cerebro, el cual está dividido en hemisferio derecho e izquierdo, con funciones distintas, pero interconectados con redes neuronales; años después Gazzaniga (1985 y 2019) propuso que la eficiencia se debe a la manera modular y estratificada de cómo trabaja el cerebro y, por ende, así podrá explicarse la funcionalidad de la mente.

Desde otra perspectiva de análisis, Paul (MacLean, 1973) propone una visión evolutiva del cerebro humano, el cual está compuesto en tres partes (Cerebro Triuno). - el cerebro reptil (instintivo), el límbico (emocional - reactivo) y el neocórtex (cerebro pensante - creativo).

Se puede decir, metafóricamente, que la conciencia es el tutor que supervisa la educación de la materia viva, pero que libera a su discípulo de aquellas tareas para las que ya está suficientemente entrenado.

(Schrödinger, 1956, pág.9)

EXISTEN OTROS TRABAJOS con otra perspectiva, menos materialista/biologicista, sobre la relación cerebro-mente, uno de ellos puede revisarse en el libro *Cerebro y Conciencia* de Kart Pribram y Martín Ramírez, ellos proponen comprender cada uno de los estados mentales con una relación neuroquímica, en especial la conciencia con el fin de una construcción de una realidad objetiva, personal y extra personal, una construcción del mundo a través de una narrativa, y una conciencia transcendental que va más allá de la narrativa y los procesos neuronales.

Al respecto, estos autores comentan en su texto:

"*...se puede entender cuan absurdo es preguntar cuestiones acerca de la localización cerebral de la conciencia. Aunque el procesamiento ocurre obviamente en el cerebro, la experiencia subjetiva no se relaciona con el proceso cerebral en sí, sino con su resultante. Nunca se podría encontrar la «conciencia» diseccionando el cerebro, de la misma forma que nunca se encontraría la gravedad escarbando en la tierra.*" (Pribram y Ramírez, 1995, pág.85).

Los autores proponen que tanto los procesos mentales, como las acciones derivadas de éstos, funcionan bajo multiprocesos con fines específicos y jerarquías funcionales, por lo tanto, no hay un solo órgano central que controle todo el cuerpo o un estado mental, por ejemplo cuando lo cognitivo rige a los demás; en este último sentido, algunos autores parafrasean a Descartes a partir de "*Pienso, luego existo*", proponen que debió haber dicho...

"*Siento, luego existo*"

"*Siento, existo y luego... pienso*"

"*Veo, luego existo*"

"*Hablo, luego existo*"

En el caso de Karl y Martín (Pribram y Ramírez, 1995, pág. 127) concluyen que la frase pudiera quedar así: "*Yo pruebo y soy puesto a prueba, luego soy consciente.*"

IGUALMENTE, DESDE UN punto de vista fisiológico y médico, se han desarrollado una gran cantidad de investigaciones -locacionistas- para tratar de encontrar en el sistema neuronal, dónde están los sitios que llevan a cabo las funciones mentales^{Nota final [cliii]}, cognitivas y emotivas, así como de conciencia, atención, memoria, y otras capacidades complejas tales como:

   a) el lenguaje,

   b) la inteligencia, con el fin de adaptarse a su medio social/natural, a través de resolver asuntos/problemas^{Nota final [cliv]},

   c) creatividad,
   d) inferencia/manejo de símbolos y significados, así como,
   e) comunicarse, y,
   f) conocer el mundo subjetivo y el objetivo desde lo intelectivo y emotivo.

ALGUNOS TRABAJOS BASADOS en las neurociencias señalan lugares muy específicos donde consideran está la mente, otros explican que hay una distribución de diversos puntos focales donde se realiza la actividad mental, asimismo, proponen modelos para la interrelación entre las funciones mentales y las ejecutivas, por ejemplo, la planeación, organización, ejecución y evaluación, con el propósito de seguir entendiendo los comportamientos individuales/colectivos y ciertos problemas de salud.

Sobre esta idea, cabe la afirmación de Mario (Bunge, 1980, págs.190-191) cuando analiza los sistemas neuronales como una actividad cerebral, sobre ello dice:

"Lo único que esto muestra es que esos sistemas son necesarios para la actividad consciente, pero no que sean el «asiento» u «órgano» de la conciencia."

Desde esta propuesta, compartida por un gran número de neurocientíficos y filósofos de la mente, se considera que podrían localizarse por lo menos dos conciencias fisiológicamente hablando, esto es, un acercamiento visto desde la economía de energía y eficiencia en la transferencia de información, a lo que Gazzaniga (2019) llama la "modularidad hiperespecífica" del cerebro, por su funcionalidad interconectada, pero aun así, no se resuelve ni se entiende cómo funciona la mente, incluida la facultad de conciencia y el desarrollo de nuevas habilidades.

La idea de modularidad, arriba mencionada, también es usada por Jerry (Fodor, 1983, pág.63), pero en el sentido de clasificación psicológica, diferenciando que no es lo mismo actividad mental y conciencia, de este modo, el autor explica que los procesos perceptivos y cognitivos son como un conjunto de módulos o procesadores computacionales encargados de las diversas tareas que tiene la mente. Desde su propuesta, propone que es un "conjunto funcionalmente definible de los sistemas cognitivos", bajo una visión computacional donde las conexiones neurales son las vías de acceso de información (encapsulamiento informativo) y el problema psicológico está asociado a los procesos perceptivos y los cognitivos.

> *Todos los centros, en todos los animales, aunque en un aspecto son mecanismos, probablemente son, o al menos fueron en un tiempo, órganos de la conciencia en otro, aunque hay que decir que, sin duda alguna, la conciencia está mucho más desarrollada en los hemisferios que en cualquier otra parte.*
>
> (James, 1890, pág.65)

EN EL PROCESO DE TOMA de decisiones, diversos factores ejercen influencia significativa. Los escenarios posibles, ya sean inmediatos o aquellos que se despliegan en secuencias, desempeñan un papel crucial, al igual que el tipo de personalidad de cada individuo. Además, la selección y uso de información desempeñan un papel destacado, a menudo guiados por preferencias personales que pueden llevar a la omisión de datos incómodos o desagradables sin que se comprendan completamente las razones subyacentes.

En este contexto, es esencial tener en cuenta la calidad y accesibilidad de los recuerdos relacionados, tanto con episodios previos similares, como con el conocimiento almacenado en la memoria consciente, ya que estos elementos desempeñan un papel fundamental en la planificación y en la toma de decisiones.

Durante este proceso, para puntualizar, podría considerarse la opinión de Christof (Koch, 2012, pág.235) cuando habla de la función de la conciencia, la cual para él es el resumen ejecutivo del estado actual del mundo en una representación compacta, al respecto afirma:

"...la conciencia se produce en la interfaz entre el procesamiento sensorial y la planificación."

La noción anterior sugiere que "prender la conciencia" está estrechamente relacionado con el proceso de tomar conciencia, lo que a su vez desencadena la capacidad de acción. Este proceso involucra una serie de procesos y estructuras fisiológicas específicas que se activan cuando el individuo adquiere conocimiento y experiencia lógica.

Al tomar conciencia, el individuo evalúa lo que percibe como prioridades en función de las situaciones que está experimentando. Además, comprende las posibles consecuencias de sus acciones y de su propia actividad, lo que incluye su uso del lenguaje como herramienta fundamental en la toma de decisiones y la comunicación efectiva. En este contexto, la conciencia se convierte en un motor para la acción informada y reflexiva.

Hay autores quienes implícitamente tratan a la conciencia siempre y cuando esté prendida, para ello la acción concreta es el lenguaje, como es el caso de Norton (Nelkin, 1996) quien asegura que solo los humanos tienen conciencia porque pueden hablar, es decir, tienen un lenguaje, pero si se consulta a Steven (Pinker, 1994 y 2002) se tendrá un panorama distinto sobre el origen del lenguaje, para este autor la conciencia es conocimiento de sí mismo, es acceso a la información para la vivencia cotidiana y es conocimiento fenoménico desde la experiencia subjetiva.

La conciencia es como una linterna que permite ver por muchas partes lo que sucede en los otros procesos mentales. Habrá que revalorar si realmente lo oscuro que percibimos está relacionado con el miedo/inseguridad o es otra posibilidad de conocer la inmensa realidad. Por lo tanto, el conocimiento consciente ayuda en gran medida a estar enfocado y anclarse al mundo que se vive.

Conciencia intencionada

Estar en un estado de conciencia puede despertar el interés en el acto de pensar. Este fenómeno ocurre cuando el individuo reconoce que forma parte de una reflexión, ya sea sobre aspectos internos o externos. Durante este proceso de pensamiento, el individuo se percibe a sí mismo como una entidad viva, compuesta por una intrincada amalgama de sistemas corporales y mentales que lo distingue de otros seres vivos.

Es importante destacar que esta distinción no implica superioridad ni mayor evolución, simplemente una diferencia en la naturaleza de la existencia. Una característica peculiar de este acto de pensar consciente es la reflexión sobre la propia conciencia, lo que involucra una relación profunda y afectiva con el mundo físico, manifestándose a través de la representación, el sentimiento y la voluntad. Franz Brentano (1874) y Edmund Husserl (1913) han explorado esta propiedad de las experiencias humanas que se refiere a la sensación de ser y existir en el mundo.

Autolimitar el entendimiento de los individuos humanos como únicos seres que tienen conciencia, sería como verlos con miopía científica, por lo tanto, el reto será comprender al acto de pensar dentro del proceso de conciencia desde lo real o irreal, existente o no existente.

Concebir lo mental de manera extensa, es una pretensión megalómana, la cual se eclipsa en el momento de tratar el tema bajo una pre-ocupación o una intencionalidad de conocer y vincular al mundo desde lo subjetivo y lo colectivo, siendo en sí estas, unas de las propiedades de los estados mentales, mismas que se han venido abordando de diferentes maneras desde hace más de un siglo, tanto en lo teórico (con leyes e hipótesis biofísicas), como en lo metodológico (con instrumentos, mediciones y métodos).

Es evidente que actualmente los trabajos sobre la conciencia no comparten los mismos paradigmas, hipótesis, teorías y por supuesto, las observaciones son distintas (entre lo subjetivo y lo objetivo), pero cabe la posibilidad de considerarse complementarias al momento de la construcción del conocimiento; desde este sentido, se requiere de un lenguaje común para integrar los conocimientos de las investigaciones, así como puntos de partida compartidos.

Desde esta perspectiva, surgen preguntas fundamentales como: ¿Cuáles son los componentes biológicos de los estados de conciencia? ¿Cómo funcionan estos estados de conciencia? ¿Cuáles son las causas que originan y mantienen los estados de conciencia durante ciertos períodos de tiempo? Estas interrogantes se convierten en desafíos importantes para la investigación de la conciencia en el futuro, ya que su comprensión profunda tiene implicaciones significativas en campos que van desde la neurociencia hasta la filosofía y la psicología.

Con base en lo anterior, se despliegan nuevas preguntas.

- ¿Hay una intencionalidad que se genera al pensar como parte de los estados de conciencia?
- ¿Se puede determinar si la información permanece como parte del proceso de conciencia?
- ¿Se pasa la información consciente a las memorias o va a otros procesos mentales, por ejemplo, cuando se integra al cognitivo?
- ¿Cómo se distinguen los estados mentales en el proceso de conciencia y cómo se sabe con quién tiene que interactuar?
- ¿El principio de complementariedad ayuda a explicar la brecha que hay de comprensión entre lo mental y corpóreo?
- ¿Por qué el humano quiere seguir creyendo que la vida y la mente son diferentes del resto de lo que existe?
- ¿La conciencia existe tácitamente o sólo son estados diferenciados que se dan debido a las múltiples relaciones que se producen entre otros procesos mentales?

· · · ·

EL CONCEPTO DE INTENCIONALIDAD se entiende como una de las muchas características y propiedades cualitativas de la conciencia, así como una dimensión subjetiva que forma parte de la experiencia individual. Esta propiedad se refiere a la capacidad de la conciencia para dirigirse intencionalmente hacia objetos, estados mentales, representaciones y contenidos específicos. En otras palabras, la intencionalidad implica que la conciencia no es pasiva, sino que tiene la capacidad de enfocarse en algo en particular, ya sea un pensamiento, una percepción, una emoción o cualquier otro aspecto de la experiencia mental.

Otra característica de los estados mentales con relación a lo intencional es el término "contenido mental", se refiere a tratar de saber de qué están compuestos, correlacionados y si tienen un isomorfismo, tanto fisicoquímico, como lógicamente (por supuesto materialistamente hablando), y así desde esa identificación, por ejemplo, los pensamientos o emociones, serán realizables según el tipo de conocimientos y las experiencias que tenga cada persona, y de este modo, estos mismos podrían pasar a formar parte de los procesos de conciencia; al respecto comenta Daniel (Dennett, 1996, págs. 183-184):

"Los *contenidos mentales se hacen conscientes no por ingresar en determinada cámara especial del cerebro, no por verse transducidos a un medio privilegiado y misterioso, sino por triunfar frente a otros contenidos mentales en el dominio del control de la conducta y, por ende, de conseguir efectos más duraderos o, como decimos equívocamente, «memorizarlos». Y como somos hablantes, y como hablar con nosotros mismos es una de nuestras actividades más influyentes, una de las formas más efectivas de que un contenido mental se vuelva influyente es que ocupe una posición en la que controle las partes que utiliza el lenguaje.*"

De manera complementaria al comentario de arriba y a lo ya enunciado al final del apartado *Dando cuerpo a la conciencia*, hay otras características de la conciencia, además, de la intencionalidad, las cuales propone John (Searle, 2004, págs. 174-185), entre ellas están:

a) la cualitatividad,

b) la subjetividad ontológica[clv],

c) la unidad (campo consciente unificado),

d) el humor,

e) la distinción entre el centro de campo consciente y la periferia,

f) el placer/displacer,

g) la situacionalidad (sensación de situación contextual experimentada en el campo de la conciencia), h) la conciencia activa y pasiva,

i) la estructura gestáltica (experiencias estructuradas, bien definidas y a veces hasta precisas)

j) el sentido del yo.

Para Searle, el conocer de manera detallada y predecible todo lo anterior, se logrará si se descubre la diferencia entre el cerebro consciente y el inconsciente, ya que así se podrá dar un campo unificado.

Tanto para Searle, como para Dennett, el conocimiento sobre la conciencia es una relación entre el individuo y lo conocido, es decir, ambos son el objeto de conocimiento tangible, aunque diría Ludwig (Wittgenstein, 1948), son lo privado e intangible. También pudiera explicarse como una correlación intencional, la cual es entendida como unidad de conocimiento que es en sí misma, pero igualmente podría existir separada en forma múltiple[clvi].

El conocimiento puede ser tanto parte integral del proceso de conciencia, como un producto resultante del mismo. Este conocimiento se forma a partir de procesos emorracionales, que engloban aspectos emocionales y racionales, así como de la imaginación. Estos procesos pueden estar representados en la conciencia y formar parte de un discernimiento más amplio. Naturalmente, la adquisición de este conocimiento conlleva la intención de aceptar o rechazar la información por parte del individuo, basándose en sus experiencias previas y aprendizajes.

Al respecto, cabe aquí agregar un poco del pensamiento de Karl (Popper, 1994, págs.137) quien argumenta:

"...el desarrollo de la inventiva: el método de ensayo y de eliminación de error presupone un suministro de ensayos, esto es, de nuevas ideas. La imaginación incrementa infinitamente este suministro, de modo que el método de ensayo y error puede conducir a muchas nuevas clases de respuestas comportamentales, incluida la invención y utilización de herramientas e instituciones sociales."

Solo como una acotación a lo propuesto por Popper (1994) sobre la imaginación, vale la pena reflexionar sobre lo que plantea Daniel (Gilbert, 2006, pág. 244-248), quien dice que la imaginación tiene tres defectos, uno, la tendencia a rellenar los vacíos de información con datos y omitir otros sin decírnoslo; dos, proyecta el presente en el futuro omitiendo detalles y rellenando vacíos; tres, es incapaz de reconocer que lo que suceda será distinto cuando ocurra y tendrá otro significado.

> *La conciencia ha posibilitado sin lugar a dudas el aumento del conocimiento, así como el desarrollo de la ciencia y de la tecnología, dos vías a través de las que podemos tratar de manejar los dilemas y aprovechar las oportunidades que el estado humano de conciencia ha puesto de manifiesto.*
>
> (Damasio, 2010, pág.399)

PARA REFORZAR LO ANTERIOR, sobre la direccionalidad hacia un objeto intencional como una propiedad de los estados mentales, se cita a Franz (Brentano, 1874, pág. 155): *"El objeto está recibido en la conciencia doblemente, como representado y como afirmado o negado"*; de manera complementaria, John (Searle, 1983), menciona que la intencionalidad, en los estados mentales, tiene dirección hacia un objeto de conocimiento, se refiere a él o es acerca de él, siendo en sí, una propiedad primaria de la mente, la cual puede diferenciarse con distintas clases, como por ejemplo, la intencionalidad de la percepción por sus diferencias al ver, creer, desear y recordar, y todas estás también cambian, dependiendo hacia qué objetos particulares van dirigidos; en cualquier caso surge la duda si hay certeza de la existencia de ese objeto que se aparece y se despliega con sentido y significado.

Para Aron (Gurwitsch, 1957, págs. 16 y 18) en su libro El campo de la conciencia, de manera específica, expone que:

"Si queremos elaborar una teoría de la conciencia en cuanto campo, será necesario que examinemos las articulaciones que caractericen la estructura del campo total de la conciencia y que hagamos resaltar los esquemas y las formas según los cuales se organizan entre sí los datos compresentes."

El autor considera que la conciencia es un fenómeno temporal, el cual funciona en tres regiones: 1) mente del sujeto, 2) totalidad de los datos compresentes y, 3) los datos que, aunque compresentes, no son pertinentes al tema.

Otro aspecto a considerar en el campo de conciencia es la existencia de los objetos, los cuales se entienden/aceptan más allá si la mente lo sabe o, si llegan a entrar éstos en un proceso de conciencia, de acuerdo a Martín (Heidegger, 1927), esto sucede por la perceptividad del objeto, ya que tiene que mostrarse/descubrirse desde sí mismo; otra posibilidad es, si su existencia es solo si hay algo similar o referente para compararlo, y por último, si los objetos/cosas vivientes-imágenes-situaciones, tienen un sentido y significado, tan solo por una inferencia, suposición y construcción creada en la mente del individuo, de este modo podrían ser parte de su interpretación, aceptación e intercomunicación/aprendizaje con el mundo, mismos que, se supone, iniciaron con la percepción de datos sensoriales o de los sentidos.

No siempre y no todas las veces los procesos emorracionales, incluido el de conciencia, tienen una intencionalidad (lo mismo sucede con otros procesos corporales), es decir, no necesariamente tienen una referencia temporal y una direccionalidad (espacial o adimensional) hacia el objeto que se dirige o, se manifiestan para ser aprehendidos (desde lo real, irreal, aparente, ilusorio, encantado o mágico) ni tampoco son diversamente interpretados o representados.

Por supuesto, la intencionalidad puede variar según el tipo de individuo, sus circunstancias y la posibilidad de tener un contenido intencional. Sin embargo, es importante destacar que, en todos estos casos, la racionalidad juega un papel fundamental. En el contexto de la conciencia, se pueden identificar varios tipos de intencionalidad, incluyendo la intencionalidad relacional, interrogativa, auto-significativa y la que genera contenidos, conceptos y conocimiento tanto sobre sí mismo, como sobre las circunstancias externas. Cuando se habla de procesos racionales, el producto más común de esta intencionalidad es la reflexión, lo que implica la capacidad de pensar en términos de estados mentales intencionales y causales.

> *Afirmamos que todo objeto juzgado es recibido en la conciencia de un doble modo, como representado y como afirmado o negado.*
>
> *El motivo psíquico me parece consistir principalmente en que todo acto de la conciencia, por simple que sea, por ejemplo, el de representarme un sonido, encierra, no solo una representación, sino, a la vez, un juicio, un conocimiento.*
>
> (Brentano,1874, pág..154)

LA INTENCIONALIDAD se considera biológicamente como una respuesta, -acciones y efectos-, originada por una necesidad[clvii] de mantenimiento o sobrevivencia, también está referida a actos, por ejemplo, los emocionales, de comunicar y de entender.

La intencionalidad, como una característica de los estados de conciencia, indica que la conciencia se da/aparece y luego hay la tendencia a tomar decisiones aunadas a la acción, la cual será parte de la imbricada relación que tiene con los otros estados mentales y los sistemas corporales.

Desde un sentido crítico con relación a la intencionalidad y la visión naturalista reduccionista, se ha hecho un análisis desde lo semántico, es el caso de Liza (Skidelsky, 2016, pág. 98) quien propone:

"Así, puesto que las propiedades intencionales de los estados mentales se asientan en las representaciones mentales, la intencionalidad es una cuestión de conectar las representaciones con algo en el mundo. Si se piensa que la intencionalidad es una cuestión de vincular representaciones con algo del mundo, entonces surge la semántica del contenido mental cuya tarea es explicar cómo las representaciones internas adquieren contenido."

La conciencia intencionada lleva hacia la dirección del entendimiento de algunos fenómenos naturales y vivenciales. Asimismo, según el ajuste o la adaptación en términos temporales, la intencionalidad de la conciencia acarrea o da un sentido para la acción de procesos causales (por ejemplo, comí mucho, me siento incómodo, seguramente tengo indigestión) o los actos con una tendencia para ser tratados desde una finalidad práctica (el mover la palanca me ayudará a salir de aquí), igualmente la intencionalidad de la conciencia desde lo moral (es prioridad proteger a todos aquellos que están de acuerdo en conservar ese pedazo de naturaleza).

En este mismo sentido, dice Benedictus (Spinoza, 1677) en la Proposición 8 de su escrito De la servidumbre del hombre:

"El conocimiento de lo bueno y de lo malo no es otra cosa que la afección del gozo o de la tristeza, en tanto tenemos conciencia de ella."

El objeto de la intencionalidad en la conciencia puede ser real o irreal, producto de una aspiración hacia algo o alguien para que se den/crean emociones/sentimientos e ideas/pensamientos, así también, para tender a acciones específicas a partir de contenidos intencionales[Nota final [clviii]] como son las creencias, deseos, esperanzas, especulaciones y temores; todas estas pueden darse de manera simultánea o no, pero sin dejar de ser parte de la estructura lógica de lo considerado mental. Con base en lo anterior está la pregunta ¿Para qué se crean expectativas que se sabe no se cumplirán? Una de tantas respuestas puede ser el comentario de Daniel Dennett quien dice: *"Los cerebros sirven para generar expectativas sobre el futuro"* (Blackmore, 2005, pág.128)

Ahora bien, para que este objeto de la intencionalidad en la conciencia sea entendido/conocido como un estado de conciencia, habrá que considerar la dinámica de todas las acciones antes mencionadas. Para lograrlo se realiza una representación en cada estado de conciencia, esto es, se parte de reconocer que hubo un acto de conciencia, para que después junto con los otros procesos mentales, se pueda crear una construcción y reproducción de imágenes, o quizá se podrían crear historias y modelos/esquemas, hechos con información de la memoria y percepciones presentes, las cuales generarán conocimiento a los individuos.

> *La mente y el cerebro —o si se quiere el alma y el cuerpo— no son dos elementos que se puedan separar fácilmente mediante una línea de puntos. La conciencia es una característica suficientemente arraigada en la naturaleza humana como para que comprometa e involucre todos sus aspectos y dimensiones.*
>
> (Arana,2015, pág.106)

PARA CONOCERSE EN SÍ cada acto de conciencia intencional, requerirá de la comprensión de su aspecto dimensional y sus diferentes circunstancias; de manera general puede ser estudiada desde los actos, los cuales son divididos en dos tipos,

1) los que se facilitan... como son y ya, es decir, se dan o no se dan (emociones, pensamientos, creencias),

2) los que son... como le gusta/desea el individuo y él/ella quiere que así sea (deseos, temores y esperanzas).

Por ejemplo.- *Ahora que estoy en este lugar he podido distinguir que viven distinto a mi región, por lo que considero que, la violencia es parte del desarrollo de ciertas culturas, por lo tanto, posiblemente la educación pueda ayudar a cambiar su permanencia.* Este pensamiento será diferente si se representa por ejemplo de esta forma: *Me di cuenta de que hay mucha violencia, deseo que se acabe ese problema en la región donde vivo.*

En cualquiera de los dos ejemplos, con sus contenidos propios, hay una relación de intencionalidad formada por los estados mentales, este vínculo, en especial la conciencia, podría llevar por el camino de la satisfacción, inconformidad o impavidez al individuo.

Como la conciencia es una experiencia subjetiva, ninguna ciencia, tal como de ordinario se la concibe, (neurología, física, biología…) podría responder a esta cuestión. La conciencia sería una especie de epifenómeno. Pero la conciencia ni es una entidad psíquica ni pertenece a un orden de realidad distinto del de la biología. Si la conciencia es una característica fundamental de lo mental, junto con la subjetividad, la intencionalidad y la causación mental, esto es lo que hace difícil dar una explicación científica, en la medida en que adoptamos un criterio restrictivo de ciencia.

(Martínez, 1992, pág.244)

¿Cuáles son los beneficios que aporta la conciencia al individuo? Este término, la "conciencia", es ampliamente reconocido en la sociedad. Prácticamente, todos han experimentado algún momento de conciencia en sus vidas. Es una noción arraigada en la experiencia humana, y la mayoría de las personas pueden proporcionar alguna respuesta cuando se les plantea la cuestión de la conciencia. Ya sea que tengan un conocimiento explícito de ella o simplemente intuyan su significado a través del sentido común, la conciencia es un concepto que resuena profundamente en la experiencia humana. En palabras de Paul (Thagard, 2005, pág. 24): *"Las conclusiones sobre cómo funciona la mente deben trascender el "sentido común" y la introspección, porque como muchas de las operaciones mentales no son accesibles a nivel consciente, pueden darnos una idea general equivocada."*

Cuando se les plantea de manera inesperada si han experimentado la conciencia de "algo", las respuestas pueden variar ampliamente. Algunas personas pueden sentir cierta aprensión al enfrentar esta pregunta, mientras que otras, impulsadas por la curiosidad y el deseo de comprender, recurren a diferentes estructuras y niveles de pensamiento.

Se aborda la pregunta desde las distintas funciones de la conciencia, como son la discriminación (Tononi y Edelman, 1998), la predicción (Gray, 2004, pág. 232) y, la Integración y flexibilidad (Edelman y Tonini, 2000, pág.147), (Baars, 1988), a partir de estas las respuestas no solo se da una contestación personalizada, sino que permite que el individuo se dé cuenta de los beneficios de ir teniendo conciencia a lo largo de su vida, es decir, a diferencia de solo pensar para qué sirve la conciencia, se generan otras posibilidades de un pensar, un emocionar y un reaccionar para resolver asuntos básicos de sobrevivencia, vivencia de situaciones y convivencia (quizá desde una visión de causalidad^{Nota final [clix]}) con otros seres, a lo mejor tan solo como estrategia para mantenerse vivo.

ASIMISMO, HAY UNA MULTIPLICIDAD de ventajas en los individuos al poder tener la capacidad de conciencia, es decir, conciencia de pensamientos, emociones, intuiciones, actitudes, acciones y comportamientos, igualmente, hay otro tipo, siendo la más sorprendente, la de estar en conciencia de que se está en conciencia.

Ante esta capacidad mental que ha maravillado por muchos siglos a grandes pensadores, se tendrá que considerar que no todo lo consciente es verdadero, asertivo, reflexivo o funcional, por lo que será mejor apostar no solo por ser consciente, sino usar de manera integral los otros estados mentales.

A continuación, se enuncian algunas ventajas (Tabla 24), que lejos de justificar la importancia de comprender la conciencia como fenómeno vital, abre nuevas expectativas de investigación sobre los distintos caminos por incursionar a partir de aspectos relacionados con la percepción, el conocimiento, las emociones, la resiliencia ^{Nota final [clx]} y la toma de decisiones.

Beneficios del individuo al tener estados de conciencia
Abre la posibilidad de estar en el tiempo, espacio y narrativa de uno mismo, con otros y otras cosas
Acomoda conocimientos, pensamientos y emociones para un posterior tratamiento reflexivo y de objetividad
Aporta conocimientos específicos que formarán parte de las inteligencias múltiples
Apoya en el entendimiento y comprensión de ciertos momentos para tomar decisiones
Ayuda a detectar y resolver conflictos/contradicciones
Ayuda a determinar valores que van a permitir o inhibir acciones
Ayuda al control de la acción voluntaria, también en los movimientos corporales del sistema nervioso somático cuando están orientados hacia objetivos
Contribuye a resaltar conocimientos y generar respuestas emorracionales para atender traumas o prevenir situaciones de riesgo
Contribuye a la función nerviosa del sistema nervioso somático
Da a reconocer la existencia de algún estado de ánimo que está presente
Deja a consideración ciertos conocimientos específicos para posibles cambios y ajustes de perspectiva
Es el preámbulo para entender y atender un problema o un asunto
Es un posible requisito para tener sentimientos
Evidencia amenazas para luego actuar/reaccionar (huir, luchar, confrontar o entrar en ausencia/disociación) o no actuar (inmovilizarse o ignorar)
Expone circunstancias a las cuales se puede o no adaptar

Expone ideas, pensamientos o emociones que pueden provocar un estremecimiento, el cual genera energía y una reorientación de dónde y cómo está el individuo, para así actuar ante una experiencia consciente considerada como problema o un dilema
Facilita en el acceso a diferentes niveles de elucidación
Favorece a evitar ciertos sucesos
Favorece el conocer el sentido de impermanencia y lo que sucede si se aferra a la permanencia
Favorece en la mejora de las capacidades de adaptación y supervivencia
Forma parte de la toma de decisiones ética o moral sobre el bien y el mal, positivo-negativo
Genera compilación selectiva de conocimiento, el cual posteriormente produce un conocimiento para la interpretación del mundo que está viviendo el individuo
Hay comprehensión, de manera parcial o total, de las acciones propias del pensamiento, de las emociones, la creatividad, o de la percepción
Hay conciencia de que se tiene un tipo de conciencia. La conciencia se hace consciente de sí misma
Hay un reconocimiento de que se existe como individuo, cosa viviente, ente o persona y que dejará de serlo. Mortalidad
Hay una autoobservación interna y con el mundo circundante. Esto permite un conocer subjetivo, la posibilidad de hacerlo objetivo, e igualmente que sea intersubjetivo
Hay voluntad e interés para pensar, sentir, tomar decisión o realizar una acción
Integra información que ayuda a tomar decisiones y/o favorecer en la resiliencia emorracional
Lo consciente se integra a la toma de decisiones y valoración de los actos del individuo
Logra que haya en el individuo receptividad, sintonía y empatía para comunicarse

Los estados conscientes se expresan en tiempo presente, en una simultaneidad de actos de atención, es decir, de lo que sucede en cierta situación, lo que pasa en el interior del individuo y al observar/vigilar la relación que se está dando entre lo percibido y lo que se está generando mentalmente
Muestra de manera nítida ideas/pensamientos que se generaron en un proceso intelectivo
Optimiza respuestas biológicas, emotivas y cognitivas
Origina que se detonen procesos para una revaloración del estado de capacidad de actuar en la cual se encuentra el individuo
Permite al individuo objetivar y tratar objetivamente al conocimiento sin continuidad, para después comprender a las acciones que son correspondientes a otros procesos psicobiológicos
Permite mostrar lo importante y fútil que es la certidumbre
Permite se realice la capacidad de auto exhortación, autocontrol, autorreflexión y auto remembranza
Pone en reconocimiento y en una reflexión momentánea sobre lo que dice el individuo, hace o piensa de sí mismo
Posibilita la modificación de ciertos estados mentales como las creencias, deseos y dolores
Provoca una gratificación como un acto de descubrir, más allá de lo que esté por suceder
Reconoce los pensamientos que son conocidos como déjà vu, los cuales en ocasiones tienen los humanos, como una interrupción de los procesos perceptivos entre el pasado y el presente
Reconoce y percibe con mayor intensidad su existencia como ser vivo
Registra, se dan y presentan sin juzgar y sin filtrar, ideas/pensamientos y emociones/sentimientos, tanto recientes, nuevos, como antiguos, los cuales quizá ya se han expresado antes, sin haber transcurrido en un estado de conciencia
Religa en un estado de objetividad a los productos de los otros estados mentales
Se dan/presentan los fenómenos y hechos sin filtros, ya sean reales o no, sin juzgar y sin filtrar

Se exponen en la mente ciertos conocimientos sobre pensamientos y emociones, los cuales después se incorporan al proceso de aprendizaje
Se facilita la creación de estados mentales donde puede observarse, evaluarse y monitorear algunas partes de otros procesos mentales
Simplifica y selecciona información que se está procesando en el presente o es proveniente de la memoria
Supervisa acciones internas y externas del individuo
Tiene un uso operativo y funcional
Ubica en presente todo aquello que llega de otros procesos mentales, sin cambiar o interpretarlos
Ubica los tipos de conocimientos que pudieran estar como lastres del pasado o de posibles futuros, los cuales están gastando energía al estar creando imágenes anticipatorias catastróficas

Tabla 24

UNA VEZ REVISADOS ALGUNOS beneficios de poseer conciencia, es relevante respaldar estas ideas con fragmentos extraídos de la obra de Martín Heidegger, *Ser y tiempo*, (Heidegger, 1927, §54 al 60). La conciencia humana da a entender algo como una posibilidad, abre posibilidades de comprensión, llama hacia el sí mismo propio, incita como una intimación del cuidado (vuelto hacia la muerte), apela a hacerse cargo de su más propio poder de ser sí mismo y despertar su propio ser culpable, posibilita la autocomprensión, evoca actos precisos que fueron ejecutados o queridos, da resoluciones para sí mismo y su mundo que está creando de manera constante, así como interpela al uno-mismo en su mismidad, atestigua, hace posible su existencia fáctica del individuo.

> *La mayor parte del tiempo vivimos exteriormente a nosotros mismos, no percibimos de nuestro yo sino su fantasma descolorido, sombra que la pura duración proyecta en el espacio homogéneo. Nuestra existencia se desarrolla, pues, más en el espacio que en el tiempo: vivimos para el mundo exterior, más que para nosotros; hablamos, más que pensar; «somos actuados», más que actuar nosotros mismos. Obrar libremente es recobrar la posesión de sí, es situarse de nuevo en la pura duración.*
>
> (Bergson, 1889, pág. 161)

En el mundo contemporáneo, donde el pensamiento tecnológico desempeña un papel fundamental en el avance de la ciencia, se ha popularizado la idea de que los seres humanos son como máquinas de grabación desde el momento de su concepción hasta su último aliento. Se sostiene la creencia de que todo queda registrado de alguna manera, ya sea de manera completa o fragmentada, pero siempre de manera constante.

Desde esta perspectiva, la búsqueda se centra en descubrir dónde se almacena esta información, utilizando la conocida metáfora del iceberg o la mente como un iceberg. El objetivo es identificar mecanismos para acceder a esta información latente, acumulada de alguna manera, aunque no se sepa exactamente cómo ni dónde, con la intención de descubrirla y modificarla.

En este paradigma, se considera que esta información, que yace en el inconsciente, abarca aspectos racionales, emocionales e instintivos, permaneciendo oculta, encriptada o como memoria latente en cada individuo. Solo aflora ocasionalmente o en circunstancias específicas, lo que plantea la pregunta de cómo y por qué sale a la superficie.

Quizá una explicación sobre la información (también le han llamado restos somáticos) se entienda a través de la materialización de las acciones hechas comportamientos, emocionalidades, o esa información, entra al pedestal o pantalla de la conciencia, el cual lo consideran como un espacio calificado como el "lugar", mismo que está limitado de contenido hecho de todos los productos mentales, por lo menos objetivamente, asimismo, ahí se reconocen, reflexionan y reciclan todos aquellos pensamientos, conocimientos, instintos y emociones pertenecientes a los procesos mentales vigentes del individuo.

Una forma de entender por qué los científicos y filósofos no han sido capaces de navegar y "controlar" el mundo de la mente, se remonta a siglos atrás, inicialmente con Gottfried Wilhelm (Leibniz, 1720) con sus percepciones no conscientes, luego Immanuel Kant (con Crítica de la razón pura, 1781) al describirla como "la función ciega" del alma, asimismo, está Friedrich Wilhelm Joseph (Schelling, 1800, pág.158-159), quien la describe como un actuar libre productivo, que es solo con conciencia y, en la producción del mundo es: "una actividad simultáneamente consciente y no consciente...carente de conciencia"; cronológicamente a esta historia de las ideas sobre la mente se encuentra Arthur (Schopenhauer, 1819), quien plantea el mismo concepto anterior, pero a través de explicar la "voluntad consciente"Nota final [clxi] y la voluntad no consciente, casi siempre relacionada a lo sensomotor de los cuerpos y a la causa de ciertas conductas.

Fue hasta principios del siglo XIX, que la idea y el término de <Inconsciente> fue utilizado; aunque el mayor interés se dio a mediados de ese siglo con diversos filósofos como Carl Gustav Carus, Eduard von Hartmann, Karl Marx, Hippolyte Taine, Franz Brentano, Wilhelm Dilthey, Henri Bergson y Friedrich Nietzsche, así como científicos con formación filosófica que partían de estudios fisiológicos del cerebro, tales como, Hermann von Helmholtz, Gustav Fritsch y Eduard Hitzig, Williams James y Whilhem Wundt, entre otros. El concepto era reconocido como parte de lo psíquico, con una relación directa de la comunicación verbal y no verbal interna y externa.

Desde ese entendimiento de lo mental a partir de la visión científica, los estudios se fueron enfocando a buscar objetividad a través de la experimentación; una de las maneras de abordar el tema de lo mental-cerebral tuvo mayor peso en las investigaciones basadas en tratar de entender y explicar al individuo desde lo "patológico", donde la información/conocimiento/pensamientos/ emociones son consideradas como lo "escondido", lo que se desconoce, y requiere de métodos para descubrirlo, o se trabajaba desde una cosmovisión del "misterio obscuro" (fuera de comprensión) o inconsciente.

Era un tema abordado de manera personal, que involucraba conocimientos, emociones y comportamientos detectados en el individuo, pero que no formaban parte de su conciencia. Desde esta perspectiva, lo reprimido puede tener un impacto negativo al no estar bajo control o en la conciencia del individuo, a esta idea Sigmund (Freud, 1923, pág. 13) la llamó *"la conciencia es la superficie del aparato anímico"*.

> *La noción de inconsciente es una de las concepciones más confusas e insensatas de la vida intelectual moderna.*
>
> (Searle, 2004, pág.316)

UNA DE LAS FORMAS DE abordar el inconsciente ha sido a través de la culpa, con el objetivo de comprender el mecanismo de lo que está guardado o reprimido y que eventualmente "emerge" o se manifiesta, provocando cambios en la mente, el cuerpo y la vida social del individuo. Cuando algo no funciona de manera "normal", se suele suponer que algo oculto se ha expresado o que el sistema psíquico está fallando.

En ocasiones, la explicación puede ser que simplemente haya aflorado y ha transformado la conducta o los pensamientos del individuo. Por lo tanto, es necesario investigar en ese espacio mental conocido como inconsciente, que en parte se encuentra reprimido y resistente a exponerse. De cualquier manera, se considera como la causa de diversas situaciones que se han clasificado como normales o anormales en la vida del individuo.

Desde esta perspectiva, el tema se ha abordado centrándose únicamente en las manifestaciones atribuibles al "inconsciente", dejando de lado la idea de que lo desconocido es producto de los estados mentales y de la evolución misma del individuo a lo largo de su vida, influenciado por lo que come, con quién convive y cómo se relaciona. Por lo tanto, ese "algo" que parece causarlo no es simplemente una serie de malas conexiones, desajustes fisiológicos o traumas surgidos de las interacciones a lo largo de la historia del individuo.

Desde esta perspectiva psicológica, se considera que la persona tiene la capacidad o incapacidad de hacer consciente el acceso a este conjunto desconocido y reprimido, como si el "inconsciente" fuera un sistema de la mente que puede estar activo o pasivo. Se percibe como un almacén infinito donde reside todo lo que le ha ocurrido al individuo desde siempre. Por lo tanto, desde esta lógica, es posible que no todo ese conocimiento, emociones, instintos, ideas e imágenes reprimidas salgan a la conciencia, dependiendo de diversos factores.

Con relación al párrafo anterior, es necesario considerar si la mayoría de las actividades mentales son/están no conscientes, es decir, algunas potencialmente pueden, en algún momento, ser conscientes, pero también es posible que nunca lo sean, porque no son requeridas para utilizarse como una estrategia de vida, pero también puede suceder, quizá, que haya impedimentos fisiológicos/enfermedades, o relacionalmente no se estén dando las circunstancias para que suceda.

Al respecto, desde esta perspectiva, Daniel (Kahneman, 2011, pág.62), comenta: *"Hemos avanzado por un camino que deja atrás a Hume, y ya no nos representamos la mente atravesada por una secuencia de ideas conscientes, una detrás de otra. Una idea que ha sido activada no solo evoca otra idea. Activa muchas ideas que a su vez activan otras más. Por otra parte, solo unas pocas de las ideas activadas quedan registradas en la conciencia; la mayoría de las operaciones del pensamiento asociativo son silenciosas, ocultan a nuestro yo consciente."*

Desde una perspectiva terapéutica, el concepto de "inconsciente" tiene su utilidad y practicidad. Sin embargo, su extrapolación como un modelo para entender el mundo a nivel individual y social puede hacer que el concepto sea inconsistente. Esto a menudo simplifica la interpretación de lo mental en una dicotomía de "bien" (conciencia) y "mal" (inconsciencia).

Una de las características peculiares del llamado "inconsciente" es su asociación con lo oculto o misterioso. Desde esta perspectiva, se argumenta que a menudo se necesita ayuda para que lo que está oculto pueda emerger, con el fin de evitar el peligro y reducir las tensiones causadas por historias escondidas, pensamientos y emociones que pueden estar afectando negativamente al individuo.

Esta visión a veces parece reflejar la herencia platónica de la alegoría de la caverna, donde se considera necesario liberar a los individuos de las cadenas que los atan, permitiéndoles salir a la luz del sol y dirigirse hacia la realidad a través del conocimiento del mundo visible e inteligible.

Esta perspectiva busca mejorar la vida del individuo al seguir un método que, al cumplirse, puede ayudarlo a descubrir la verdad. Además, se sostiene que las acciones o conductas consideradas "negativas", que se repiten constantemente y se atribuyen a la "inconsciencia", requieren al menos un estado de conciencia para poder cambiar o bloquear. De esta manera, se puede evitar que estas acciones continúen surgiendo y perjudicando al individuo o a otros seres vivos.

Por último, es importante señalar que a menudo se define la inconsciencia como todo aquello que no es conciencia.

Si se acepta esta perspectiva, todos los demás estados mentales, especialmente lo que reside en la memoria, se consideran parte de lo inconsciente. Esto crea una sensación de inaccesibilidad a ese lugar sin espacio, convirtiéndolo en un enigma. Solo cuando el conocimiento contenido en la memoria se vuelve consciente adquiere valor y relevancia en la experiencia del individuo.

> *La «conciencia», de la cual se dice que la persona se percata, se ha vuelto tan indispensable en el pensamiento occidental que «cualquiera sabe lo que significa ser consciente», y al conductista que formula la pregunta se le llama ingenuo, como si estuviera rechazando la evidencia de sus sentidos.*
>
> (Skinner, 1978, pág.32)

BASADO EN LO EXPUESTO, este trabajo evitará incluir la hipótesis del inconsciente como un concepto estructural que contribuya a la construcción teórica y práctica de la conciencia, ya que no aporta un fundamento sólido a esta historia polisémica. En su lugar, se propone continuar investigando y desarrollando metodologías e instrumentos para abordar de manera objetiva los aspectos subjetivos de la conciencia. Se reconoce que lo que se considera oculto en la mente no debe ser construido sobre una base de miedo, oscuridad estratificada o enfermedad, ni bajo la idea de que todo lo que la mente produce y no se hace consciente son pensamientos y emociones reprimidas que impiden que el individuo viva plenamente.

En lugar de ello, se plantea la pregunta de qué sucedería si se brindara un mayor apoyo a las investigaciones sobre la mente que se centren en estados de ánimo positivos como la alegría y la paz, en lugar de partir del concepto de enfermedad. Sería más enriquecedor ampliar el conocimiento sobre los estados mentales y sus procesos, incluyendo un entendimiento más profundo de las memorias más allá de su proceso de almacenamiento y organización, especialmente en relación con su influencia en aspectos cognitivos y emocionales. Además, se considera beneficioso para los estudios sobre la mente explorar otros temas como la intencionalidad, la funcionalidad y neuroplasticidad de los cerebros, la relación entre la mecánica cuántica y la fisiología neuronal, la experiencia de los qualia, entre otros.

La intención no es simplemente reemplazar el término "inconsciente", sino cambiar de paradigma, ampliar el conocimiento, construir un lenguaje innovador y abordar estos temas de manera interdisciplinaria y multicultural, prestando especial atención a los aportes de tradiciones culturales y filosóficas como los vedānta, las toltecas y las corrientes taoístas y confucianas, entre otros, con los cuales se ayuda a obtener perspectivas diversas y fundamentadas sobre estos temas.

> *La hipótesis de lo inconsciente representa un gran signo de interrogación colocado detrás del concepto de psique.*
>
> (Jung, 1959, pág.111)

Colectivo como respuesta consciente

Desde el inicio de esta sección, se ha abordado la conciencia individual, con un énfasis particular en los seres humanos, desde una perspectiva conceptual, empírica y teórica. Sin embargo, en esta etapa del libro, se expande la noción de conciencia hacia el ámbito colectivo. Esto implica explorar la complejidad de las relaciones que se establecen en el entorno social, económico, psicológico, cultural y ambiental, y cómo estas relaciones se manifiestan de manera diferencial entre los individuos.

En este entramado denominado "colectividad", se entrelazan una serie de contextos, circunstancias, historias, herencias biológicas y espacios geográficos y virtuales[Nota final[clxii]]. Cada uno de estos elementos contribuye de manera única a la formación y evolución de la conciencia colectiva. A lo largo de esta sección, se explorarán en detalle estos aspectos interrelacionados, con el objetivo de comprender mejor cómo la conciencia individual se entrelaza con la conciencia colectiva en un complejo tejido de influencias y dinámicas interdependientes.

La conciencia desde esta perspectiva es reconocida, no solo como un logro individual y grupal, sino como una forma de beneficio colectivo que ha evolucionado, tanto como especie, como parte del desarrollo de las culturas. Al respecto dice Roger (Bartra, 2007, pág.22):

"Aunque estoy convencido de la enorme importancia de los circuitos culturales en la formación de la conciencia individual, creo que no debemos verlos como la varita mágica que resuelve los misterios del origen del cerebro anatómicamente moderno."

Tal vez surjan algunas ideas con relación a este tema, por ejemplo, la conciencia social[Nota final[clxiii]], la conciencia histórica (Hegel,1837) (Dilthey,1883), la conciencia colectiva (Wundt, 1896 y Durkheim, 1898)[Nota final[clxiv]], inconsciente colectivo (Jung, 1934/1954), conciencia de clase (Marx, 1847), términos que han tenido gran difusión desde principios del siglo pasado.

La mayoría de las propuestas de explicación social carecen de sólidos fundamentos científicos y filosóficos en comparación con los conceptos previamente abordados con relación a la conciencia. Su principal relevancia parece derivar de la adopción de una ideología o teoría, donde se emplea el término "conciencia", aprovechando el reconocimiento general que las sociedades contemporáneas tienen sobre el tema. En este sentido, ¿quién podría negarle a otro que no ha experimentado la conciencia en algún momento de su vida?

RELACIONAR EL CONCEPTO de lo colectivo con la conciencia individual es un aspecto fundamental en esta sección, ya que establece las bases para explorar cómo la conciencia influye en el desarrollo de la comunidad, un tema que se analizará a lo largo de este libro.

Esta idea puede parecer sencilla si se acepta que la mayoría de los individuos humanos a lo largo de su vida han experimentado algún grado de conciencia. Dado que somos una especie social, es plausible considerar que la conciencia individual puede extenderse y aplicarse a nivel social. Si esto fuera tan simple y práctico, podría haber una mayor inversión económica en investigaciones de este tipo, ya que muchas personas estarían interesadas en comprender cómo mejorar la eficiencia en cuestiones políticas y sociales.

Esta perspectiva invita a reflexionar sobre cómo aplicar lo que se ha investigado hasta el momento. Además, alienta a buscar más espacios académicos y populares para discutir estos temas. Es fundamental también estar alerta para evitar la extrapolación de trabajos científicos específicos, que a menudo se utilizan para adaptarse a las necesidades sociales, generalmente de un grupo determinado. Por ejemplo, al abordar el tema popular de la conciencia en relación con el consumismo, es importante considerar que existen otros actores directos involucrados, como las corporaciones que publicitan, distribuyen y venden productos. No se puede abordar de manera efectiva esta cuestión sin considerar todas las partes interesadas y sus roles en la dinámica social y económica.

COMO PARTE DEL DESARROLLO humano, tanto a nivel individual, como social, es bien sabido que desde la infancia se comienzan a construir elementos de conciencia. Esto incluye la autoconstrucción virtual del cuerpo y, una personalidad con un patrón de conducta, asimismo, una percepción que permite interpretar/aceptar la realidad a partir del mundo circundante (interrelacionado) y de los propios procesos mentales que se van desarrollando de manera subjetiva, y, sobre todo, la intersubjetividad a partir de la convivencia social.

Conocer los procesos de intersubjetividad será muy enriquecedor, al poder compartir/comunicar/reconocer/interesarse/vincular conocimientos, emociones y experiencias entre individuos (mundo social), quedando la subjetividad en un plano de importancia como parte de una cosmovisión integral de la comunidad, igualmente, se diluye la obsesión de perseguir, como única opción verdadera, el <conocer> desde la objetividad.

Otro asunto como ente social es el aprendizaje, en el caso del autoaprendizaje, muchas veces es relegado o se le da poca atención, siendo que es un concepto activo el cual sirve de autogestor del propio desarrollo individual y colectivo, además, es usado para interpelar sobre su propia existencia. En este contexto, el trabajo comunitario se vuelve esencial al requerir una atención cuidadosa a lo que realmente desea, de manera objetiva, la persona que solicita o demanda algo.

También implica el reconocimiento de los contenidos conscientes, tanto a nivel individual, como colectivo, y la comprensión de que estos contenidos tienen el potencial de transformarse. Escuchar activamente las necesidades y aspiraciones de los miembros de la comunidad es fundamental para promover un desarrollo más efectivo y satisfactorio tanto a nivel personal, como en el contexto de la colectividad.

Desde este aspecto, es estar atentos a temas tan importantes como lo menciona Chomsky (2003) quien dice que hay que evitar la domesticación y la anestesia de la conciencia pública.

> *La enorme corteza prefrontal que tenemos usa constantemente esos miles de millones de conexiones para simular posibilidades sociales y luego elegir la forma óptima de proceder. Por lo tanto, el cerebro grande es una máquina simuladora de relaciones, y ha sido seleccionada por la evolución precisamente para la función de diseñar y entablar relaciones humanas armoniosas, pero eficaces.*
>
> (Seligman, 2011, pág.27)

A MANERA DE EJEMPLO para explicar la importancia de comprender la conciencia desde lo colectivo, se retoma la idea de David (Chalmers, 1996, págs.132-138), él propone un experimento mental para entender la experiencia consciente a partir de la comparación hipotética del mundo de los zombis^{Nota final [clxv]}, quienes, desde ese supuesto, son seres físicamente iguales a los humanos, pero no sienten ni pueden desarrollar una consciencia^{Nota final [clxvi]}.

Su propuesta es explicar por qué no es posible que una teoría física o materialista, sea suficiente para revelar el mundo y por qué no son zombis los individuos que tienen conciencia y para qué les es útil; es una proposición que se puede entender como dual (experiencia consciente y no consciente) desde otra perspectiva. Su planteamiento no solo es para entender el mundo a partir de las propiedades físicas, sino también desde las experiencias subjetivas, las cuales son propiedades fenoménicas, siendo la conciencia, para él, algo intrínseco al Universo.

La idea de los zombis de Chalmers y su posibilidad empírica se retoma como parte de los objetivos e intereses de este libro. En el siguiente párrafo se presenta una narración con una particularidad distinta al autor, la cual podría servir como una reflexión en el contexto del trabajo comunitario.

-Se presentan dos comunidades que existen de manera paralela. Ambas comunidades son idénticas en términos físicos, biológicos y sociales, de modo que, si se comparara a un individuo de una comunidad con otro del mundo alterno, serían prácticamente iguales. Sin embargo, en una de estas comunidades, los individuos humanos han experimentado una mutación que resulta en la carencia de experiencias conscientes, incluyendo los "qualia". Esta diferencia ha llevado a que se les denomine la comunidad de los conscientes y la comunidad de los zombis.

La comunidad de los zombis se caracteriza por la incapacidad de sus miembros para experimentar, realizar introspección y tomar decisiones conscientes. Además, enfrentan dificultades en la percepción de su entorno y en el desarrollo de la conciencia de sí mismos. A pesar de estas limitaciones, la población de zombis lleva a cabo sus vidas cotidianas en esa región y con el tiempo se ha adaptado funcionalmente a su falta de conciencia.

Conforme transcurre el tiempo, muchas generaciones, es posible que surjan cambios tanto en el aspecto biológico como en los procesos mentales, así como en las conductas individuales y sociales de los zombis. Esto podría llevar a diferencias notables entre ambas comunidades si se las comparara décadas más adelante. Estas diferencias podrían manifestarse en rasgos muy distintos y opuestos, y es posible que, de manera emergente, los zombis estén experimentando una evolución única a medida que comienzan a reconocer cómo estaban, cómo están y cómo desean estar. -

Esta historia ficticia permite explorar cómo la conciencia afecta la percepción, la toma de decisiones y la interacción con el entorno. También sugiere que, a lo largo del tiempo, estas dos comunidades podrían desarrollar diferencias significativas en su biología, mentalidad y comportamiento, lo que llevaría a una evolución divergente. La comunidad de los zombis, al reconocer su propia falta de experiencias conscientes, podría ingresar a un viaje de autodescubrimiento y transformación, lo que plantea cuestiones interesantes sobre la capacidad de cambio y adaptación de las personas y las comunidades.

Sin caer en el utilitarismo, puede decirse que esta narrativa es un punto de partida para la reflexión en el trabajo comunitario, al considerar la importancia de la conciencia, la introspección y la toma de decisiones y construcción de las vidas comunitarias.

Después de esta lectura, caben varias preguntas que podrían llevar a otras líneas de investigación.

¿Cuál comunidad es más funcional y mejor estructurada para sobrevivir?

¿Cómo afectó el cambio a la comunidad de los conscientes?

¿Qué ventajas tiene cada comunidad tal como está actualmente?

¿Qué pasaría si se mezclaran los individuos de las dos comunidades?

¿Qué pasaría si la comunidad de los zombis con el tiempo llegara a ser consciente?

AL TERMINAR DE IMAGINAR algunas respuestas a las preguntas y, generar nuevos cuestionamientos, tal vez el lector se imagine o decida precisar en cuál comunidad está o le gustaría estar. Por lo tanto, ser conscientes de a dónde se pertenece y con quiénes hay interrelaciones, acercará a la comprensión del sentido de lo colectivo y su trascendencia, como parte de su sobrevivencia de especie humana, la cual actualmente se encuentra en peligro debido a su propio actuar hacia sí mismo y su entorno.

Al respecto, Jiddu Krishnamurti y David Bohm comparten la idea de la conciencia fragmentada, donde el tema principal es la identidad y los conflictos; con relación al tema, David (Bohm, 1980, pág. 9) comenta:

"Guiado por un concepto fragmentario de su propio mundo, el hombre intenta entonces romperse a sí mismo y su mundo, para que así todo parezca corresponder a su modo de pensar. Así consigue una prueba aparente de que su propio concepto fragmentario del mundo es correcto, aunque por supuesto, no advierta el hecho de que es él mismo, actuando según su manera de pensar, quien ha introducido esta fragmentación que ahora parece tener una existencia autónoma, independiente de su voluntad y de su deseo."

La idea previa sobre el conflicto puede complementarse con la afirmación de Ezequiel (Morsella y Col., 2016, pág. 9) quienes dicen que:

"La conciencia solo permite que ocurran los conflictos; no pretende resolverlos".

Aseveración basada en su teoría del marco pasivo, la cual señala que los contenidos conscientes no conocen su relevancia para otros contenidos ni para la acción en curso, la conciencia tiene menos propósito en un momento dado de lo que sugiere la intuición.

> *La "conciencia" es un negrero que el hombre se ha colocado dentro de sí mismo y que lo obliga a obrar de acuerdo con los deseos y fines que él cree suyos propios, mientras que en realidad no son otra cosa que las exigencias sociales externas que se han hecho internas.*
>
> (Fromm, 1942, pág.128)

CONSIDERAR LA DIVERSIDAD de individuos no necesariamente implica el uso del término "colectivo". Este concepto es intrínsecamente más complejo en términos de estructura y función, y también ha evolucionado de manera significativa a lo largo del tiempo. Es en este punto donde la conciencia adquiere una importancia crucial. La conciencia, como una capacidad mental inherente a los individuos, les permite adquirir conocimientos propios y compartidos. Esta capacidad ha sido fundamental para el desarrollo de un lenguaje sofisticado, una creatividad excepcional y una valentía en la búsqueda de la transformación y el descubrimiento.

Todos estos elementos han contribuido no solo al surgimiento de civilizaciones, sino también, en cierto sentido, han planteado desafíos que ponen en riesgo la existencia misma de la especie humana. El estado mental de conciencia, al permitirles adquirir y transmitir conocimientos, les ha otorgado el poder de cambiar, moldear e influir en su entorno de maneras sorprendentes y significativas. Sin embargo, también los ha llevado a enfrentar dilemas éticos y desafíos globales que requieren una reflexión profunda y un manejo responsable de sus recursos y acciones.

Cuando se incorpora el término "conciencia social" en el análisis, se produce un acercamiento a la noción de lo colectivo como base de lo comunitario. Este concepto de conciencia social implica una perspectiva sociológica que cambia la manera en que se abordan ciertos conceptos previamente explorados desde una perspectiva individual. Ahora, estos conceptos adquieren un significado diferente en el contexto de la comunidad.

Por ejemplo, surgen expresiones como "percepción social", que se refiere a cómo un grupo o comunidad percibe y entiende ciertos aspectos de su entorno compartido. La "atención" adquiere un nuevo matiz al considerar cómo un grupo de personas enfoca su interés y recursos en cuestiones de relevancia colectiva. La "introspección grupal" se convierte en un proceso mediante el cual la comunidad reflexiona sobre sus propias dinámicas internas y valores compartidos.

También se pueden utilizar conceptos como el "termómetro social de sensaciones", que se refiere a la capacidad de una comunidad para evaluar y comunicar sus sentimientos y estados emocionales compartidos. Además, se pueden analizar los "fenómenos sociales" Nota final [clxvii]; desde la perspectiva de cómo impactan y se experimentan en la conciencia colectiva de una comunidad en lugar de en la conciencia individual.

En conjunto, este enfoque de la conciencia social enriquece la comprensión de las dinámicas comunitarias, permitiendo una exploración más profunda de cómo los individuos en una comunidad interactúan, interpretan su entorno compartido y colaboran en la construcción de significado colectivo, a todo lo anterior se pueden considerar otros temas como son la memoria social, la noosfera Nota final [clxviii], la inteligencia social, la mente social y los niveles de conciencia (como el propuesto por el marxismo, que promueve el cambio social a partir de los actos conscientes Nota final [clxix]).

La conciencia social, desde una perspectiva sociológica, se enfoca en abordar problemas mediante reflexiones, pensamientos y emociones que tienen el potencial de generar cambios en la relación entre el individuo y la sociedad. Esto se evidencia en situaciones como la pobreza, vulnerabilidad social, precariedad, marginalidad y exclusión social.

En este contexto, la conciencia social se convierte en una herramienta para identificar y comprender las injusticias que surgen debido a determinadas tendencias socioambientales, las cuales a menudo son el resultado de estructuras de poder en la organización social.

Desde una visión más holística u orgánica, la conciencia social puede considerarse como una parte esencial de un superorganismo que coexiste en el planeta Tierra. Esta capacidad de conciencia permite al superorganismo reconocer las injusticias que surgen debido a tendencias socioambientales específicas. Estas tendencias pueden ser el resultado de la forma en que la sociedad se organiza y ejerce el poder, así como de la pérdida de enfoque en una visión de futuro colectiva y de la institucionalización y cosificación del individuo en la sociedad.

En este contexto, el desafío radica en que la conciencia social debe ser consciente tanto de sí misma, como de su entorno social y natural. Esto implica reconocer y comprender las dinámicas que afectan a la sociedad y al planeta, y estar dispuesto a tomar medidas para abordar las injusticias y promover un cambio positivo. La conciencia social, en su sentido más amplio, se convierte así en una fuerza motivadora para la acción colectiva y la búsqueda de soluciones a los problemas que afectan a la humanidad y al mundo inmediato que se vive.

Desde la formalidad del discurso científico relacionado a temas sociológicos y psicológicos, a mediados del siglo XIX inició un interés por incluir y adaptar, desde esas nuevas disciplinas, los temas encasillados <de lo mental>, los cuales fueron trabajados desde lo filosófico y psicológico. En esa época se dio pie a construir este tipo de conocimiento; es Émile Durkheim, a quien se retoma como uno de los pioneros el cual dijo:

"El conjunto de las creencias y de los sentimientos comunes al término medio de los miembros de una misma sociedad, constituye un sistema determinado que tiene su vida propia, se le puede llamar la conciencia colectiva o común." (Durkheim, 1893, pág.94)

Él mismo, hace una nota de página donde deja muy claro la diferencia, demarcando dos perspectivas muy distintas de abordar la conciencia, teniendo al humano como objeto de estudio en diferente contexto:

"No entramos en la cuestión de saber si la conciencia colectiva es una conciencia como la del individuo. Con esa palabra designamos simplemente al conjunto de semejanzas sociales, sin prejuzgar por la categoría dentro de la cual ese sistema de fenómenos debe definirse... Pero los estados de la conciencia colectiva no son de igual naturaleza que los estados de la conciencia individual; son representaciones de otra clase. La mentalidad de los grupos no es la de los particulares, sino que tiene sus leyes propias. Ambas ciencias son, pues, tan netamente distintas como pueden serlo dos ciencias, sean cuales fueren, de otra parte, las relaciones que pueden sostener entre sí. Sobre este punto, es preciso hacer una distinción que contribuirá, quizá, a ilustrar esta controversia. Que la materia, de la vida social no pueda explicarse por factores puramente psicológicos, es decir, por estados de la conciencia individual, es para nosotros completamente evidente." (Durkheim, 1893, pág.96)

La conciencia desde la perspectiva sociológica fue difundida de manera más constante a partir de retomar a finales del siglo XIX los escritos de Durkheim, pero sobre todo los de Karl Marx y Frederick Engels, estos autores habían propuesto que: *"La conciencia no puede ser nunca otra cosa que el ser consciente, y el ser de los hombres es su proceso de vida real."* (Marx y Engels, 1845, pág.26). Especialmente el concepto de conciencia de clase fue llevado a la reflexión y la acción, como un mecanismo donde una clase, pasa de ser una clase en sí a una clase para sí, siendo la clase el resultado de una estructura objetiva basada en relaciones de explotación desde el sistema capitalista, proponiendo que: *"No es la conciencia del hombre la que determina su ser, sino, por el contrario, el ser social es lo que determina su conciencia."* (Marx y Engels, 1845, pág.26).

En este mismo tenor, estos autores dejan claro que la conciencia es un atributo individual con una relación histórica, la cual cobra importancia en el momento que las experiencias subjetivas e intersubjetivas, se articulan bajo sus propios intereses, dando como resultado, socioculturalmente, similitudes entre sí, pero también contradicciones u oposiciones con otros, como se puede observar en el siguiente párrafo:

"La conciencia, por tanto, es ya de antemano un producto social, y lo seguirá siendo mientras existan seres humanos. La conciencia es, ante todo, naturalmente, conciencia del mundo inmediato y sensible que nos rodea y conciencia de los nexos limitados con otras personas y cosas, fuera del individuo consciente de sí mismo; y es, al mismo tiempo, conciencia de la naturaleza, que al principio se enfrenta al hombre como un poder absolutamente extraño, omnipotente e inexpugnable, ante el que los hombres se comportan de un modo puramente animal y que los amedrenta como al ganado; es; por tanto, una conciencia puramente animal de la naturaleza (religión natural)." (Marx y Engels, 1845, pág.31)

Todas nuestras dificultades y todas nuestras repulsiones se disiparían, en lo que hace referencia a las oposiciones entre el Todo y la Persona, si llegáramos tan solo a comprender que, por su estructura misma, la Noosfera, y aun de una manera más general el Mundo, representaban un sistema no ya solo cerrado, sino centrado. El Espacio Tiempo, por el hecho de contener y de engendrar a la Conciencia, debe ser de naturaleza convergente.

(Teilhard de Chardin, 1957, pág.145)

COMO HERRAMIENTAS DE análisis de la conciencia social, se han incorporado diversos términos prácticos que arrojan luz sobre los distintos aspectos que influyen en la transformación y supervivencia de las sociedades. Entre estos términos se incluyen la conciencia jurídica, la conciencia moral[Nota final clxx], la conciencia religiosa, la conciencia filosófica, la conciencia científica, la conciencia política y, quizás la más ampliamente reconocida, la conciencia colectiva.

Cada una de estas perspectivas ofrece una visión única a través de la cual se puede analizar cómo las sociedades evolucionan y se adaptan a lo largo del tiempo.

La conciencia jurídica implica comprender y respetar las leyes y normas legales que rigen una sociedad, lo que es esencial para el mantenimiento del orden y la justicia. La conciencia moral se relaciona con las creencias y valores éticos las cuales influyen en las decisiones y acciones individuales y colectivas, y van definiendo lo que se considera correcto o incorrecto desde una perspectiva moral.

La conciencia religiosa se basa en las creencias y valores religiosos que dan forma a la visión del mundo y las prácticas culturales de una sociedad. La conciencia filosófica se centra en los pensamientos/ideas, reflexiones, saberes y teorías filosóficas que influyen en la comprensión de la realidad y la existencia humana.

La conciencia científica se relaciona con el conocimiento de los principios científicos que guían la investigación y la toma de decisiones en una sociedad, a partir de su sistematicidad, lógica y organización se van comprendiendo y explicando fenómenos naturales y sociales, eventos y procesos del mundo. La conciencia política se refiere a la comprensión de los procesos políticos y las estructuras de poder y relaciones en una sociedad, lo que es fundamental para la participación cívica y la toma de decisiones políticas.

Finalmente, la conciencia colectiva basada en las normas, valores y creencias compartidas que guían la vida social y cultural de un grupo, proporcionando una base sólida para la identidad y la unidad como colectivo.

Todos estos análisis permiten comprender a los individuos (ahora desde este punto de vista la sociedad -organización social- hace/produce al individuo y determina su práctica) desde un acercamiento a su realidad social, para ello utilizan herramientas de entendimiento como son los fenómenos sociales y la construcción de conocimientos sociales, entendidos bajo las representaciones individuales y colectivas propuestas a finales del siglo XIX por Wilhelm Wundt, mismas que después fueron desarrolladas sociológicamente por Émile Durkheim (1898), a partir de estadía en el laboratorio de Wundt.

El espacio intelectual y práctico que inició Wundt en el mundo científico europeo creó distintos caminos de investigación por parte de quienes participaron con él, en su mayoría con un interés especial sobre las representaciones, pero, qué mejor citar al propio Wilhelm (Wundt, 1896, págs.282 y 288) quien lo puede explicar desde su perspectiva:

"Entre los contenidos de conciencia, los más oportunos para la observación son las formaciones de representaciones, porque pueden producirse fácilmente en todo tiempo por impresiones externas... Inmediatamente que una representación se halla presente en la conciencia como un todo unitario, podemos también comparar con ella una representación sucesiva y decidir si ésta es ó no igual á aquélla. Tal confrontación ya no es en absoluto posible cuando la serie temporal transcurrida constituye un

contenido de conciencia no del todo conexo, habiendo ya pasado una parte de sus componentes al estado inconsciente antes que haya tocado á su fin el curso de la serie.".

Esta propuesta influyó en los trabajos de David Émile (Durkheim, 1895) quien diferenciaba claramente entre las representaciones individuales y las colectivas, asimismo, años después, continuó este mismo trabajo como se puede leer:

"La conciencia no es entonces más que un flujo continuo de representaciones que se pierden las unas en las otras, y cuando las distinciones empiezan a aparecer son todas ellas fragmentarias. (Durkheim, 1903, pág.29).

Casi cien años después, estas ideas evolucionaron (sin haber dejado la visión psicoanalítica) hacia a representaciones sociales a partir de la propuesta teórica de Serge (Moscovici, 1961), con el fin de hacer inteligible la realidad (al menos una parte) y de ese modo, poder entender y actuar con conductas colectivas, las cuales permitan desarrollar creencias y expectativas de los distintos grupos sociales, a través de sus distintos conocimientos, incluido el de sentido común, donde sus dinámicas de interacción, su comunicación y mediatización por el lenguaje, llevan a fortalecer o comparar juicios y opiniones individuales desde un intercambio social de ideas.

Para Serge Moscovici la noción de representación social era:

"Conjuntamente, una representación social es una organización de imágenes y de lenguaje porque recorta y simboliza actos y situaciones que son o se convierten en comunes. Encarada en forma pasiva, se capta como el reflejo, en la conciencia individual o colectiva, de un objeto, un haz de ideas, exteriores a ella." (Moscovici, 1961, pág.16)

Es decir, las representaciones sociales no se explican por sí mismas, sino por el orden o diseño de las prácticas sociales, se definen, respectivamente, como la solidaridad que resulta de la semejanza de representaciones o de la "conciencia colectiva", en otras palabras, hay una identidad grupal y se forma un sistema simbólico.

Desde la propuesta de Moscovici, lo anterior tendrá que ser analizado a partir de sus elementos constitutivos como son: a) la actitud (es una orientación frente al objeto de la representación), b) la información (suma de conocimientos a partir de un objeto social) y, c) el campo de representación (desde una organización del contenido).

Las ideologías no pueden entenderse sin comprender la relación entre motivos y creencias. La manera como el interés colectivo distorsiona las creencias del grupo puede entenderse de varias formas. Una sería a partir de la necesidad de evitar disonancia entre, por una parte, las creencias acerca de la práctica social y política del grupo y, por la otra, las creencias acerca de lo que sería benéfico para la sociedad en su conjunto. Si la práctica social del grupo es de dominio sobre otros, debemos aceptar creencias sobre la sociedad que sean consistentes con ese dominio.

(Villoro, 1982, pág.121)

EL ANÁLISIS DE LA CONCIENCIA, tanto a nivel individual, como colectivo, comenzó a desarrollarse científicamente a principios del siglo pasado, y lo hizo a través de diversas corrientes con enfoques y fundamentos teóricos variados. Algunos autores tomaron como punto de partida su propio conocimiento, que estaba arraigado en la psicología analítica. A partir de esta base, combinaron aspectos sociales o llevaron su enfoque hacia el ámbito grupal. Un ejemplo destacado de esta tendencia es la explicación del concepto de "inconsciente colectivo", siendo su representante más conocido Carl Gustav Jung.

Jung construyó su teoría del inconsciente colectivo, la cual se basó en una combinación de sus propias ideas y conceptos psicológicos con elementos sociales y grupales. Esta teoría se centró en la noción de que existe un nivel de la mente compartido por todos los seres humanos, que contiene elementos arquetípicos y simbólicos que influyen en el pensamiento y el comportamiento. Jung desarrolló su teoría de las sombras como parte de este marco conceptual, tomando inspiración de pensadores como Friedrich Nietzsche y la alegoría de la caverna de Platón.

En esencia, Jung argumentaba que la conciencia individual estaba conectada de alguna manera con un inconsciente colectivo que contenía patrones y arquetipos compartidos por la humanidad. Esta perspectiva influyó significativamente en el campo de la psicología y la comprensión de la mente humana, al explorar cómo las dimensiones individuales y colectivas de la conciencia están interconectadas y cómo influyen en el pensamiento y la cultura.

Este autor propone que el inconsciente colectivo es:

"*...ese estrato que descansa sobre otro más profundo que no se origina en la experiencia y la adquisición personal, sino que es innato: lo llamado inconsciente colectivo.*", prosigue su explicación señalando: "*...los contenidos de lo inconsciente colectivo los denominamos arquetipos.*" (Jung, 1934/ 1954, pág.10)

Años después en otro escrito comenta:

"Lo inconsciente colectivo representa una "psique" idéntica a sí misma en todos los hombres. En contraste con los fenómenos psíquicos perceptibles, no puede ser percibida o representada directamente, y por eso la califico de psicóidea. Los arquetipos son los factores formales que organizan los procesos psíquicos inconscientes; son patrones de conducta ("patterns of behaviour")." (Jung, 1952, pág.29).

Para este autor los arquetipos son los contenidos del inconsciente colectivo y los define como un órgano de orientación en el espacio exterior a la conciencia, al respecto señala:

"¿Qué es la conciencia? Ser consciente es percibir y reconocer el mundo exterior, así como al propio ser en sus relaciones con este mundo exterior. No es éste el lugar para hablar del mundo exterior, ya que el objeto propio de la psicología es el hombre. Verse en las relaciones con el mundo exterior significa reconocerse a sí mismo en su ambiente. ¿Qué es este «sí mismo»? Es, ante todo, el centro de la conciencia, el yo." (Jung, 1944, pág. 53)

Los conocimientos sobre la vida cotidiana, sobre las otras personas, sobre nuestra sociedad, no suelen fundarse en teorías comprobables por cualquiera, suelen ser creencias de cuya solidez no dudamos, pero que se basan en razones controvertibles o en conocimientos personales. De ellas depende nuestra supervivencia diaria.

(Villoro, 1982, pág.294)

LA COMUNICACIÓN INTERSOCIAL desempeña un papel fundamental en la explicación de la conciencia a través de la conducta observable, ya que permite que esta conducta sea pública y, por lo tanto, susceptible de ser observada, compartida e incluso potenciada por medio de la imitación. La comunicación social también desempeña un papel clave en el proceso de aprendizaje social y cultural, ya que las personas comparten y se instruyen mutuamente como parte de su evolución.

Cuando las personas comparten y aprenden algo, se genera un proceso de reflexión y pensamiento que puede ampliarse o construirse intersubjetivamente de manera colectiva. Esto da lugar a múltiples autoconciencias en diversas relaciones inter-socioambientales y a diferentes formas de conciencia en cada individuo que participa. Estas conciencias trascienden la experiencia individual inmediata y profunda, así como la capacidad intelectual de cada individuo.

En el contexto del trabajo comunitario, es esencial reconocer las diferentes capacidades intelectivas de las personas involucradas. Esto implica comprender y respetar las percepciones y comprensiones individuales de cada miembro de la comunidad en la que se está trabajando. La

Imagen 12 proporciona información sobre las capacidades intelectuales que deben tenerse en cuenta en la capacitación, planificación y ejecución de actividades con las comunidades.

El reconocimiento y la consideración de estas capacidades intelectivas son fundamentales para garantizar que las acciones comunitarias sean efectivas y se basen en una comprensión profunda de las necesidades, perspectivas y recursos de la comunidad. Esto fomenta una colaboración más efectiva y significativa en el trabajo conjunto para abordar los desafíos y promover el desarrollo comunitario.

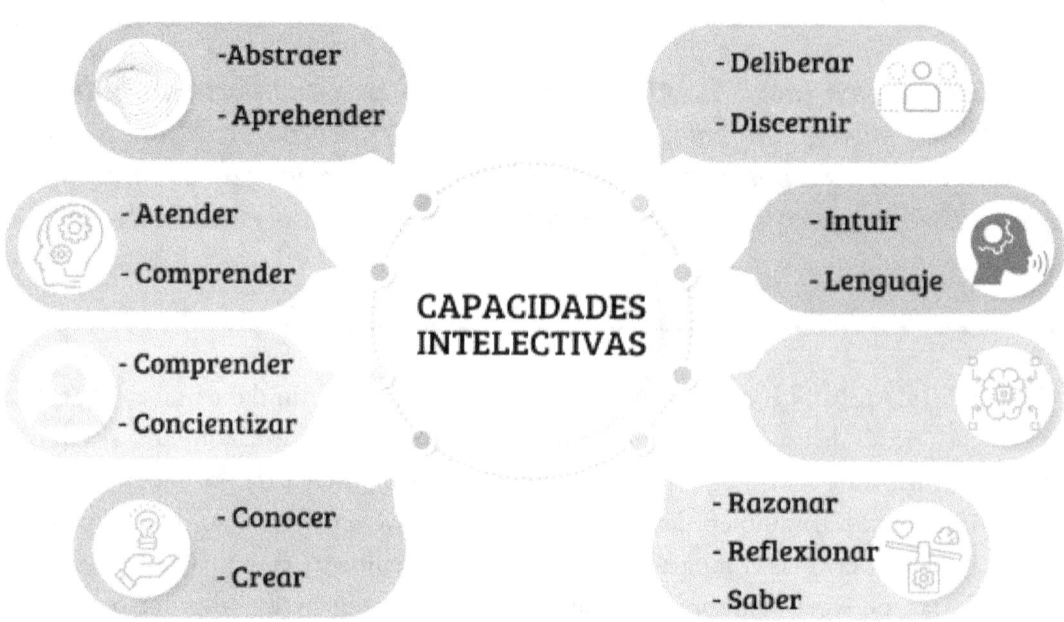

Imagen 12

• • • •

LO ANTERIOR DA COMO resultado otra capacidad de producción/creación de conocimiento y sobre todo de reflexión/percatación/comprensión/cuidado/interpelación intersubjetiva, la cual requiere de un tratamiento distinto en cuanto a su metodología práctica y el análisis epistemológico.

Donde hay dualidad, donde hay opuestos, tiene que existir la conciencia de nuestro estado incompleto. La mente se halla atrapada en los opuestos, tales como el castigo y la recompensa, el bien y el mal, el pasado y el futuro, la ganancia y la pérdida. El pensamiento está preso en esta dualidad y, por lo tanto, la acción es incompleta. Esta condición de lo incompleto crea sufrimiento, el conflicto de la opción del esfuerzo y de la autoridad, y el escapar de lo no esencial hacia lo esencial.

(Krishnamurti, 1933, Alpino, Italia, 1er plática)

EN CUANTO AL PROCESO complejo de la conciencia colectiva[clxxi], un concepto con más de ciento cincuenta años de antigüedad se ha destacado el reconocimiento de una serie de habilidades y capacidades tanto individuales, como sociales. Estas aptitudes[clxxii] y habilidades sociales se complementan en varios aspectos, abarcando desde los intelectuales hasta los emocionales, pasando por las habilidades de convivencia y supervivencia.

Estas habilidades y capacidades son parcialmente recuperadas y analizadas por diversas disciplinas a partir de su comprensión como un fenómeno sociocultural en constante evolución[clxxiii]. Desde la perspectiva del materialismo histórico, esta evolución se ha dado desde las fases de colector-cazador-sedentario agricultor hasta la situación actual de sociedades sedentarias dedicadas a la agricultura e industria. En otras palabras, se puede entender esta evolución como un proceso que se ha movido desde un enfoque antropológico inicialmente arraigado en lo mágico-religioso-empírico hacia un enfoque más complejo que incorpora aspectos mágicos, filosóficos, religiosos y científicos.

Esta evolución en la comprensión de la conciencia colectiva refleja cómo las sociedades han avanzado a lo largo de la historia, incorporando y adaptando nuevas habilidades y perspectivas para enfrentar los desafíos y oportunidades que se presentan en su desarrollo cultural, ecológico, político y social.

Si se considera la conciencia colectiva como un concepto tácito, esto plantea interrogantes interesantes. Por un lado, ¿podría interpretarse que los seres humanos forman un superorganismo como especie? En este contexto, ¿existiría una "megamente" que engloba la conciencia colectiva de la humanidad en su conjunto? Por otro lado, desde una perspectiva diferente, la conciencia colectiva podría ser vista como el producto de la voluntad, la intuición y la solidaridad de individuos que se comunican y consensan conocimientos.

Estos conocimientos son obtenidos individualmente como consciencias subjetivas sobre temas de interés colectivo y, en última instancia, el "darse cuenta de sí mismo, su entorno y su papel como entidad social" podría ser el resultado de la aceptación de un conocimiento compartido que cada individuo interioriza y enriquece a través de sus actividades y aprendizaje.

Es importante tener en cuenta que no basta con que una comunidad tenga conciencia colectiva sobre un tema; también se deben considerar otros factores que influyen en la toma de decisiones comunitarias y en la percepción grupal. Entre estos factores se encuentran la forma didáctica de presentar la información, la organización de los datos y la cantidad de información disponible. Todos estos elementos pueden influir en la percepción grupal y en la toma de decisiones, por lo que es fundamental abordarlos con cuidado al trabajar en contextos comunitarios.

Es fundamental estar atentos a los tipos de creencias que prevalecen en una comunidad, ya que algunas de estas creencias pueden ser potencialmente peligrosas para la integridad comunitaria. Por ejemplo, la creencia de que vivir durante muchos años en el mismo territorio implica que se conoce todo lo que sucede en el entorno social, o que se posee un conocimiento suficiente sobre todos los asuntos que afectan a la comunidad, puede generar un exceso de confianza entre las personas.

Esta confianza excesiva puede ser perjudicial, ya que puede impedir que los miembros de la comunidad busquen activamente más información y se comuniquen de manera profunda sobre su realidad territorial. Esta dinámica compartida, basada en la creencia de que ya se sabe todo lo necesario, puede eliminar importantes dudas e intereses, tanto a nivel individual, como colectivo. En consecuencia, deja de haber un razonamiento crítico y un debate constructivo sobre temas de relevancia social.

Es crucial fomentar una cultura de apertura al aprendizaje continuo y al diálogo en las comunidades, de manera que se puedan abordar los desafíos y problemas de manera más informada y colaborativa. Esto implica reconocer la importancia de mantener una mente abierta, cuestionar suposiciones y estar dispuesto a explorar nuevas perspectivas y enfoques para el beneficio de la comunidad en su conjunto.

El trabajo colectivo en una comunidad, cuando se lleva a cabo de manera consciente, conlleva a una mayor certeza en la toma de decisiones. Esto se debe no solo a los juicios promediados que pueden obtenerse a partir de la colaboración de los miembros de la comunidad, sino también al hecho de que comparten una base común de información. Como se ilustra en la información proporcionada en la Imagen 13, es esencial que el trabajo comunitario se realice de manera consciente cuando se trata de abordar ciertos desafíos o situaciones.

La conciencia en el trabajo comunitario implica que los miembros están plenamente conscientes de los problemas que enfrentan y de las posibles soluciones. Esto les permite tomar decisiones informadas y coordinar sus esfuerzos de manera más efectiva. Al compartir una base de información común, se reduce la probabilidad de malentendidos y se fortalece la cohesión de la comunidad en la búsqueda de objetivos comunes.

La conciencia en el trabajo comunitario es esencial para garantizar que las acciones emprendidas sean coherentes, bien fundamentadas y orientadas hacia el bienestar colectivo. Esto promueve la eficacia en la toma de decisiones y el logro de metas compartidas.

• • • •

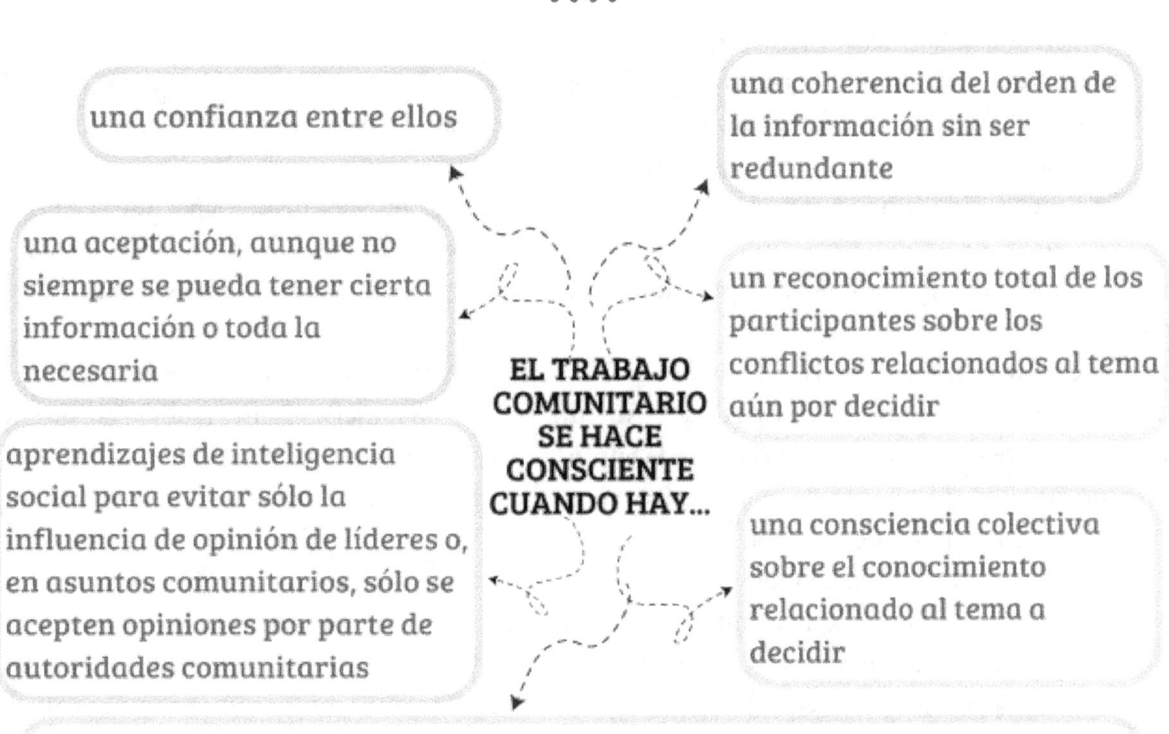

Imagen 13

• • • •

QUIZÁ EL USO DEL CONCEPTO conciencia relacionado con lo colectivo, requiere igualmente un tratamiento diferente de análisis, incluyendo la idea mencionada de Carl Jung sobre el inconsciente colectivo; por ejemplo, si se retomara una parte de su texto, podría considerarse, actualmente, como una advertencia propositiva para quienes realizan trabajo comunitario:

"En el momento en que uno se forma un concepto de una cosa, consigue captar uno de sus aspectos, pero generalmente cae al mismo tiempo en la ilusión de haber captado el todo." (Jung, 1959, pág. 112).

Lo anterior podrían invitar a extrapolar, sobre todo sobre los enlaces de comunicación entre humanos y con otras especies^{Nota final [clxxiv]}, y así desde una visión orgánica (paradigma), considerar/creer que existe una conciencia planetaria (*phenomena mundi*), a la cual los individuos están integrados como materia/energía.

Estas ideas panteístas naturalistas, que abogan por una conexión más profunda entre la humanidad y la naturaleza, plantean una perspectiva interesante para el futuro de las comunidades y su función en las sociedades contemporáneas.

Esto incluye la forma en que operan socialmente y cómo pueden desempeñar un papel más eficiente en la atención de cuestiones regionales y globales cruciales. Si bien esta perspectiva se fundamenta en una lógica sólida, las propuestas futuras deberán ser audaces y creativas para llevarla a la práctica.

En cuanto a la conciencia, se plantea la idea de que esta es subjetiva e intransferible. Sin embargo, surge la cuestión de si podría existir una forma de conciencia intersubjetiva, que no necesariamente sea colectiva pero que pueda enriquecer al individuo. Esto plantea la pregunta de si un conocimiento que emana de una conciencia colectiva podría ser adoptado por un individuo y considerado como parte de su propia conciencia.

Si bien es posible que el conocimiento sea producto de una interacción psicobiológica y social, es importante reconocer que la asimilación y apropiación de ese conocimiento por parte de un individuo no necesariamente lo convertiría en una réplica idéntica de la conciencia colectiva original. Cada individuo tiene una perspectiva única y una interpretación personal del conocimiento compartido. Por lo tanto, aunque el conocimiento pueda ser generado y compartido desde una perspectiva psicobiológica y social, la forma en que se integra en la conciencia individual será única para cada persona.

En última instancia, la relación entre la conciencia individual y la conciencia colectiva es compleja y multifacética, y puede ser objeto de estudio y exploración desde diversas perspectivas filosóficas y científicas.

Uno percibe lo que es una cosa excluyendo lo que no es.

(Dalai Lama en: Varela y Hayward, 1997, pág. 241)

EN ESTE ASPECTO SOBRE la visión de futuro individual y social, lo colectivo toma importancia en distintos aspectos, como lo es: a) la complejidad de las relaciones de sus integrantes, b) distintos individuos con reglas sociales creadas o impuestas por convención/cotidianidad, c) un lenguaje con contenidos compartidos, así como, d) conocimientos, saberes y emociones conscientes, las cuales conforman una intersubjetividad.

Uno de los aspectos mencionados anteriormente es el lenguaje y las formas de comunicación intraespecie, con el propósito de establecer convivencias asertivas a largo plazo con autoconciencia individual y colectiva. Para que esto suceda, es necesario que haya un autoconocimiento consciente de "algo". En este sentido, es importante distinguir que no es lo mismo si un individuo le pide a otro que sea consciente y, como resultado, el otro lo hace.

Hay que recordar que este es un proceso que se vive subjetivamente, por lo tanto, será difícil que suceda si otro dice: *"...con esta información que te doy ya eres consciente de..."*, en este caso el emisor solo supone, intuye, extrapola, adivina o generaliza. Es en esta encrucijada donde se encuentra el reto para mejorar los tipos de lenguaje que permitirán producir conocimientos conscientes.

El acceso a un lenguaje consciente se vuelve complicado cuando se intenta ordenar y percibir algo similar durante una comparación. Esto rara vez se logra de manera constante debido a la inmensidad e intensidad de las percepciones, lo que provoca cambios en ideas, imágenes, emociones u otros pensamientos que distraen o dispersan la atención de lo que se está intentando lograr. Esto podría considerarse como una especie de capa protectora o un sistema de "defensa mental" que dificulta el acceso a la comprensión de los procesos mentales y sus estados.

Cada individuo puede acceder a su propio conocimiento consciente, pero hasta ahora no ha habido acceso al conocimiento consciente de los demás. Quizás solo se puede tener un acercamiento al referenciarlo de manera comparativa. En este sentido, aventurarse por el camino de la conciencia colectiva requerirá explorar nuevas metodologías y desarrollar teorías más avanzadas que permitan una mayor comprensión e integración de las experiencias vivenciales.

> *La conciencia humana es en gran medida no solo el producto de la selección natural, sino también de la evolución cultural.*
>
> (Dennett, 1991, pág. 216)

Una vez que se ha presentado una breve exposición de teoría y explicaciones sobre la diversa idea de conciencia, el siguiente paso es abordar de manera práctica en qué momento una persona es capaz de reconocer y reflexionar sobre este tema, para ello se propone utilizar <Los senderos de la conciencia>; estos son distintos caminos (interrelacionados) que suceden cuando hay conciencia de "algo".

De esta manera, se muestra que no solamente hay una vía lineal de cómo sucede y solo una secuencia. El proceso de conciencia está interrelacionado con los de <atención> o <alerta>, según... la experiencia/aprendizaje personal, la circunstancia o la situación que viva el individuo, en cualquier caso, el conocimiento como producto del proceso de conciencia vendría siendo una exaltación de los mismos procesos mentales de pensamiento/razonamiento, emocionalidad, imaginación y memoria, es decir, formaría parte integral de cada ser.

> *La conciencia es una propiedad emergente y no un proceso en y por sí mismo. Cuando uno nota el sabor de la sal, por ejemplo, la conciencia del sabor es una propiedad emergente del sistema sensorial, no de la combinación de los elementos que componen la sal común.*
>
> (Gazzaniga, 2010, pág. 330)

EN LA VIDA COTIDIANA, las personas experimentan una amplia variedad de fenómenos, eventos, situaciones, circunstancias y acontecimientos que constituyen el tejido de su realidad diaria. Estos eventos requieren respuestas y estrategias que pueden ser de naturaleza pasiva, activa o latente. Estas respuestas pueden manifestarse tanto en el interior del individuo, a nivel interno de su mente y emociones, como en su interacción con el mundo exterior que lo rodea y que lo conecta con su entorno. La piel del individuo, en este sentido, actúa como una frontera que separa y, al mismo tiempo, integra al individuo con el mundo que lo rodea. Al respecto comenta Richard Langton (Gregory, 1987, pág.161):

"Nuestro concepto ordinario de conciencia parece estar anclado a dos conjuntos separables de consideraciones que pueden ser capturadas aproximadamente por las frases 'desde adentro' y 'desde afuera"

En la siguiente Tabla 25 se presentan algunos sucesos de conciencia que de manera subjetiva forman parte de determinadas circunstancias y situaciones cotidianas, las cuales vivencialmente se han dado en algunas personas, mismas que se integraron de manera didáctica para facilitar su comprensión. Son experiencias subjetivas, total o parcialmente conscientes, las cuales en el acontecer vivencial se dan en segundos o milésimas.

Estos senderos de la conciencia se exponen como sucesos particulares, en forma de proceso, a partir de su abstracción y síntesis, y son expuestos en oraciones. Como diría Maurice (Merleau-Ponty, 1945, pág.17): *"Toda consciencia es consciencia de algo"*, de este modo, la diversidad de conocimientos de "conciencias" que se presenta, invita reflexionar sobre en qué se está teniendo conciencia, por lo menos una vez al día, y lograr corroborar si hay coincidencias entre individuos y más adelante buscar métodos comparativos para que sean objetivamente accesibles.

La descripción de cada evento de conciencia presente en la Tabla 25 busca capturar aspectos comunes y habituales, tratando de abarcar, en la medida de lo posible, esos momentos vivenciales de conciencia que se generan en el cuerpo y la mente. En esencia, es una exposición de fragmentos de estados de conciencia, que podrían considerarse como correlatos semántico-sintácticos.

Es importante destacar que el lector podría tener experiencias similares o muy diferentes a las descritas, y ese es precisamente el propósito de este ejercicio: motivar al lector a explorar distintos caminos y recrear sus propios momentos de conciencia, ya que cada individuo es único en términos de tipo, calidad y cantidad de vivencias y experiencias.

Es posible que esta descripción parezca fría y descontextualizada al señalar lo que podría haber ocurrido en un evento de conciencia. Sin embargo, en cualquier caso, el lector tiene la libertad de dar vida a estos eventos, asignarles significado, agregar adjetivos, darles coherencia y estructura narrativa de acuerdo con sus propias experiencias de conciencia. El desafío persiste en la capacidad de medir los eventos conscientes propios, así como los de otros individuos, y en el análisis objetivo de estos eventos.

Las historias y narraciones están tejidas de manera única y específica, al igual que cada individuo. A pesar de que compilar la experiencia subjetiva implicaría una inmensa cantidad de variantes, la intención aquí no es lograr algo exhaustivo, sino simplemente ejemplificar para inspirar al lector a describir sus propios eventos de conciencia.

> *El concepto de conciencia no designa, pues, ninguna cosa que exista más allá y fuera de los procesos psíquicos; no se refiere solamente á la suma de estos procesos sin ninguna consideración á sus relaciones, sino que verdaderamente expresa la combinación general de los procesos psíquicos en la cual resaltan las formaciones psíquicas especiales como composiciones más intensas.*
>
> (Wundt, 1896, pág. 274)

LOS EVENTOS DE CONCIENCIA pueden utilizarse como un ejercicio para explorar diversos enfoques de análisis del conocimiento consciente. Estos eventos proporcionan una base para investigar y comprender mejor los procesos mentales y las experiencias individuales, permitiendo así una reflexión más profunda sobre la naturaleza de la conciencia y cómo influye en la percepción y comprensión del mundo. Este enfoque puede ayudar a los individuos a desarrollar una mayor autoconciencia y a apreciar la diversidad de experiencias de conciencia que existen.

• • • •

INSTRUCCIONES

1º Paso, una primera opción es leer todos los diferentes sucesos de conciencia de la columna izquierda de la Tabla 25 y reflexionar si alguna vez se ha estado en una situación similar.

2º Paso, después leer la descripción, buscar recuerdos (situaciones cotidianas) y compararlos o imaginarse esos momentos. En cada sendero se recomienda usar un ejemplo propio para facilitar la secuencia del proceso que conforma el sendero. No necesariamente debe ajustarse completamente a una historia que se vivió, ya que cada persona conforma a lo largo de su vida sus propios senderos de conciencia.

3º Paso, recordar si cualquiera de los citados sucesos es semejante a alguno ya vivido, si fuera así, contextualizarlo y considerar si forma parte de los conocimientos conscientes y/o aprendizajes propios.

4º Paso, revisar y analizar si estos sucesos de conciencia pueden considerarse como fenómenos biológicos/social los cuales tienen plasticidad estructural y funcional, con una composición multi procesual mental y corpórea, además, si forman parte de la creencia científica de que son una serie de estrategias evolutivas, las cuales se pretende, como especie, verlas como eficaces, dinámicas y adaptativas.

• • • •

Sucesos de conciencia	Descripción objetiva y secuencial
Adiós miedo	Hay una acción la cual genera emociones que incomodan o paralizan el cuerpo; se incrementa la sensación de no control sobre sí mismo; aparecen imágenes que refuerzan ese estado; voluntariamente se detiene esa historia que se está viviendo; hay un reconocimiento de que todo lo que sucede es imaginación (conciencia); se analizan algunas escenas donde es evidente el riesgo de perder algo o que habrá un daño; algunas escenas son relacionadas con otras imágenes y conocimientos (pasados o imaginados); se encuentran semejanzas o se distingue qué parte de los recuerdos o imaginado hacia el futuro vibra y da energía a las sensaciones de inicio; se entiende el proceso; disminuyen las emociones; se hacen más lentos los pensamientos imaginados; se reproduce con atención todo el proceso vivencial ahora con control; se distinguen cuáles son (conciencia) los pensamientos e imágenes que alteran; se acepta, se opta por cambiar algo de la historia sucedida o solo se deja ese recuerdo vivencial como alerta
Viene mi último destino (mi último aire)	Pensamientos y emociones se presentan de manera constante y errática; se crean nuevas (imaginación) ideas; la idea principal que más energía tiene es mantenerse en el "estar" presente (conciencia); se combinan sin dirección emociones y pensamientos; surgen recuerdos muy antiguos y se relacionan con los nuevos, ninguno es imaginativo anticipatorio (imaginar el futuro); aparecen recuerdos de sensaciones gratificantes o desagradables de forma constante; se hacen historias cortas y se vuelven a deshacer; al estar percibiendo algunas historias se ralentizan (conciencia); las memorias dejan de nutrir pensamientos y emociones, solo transcurren y se observan tal cual, siguen su constante movimiento con una energía cada vez más leve, más leve

Algo andaba mal	Te das cuenta de que vas en un vehículo a alta velocidad; hay atención hacia todos lados de la carretera; se focaliza algo considerado distinto y todo lo que eres pasa a alerta; los sentidos se agudizan y se preparan para reaccionar; sucede algo fuerte que impacta todo; el cuerpo se compacta, los pensamientos están a velocidad lenta; al percibir estabilidad momentánea, se da una revisión de cómo está el cuerpo y se busca algo que ver o tocar para sentir seguridad; se prioriza el movimiento del cuerpo para alejarse del sitio; aparecen algunos recuerdos y se toma decisión para comunicarse
A partir de mi interior	Se percibe que hay movimiento por dentro del cuerpo; se identifica qué sucede compilando información y comparándola, una de esas partes conocida se diferencia vibrando (conciencia); se reconoce el espacio donde se está dando el movimiento; se intenta explicar por qué sucede; vuelve la retroalimentación de la percepción y se percata que esos cambios suceden espacialmente adentro del límite de la piel (conciencia), se distingue afuera y adentro; se reconoce como un conocimiento de función-ubicación
Algo me emociona	Se percibe un cambio que agrada cada vez más por su intensidad y frecuencia, se acepta; se da un entendimiento; se generan emociones y pensamientos semejantes que continúan dando esa sensación; se relaciona a patrones que ajustan ese conocimiento que se está dando; emociones y pensamientos producen cambios agradables, se aceptan; surgen recuerdos similares que se fusionan; aumenta la sensación de agrado, hay una sensación de vacío entre esos momentos (conciencia); continúa y se aprehende; hay atención a ese momento vivencial, se relaciona con otras ideas o solo sigue fluyendo hasta que se acaba la energía de esa intensidad o quizá alguna otra situación la interrumpe

Algo me afecta y decido cambiar	Hay recuerdos de situaciones vivenciales debido a que algo los activó; se reflexiona sobre los recuerdos, regresan a la memoria o siguen activos generando nuevas emociones y pensamientos; se comparan entre sí o se crean nuevos conocimientos; se da una alerta por los cambios internos y/o externos, producto del proceso de recordar y analizar; surgen pensamientos hechos preguntas que activan lo vivencial; se racionaliza el conocimiento construido tal cual, se acepta como coherente o contradictorio; se decide cambiar, se actúa con o sin planeación, los resultados por los cambios son analizados; se interconectan las emociones y pensamientos, se entiende el suceso, se acepta; se dan nuevos cambios
Algo prendió la acción	Un impacto visual o un shock proveniente fuera de la piel se percibe como información; se reacciona físicamente ante lo sucedido; la información se procesa como entendimiento; hay una conexión al mundo circundante y se alerta al cuerpo para actuar nuevamente; se da un intervalo entre lo que se piensa y se actúa (conciencia) sin análisis o síntesis; se recapitula y relaciona todo lo anterior; se genera una acción con determinada dirección y potencia
Algo sentí profundo y continuo	Hay un trauma, se guarda en las memorias la información, se entiende y compara la información con otra situación (simple, compleja o un patrón); provoca una respuesta; se crea un conocimiento del trauma; una parte de ese conocimiento vibra o adquiere más energía, eso genera una atención sobre este, lo que permite un reconocimiento (conciencia), una vez pasado ese momento se guarda en la memoria; se racionaliza o se da una emoción, posteriormente quizá se da una acción específica, o se genera una conducta
Ante lo incómodo reacciono	Se percibe que algo es desagradable; se busca en la memoria información parecida a la que se está percibiendo; se dan conocimientos conscientes de esos recuerdos; se reconoce un desagrado, se actúa, ajusta y hay un cambio; se observa lo que está pasando a partir de la comparación de lo que provocó la situación desagradable y lo que se decidió hacer; se acepta que algo sucede; se analiza lo que afecta, hay comportamientos como parte de la reacción, así como posibles respuestas ante ese algo

Vivo historias	Al caminar se perciben muchas cosas alrededor, algunas son focalizadas y detonan recuerdos, esos recuerdos se van ampliando en su propia historia; se automatiza el andar, solo hay alerta para evitar un accidente; se percibe lo vivencial de ese momento; se cambian narrativas y se mantiene el eje que originó el recuerdo; se percata de lo que está pasando entre el caminar y lo vivencial de la historia; se toma decisión para continuarla o poner atención en los elementos del ambiente externo
Conciencia plena	Se conoce "algo", se recrean ideas/pensamientos, emociones/sentimientos alrededor de ese conocer y se da un reforzamiento de la información obtenida; se concentra o selecciona la información; se intensifica y es reconocida como propia de manera objetiva y sin tiempo (conciencia); ese conocimiento es procesado/aceptado como un aprendizaje, para luego quizá surja la posibilidad de ser aplicado o reproducido
Creo que así fue	Se escucha una pregunta, hay reconocimiento que va dirigida hacia él o ella; se analiza si será contestada; se generan recuerdos específicos, generales y ambiguos; surgen pensamientos sobre el tema (relacionados y sin conexión); se decide hilar con una coherencia cronológica, contexto y tipos de escena; hay una atención sobre lo construido; se da una recreación vivida de esa historia; se analiza que quizá faltan o sobran recuerdos; se ajusta la historia con otros recuerdos y/o nueva información; se reconoce que algo está incompleto (conciencia) de la historia; se entiende que el conocimiento parece el mismo aunque es diferente y se distinguen con mayor luminosidad las zonas diferentes (conciencia); se interrelaciona con quien hizo la pregunta; se analiza nuevamente con base en la nueva historia; se decide contestar; hay una acción como respuesta

Cuando se está y no se está	Se reconoce el alrededor y la emotividad que se vive; hay atención a la información que fluye; se da una interactividad con otros seres y cosas; se conjuga toda la información en un solo instante sin dimensiones e interacciones (conciencia); hay una interpretación de ese conocimiento creado; se crea un hilo narrativo sobre el suceso; se realizan acciones consecuentes al estado de conciencia que ha sido reconocido
Descubrí por qué hago cosas	Hay un acercamiento (físico o imaginativo) a una situación; fluye un intercambio de información; se entiende o se busca saber qué está generando el deseo del acercamiento; se reconocen cualidades específicas de esa situación a través del uso de las memorias y el conocimiento que se está generando; hay una recreación dinámica de imágenes (proyección), las cuales forman una historia que quizá está en la misma vibración energética que lo deseado (conciencia); se evalúa la información visualizada y se mantiene la interacción con el mundo; lo anterior se acepta, se rechaza o se aletarga la decisión de continuar/parar lo que se está haciendo o imaginando
Descubrí que me está haciendo feliz	Hay percepción de una cosa o situación y se conjunta información sobre que "algo" propio e interno está sucediendo; se evidencia ese conocimiento específico (conciencia); se compara y define a partir de otros conocimientos similares, propios o ajenos, que se tienen guardados en la memoria; se acepta, mantiene y retroalimenta ese estado; se analiza lo sucedido, ya sea que se guarde esa información o provoque nuevamente otra emoción similar o distinta

Dialogo conmigo mismo	Hay un intercambio de pensamientos y emociones que se tejen en un lenguaje, el cual no tiene ninguna intención de comunicarse con otro ser o cosa; hay un vaivén de intensidad en la experiencia vivencial interna; a veces se exteriorizan con la voz algunas ideas; entre idas y venidas de ideas e imágenes se perciben unas que son diferentes; se analiza, se compara, se contradice, se está de acuerdo; el sonido que provoca todo ese movimiento se distingue como algo propio y generado por sí mismo (conciencia); se entiende que no es con nadie, sino consigo mismo; hay concentración en algunos diálogos (rebote de pensamientos y emociones) que vibran más o son consecuencia del vaivén de ideas (conciencia); se entiende uno y otro diálogo generando un conocimiento; se tranquiliza el diálogo o solo se enfoca y hay mayor atención en ciertos pensamientos; se genera una tranquilidad y a la vez hay alerta; a veces se actúa comunicándose o realizando algo específico
Dolor completo	Se da cuenta de que "algo" le está incomodando y es desagradablemente intenso (conciencia); busca en la memoria algo similar para comparar; descubre qué está afectando directamente su cuerpo u otras partes de sí mismo que no puede describir físicamente; todo ese acontecer se da de manera revuelta y aleatoria; intenta entender qué es y por qué está sucediendo, al mismo tiempo está expresando su molestia a través de cualquier lenguaje; quiere parar esa sensación, pero también quiere saber más; busca aminorar la intensidad, al mismo tiempo reconoce que necesita hacer una acción, además, con la posibilidad de ir por el camino de conocer/justificar o de aprender sobre esa situación que está vivenciando
El chocolate me gusta	Surge una necesidad; hay acciones para satisfacer; se percibe el sabor físico o de manera imaginada; se compara con información de la memoria, se da un reconocimiento de las diferencias y similitudes; surge una emoción, la emoción se identifica como agradable o desagradable (conciencia); se compara con otras sensaciones anteriores; se representa en imagen; se le asigna/reconoce un nombre a la cosa que provocó esa percepción o ese estado emocional

El tamaño ante el peligro	Resalta un determinado conocimiento (conciencia) a partir de una sensación externa o imaginada; se compara y dimensiona el propio cuerpo con otros fenómenos; se reconoce la fragilidad individual ante esa situación; se percata de su posible vulnerabilidad (conciencia); se imaginan escenas anticipatorias; hay reacción de emociones y se construye conocimiento para tener un entendimiento; se está en alerta
Encontrar algo específico que se busca	Se busca información a través de la memoria y la experiencia perceptual; se compila y selecciona/discrimina la información; se focaliza sobre "algo" en uno o varios espacios o situaciones como una aproximación o intensión de lo que se busca; el conocimiento generado entra en un estado de apartamiento sin influencia emotiva o racional (conciencia); se realizan acciones corpóreas intencionadas; se compara la información de la memoria y la presente percibida; se identifica lo buscado; se acepta la información y se actúa para apropiarse del objeto, sujeto o la historia, ya sea física o imaginativamente
Entiendo algunos peligros	Hay un impacto visual, auditivo o físico; es percibido; hay una reacción rápida del cuerpo como respuesta; se compara con otra información de la memoria; se determina que es peligroso; se entiende; se actúa corporalmente para defenderse (huir, paralizarse, defenderse); vuelve a reconocer lo que está sucediendo; entiende la situación y resalta algo de esa vivencia (conciencia); se entra en estado de atención o de alerta; se generan pensamientos y emociones bajo la frecuencia de lo percibido
Es bueno o malo, quizá ninguno	Algo impacta al cuerpo o al estado de ánimo cotidiano; se compara la información con otra proveniente de la memoria, la cual puede estar estructurada (patrones); se puede guardar en la memoria o se valora para evitar desgaste de energía o por si pudiera haber peligro; el conocimiento generado crea un cruce de posibilidades (conciencia), esos cruces son elecciones futuribles; hay un entendimiento significativo y con el lenguaje corporal o verbal se responde; cada elección tiene una acción o reacción específica
Eso tal cual	Se percibe; se entiende; se percata que hay un cambio (conciencia) en emociones-pensamientos a través del tiempo o espacio; se acepta

Eso me recuerda al sabor que olía cuando era niño	Se recibe información directa o se percibe e interpreta como algo "familiar"; se compara con otras de la memoria; se encuentran semejanzas; se entienden las similitudes; se vivencia el recuerdo combinado con la nueva información; se analiza si es propio y en qué tiempo se dio; se vuelve a vivenciar con una alerta a cambios sutiles de las emociones, los cambios son identificados (conciencia); baja la velocidad de la historia la cual se está dando en imágenes; se amplía o mejora la historia con otras o, se va incluyendo más información; se dialoga internamente a través de la narración que se vivió, se vive una historia actual aun sabiendo que está basada en el recuerdo; se opta por guardar el descubrimiento o se comunica a otros
Estoy inspirado	Sensaciones activan algunas memorias; se generan emociones agradables y tranquilizadoras; fluyen ideas y pensamientos de manera lenta; se observa el instante que está pasando en ese intercambio; hay una sensación agradable que colma todo; se descubren nuevas ideas, pensamientos e imágenes, así como sus conexiones (conciencia); aparecen nuevas sensaciones que al combinarse con lo que se está viviendo se crea una mayor energía; se identifica esa fusión (conciencia); hay atención especial en lo nuevo que ha sido creado por el intercambio de energía y velocidad, se acepta; se pone atención al momento vivencial; se actúa consecuente para crear algo
Existo cuando alguien muere	Recibe información de que algún ser querido ha muerto; trata de pensar qué pasó y al mismo tiempo surgen emociones como respuesta a la información recibida; busca es su memoria algunos recuerdos que le permitan vivenciar su relación con el fallecido; llegan recuerdos de cómo está viviendo actualmente y reconoce que ese suceso le puede ocurrir; en ese momento se siente vivo y con un futuro vulnerable o frágil como cualquier otro ser vivo (conciencia); entiende que su actual existencia no podrá ser para siempre; decide darle un valor distinto a su modo de vida; toma decisiones basadas en pensamientos comparativos sobre el cambio; sabe que ahora su existir es un poco diferente

Existo porque siento/pienso.	Reconoce que algo está en movimiento de sí mismo; no se identifican lugares específicos de cambio en el cuerpo; se dan esos cambios a ritmos distintos; todo fluye sobre sí mismo por más que se intenta detener para identificar y analizar; se da cuenta de que vibran emociones; brotan pensamientos y sigue el intercambio de información; se percata de que ha definido un dentro y un afuera (conciencia); trata de atrapar todo y al mismo tiempo comunicarse; en ese instante sabe que existe (conciencia); surgen emociones y pensamientos que se van construyendo en historias de enésimos momentos, se guardan, cambian y vuelven a crearse; se hacen preguntas sin respuestas, se interceptan y se dejan fluir en el vacío de ausencia; hay un reconocimiento nuevamente de sí mismo (conciencia), con la experiencia que se va percibiendo proveniente de sí mismo y del medio social/natural, continúa la retroalimentación de su estar actual en el mundo, sabiendo que solo será por un tiempo
Floto y de un hilo me sostengo	Hay caos de emociones/sentimientos, ideas/pensamiento; se acepta esa situación; hay alerta para mantener o detener los movimientos provocados interna y externamente; se observa el caos a través de la velocidad e impactos que se van percibiendo; la sinergia del cuerpo y los pensamientos generan levedad; hay sensación de que algo de sí mismo se desprende, no obstante, también se percibe atado; se generan imaginaciones relacionadas a esa circunstancia; el caos disminuye o se modifica; la imaginación se fusiona a lo vivencial que originó ese cambio; el resultado de esa fusión vibra de manera distinta a la que se venía dando (conciencia); se da atención a lo que está sucediendo, se acepta; se actúa
Información que encaja	Se conoce nueva información; se relaciona con otra ya procesada, parte de ese conocimiento se complementa y unifica; resalta determinada información (conciencia) la cual es suficiente para comprender que hay una estructura y una dinámica; se reconoce y se actúa

La conciencia para salvar retos.	Realiza una actividad que le interesa; hay momentos en que lo hace de manera automática, en otros disfruta lo que hace; siente placer de hacer la actividad, hay aprehensión de esos momentos que vive; se percata de ese momento que se da, sin juzgar o tratar de entenderlo (conciencia); renueva su placer de lo que hace; reconoce algo distinto de lo que está haciendo o de lo que hará
La responsabilidad atrapa	Hay una situación de peligro o encrucijada; se mueven emociones y pensamientos en torno al tema; se valora lo que se está viviendo; se distingue información, la cual vincula la anterior, se hace nítida o con mucha energía (conciencia) intensa; se activa la atención; se acepta la información como importante; se actúa para sí mismo o para otros
La sorpresa me maravilla	Espera que suceda algo que no conoce exactamente cómo pasará; imagina situaciones y las vive; pone su atención para recibir y buscar más información sobre el tema; sucede algo que no esperaba; no se puede procesar la información que llega; se sorprende; se detienen los pensamientos y emociones (conciencia); interrelaciona la información recibida y le da coherencia para ajustarla al momento que está viviendo; actúa corporalmente para reforzar lo que está sucediendo

Lo que me sucedió hace años lo vivo como si fue apenas ayer	Al pasar por un lugar se perciben olores y sonidos; se generan recuerdos; salta la emoción sorpresa; lo percibido es considerado como conocido; se compara con otros recuerdos de olores y sonidos; se relaciona e identifica con historias propias y/o aprendidas; hay cambios fisiológicos inmediatos e intensos; surgen conductas que desconoce; por instantes se colapsa la atención y se intensifica la alerta; hay acciones reactivas sin control; aparecen imágenes con gran intensidad; surgen emociones relacionadas a la impotencia y parálisis; hay acciones físicas intensas en las extremidades del cuerpo; aparecen ideas e imágenes que se mueven a gran velocidad; se compara la situación actual con los recuerdos que están presentes; se entienden las diferencias entre el pasado y presente; continúa el estado de alerta; se percata de ciertas ideas y emociones vibrantes (conciencia); la atención incrementa sobre el presente; disminuye la fluctuación de cambios fisiológicos respiratorios e intensidad de las emociones; cada vez hay menos ideas relacionadas a la historia-recuerdo que se alteró; se reconstruye y remodela la narración que se está viviendo usando la información de la experiencia actual; hay reconocimiento de todo el acontecimiento y de la nueva vivencia de la historia (conciencia); se entiende lo sucedido; hay reflexión; se inhiben los cambios emocionales vigentes
Lo veo y me veo	Llega información a los sentidos; se percibe visualmente; se integra a la memoria; se relaciona con alguna parecida en la memoria; es comparada y resaltan algunos pensamientos que se formaron (conciencia); se valora lo conocido; se genera un conocimiento específico; se crea una imaginación a partir de la experiencia; se retroalimenta el proceso a través del lenguaje y se toman decisiones
Me acepto y luego acepto	Surgen pensamientos/emociones reiterantes; se analizan, una y otra vez desde distintas dimensiones y circunstancias; se entienden y aceptan sin el caos racional y emocional anterior; se reconoce y acepta tal cual (conciencia); se da una atención a ese momento; se compara con otros conocimientos de la memoria; se toma la decisión de transformar o sustituir esos pensamientos/emociones; se actúa; se acepta el conocimiento y la vivencia; se vuelve actuar

Percibir un fenómeno natural	Hay sensaciones de algo proveniente del exterior; se percibe e identifica como algo húmedo, se busca en la memoria información similar y se compara; se percata que el suceso se da en la superficie de la cabeza; la comparación señala que es un líquido y lo relaciona con información conocida como agua de lluvia; se percibe igualmente un viento gélido que es clasificado como ensordecedor, la luz percibida se identifica como un blanco intenso; se comprende/acepta como un solo evento, el cual es un conocimiento que sucede en un tiempo y espacio específico (conciencia); se compara con información de la memoria; se toma la decisión de disfrutar o de evitar el contacto físico de ese líquido percibido en la piel de la cabeza
Por fin entendí	Algo interno o externo genera un constante cambio de ideas/pensamientos y emociones/sentimientos; se forman bucles de ideas y emociones; hay desgaste de energía; la atención es débil; disminuye la intensidad; se percibe una idea conocida con más energía (conciencia); se genera alerta en lo percibido; se entiende y relaciona con el resto de las ideas/pensamientos y emociones/sentimientos; se generan emociones; se guarda como memoria y/o se actúa
Por fin supe qué me agobiaba	Algo interno o externo genera un constante cambio de ideas/pensamientos y emociones/sentimientos; surgen imágenes y escenas de la memoria sobre un tema o contenido; se generan emociones, se comparan con otras previas o patrones y se clasifican como desagradables; hay acciones corporales como consecuencia de las emociones; se analizan de forma reiterada las imágenes, escenas de experiencias y las emociones; se comparan los recuerdos con las sensaciones recién vividas; se produce un conocimiento de lo sucedido (conciencia) como causa o consecuencia; se exaltan algunos pensamientos (conciencia) con contenidos de las experiencias; se generan emociones y comportamientos distintos; hay nuevas acciones mentales y corpóreas
Lo racional de mi existencia	*Cogito ergo sum* (Pienso, luego existo) (yo pienso, entonces soy)

Reconozco al otro	Se perciben imágenes y sonidos de manera acumulada; se comparan los datos percibidos con información de la memoria; se observa la relación que hay; se distinguen las diferencias y semejanzas en las intersecciones al momento de comparar (conciencia); se reconoce el propio yo; se reconoce que hay otro ser más allá de la propia piel; se admite/distingue lo diferente; se acepta el contraste
Rumiando pensamientos	Se producen pensamientos como consecuencia de una situación sin resolver; se repiten y una y otra vez en largos periodos de tiempo; se perciben pequeños cambios entre un vaivén y otro; el movimiento constante genera una emoción que se une a los pensamientos por largos instantes; se repiten y una y otra vez sin control; se da una alerta y algunos de los pequeños cambios se perciben como un salto de energía producto de las distintas combinaciones que se van dando (conciencia); se perciben esos pensamientos más nítidos y constantes, con menos movimiento; se comprenden (conciencia) los pensamientos; aparecen nuevos pensamientos, imágenes y emociones; las repeticiones disminuyen de manera variable; continúa la repetición a otro ritmo e intensidad; surgen los mismos pensamientos, no obstante, ahora ordenados de manera distinta
Sé qué necesito	Se producen acciones corpóreas o mentales; se generan emociones satisfactorias; se comparan con la información de carencias y son clasificadas como distintas; se tiene conocimiento de qué está sucediendo con lo que hace falta y qué hacer para balancear; partes del conocimiento se "iluminan" (conciencia) con la interacción de las emociones; se intensifican su energía de esas partes y sobresalen del resto por unos instantes; se producen emociones relacionadas con un patrón de equilibrio; son razonados pensamientos y emociones con contenido de lo que se carece y qué se hizo y se hará

¿Sigo o me caigo?	Se perciben cambios fisiológicos que impactan la estabilidad del cuerpo; se percibe el entorno; se compara lo interno y externo con base en lo corpóreo; se entra en alerta al comparar información y determinar que hay desequilibrio; la información se procesa para entender qué está pasando; se crean escenarios que recrean posibilidades; se analiza las experiencias asadas y presentes; se toma una decisión; se actúa corpóreamente; se percibe todo el acontecer al unísono (conciencia) de inicio hasta el momento actual; se valora la situación vivencial; se entiende y hay una atención específica entre el cuerpo y el entorno; se generan emociones; se genera nueva información de lo que sucede; se toma decisión de continuar/fluir o parar; se actúa
Situación de peligro	"algo" provoca un cambio; reacciona el cuerpo; hay alerta; todo el ser se prepara; se procesa la información actual; se deciden dos opciones huir o enfrentar; se evalúan; se prepara el cuerpo con energía en lugares específicos; se actúa inmediatamente; se percata sobre lo sucedido (conciencia) y de los efectos; el conocimiento de lo sucedido se guarda en la memoria; se focaliza ese algo de forma específica; se mantiene la alerta con el vibrar de ese conocimiento (conciencia); se procesa la experiencia como un aprendizaje; baja el nivel de atención selectiva; se generan emociones, pensamientos y acciones relacionadas a lo identificado

Tabla 25

· · · ·

5º PASO, DESPUÉS DE revisar esta diversidad de senderos de toma de conciencia, seguramente aparecerán muchas más evocaciones que se quisieran poner de esta misma manera. Si es así, se sugiere redactarlas sin adjetivaciones ni connotaciones racionales o emocionales, por ejemplo, se podrían trabajar algunas como: "Supe que me equivoqué", "Hasta ahora sé por qué no me simpatiza", "Me siento vacío", "Viví algo casi igual después que lo escuché", entre otras. Lo interesante en estas narrativas es, poder darse cuenta de las diversas funcionalidades de los estados mentales, su sincronía con todo el cuerpo físico y su interacción con aquello que considere el individuo fuera de su piel, con lo cual, permitirá integrar y comprender conocimientos conscientes de sus dinámicas circunstancias.

6º Paso, para finalizar este ejercicio y así como la primera parte del libro, se presenta el poema de Constantino Kavafis (1911) titulado *Camino a Ítaca*. Leerlo y luego jugar a sustituir la palabra

Ítaca por la de conciencia, así también suplir a los lestrigones por los grupos de investigadores que consideran tener la verdad; en el caso de los cíclopes por aquellos eruditos del tema <conciencia> quienes solo aceptan hablar del tema desde su perspectiva y, a Poseidón por ese científico o filósofo omnipotente que cree poder controlar y manipular la conciencia. Así entonces, el poema tendrá mucho qué decir para el lector que ha participado en este viaje conceptual, invitándolo de este modo a disfrutar su trabajo, más allá de la propia meta que ha construido desde su propia perspectiva.

Cuando emprendas tu viaje hacia Ítaca
debes rogar que el viaje sea largo,
lleno de peripecias, lleno de experiencias.
No has de temer ni a los lestrigones ni a los cíclopes,
ni la cólera del airado Poseidón.
Nunca tales monstruos hallarás en tu ruta,
si tu pensamiento es elevado,
si una exquisita emoción penetra en tu alma y en tu cuerpo.
Los lestrigones y los cíclopes,
y el feroz Poseidón no podrán encontrarte
si tú no los llevas ya dentro, en tu alma,
si tu alma no los conjura ante ti.
Debes rogar que el viaje sea largo,
que sean muchos los días de verano;
que te vean arribar con gozo, alegremente,
a puertos que tú antes ignorabas.
Que puedas detenerte en los mercados de Fenicia, y comprar unas
bellas mercancías:
madreperlas, coral, ébano, y ámbar,
y perfumes placenteros de mil clases.
Acude a muchas ciudades del Egipto,
para aprender, y aprender de quienes saben.
Conserva siempre en tu alma la idea de Ítaca:
llegar allí, he aquí tu destino.
Mas no hagas con prisas tu camino;
mejor será que dure muchos años,
y que llegues, ya viejo, a la pequeña isla,
rico de cuanto habrás ganado en el camino.
No has de esperar que Ítaca te enriquezca:
Ítaca te ha concedido ya un hermoso viaje.
Sin ella, jamás habrías partido;
mas no tiene otra cosa que ofrecerte.
Y si la encuentras pobre, Ítaca no te ha engañado.
Y siendo ya tan viejo, con tanta experiencia,
sin duda sabrás ya qué significan las Ítacas.

LA MAYOR PARTE DE ESTE capítulo has sido una presentación teórica con algunas explicaciones y ejercicios, desde un sentido metafórico, puede decirse que es como el pétalo de un crisantemo, hay mucho más por descubrir, por lo que se invita al lector a seguir investigando y descubriendo nuevos pétalos que permitan continuar cultivando los próximos temas, por el momento solo queda la última provocación, pedirle al lector que revise y se anime a contestar estas nuevas preguntas expuestas en la Tabla 26.

¿Existe una voluntad en el individuo que lo lleve a crear conocimiento consciente?
¿Es la conciencia un producto causal de otros estados mentales?
¿La conciencia influye en la toma de decisiones del individuo cuando una creencia se hace consciente?
¿Es vital la memoria para dar contenido a los procesos de conciencia?
¿La conciencia es una capacidad innata o se adquiere socialmente?
¿La conciencia de algo explica en parte la realidad del individuo?
¿Es necesario crear un lenguaje específico para explicar la conciencia, su función y su mecanismo?   ¿Cómo se da la interacción entre el conocimiento consciente y el cuerpo?
¿Se puede saber que hay mente sin que haya proceso de conciencia?
¿Qué sucede con la toma de decisiones del individuo cuando una de sus creencias se hace consciente?   ¿Cómo un proceso de conciencia puede dar lugar a pensamientos, acciones o comportamientos?   ¿Es vital la memoria para dar contenidos a los procesos de conciencia?
¿La conciencia es una capacidad innata o aprendida socialmente?
¿La percepción de tener conocimiento consciente conlleva percatarse de que se está en un proceso de conciencia?
¿Al investigar sobre la conciencia como objeto de estudio, se tiene claridad de qué se está buscando?
¿Cómo distinguir si lo considerado conocimiento consciente proviene de un ser vivo o de un artefacto con inteligencia artificial?
¿Hasta qué punto los conocimientos conscientes contribuyen a la teoría que afirma la existencia de un carácter representacional directo/indirecto, activo/pasivo o voluntario en lo mental?
¿El estudio de la conciencia requerirá de trabajo interdisciplinario, lenguaje específico y considerar que hay niveles/dimensiones que requieren ser entendidos con el apoyo de otras teorías y métodos?
¿Es suficiente que se dé la intersubjetividad para compartir el conocimiento consciente?
¿Desde la física clásica se encuentra la conciencia en algún lugar específico?
¿Hay límites para determinar entre una conciencia individual y una colectiva?

¿Será necesario crear un lenguaje concreto para explicar qué es la conciencia, para qué hay conciencia y cómo funciona?
¿Tienen un periodo de permanencia los conocimientos conscientes y cuando ya no lo son a dónde se van?
¿Cómo se da la interacción entre conocimiento consciente y el cuerpo?
¿Cómo un proceso de consciencia puede producir un pensamiento, una acción o un comportamiento?
¿Cómo saber si lo considerado como conocimiento consciente es producto/contenido de un proceso de conciencia de un ser vivo o de un artefacto con inteligencia artificial?
¿El enfoque cerebrocentrista o neurocentrista proporcionará un mayor entendimiento de la conciencia?
¿Todo lo que se conoce como conciencia es conciencia de algo, por lo tanto, tiene una estructura lógica?
¿La conciencia es subjetiva o es producto de la subjetividad del individuo?

Tabla 26

La propuesta... La espiral de la Conciencia-Praxis

Este modelo representa una opción diseñada para facilitar el proceso de conocimiento personal, especialmente en el contexto de las relaciones con el entorno en un mundo que a menudo es incierto. No se trata de un sistema lineal ni de una secuencia rígida, sino más bien de un enfoque dinámico destinado a promover la conciencia constante en el presente.

Es importante destacar que no pretende ofrecer una guía perfecta ni una fórmula ideal para generar conocimiento consciente. Como se ha explorado en temas anteriores, la comprensión de la conciencia es un tema complejo y apasionante. La propuesta busca enriquecer la vida cotidiana al multiplicar, interactuar y diversificar las perspectivas de la conciencia. El objetivo es iluminar el proceso de comprender y conocer, promoviendo la verdad y la libertad como seres sensibles, intuitivos y racionales...simbiontes del planeta Tierra.

En el proceso de conciencia, se revelan las fuerzas que atan, limitan, envuelven y dan forma al individuo, convirtiéndolo, en tanto resultado, como creador de su propia historia. Este proceso también arroja luz sobre las relaciones incesantes con otros individuos, objetos y fenómenos, y las diversas oportunidades para entrelazarse y dar forma a realidades físicas, emocionales, espirituales y mentales.

La capacidad innata y adquirida de los seres vivos para dirigir y emplear su energía personal, con el propósito principal de adquirir conocimiento, comprender, tomar decisiones y posiblemente actuar, se conoce como "voluntad". Esta facultad se convierte en una necesidad vital, ya que impulsa constantemente a buscar y descubrir aspectos sobre uno mismo, tanto en las condiciones y circunstancias actuales, como en las relaciones sociales, económicas, ecológicas, políticas, culturales, y en la influencia ejercida por el cuerpo y la mente, tanto en el individuo como en su interacción con otros seres, objetos y fenómenos naturales.

El concepto de voluntad surge como una respuesta a la necesidad de sobrevivir y las diversas inteligencias involucradas en este proceso. Esta voluntad desencadena una serie de posibilidades y situaciones las cuales indican si algo puede o no integrarse en la vida cotidiana de la persona. Además, brinda elementos de decisión para discernir su veracidad o viabilidad. Es importante reflexionar sobre si el enfoque de la sobrevivencia se aborda desde una perspectiva del materialismo histórico, que lo ve como una adaptación de recursos a las circunstancias cambiantes.

A pesar de reconocer que las estructuras mentales y emocionales de las personas están limitadas por procesos individuales y sociales en constante evolución, esta perspectiva busca ampliar y revelar nuevas formas de comprender y conocer, tanto a nivel individual, como colectivo. Invita a explorar la realidad desde un enfoque que considera tanto el orden, como el caos.

Ser consciente, generar y estar en conciencia, es abrir portales de la realidad (aunque se esté y permanezca como parte de ésta) con múltiples propósitos para tener la posibilidad de vivir más intensamente o de forma distinta a lo ya acostumbrado o implantado de manera habitual. Tal vez solo se viven instantes aislados interconectados, los cuales crean imágenes nítidas de la abrumadora realidad.

La conciencia es figurativamente un destellar desde el interior de la mente, con instantes sucesivos conectados de manera casi constante, el aquí y ahora; no obstante, de igual forma se puede decir que, crear y estar viviendo en conciencia, es no solo crear conocimiento de sí mismo y del alrededor socioambiental, también es lograr una frecuencia armónica con otros procesos mentales, para ser y estar de manera plena e intensa en la realidad/mundo.

Desde esta perspectiva, al crear y sumergirse en la diversidad de la conciencia, se hace evidente la relatividad de la verdad, marcada por la multiplicidad de percepciones. En este viaje, se encuentran dudas, desafíos internos y una ineludible interacción con los diversos mundos donde transitan los humanos.

Este proceso de desarrollo trasciende la animalidad biológica básica, abriéndose hacia una dimensión más racional, emotiva, intuitiva, creativa y sublime. Se trata de un viaje que puede ser comprendido a través de los diversos estados de conciencia que emergen, conformados por múltiples facetas de la conciencia, estados emocionales y cognitivos. Estos, a su vez, crean nuevos y alternativos caminos de conciencia.

La invitación es continuar explorando y creando conocimiento consciente a lo largo de la vida, lo cual requiere voluntad y perseverancia. También es esencial comprender los obstáculos físicos, biológicos, racionales y emocionales que pueden ser parte integral de este proceso, y que a veces pueden obstaculizar el flujo de ciertas conciencias o conocimientos en el individuo.

Se puede afirmar que la conformación de conciencia es a partir de estadíos de conciencia, es decir, son tan solo una forma modélica de representación e interpretación de la Realidad. Este modelo lleva a evidenciar, sintéticamente, cómo los seres humanos (en sus diversos mundos) están en un constante encuentro desde la sujeción a mundos propios y sociales; potencialmente esta propuesta conduce a reconocer a los seres vivos como materia expandida e integrada al <todo> evolutivo del universo, también si se quiere aceptar como una composición de diferentes manifestaciones de energía a través de pensamientos, memorias, emociones, ideas, o si alguien además, quiere considerar la idea de espíritu.

Los mencionados estadíos de conciencia o fases procesuales de la misma serán expuestos más adelante, por ahora solo cabe decir que son una forma esquemática de conformación y precisión donde se evidencia el proceso continuo del existir, así como el de darse cuenta qué se hace y se deja de hacer o, en otro sentido, preguntarse (paradigma de pensamiento) si hubo un **origen**, **causa** o se es **consecuencia** de...

Por lo tanto, será muy arriesgado creer y seguir en un camino único de conciencia del ser y estar. Sería atrevido omitir que muchas veces, o en su mayoría, están entrelazados o fundidos con actividades cognitivas, creativas, emotivas y biológicas, consecuentemente, lograr estar y ser consciente de cada acción y en conjunto de todas las anteriores actividades, es estar potencialmente atentos al devenir.

DESDE ESTE MODELO DE crear conciencia de la conciencia, los humanos descubren una vida sucesiva e integral, la cual se da de manera inmanente e inminente, eso sí, cada vez más constante y eterna, por lo menos en este efímero existir.

Se apuesta a seguir construyendo una utopía consciente en la realidad, con retornos a veces casi eternos, haciendo que surjan puntos de inflexión en los pensamientos trascendentes y caminos de sobrevivencia. Desde esta visión llevará a admirar la belleza y comprensión del mundo, siempre en un afán de trascender en la vida, de adaptarse a distintas circunstancias y de contextualizar el propio existir.

La conciencia permite descubrir un poco más sobre la interminable creación, asimismo, crear y comunicarse profundamente consigo mismo y con otras formas de vida; ayuda a elegir con mayor certeza el andar eterno y efímero, como polvo cósmico, ya que el individuo ha decidido estar constantemente atado a un tiempo y un espacio.

El acostumbrarse a ejercitar la vida de manera radial por los estadíos de la conciencia y el darse cuenta de la capacidad física y mental de crear conciencia, incita y muchas veces obliga a aceptar o asumir que <algo> ocurre y que hay un continuar en constante movimiento, con una comunicación hacia el propio interior y relacionarse con otros seres vivos, artefactos y cosas.

QUERER SER CONSCIENTE del mundo donde se vive e imagina, es estar en un estado dinámico de enfrentamiento o dialéctica, es una apertura y a la vez disposición a soltar o retener nuevas y/o reformadas ideas, emociones y pensamientos. Consecuentemente, se decide y aprende a ser consciente, pero igualmente a no serlo.

Este modelo tiene el potencial de convertirse en una valiosa herramienta metodológica para aquellos involucrados en el desarrollo comunitario. Puede utilizarse como apoyo en las labores con los miembros de la comunidad, incluyendo líderes, autoridades, funcionarios públicos, investigadores, estudiantes, promotores y activistas.

Como facilitadores de procesos participativos, es fundamental reconocer que existe en un momento específico de la realidad y que la comprensión de ella se enriquece a través de una comunicación empática y funcional. Esto permite abordar y resolver los problemas comunitarios en beneficio de la comunidad en su conjunto. Es esencial que el trabajo esté bien enfocado, guiado por intenciones claras y motivado por la voluntad de hacerlo. Se debe evitar que la balanza se incline hacia actividades orientadas únicamente a intereses personales (ya sea de un miembro de la comunidad o del promotor) o a intereses puramente institucionales, como en el caso de intervenciones asistenciales o paternalistas.

Por el contrario, se requiere una visión integral de la comunidad donde los promotores, investigadores, estudiantes, líderes y activistas sociales sean compasivos y empáticos en su enfoque, buscando el bienestar colectivo y promoviendo una participación genuina y colaborativa.

> **En la medida que evolucionan y se vuelven más sensibles las disciplinas empíricas, es posible establecer más paralelos entre ellas, e igualmente es posible que las ciencias que se basan tradicionalmente en el análisis cuantitativo, que piensen en términos de actuación y actúan de acuerdo al pensamiento, tiendan a soslayar en un menos grado la esencia de las cosas.**
>
> (Melo, 2011, pág.240)

DESCRIPCIÓN DEL MODELO de la espiral de la conciencia

El modelo de la Espiral de la Conciencia se basa en la metáfora de una espiral geométrica, que rompe con la linealidad y fomenta la conectividad y la comunicación en diferentes niveles y escalas. La Espiral de la Conciencia se va formando y descomponiendo a medida que los participantes se involucran en el proceso de crear y estar conscientes.

Al aplicar y comprender este modelo en el contexto de la vida profesional en las comunidades, los promotores pueden mejorar la eficacia de su trabajo tanto en términos intelectuales, como prácticos. Además, pueden enriquecer sus experiencias colaborativas con los miembros de la comunidad, lo que les permitirá contribuir de manera más significativa al desarrollo y bienestar de estas comunidades.

. . . .

Imagen 14

EN LA IMAGEN DE LA espiral de la conciencia, están expuestos los estadíos de la conciencia, los cuales se irán explicando uno a uno (Imagen 14). Esta imagen presenta una disposición de los estadíos de la conciencia, más no es obligada esta secuencia espacial que se de en todos los procesos de conciencia.

En el centro, de manera simbólica, se encuentra el primer estadío denominado aquí como emocional-memoria, el cual permite una comprensión básica desde una visión orgánica. Los individuos son seres sintientes, pensantes, emotivos, intuitivos y con memorias.

El estadío emocional-memoria ayuda a sustraer y reconocer los sentimientos o recuerdos (mentales y biológicos), producto de las interacciones con el mundo mental y físico-biológico. Es una especie de filtro que permite a los seres vivos estar o ser sensibles en y con las relaciones, e igualmente en conectividad con "algo" (idea, cosa, ser) perteneciente o concerniente al mundo.

Causalmente, este estadío es el resultado de un proceso no consciente y/o producto de una conciencia distinta o plural (pasada o del mismo presente), es el momento al darse cuenta de las interacciones o relaciones cuando se disipan, se crean y/o suscitan otras energías; llevando a los individuos a distintas ideas, emociones y actividades vitales, como es el reconocimiento del respirar, digerir, latir, pertenecer, reproducir y distintas acciones de sobrevivencia biológica.

El acto de evidenciar y comparar las emociones y recuerdos que se encuentran ya sea parcial o completamente, en alguna parte de la mente y el cuerpo, requiere que uno esté atento a su propio acontecer de manera constante. Esto también conlleva el reconocimiento y la acción consecuente en relación con algunos paradigmas y creencias culturales. Por ejemplo, la sociedad está inmersa en la cosmovisión judeocristiana, que prevalece en los mundos occidentales y occidentalizados. Esta cosmovisión es una opción muy común y respetable para quienes la adoptan de manera consciente.

Por otra parte, potencialmente hay diversas maneras de observar al mundo, dentro y fuera, arriba o abajo, uni o pluridimensionalmente. Se sabe o intuye que la vida es un amplísimo caleidoscopio humano, aunque es necesario dejar claro y explícito que esta propuesta podrá permitir el surgimiento de formas y estilos de vida tendientes hacia una equidad, respeto, responsabilidad y amor a la vida, ya sea de índole humana o no humano, basados en un vivir del aquí y ahora, así como atentos de un espacio donde se permanece, así como con quiénes se convive, se respeta y se ama.

Estar atentos para comprender los sentimientos primarios o animales, como los grados de satisfacción y seguridad, así como los recuerdos y emociones humanizadas, es una práctica fundamental. Estos elementos alertan a las personas para descubrir, comparar y abstraer situaciones e intenciones tanto individuales, como sociales. Además, ayudan a resolver las demandas de la cotidianidad y las circunstancias del vivir.

Cuando los individuos desarrollan esta atención consciente, se vuelven más receptivos y observadores de las comunicaciones verbales y no verbales que ocurren en su entorno. Esto les permite establecer interacciones y relaciones más fluidas con los demás. A su vez, facilita la comprensión de asuntos sociales, económicos, ecológicos, políticos o culturales que surgen de las necesidades profundas, tanto personales, como familiares y grupales, así como de los entornos naturales.

Es importante destacar que esta habilidad se manifiesta plenamente cuando no existen barreras u obstáculos de comunicación que impidan la comprensión mutua. También se da cuando las personas evitan analizar y activar situaciones vivenciales de manera automática o rutinaria. La atención consciente a los sentimientos y emociones, así como a las comunicaciones humanas, conlleva una mayor capacidad de respuesta y adaptación en la interacción con el mundo.

En este estadío de conciencia, lo biológico, químico y físico, así como las emociones y recuerdos, se hibridizan con otros sentimientos y memorias similares. Estos elementos evolutivamente también han sido influenciados y humanizados por cada cultura, formando un entramado de estadíos de conciencia en diferentes niveles y escalas de sus procesos.

Ante esta compleja situación, el facilitador desempeña un papel crucial al estar atento a evidenciar estos procesos de hibridación. Puede hacerlo mediante palabras, gestos, sonidos, imágenes u otras formas de expresión. El objetivo principal es comprender el entrelazado de conciencias presente en el grupo o individuo.

El facilitador debe procurar no interpretar ni juzgar, sino simplemente permitir que fluyan ideas, pensamientos y emociones, ya sean simples o complejas, en un ambiente de apertura y comprensión. Esto fomenta la exploración y expresión libre de los participantes en el proceso de conciencia.

Es posible y viable conocer y luego emocionarse o viceversa, esta situación hace ineludible entrar en la siguiente fase o estadío de la espiral de la conciencia. El conocer se funda en descubrir, relacionar y abstraer ideas sueltas o concretas, al igual con emociones (producto de lo vivencial y racional) y pensamientos (producto de la autorreflexión y razonamiento de otros seres), desde un proceso denominado: **Estadío del Conocer**.

Desde una perspectiva externa, se puede observar que la comprensión del ejercicio actual se ve simplificada cuando se considera la realidad como un conjunto de dimensiones ilimitadas en las que uno se encuentra inmerso. Dentro de estos procesos complejos denominados "conciencia," se incluyen conceptos como crear, tener y trascender. En este contexto, el Estadío del Conocer se presenta como un componente esencial en la formación de la conciencia.

El Estadío del Conocer se encuentra fundamentado en la memoria emocional y la memoria racional, ambas cargadas de una energía específica. Esta energía, cuando se activa en la mente, despierta recuerdos que pueden generar una serie de respuestas corporales y emocionales, que van desde la gratificación hasta la incomodidad. Puede asimilarse a un vasto banco de información que permanece latente, cambia constantemente, es dinámico y sigue creciendo.

Es importante comprender que este estadío no debe ser visto como una plataforma estática e inmutable, sino como una estructura que se construye y deconstruye continuamente para ser utilizada como un elemento esencial en la supervivencia de los seres vivos. Aunque los seres humanos a veces no sean plenamente conscientes, carezcan de ciertas habilidades o no puedan comprender completamente el proceso de "conocer" o recordar toda su realidad, están en constante proceso de reconocimiento y comprensión de las diversas dimensiones que conforman esta información dinámica. Esta información puede ser un complejo entramado de energías, objetos y seres vivos.

La conciencia posee atribuciones intrínsecas que desempeñan un papel fundamental en la estructuración, organización y retención de la información. Esta estructura mental se compone de una variedad de elementos, que incluyen ideas presentes y pasadas, emociones personales y adquiridas, pensamientos tanto personales, como colectivos, sensaciones y apercepciones. No siempre se procesan en su totalidad, a pesar de la percepción de que así sea. Estos componentes son esenciales para la existencia e interacción con los diversos entornos a lo largo de la vida.

La formación de esta estructura mental y emocional en el Estadío del Conocer se desarrolla a lo largo de las experiencias de vida y las interacciones con el mundo. Además, se ven influenciados por las ideas, emociones y pensamientos que surgen de manera no intencionada o fortuita en el entorno natural, social y virtual en el que principalmente se vive. Estos elementos, tanto internos, como externos, contribuyen a dar forma a la percepción y comprensión de la realidad.

Conocer es acomodar y/o tejer la empiria, las intuiciones y razones, bajo un soporte mental basado en la coexistencia entre seres y cosas (por darle un nombre a lo existente en los mundos), mismos que comparten dinámicamente datos, información, artefactos, ideas, energías, espacios y cuerpos, ya sea de manera intencionada o casual; así el conocer tendrá una individualidad y universalidad compartida, producto de la historia de vida individual y colectiva en cada ser vivo.

En este estadío de conciencia, se presenta un ejemplo ilustrativo que invita a la reflexión. Cuando se intenta recuperar un recuerdo y se visualiza, es posible que las actividades vitales automáticas, como la respiración, se vean momentáneamente afectadas, y la persona comienza a respirar de manera consciente. A veces, este fenómeno se manifiesta en forma de suspiros o respiraciones profundas de contemplación. Los recuerdos que surgen en este proceso suelen presentarse como imágenes que pueden ser más nítidas e intensas, pero que también pueden disiparse sin que se tenga un control completo sobre su duración.

Este proceso puede generar preguntas intrigantes, como cómo se generan los recuerdos, las ideas y las emociones, así como quién o qué contiene y administra estos recuerdos para evitar que salgan desordenadamente y se mezclen con todas las memorias en un instante.

En el plano intelectual, tanto a nivel individual, como colectivo, este estadío de conciencia está intrincadamente relacionado con lo tangible y lo intangible en la compleja trama de la vida. Esto incluye desde las creencias actuales y arquetípicas, hasta las interpretaciones que se dan en la realidad a través de los sentidos y procesos mentales, los cuales pueden ser tanto simples, como complejos.

Todo este proceso se lleva a cabo mediante la abstracción de las vivencias, los diálogos internos y externos, la captura de datos mediante instrumentos y los propios sentidos biológicos y psicológicos. Estos elementos contribuyen a la construcción de ideas y emociones concretas y singulares, los cuales permiten diferenciar y distinguir las cualidades explícitas, así como aquellas que pueden ser más implícitas, de los hechos y las experiencias. Estos acontecimientos son el resultado de la interacción constante con elementos tanto naturales, como culturales en los diversos entornos del mundo que es habitable.

Estar en conciencia no garantiza, por sí solo, el éxito en la adaptación a la vida ni asegura la consecución de la felicidad en el mundo. Este proceso de estar en conciencia es simplemente una faceta de la experiencia humana, y reconocerlo no implica que, al practicar todos los estadíos de conciencia y transitar de uno a otro, se logre automáticamente crear conocimiento consciente. Este proceso es importante, pero no es suficiente para alcanzar la plenitud en la vida.

Desde esta perspectiva, surge una pregunta relevante: ¿Qué sucede con los estadíos meditativos, los estadíos de sobrevivencia y los momentos en los que se experimenta los no lugares de silencio y existencia? Estos estados y momentos también son parte integral de la experiencia humana, y su relación con la conciencia y la plenitud de la vida es un aspecto que merece exploración y reflexión.

El proceso de <conocer/comprender> desempeña un papel fundamental en el aprendizaje voluntario, ya que permite que los humanos se relacionen de manera constante con su entorno, incluyendo el hábitat y otros seres y objetos (tanto reales, como virtuales). Esta interacción se basa en el análisis continuo, guiado por el principio de la duda y la búsqueda constante de respuestas. A su vez, este proceso tiende a generar más preguntas sobre las relaciones que cada uno mantiene, tanto las que son explícitas, como las que están implícitas.

Para llevar a cabo este proceso de <conocer/comprender> de manera más específica, es necesario reconocer y utilizar el siguiente estadío de la conciencia, que se caracteriza por la síntesis y un enfoque definido hacia las ideas, pensamientos, hechos y fenómenos: el **Estadío de la Concentración.**

El estadío de la concentración constituye una etapa del proceso en la que se realiza un enfoque intencional al dejar de lado la amplia gama de estímulos sensoriales y racionales. En este punto, se presta una mayor atención a las ideas, emociones y pensamientos que han sido conocidos previamente en los dos estadíos anteriores: Emocional-memoria y Conocer.

En este estadío, el enfoque se dirige a la focalización y agrupación de ideas, emociones y recuerdos específicos a un ritmo y velocidad determinados. Estos elementos se organizan de manera distinta para evitar dispersiones, distracciones, gastos innecesarios de energía y confusiones. En otras palabras, se presta atención a cuestiones concretas y específicas sin perder la conexión con el contexto general del presente.

Este enfoque evita divagaciones y saltos abruptos de un pensamiento a otro, al tiempo que previene la sensación de mareo que puede surgir al intentar lidiar con la agitación de ideas y emociones. En este estadío, algunas ideas, emociones y pensamientos que quizás estaban olvidados o descuidados pueden destacar y recuperar relevancia.

Para ingresar a este estadío, es fundamental aprender a respirar profundamente, relajarse y permitir que los pensamientos y emociones recurrentes o estancados fluyan libremente. Este proceso ayuda a concentrarse y entrar en el estado de concentración de manera efectiva.

Al estar en concentración quizá se corre el riesgo de dejar de lado "algo" importante, sin embargo, no debe interpretarse como si la conciencia es solo el armar a partir de una única estructura de pensar y sentir; sino por el contrario, se trata de dimensionar partes e instantes de lo inconmensurable de la realidad, asimismo, reconocer qué se tiene, qué se gana y se pierde. Es una especie de selección intencionada, con la posibilidad de integrarse como parte de lo ya conocido por uno mismo.

En el estadío de la concentración, se lleva a cabo la discriminación de ideas, emociones y pensamientos, aunque no como un objetivo en sí mismo. También implica el abandono o descarte de datos e información como un mecanismo para abstraer algo específico de la realidad.

Durante este proceso, se conjugan y sintetizan emociones, pensamientos e ideas de manera más nítida, independientemente de su origen o de cómo se hayan seleccionado y mantenido a través de patrones, estereotipos o arquetipos.

La concentración implica una decisión y un filtro que reúne y otorga exclusividad a ciertas ideas y pensamientos, lo que les confiere una forma y esencia que facilita su manejo y comprensión.

Al entrar en este estadío, es posible reunir diversas ideas y distinguirlas, ya sea mediante una selección, clasificación o dejando de lado otras (a veces se sabe lo que no se quiere, aunque no se sepa exactamente lo que se quiere). En resumen, en este estadío, las ideas se enfocan y delimitan en la mente como algo específico.

Es importante destacar que este proceso no sigue un modelo lineal, ya que la dinámica y la multiplicidad de los procesos de conciencia invitan a reconocer la inagotable profundidad de la experiencia presente y el constante fluir de la vida, ya sea con o sin conciencia.

Cuando se tiene una comprensión clara de los procesos mencionados anteriormente, trabajar con comunidades se vuelve más efectivo al permitir clarificar y definir objetivos inteligentes. Es importante destacar que este enfoque no implica imponer, sugerir o juzgar, sino más bien facilitar el flujo del proceso entre los miembros de la comunidad. En este contexto, se enfatiza la importancia de buscar opciones pedagógicas que permitan a los participantes reconocer su propio esfuerzo, especialmente después de haber realizado el ejercicio de concentración de ideas, emociones y recuerdos.

A pesar de que este proceso de concentración ocurre de manera natural y cotidiana, aunque no siempre de forma voluntaria, llevar a cabo esta práctica ayuda a fortalecer la capacidad inherente de la naturaleza racional de los individuos. Este proceso sienta las bases para la transición hacia otro estadío de la conciencia, que se denomina "**estadío de la Comprensión**".

En el estadío de la Comprensión, el proceso mental implica la exploración y manipulación de los significados y representaciones de elementos naturales y culturales previamente conocidos. Se trata de una selección e identificación de información, así como de las relaciones entre ideas y emociones. En este estadío, los pensamientos adquieren una cualidad propia y adecuada, y ya no es necesario rastrear su origen o cómo se formaron. Las ideas, pensamientos, emociones y recuerdos (tanto mentales, como biológicos) se integran sin importar si provienen de experiencias intelectuales, prácticas o sensoriales.

El propósito de este estadío es jugar y combinar lo que se conoce y se ha enfocado para integrarlo como parte de la persona, convirtiéndolo en un "saber" personal. A través de este proceso, los estadíos anteriores se sintetizan e interpretan de manera personal, llegando a ser parte de la mente y del cuerpo.

La comprensión es una habilidad que se hereda y se aprende culturalmente, lo que lleva a la creación de nuevos significados para lo "conocido". Esto varía de un individuo a otro y depende de sus propias experiencias, historias, contextos y situaciones. La capacidad de comprender es una ventaja para los seres vivos, ya que facilita la comunicación consigo mismos y con otros seres y objetos en su entorno.

La reflexión anterior conduce a la reconsideración de la naturaleza de las personas en términos de seres que abarcan dimensiones biológicas, emocionales y racionales, y que están inextricablemente integrados en una realidad que se manifiesta en múltiples "mundos". En este contexto, se reconoce o se supone que estas personas tienen una presencia activa en este mundo.

A partir de este punto de vista, los individuos coexisten y se esfuerzan por asumir la responsabilidad de sus propios actos y pensamientos. Estos actos y pensamientos son tanto el producto, como los productores de una serie de influencias, que incluyen fuerzas físicas, químicas, biológicas, psicológicas, sociales y culturales que operan en sus vidas.

En el estadío de la comprensión, los individuos se encuentran inmersos en un proceso dinámico y flexible que les permite sustituir, permutar y enriquecer sus conocimientos y saberes según sus necesidades y deseos. Desde la perspectiva de la "espiral de la conciencia", este estadío se caracteriza por la capacidad de abordar la realidad en diferentes escalas, niveles y perspectivas, incluyendo aspectos emocionales, cognitivos y perceptuales.

Por ejemplo, en una comunidad, los participantes pueden experimentar la necesidad de buscar soluciones a problemas personales o colectivos. En este contexto, la capacidad de comprender y asumir sus propias experiencias y razonamientos les permite construir diversas perspectivas y enfoques para abordar sus respectivos mundos.

Este proceso de comprensión les brinda la oportunidad de explorar diferentes puntos de vista y enriquecer sus perspectivas, lo que puede conducir a soluciones más efectivas y significativas.

El **estadío del Cambio** físico, mental y emocional se presenta como un proceso de la conciencia que actúa como un catalizador para desencadenar inercias multidireccionales de reflexión y transformación tanto a nivel físico, como intelectual y emocional. Este proceso se caracteriza por promover dinámicas en las que la comunicación desempeña un papel fundamental, tanto a nivel interno y personal, como en el ámbito social.

En este estadío, se fomenta un diálogo activo y acciones basadas en el discernimiento de preguntas inteligentes que estimulan la curiosidad, motivan respuestas significativas, generan interés y tienen una intención clara y concreta. Estas preguntas no buscan respuestas lineales ni soluciones mágicas, sino que permiten la expresión tanto de aspectos emocionales, como racionales.

Los participantes, ya sean miembros de una comunidad o promotores de cambio, se convierten en observadores dinámicos de una realidad compleja y vasta. Reconocen su papel como seres vivos inmersos en estructuras, objetos y fenómenos que forman parte de sus diversos entornos. Aunque pueden no ser plenamente conscientes de todas sus relaciones, este proceso les brinda la oportunidad de explorar y comprender mejor dichas relaciones.

En este estadío, los interlocutores fusionan sus ideas y prácticas, tanto personales, como apropiadas, con el propósito de generar movimientos, transformaciones y soluciones en respuesta a asuntos o necesidades surgidos en etapas anteriores. Se trata de un proceso colaborativo que busca abordar los desafíos de manera efectiva y significativa.

El estadío del cambio o movimiento de cuerpo y mente se da por medio de una serie de acciones en diferentes niveles de manifestación de las personas, cosas u otros seres. No hay estadío del cambio si no hay aprehensión de ideas, emociones y pensamientos, las cuales son guiadas e impulsadas desde una energía intencionada o <actitud> ^{Nota final [clxxv]}, así como por la intencionalidad de generar movimientos en los pensamientos y emociones, ya sea en el plano intuitivo, instintivo o racional.

Al percibir los cambios, el individuo se da cuenta de que está inmerso en un fluir eterno de la vida y de su pertenencia al Universo. Aquí se evidencia el movimiento interior (biológico y mental), al igual el acontecer exterior o de las relaciones interdependientes, dando como resultado un desencadenamiento de los estadíos anteriores. Quizá se pueda entender este estadío a manera de un proceso paralelo producto de otra manifestación distinta de la concientización.

Sencillamente, se requiere estar atentos al movimiento constante y a la evolución, al fluir como materia y energía, tomando en consideración que el cambio es "ese", es estar; al igual será necesario permanecer expectantes de los sentimientos anclados a conceptos pertenecientes a la idea de tiempo y espacio, variables contemporáneas que forman parte una explicación sobre el movimiento en el Universo.

Surge en el estadío del cambio, las transformaciones físicas, afectivas e intelectuales, donde la permanencia sutil como parte de lo complejo de la vida, requerirá de una constancia, repetición, retroalimentación y ajuste, para evidenciar que nunca se fue o será el mismo.

Consecuentemente, el estadío del cambio podrá llevar a los individuos a la necesidad de pasar a otro estadío de la conciencia, denominado **estadío de la Práctica**.

El estadío de la práctica es una manera mecánica de reforzar y fortalecer los cambios evidenciados en el anterior estadío, por lo que, algunos se conviertan en hábitos individuales y sociales con la repetición, y quizá se transformen en inercias o prácticas establecidas como parte de la vida cotidiana.

Este actuar dará una mayor viabilidad a la solución de algunas cuestiones sociales, económicas, ecológicas o políticas, en las cuales los participantes y el mismo promotor podrían estar inmersos. Por ejemplo, las expresiones artísticas e intelectuales, actividades manuales y creatividad, la reproducción e innovación de técnicas de trabajo, entre otras.

En el flujo constante de pensamientos, cuerpos e inteligencias, los participantes adquirirán prácticas y cambios continuos que requieren un poder de voluntad, organización, fuerza, intención, seguridad, actitud y apropiación automática. Estos elementos los llevarán a avanzar hacia el siguiente estadío de la conciencia, conocido como el **estadío del Control**.

En esta fase del proceso, los participantes tienen la voluntad y empatía (relación humana donde se tocan los corazones para actuar/ayudar y así poder beneficiarse); de esta manera podrían prevenir y solucionar asuntos específicos y generales que los salven, libren o hagan felices de su circunstancia y, tal vez, de sus proyecciones o imaginación sobre su futuro.

El estadío del Control se puede entender como un auto satisfactor creado como respuesta a una necesidad originada por una emoción o idea. Este proceso es influenciado por la herencia cultural y la condición social, que involucra la representación simbólica y la práctica de diversos modos y formas de interactuar, producir y expresar tanto la naturaleza biológica, como el razonamiento.

Cuando se logra controlar lo que se conoce con el propósito de comprenderlo y ponerlo en práctica, se adquiere la fuerza y la dirección necesarias para tomar decisiones y, por lo tanto, para actuar o expresarse. Esto puede implicar la continuación de un estilo de vida o la posibilidad de cambiarlo, ya sea a nivel individual o colectivo. En la mayoría de los casos, el control requerirá algún tipo de comunicación con otros seres y objetos fabricados mediante alguna técnica, ya sea con una función específica o no.

Desde una perspectiva antropológica, los participantes de un grupo en la comunidad y el propio facilitador son miembros de la especie humana *Homo sapiens*. Como tal, representan una manifestación de la adaptación a la diversidad de hábitats y las variadas formas de pensar y sentir que caracterizan a los seres humanos.

La especie humana ha experimentado una adaptación heterogénea a lo largo de su historia, lo que se ha traducido en una auto-domesticación manifestada en una amplia variedad de aspectos, que incluyen ideas, pensamientos, formas corporales, emociones, arquitectura y artefactos. En este contexto, el control sobre la vida se convierte en una cuestión trascendental que debe ejercerse con consciencia y responsabilidad.

El último estadío de conciencia, conocido como el **estadío del Compartir**, se presenta como el punto culminante de todos los procesos anteriores. Es importante destacar que todos los estadíos previos pueden considerarse como simples anécdotas o buenas intenciones si no se llega a este estado final.

En el estadío del Compartir, se alcanza un nivel de integración y conexión profunda entre humanos y su entorno. Aquí se comparten experiencias, conocimientos, saberes, emociones y recursos de manera significativa y con conocimiento consciente.

Este estadío trasciende la individualidad y se enfoca en la colectividad y la interdependencia. Es la culminación de la espiral de la conciencia, donde se reconoce que el verdadero significado de la vida y el conocimiento radica en la capacidad de compartir y contribuir al bienestar y desarrollo de uno mismo, de la comunidad y del mundo en su conjunto.

La historia sintetizada y basada en el modelo de la espiral de la conciencia lleva al estadío del compartir; en esta fase, se tiene el poder o se cree tener el control de algunas ideas, pensamientos y recuerdos, como formas pertenecientes al proceso de conciencia. Estas formas serán de gran ayuda cuando el promotor y la comunidad se dediquen a atender sus Asuntos Comunitarios.

La consecución de esto se logrará mediante acciones prácticas y discursos que contribuyan a las diversas soluciones y prevenciones de las múltiples dinámicas sociales, económicas y ecológicas existentes.

Es primordial en este proceso, construir un aprendizaje participativo personal y colectivo, desde una conciencia y praxis funcional (en forma automática o con adaptaciones), con o sin la intervención de otras personas; esto permite (idealmente) que los propios promotores sean parte integral de los procesos de desarrollo comunitario. Al respecto, Sergio Michel en su libro *En busca de la comunidad* comenta:

"El aprendizaje participativo auténtico, se convierte en un espacio donde más que nadar entre referencias conceptuales, el grupo se sumerge en una experiencia de intercambio libre y respetuoso." (Michel, 2009, pág. 46)

El estadío de compartir es un proceso de aprendizaje intencionado que involucra diversas actuaciones de las etapas mencionadas anteriormente. Estas etapas no necesariamente son consecutivas o concatenadas, pero todas confluyen y les dan sentido a los estadíos anteriores. En este estadío, se experimenta de manera colectiva tanto por parte de los participantes, como del facilitador.

Este estadío otorga significado y propósito a las etapas previas, ya que se trata de un proceso destinado a facilitar la reproducción, expansión y mejora de las acciones y pensamientos en todas las vertientes, niveles y escalas de aquellos que participan de manera directa o indirecta. Se convierte así en una práctica que abarca lo social, económico, político, cultural y ecológico.

Se vuelve un asunto social que servirá de retroalimentación entre los participantes involucrados en el camino del desarrollo comunitario y de quienes lo compartan. Es en sí, el poder trascender ideas y acciones a través de tres Rs. - Redescubrirse-Revalorar-Redefinirse.

Imagen 15

. . . .

EL MODELO DE LA "ESPIRAL de la conciencia", representado en la Imagen 15, describe la combinación de distintos estadíos de la conciencia. Este modelo se ha concebido con la intención de superar las múltiples definiciones y explicaciones que existen sobre el concepto de conciencia. Ofrece una perspectiva única y estructurada que busca comprender y abordar la conciencia desde una variedad de dimensiones y niveles, proporcionando una visión más completa y holística de este fenómeno complejo.

En síntesis, los estadíos de conciencia representan un camino continuo de desarrollo personal y colectivo. Comienza con el reconocimiento de seres sintientes, seguido por los estadíos de conocimiento, concentración y comprensión. Estos preparan el terreno para la práctica y la búsqueda del control o hábito en las interacciones individuales y colectivas.

Este proceso es una construcción constante que brinda a las personas la oportunidad de ejercer su libertad y elección. A través de estos estadíos, se llega a comprender que forman parte de un fragmento de la realidad y que existen múltiples dimensiones o mundos a los que se aproximan.

Los estadíos de conciencia ayudan a construir y reconstruir la certeza de quiénes son como seres sociales. Representan la búsqueda de autonomía y el fortalecimiento de las relaciones con otros individuos, artefactos y elementos del entorno con los que comparten, interactúan y descubren. Este proceso es fundamental para el crecimiento y desarrollo tanto personal, como colectivo.

La creación de estados de conciencia es un proceso que puede llevarse a cabo de manera individual o colectiva. En el proceso, se comparten conocimientos, emociones e imaginaciones, y en ocasiones, se puede dar lugar a una nueva conciencia como resultado de la interacción entre seres humanos y artefactos. Esta nueva conciencia puede ser percibida de diversas maneras, ya sea como algo satisfactorio, desagradable, incómodo o seductor.

Es esencial ser consciente de cómo y por qué se están generando estas conciencias en la vida cotidiana. Esto ayuda a evitar caer en la falta de conciencia o en la ambigüedad con respecto al papel como actores sociales. En otras palabras, esta propuesta impulsa a convertirse en actores responsables de los cambios necesarios para construir sociedades mejores, fundamentadas en valores compartidos y válidos tanto a nivel individual, como social.

Al adoptar esta perspectiva, se pueden evitar paradigmas que fomentan la sumisión, la alienación y la mediocridad, promoviendo en su lugar una visión común, construida y compartida que beneficie a la sociedad en su conjunto.

Es importante enfatizar que el modelo propuesto no debe ser interpretado ni aplicado de manera automática ni como un camino rígido y predefinido. No se trata de seguir los estadíos de manera estricta, como si fueran pasos por seguir en orden secuencial. Tampoco se debe ver como un patrón o esquema predeterminado en el que se comienza desde el primer estadío y se avanza de manera lineal.

Esta propuesta está diseñada para ser utilizada de manera flexible y adaptada a las necesidades y preferencias del lector o del facilitador comunitario. Puede comenzarse desde cualquier estadío y avanzar en cualquier dirección según sea necesario. El modelo de Conciencia-Praxis es una herramienta versátil que puede ser utilizada de diversas formas y desde diferentes enfoques, y su aplicación puede variar según las circunstancias y objetivos específicos.

Es importante destacar que existen múltiples opciones y enfoques para utilizar el modelo de crear conciencia. Se puede optar por ejercitar solo los dos primeros estadíos o comenzar desde el estadío de control y luego retroceder para comprender qué se controla y cómo han surgido prácticas a partir del conocimiento focalizado. También es posible empezar con el estadío de conocer, luego abordar el emocional-memoria y concluir con el comprender.

La flexibilidad en la elección de los estadíos y el orden en que se trabajan es una característica importante de este modelo. No existen restricciones rígidas, y el lector o el facilitador comunitario pueden explorar diferentes caminos según sus intereses y objetivos. La clave radica en la disposición y el deseo de aventurarse en la exploración de la conciencia desde diversas perspectivas.

Al jugar con los estadíos de conciencia, es probable que las personas se den cuenta de que estos procesos siempre han estado presentes en sus vidas, aunque tal vez no los reconocieran como tales o los percibieran como rápidos y complejos. Ahora, pueden abordarse de manera sistemática y con mayor claridad. Cuando se les pide a otros que "hagan conciencia de esto en sus **aquís y ahoras...**", comprenderán el proceso en lugar de verlo como una frase vacía.

Después de experimentar con diferentes enfoques y caminos a través de los estadíos, es importante tomarse un momento para reflexionar sobre cómo se puede crear conciencia al vivir el devenir de la existencia en sus aquís y ahoras. También surge una pregunta fundamental: ¿Por qué la naturaleza temporal y finita impulsa a los individuos a ser conscientes de la vida? La conciencia se desarrolla a través de las manifestaciones mentales y corporales, que cambian como parte del flujo de la vida, pero siguen siendo parte del Universo.

La práctica constante de este modelo lleva a la suposición de que cada participante y promotor puede comprender y dimensionar sus estadíos de conciencia para vivir plenamente en sus aquís y ahoras constantes. Esto implica la formación de una conciencia personal que moldea la identidad y subjetividad individuales. Al mismo tiempo, contribuye al desarrollo colectivo dentro de la comunidad o sociedad, y posiblemente, al reconocimiento de la ciudadanía global como habitantes de un mundo interconectado.

Los estadíos de conciencia pueden servir como una herramienta para evitar seguir un camino marcado por sistemas sociales, políticos y económicos basados en el poder, el dinero y el control. Se conocen las consecuencias de tales sistemas, que a menudo cosifican a las personas, reduciéndolas a sujetos sociales sin personalidad, limitándolas a expresarse solo a través de ideas, pensamientos y emociones que no les pertenecen o que son poco beneficiosas para ellas.

Reconocer esta posibilidad puede prevenir que algunas personas continúen promoviendo estilos de vida que ponen en peligro la autonomía dinámica de las comunidades, llegando incluso a amenazar el futuro de millones de personas, otros seres y las diversas formas de vida en este amado planeta Tierra.

El juego de los estadíos de la conciencia es una invitación a brindarse la oportunidad de caminar hacia la construcción de la libertad y la búsqueda de la felicidad propia y compartida. Es una aventura de vida que permite explorar y expandir la conciencia, lo que a su vez puede tener un impacto positivo en la sociedad y en el mundo en general.

LA SEGUNDA PARTE DEL libro abordará temas relacionados con la organización de las comunidades, la identificación de los protagonistas clave y los fundamentos de la participación social.

También incluirá ejercicios participativos y de diagnóstico, así como estrategias para la organización social. Además, se proporcionarán pautas para reconocer el perfil del facilitador, ya sea como investigador, promotor o educador, y se ofrecerán consejos sobre cómo ser un observador efectivo y mantener un enfoque claro y organizado en sus conceptos y anotaciones. Estos temas y herramientas serán fundamentales para comprender y abordar la dinámica de las comunidades y promover un cambio positivo en ellas.

Los ejercicios ayudarán a descubrir y saber cómo trabajar con la información que se vaya generando, ya sea al interactuar directamente con una comunidad o solo reconocer el momento de cuándo iniciar acciones y cuál es el papel social[Nota final clxxvi] del promotor o facilitador en el acompañamiento de la comunidad donde incide.

Bibliografía

Abreu, J. L. & Badii, M. H. (2007). La conciencia cuántica como enfoque de estudio de la ética y de las ciencias sociales. Una nueva propuesta de investigación científica para las universidades. Daena: International Journal of Good Conscience. Abril-Septiembre, 2, (2),1-25.

Adams, J. K. (1957). Laboratory studies of behavior without awareness, Psychological Bulletin, 54, (5), 383–405.

Álvarez-Munárriz, L. (2014). El modelo neurobiológico de la conciencia. AIBR. Revista de Antropología Iberoamericana, 9 (1) pp.9-34. Consultado: 15 de Octubre de 2021.

Aguilar, A. (2001). Cómo estudiar la conciencia: tres paradigmas para la psicología, Revista latinoamericana de psicología, Bogotá: Fundación Universitaria Konrad Lorenz, 33, (1), 11-21.

Amedi, A., Malach, R., & Pascual-Leone, A. (2005). Negative BOLD differentiates visual imagery and perception. Neuron, 48, 5, 859–872. https:// doi: 10.1016/j.neuron.2005.10.032. PMID: 16337922.

Antonovsky, A. (1979). Health, Stress and Coping. San Francisco: Jossey-Bass.

Anzieu, D. (1985). El Yo-piel. Madrid: Biblioteca nueva. 2003.

Arana, J, C-A, (2015). La conciencia inexplicada. Ensayo sobre los límites de la comprensión naturalista de la mente. Madrid: Biblioteca Nueva.

Armour, J, A & Ardell, J, L. (1994). Neurocardiology. Nueva York: Oxford University Press.

Armstrong, D. M. (1968). A Materialist Theory of the Mind. Londres: Routledge y Kegan Paul.

Armstrong, D. M. (1978). What is consciousness? En: D. M. Armstrong (ed). (1997). The Nature of Mind, 55–67. Reimpreso en Block & Col. The Nature of Consciousness. Philosophical Debates. Cambridge: The MIT Press.

Armstrong, D. (1970). The nature of mind. Brisbane: The University of Queensland Press. 1980.

Arriano, F. (0108). Manual de vida de Epicteto. Bogotá: Editorial Norma. 1995.

Arias, D, A. (2013). El problema de la conciencia en John R. Searle. ¿Naturalismo o dualismo biológico? ArtefaCToS, 6, (1), diciembre, 181-200.

Baars, B. J. (1988). A Cognitive Theory of Consciousness. Nueva York: Cambridge University Press.

Baars, B. J. (1991). A curious coincidence? Consciousness as an object of scientific scrutiny fits our personal experience remarkably well, Behavioral and Brain Sciences, 14, (4), 669-670.

Baars, B. J. (1997). In The Theater of Consciousness. Nueva York: Oxford University Press.

Baars, B. J. (2002). The conscious access hypothesis. Origins and recent evidence, Trends in Cognitive Science, 6, 47-52.

Baars, B. J. (2005). Global workspace theory of consciousness: toward a cognitive neuroscience of human experience, Progress in Brain Research, 150, 45-53.

Baddeley, A. (1998). Working memory, Académie des Sciences/Life Sciences, 321, 167-173.

Ballard, H, D; Hayhoe, M, M; Pook, K, P & Rao, R, P. (1997). Deictic codes for the embodiment of cognition, Behavioral and brain sciences, 20, 723–767.

Ballin, K, D. (1984). El concepto de la conciencia. México: Fondo de Cultura Económica. 1989.

Bartels, A. & Zeki, S. (1998). The theory of multistage integration in the visual brain, Proc. R. Soc. Lond. B, 265, 2327–2332.

Bartra, R. (2017). La conciencia y el exocerebro. Una hipótesis sobre los sistemas simbólicos de sustitución, Revista de la universidad de México, México: UNAM, 59-65.

Bartra, R. (2007). Antropología del cerebro. Conciencia, cultura y libre albedrío. México: Fondo de Cultura Económica. (2014).

Bateson, G. (1972). Pasos hacia una ecología de la mente. Buenos Aires. Grupo Editorial Planeta. 1991.

Bechtel, W. (1988). Filosofía de la mente. Una panorámica para la ciencia cognitiva. Madrid: Editorial Tecnos. 1991.

Bennett, M. & Hacker, P. (2007). Fragmentos de Philosophical Foundations of Neuroscience. En: La naturaleza de la conciencia. Cerebro, mente y lenguaje. Barcelona: Paidós. 2008.

Bergson, H. (1889). Ensayo sobre los datos inmediatos de la conciencia. Salamanca: Ediciones Sígueme. 1999.

Bergson, H. (1907). La evolución creadora. México. Aguilar. 1963.

Bergson, H. (1896). Materia y memoria. Ensayo sobre la relación del cuerpo con el espíritu. Buenos Aires: Editorial cactus. 2006.

Berman, M. (2000). Historia de la conciencia. De la paradoja al complejo de autoridad sagrada. Santiago de Chile: Editorial Cuatro Vientos. 2004.

Berta, L. (2011). Qualia from the point of view of language. Journal of Mind and Behavior, 32 (3), 181-208.

Bertalanffy, L. (1968). Teoría general de los sistemas. Fundamentos, desarrollo, aplicaciones. México: Fondo de Cultura Económica. 1976.

Blackmore, S. (2005). Conversaciones sobre la conciencia. Barcelona: Paidós. 2010.

Blackmore, S. (2005b). Consciousness: A Very Short Introduction. Nueva York: Oxford University Press. 2017

Blackmore, S. (2012). El Zen y el arte de la conciencia. Barcelona: Espasa Libros.

Blaha, S. (2000). Cosmos and consciousness. Auburn: Pingree-Hill publishing.

Black, M (1966). Modelos y metáforas. Madrid: Tecnos.

Block, N. (1995). On a confusion about a function of consciousness, Behavioral and brain sciences. 18, 227-287.

Block, N. (2003). Consciousness, philosophical issues about. En L. Nadel (ed.). Encyclopedia of Cognitive Science. Nature Publishing Group.

Block, N. (2002). Some concepts of consciousness. En Chalmers, D. (ed.), Philosophy of Mind: Classical and Contemporary Readings. Nueva York: Oxford University Press. pp. 206-218.

Block, N. (2005). Two neural correlates of consciousness, Trends in Cognitive Science, 9, 2, 46-52.

Block, N. (2007). Consciousness, accessibility, and the mesh between psychology and neuroscience, Behavioral and Brain Sciences, 30, 481–99.

Bohm, D. J. (1980). La totalidad y el orden implicado. Barcelona: Kairós. 1988.

Bohm, D. J. (1996). Sobre el diálogo. Barcelona: Kairós. 1997.

Boring, E. G. (1933). The physical dimensions of consciousness. Nueva York: The Century Co.

Bostrom, N., & Omohundro, S. (2005). The precautionary principle and superintelligence. Journal of Experimental and Theoretical Artificial Intelligence, 17(3), 215-226.

Bremer, F. (1935). Cerveau isolé et physiologie du sommeil. C. R. Soc. Biol., Paris,118, 1235-1242.

Bremer, F. (1952). Les aires auditives de Fécorce cérebral, en Cours international d'audiologie clinique. París: Montligeons.

Brentano, F. (1874): Psychologie vom empirischen Standpunkt, I, Leip-zig, Duncker und Humblot. Edición actual de Oskar Kraus, Meiner, Hamburgo, 1955. La traducción española de José Gaos se publicó en 1935 en la editorial de la Revista de Occidente en Madrid.

Brugger, W. (1969). Diccionario de filosofía. Barcelona: Editorial Herder.

Buenaventura de Bagnoregio (Juan de Fidanza). Filosofía ejemplarista y colaciones sobre el Hexamerón o iluminaciones de la iglesia. Madrid: Biblioteca de autores cristianos. 1947.

Bunge, M. (1977). Levels and reduction. American Journal Regulatory, Integrative and Comparative Physiology, 233, (3), 75-82.

Bunge, M. (1980). El problema mente-cerebro. Un enfoque psicobiológico. Madrid: Editorial Tecnos. 2002.

Bunge, M. & Ardila, R. (1988). Filosofía de la psicología. Barcelona: Editorial Ariel.

Burns, T.R. & Engdahl, E. (1998). The social construction of consciousness. Part 1: collective consciousness and its socio-cultural foundations, Journal of Consciousness Studies, 5, (1), 1, 67-85.

Bustamante, D, J. (1993). La metáfora computacional. El mito de la replicación artificial del hombre y el orden social. Madrid, Cuadernos de trabajo, Universidad complutense. 6, 33-59.

Calvin, W. (1996). How brains think. Evolving Intelligence, Then and Now. Nueva York: Phoenix (Orión).

Calvin, W. (1996). The Cerebral Code. Thinking a Thought in the Mosaics of the Mind. Cambridge: The MIT Press.

Calvin, W. & Bickerton, D. (2000) Lingua ex machina. La conciliación de las teorías de Darwin y Chomsky sobre el cerebro humano. Barcelona: Gedisa. 2001.

Clark, A. (1990). Connectionism, Competence, and Explanation, en M.A. Boden, The philosophy artificial intelligence. Oxford: Oxford University Press. 281-308.

Clark, A. (1997). Estar ahí. Cerebro, cuerpo y mundo en la nueva ciencia cognitiva. Barcelona: Paidós. 1999.

Campbell, K. (1970). Body and Mind. Londres: Macmillan.

Cavanna, A, E & Nani, A. (2014). Consciousness. Theories in Neuroscience and Philosophy of Mind. Nueva York. Springer.

Carruthers, P. (1996). Language, thought, and consciousness. An Essay in Philosophical Psychology. Cambridge: Cambridge University Press.

Carruthers, P. (2000). Phenomenal Consciousness. A Naturalistic Theory. Cambridge: Cambridge University Press.

Carruthers, P. (2006). The Architecture of the mind. Massive modularity and the flexibility of thought. Oxford: Oxford University Press.

Carruthers, P. (2019). Human and animal minds. The consciousness questions laid to rest. Oxford: Oxford University Press.

Changeux, J, P. (1983). El hombre neuronal. Madrid. Espasa Calpe. 1985.

Changeux, J, P & Ricoeur, P. (1998). La naturaleza y la norma. Lo que nos hace pensar. México Fondo de Cultura Económica. 2001.

Chalmers, D. J. (1995). Facing up to the Problem of Consciousness. Journal of Consciousness Studies, 2, 200-219.

Chalmers, D. J. (1996). La mente consciente. En busca de una teoría fundamental. Barcelona: Gedisa editorial. 1999.

Chamizo Domínguez, P. (1992). Procesos mentales y metáforas corporals, Logos, Anales del seminario de metafísica, 839-850.

Chomsky, N. (1980). Sintáctica y semántica en la gramática generativa. México: Siglo XXI.

Chomsky, N. (2003). La (des) educación. Barcelona: Planeta. 2012.

Churchland, P. M. (1981). Eliminative materialism and the propositional attitudes. En Rosenthal, D. (Ed.). The nature of mind. Nueva York: Oxford University Press.1991.

Churchland, P. M. (1984). Materia y conciencia. Introducción contemporánea a la filosofía de la mente. Barcelona: Gedisa. 1999.

Churchland, P. M. (1989). A Neurocomputational Perspective. The Nature of Mind and the Structure of Science. Cambridge: The MIT Press.

Churchland, P. S. (2012). El cerebro moral. Lo que la neurociencia nos cuenta sobre la moralidad. Barcelona: Paidós. 2015.

Churchland, P. S. & Sejnowski, T. (1989). Neural representation and neural computation. En L. Nadel, L. A. Cooper, P. Colicover, and R. M. Harnish (Eds.). Neural connections, mental computation, pp15-48. Cambridge: The MIT Press.

Churchland, P.S. (2011). El cerebro moral. Lo que la neurociencia nos cuenta sobre la moralidad. Barcelona: Paidós. 2012.

Crick, F. (1990). La hipótesis asombrosa. La búsqueda científica del alma. Barcelona: Debate. 1994.

Crick, F. & Koch, C. (1990). Towards a neurobiological theory of consciousness. Seminars in the Neurosciences 2: 263-275.

Crick, F. & Koch, C. (1992). The problem of consciousness, Scientific American, 267, pp. 152–159.

Crick, F. & Koch, C. (2003). A framework for consciousness, Nature, 6(2), pp. 119–126.

Cohen, J.D., & Schooler, J.W. (Eds.). (1997). Scientific Approaches to Consciousness. Nueva York: Psychology Press.

Combs, A & Kripner, S. (2008). Collective Consciousness and the Social Brain, Journal of Consciousness Studies, 15, 10/11, 264-276.

Cotterill, R. (1998). Enchanted Looms: Consciousness Networks in Brains and Computers. Cambridge: Cambridge University Press.

Cyrulnik, B. (2012). Sálvate, la vida te espera. Barcelona: Debate.

Deacon, T.W. (2011). Incomplete nature. How mind emerge from matter. Nueva York: W. Norton & Company.

Damasio, A. (2000). Sentir lo que sucede. Cuerpo y emoción en la fábrica de la conciencia. Barcelona: Andrés Bello.

Damasio, A. (2001). La sensación de lo que ocurre. Cuerpo y emoción en la construcción de la conciencia. Barcelona: Debate.

Damasio, A. (2003). En busca de Spinoza. Neurobiología de la emoción y los sentimientos. Barcelona: Ediciones Destino. 2011.

Damasio, A. (2010). Y el cerebro creó al Hombre. Barcelona: Ediciones Destino.

Darwin, Ch. (1871). El origen del hombre. La selección natural y la sexual. Valencia: F. Sempere y Cª, Editores. (1909).

Davidson, D. H. (1970). Mental events. En L. Foster y J. W. Swanson (eds.). Experience and Theory, Londres: Duckworth. pp. 79-91.

Davidson, D. H. (1986). Engaño y división. En Mente, mundo y acción. Claves para una interpretación. Barcelona: Paidós. 99-118. (1992)

Davison, R. J. & Col. (2003). Alterations in Brain and Immune Function Produced by Mindfulness Meditation. Psychosomatic Medicine, 65, 564-570.

De Borst AW, Sack AT, Jansma BM, Esposito F, De Martino F, Valente G, & y Col. (2012). Integration of "what" and "where" in frontal cortex during visual imagery of scenes, Neuroimage, 60, 47-58.

Defez Martín, Antoni. (2005). ¿Qué es una creencia?, Anales del Seminario de Metafísica, 38, 199-221. Madrid: Universidad Complutense de Madrid.

Dehaene, S. (2006). En busca de la mente. Argentina: Siglo Veintiuno Editores Argentina S.A.

Dehaene, S. (2015). La conciencia en el cerebro. Descifrando el enigma de cómo el cerebro elabora nuestros pensamientos. México. Siglo XXI.

Dennett, D. (1969). Contenido y conciencia. Barcelona: Editorial Gedisa. 1996.

Dennett, D. (1981). El ojo de la mente. Fantasías y reflexiones sobre el Yo y el alma. Buenos Aires. Editorial Sudamérica. 1983.

Dennett, D. (1991). La conciencia explicada. Barcelona: Ediciones Paidós. 1995.

Dennett, D. (1996). Tipos de mentes. Hacia una comprensión de la conciencia. Madrid: Editorial Debate. 2000.

Dennett, D. (1997). Dulces sueños. Obstáculos filosóficos para una ciencia de la conciencia. Buenos Aires/Madrid: Katz Editores. 2007.

Denton, D. (2009). El despertar de la consciencia. La neurociencia de las emociones primarias. Barcelona: Paidós.

Dretske, F. (1995). Naturalizing the Mind. Cambridge: The MIT Press.

De la fuente, R, & Álvarez-Leefmans, F, J. (1998). Biología de la mente. México. Fondo de Cultura Económica. 2015.

Descartes, R. (1641). Meditaciones metafísicas. En: Meditaciones metafísicas y otros textos. Madrid: Gredos. 1987.

Dewey, J. (1925). La experiencia y la naturaleza. México: Fondo de Cultura Económica. 1948.

Dewey, J. (1946). El hombre y sus problemas. Buenos Aires: Paidós. 1952.

Diamond, A. (2013). Executive functions. The Annual Review of Psychology, 64 (9), 135–168.

Dilthey, W. (1883). Introducción a las ciencias del espíritu. México. Fondo de Cultura Económica. 1944.

Draaisma, D. (1998). Las metáforas de la memoria. Una historia de la mente. Madrid: Alianza editorial.

Doty, R. W. (1975). Consciousness from neurons, Acta Neurobiological Experimentalis. 35, 791-804.

Durkheim, E. (1895). Las reglas del método sociológico. Madrid: Biblioteca científico-filosófica.1912

Durkheim, E. (1893). La división del trabajo social. Barcelona: Planeta Agostini. 1992.

Durkheim, E. (1898). Representaciones individuales y representaciones colectivas. En: Sociología y filosofía. Madrid: Miño y Dávila editores. 2000. Publicación original en Revue de Métaphysique et de Morale, 6, 273-302.

Durkheim, E. & Mauss, M. (1903). Sobre algunas formas primitivas de clasificación. Contribución al estudio de las representaciones colectivas. En: Clasificaciones primitivas y otros ensayos de antropología positiva. Barcelona: Ariel. pp. 107-137. 1996.

Eccles, J (1991). La evolución del cerebro. Creación de la conciencia. Barcelona: Editorial Labor. 1992.

Edelman, G, M. (1987). Neural Darwinism. The theory of neuronal group selection. Nueva York: Basic Books, Inc.

Edelman, G, M. (2004). Wider than the sky: the phenomenal gift of consciousness. New Haven: Yale University Press.

Edelman, G, M, & Mountcastle, V. B. (1978). The mindful brain. Cortical organization and the group-selective theory of higher brain function. Cambridge: The MIT Press. Es un libro copuesto de dos artículos, el que se cita aquí es el segundo, escrito por Edelman.

Edelman, G, M, y Tononi, G. (2000). El universo de la conciencia. Barcelona: Crítica. 2002.

Edelman, G, M; Gally, A. J y Baars, J. B. (2011). Biology of consciousness. Frontiers in Psychology, 2, 1-7.

Eliade, M. (1951). El chamanismo y las técnicas arcaicas del éxtasis. México: Fondo de Cultura Económica. 1960.

Evans, G, (1982). The Varieties of Reference. Oxford: Oxford University Press.

Ey, H. (1967). La conciencia. Madrid: Editorial Gredos.

Fals, B, O. (2009). Una sociología sentipensante para América Latina. Buenos Aires: CLACSO.

Feldman-González, R. (1992). La percepción unitaria. Barcelona: Edición propia del autor.

Feldman-González, R. (1982). El nuevo paradigma en psicología. Barcelona: Edición propia del autor.

Feldman-González, R. (1993). Psicología del siglo XXI. Barcelona: Edición propia del autor.

Fernandez, H. E. (2017). La conciencia y el problema mente-cerebro. Un camino de acercamiento entre la ciencia y la reflexión filosófica, Naturaleza y Libertad. 8, 93-129.

Ferrater, M. J. (1951). Diccionario de filosofía. Buenos Aires: Editorial Sudamericana.

Ferrater, M. J. (1979). De la materia a la razón. Madrid: Alianza Editorial.

Fernández-Guardiola, A. (1979). La Conciencia. El problema mente-cerebro. México: Trillas.

Festinger, L. (1957). Teoría de la disonancia cognoscitiva. Madrid: Instituto de estudios políticos. 1975.

Freeman, W.J. (1991). La fisiología de la percepción. Scientific American. 264, 78-85.

Fichte, J.G. (1792). Ensayo de una crítica de toda revelación. Madrid: Editorial biblioteca nueva. 2002.

Figueroa, H. J. A. (2003). Naturaleza, ecología y ambiente. La espiral del conocimiento y su retorno. España: Editorial Académica Española. 2012.

Flanagan O. (1977). Prospects for a unified theory of consciousness or, what dreams are made of. En: Block N, Flanagan O, Güzeldere G. (Eds). The nature of consciousness. Philosophical debates. Londres: The MIT Press.

Flanagan, O. J. (1984). The Science of the Mind. Cambridge: The MIT Press. 1991.

Fodor, J. A. (1974). Special sciences, or the disunity of science as a working hypothesis, Synthese, 28, (2), 97-115.

Fodor, J. A. (1975). El lenguaje del pensamiento. Madrid: Alianza.1984.

Fodor, J, A. (1983). La modularidad de la mente. Un ensayo sobre la psicología de las facultades. Madrid. Ediciones Morata. 1986.

Fodor, J. A. (1989). Making mind matter more. Philosophical Topics,17, (1), 59–79.

Fodor, J. A. (2003). La mente no funciona así. Madrid: Siglo XXI.

Fodor, J. & McLaughlin, B. (1990). Connectionism and the Problem of Systematicity; Why Smolensky's Solution Doesn't Work, Cognition, 35, 183-204.

Fodor, J. & Pylyshyn, Z. W. (1988). Connectionism and Cognitive Architecture. A Critica! Analysis, Cognition, 28, 3-71.

Feuerbach, L. (1971). La esencia del cristianismo. México: Juan Pablo editores.

Freeman, W. J. (1995). Societies of Brains-A Study in the Neuroscience of Love Hate. and Lawrence Erlbaum Associates. Inc., Hillsdale.

Freeman, W. J. (1997). Three Centuries of Category Errors in Studies of the Neural Basis of Consciousness and Intentionality, Neural Networks, 10, 7, 1175–1183.

Freud, S. (1900). La interpretación de los sueños. Yorik. Traducción al español en 1923.

Freud, S. (1930). El malestar en la cultura. Madrid: Alianza Editorial. 1970.

Freud, S. (1923). El Yo y el Ello. Madrid: Alianza Editorial. 1973.

Freud, S. (1915). Lo inconsciente. Santiago de Chile: Edición electrónica de www.philosophia.cl / Escuela de Filosofía Universidad ARCIS.

Friedman, N. P., & Miyake, A. (2004). The relations among inhibition and interference control functions: a latent variable analysis. Journal of Experimental Psychology: General,133 (1), 101–135. DOI:10.1037/0096-3445.133.1.101

Fritsch, G, & Hitzig, E. (1870). Ueber die elektrische Erregbarkeit des Grosshirns. Archiv für Anatomie, Physiologie und wissenschaftliche Medicin: 300-332.

Fromm, E. (1942). El miedo a la libertad. Buenos Aires: Paidós. 2005.

Gadamer, H, G. (1975). Verdad y método I. Salamanca: Ediciones Sígueme. 1999.

Gadamer, H, G. (1986). Verdad y método II. Salamanca: Ediciones Sígueme. 1998.

García, C, J, A. (2019). Nuevas teorías sobre la consciencia. Neurobiología. Revista electrónica. Centro de Investigaciones Cerebrales Universidad Veracruzana. Abril (10).

Gardelle, V. & Kouider, S. (2009). Cognitive theories of consciousness. En: William P. Banks (ed.). Encyclopedia of Consciousness. Oxford: Elsevier, 1,135-146.

Gardner, H. (1983). Estructuras de la Mente. La Teoría de las inteligencias múltiples. México: Fondo de Cultura Económica. 1994.

Grafman, J.; Partiot, A. & Hollnagel, C. (1995). Fables of the prefrontal cortex. Behavioral and brain sciences, 18, (2), 349-358.

Gazzaniga, M. (1985). El cerebro social. Madrid: Alianza Editorial. 1993.

Gazzaniga, M. (2005). El cerebro ético. Barcelona: Paidós. 2006.

Gazzaniga, M. (2010). Qué nos hace humanos. Barcelona: Paidós.

Gazzaniga, M. (2015). Relatos desde los dos lados del cerebro. Barcelona: Espasa Libros, S. L. U.

Gazzaniga, M. (2019). El instinto de la conciencia. Cómo el cerebro crea la mente. Barcelona: Paidós.

Gelpi, R.J. & Buchholz, B. (2018). Neurocardiología. Aspectos fisiopatológicos e implicaciones clínicas Barcelona: Elsevier.

Gershon, M. (2003). The Second Brain. Nueva York: Harper Collins Publishers.

Gilbert, D. (2006). Tropezar con la felicidad. México: Editorial planeta mexicana.

Godfroid, I. O. (2003). Psychiageni. A gauge theory for the mind-brain problem, NeuroQuantology, Bornova Izmir, 1, (2),189-199.

Goethe, J, W. Teoría de la naturaleza. Madrid: Tecnos. 1997.

Goldberg, E. (2001). El cerebro ejecutivo. Lóbulos frontales y mente civilizada. Barcelona: Crítica. 2002.

Goleman, D. (2006). Inteligencia social. La nueva ciencia de las relaciones humanas. México: Planeta.

Gómez-Tabares, A. S., Ospina Carmona, J. F., & Micolta Henao, A. F. (2020). El problema ontológico mente-cuerpo: ¿irresoluble o mal entendido? Perseitas, 8, pp. 370-397.

Graziano, S.A.M. (2013). Consciousness and the social brain. Nueva York: Oxford University Press.

Gregory, R. L. (1966). Eye and brain. The Psychology of Seeing. Princenton: Princeton University Press. 1997.

Gregory, R. L. (1987). The Oxford Companion to the Mind. Nueva York: Oxford University Press. 1997.

Grinberg-Zylberbaum, J. (1979). El cerebro consciente. México: Editorial Trillas.

Grinberg-Zylberbaum, J. (1990). La creación de la experiencia. España: Los libros del comienzo.

Grinberg-Zylberbaum, J. (1978). Los fundamentos de la experiencia. México: Trillas.

Grinberg-Zylberbaum, J. (1987). La construcción de la realidad. México: Trillas.

Grinberg-Zylberbaum, J. (1991). La teoría sintérgica. Universidad Nacional Autónoma de México e Instituto nacional para el estudio de la conciencia.

Gu, F., Meng, X., Shen, E. & Cai, Z. (2003). Can we measure consciousness with EEG complexities? International Journal of Bifurcation and Chaos, 13, 3),733-742.

Gurwitsch, A. (1957). El campo de la conciencia. Un análisis fenomenológico. Madrid: Alianza Editorial. 1979.

Halbwachs, M. (1939). Individual consciousness and collective mind, American Journal of Sociology, 44, (6), 812-822.

Hameroff, S. R. (2014). Consciousness, microtubules, y 'Orch OR'. A Space-time Odyssey. Journal of Consciousness Studies, 21, (3-4), 126–153.

Hameroff, S. R. & Penrose, R. (2014). Consciousness in the universe. A review of the 'Orch OR' theory. Physics of Life Reviews, 11, (1), 39-78.

Hawking, S. & Penrose, R. (1996). La naturaleza del espacio y el tiempo. Madrid: Editorial Debate. 2011.

Hegel, G.W.F. (1817). Enciclopedia de las ciencias filosóficas en compendio. Madrid. Alianza Editorial. 1997.

Hegel, G.W.F. (1837). Filosofía de la historia universal I. Buenos Aires. Editorial Losada. 2010.

Heidegger, M. (1925). Prolegómenos para una historia del concepto tiempo. Madrid. Alianza Editorial. 2006.

Heidegger, M. (1927). Ser y tiempo. Trotta Editorial. 1995.

Helmholtz, H, v. (1866/1962). Treatise on Physiological Optics (Vol. 3). Nueva York: Dover Publications, Inc.

Helmholtz, H. v. (1856, 1860, 1867). Handbuch der physiologischen Optik 1,2, 3 (Tratado de óptica fisiológica 1,2,3). Leipzig: Leopold Voss.

Helmholtz H. v. (1866). Treatise on physiologycal optic. Concerning the perceptions in general. En Shipley, T. (1961). Classics in psychology. Nueva York: Philosophical library. pp.79-127.

Helmholtz, H, v. (1878/1995). The Facts of Perception. Science and Culture: Popular and Philosophical Essays. Nueva York: Dover Publications Inc.

Hierro-Pescador, J. S. (1997). Problemas del empirismo en la filosofía de la mente, Teorema,16, 2, 35-49.

Hipócrates de Cos (440 y 400 a. C). Sobre la enfermedad sagrada. En Tratados Hipocráticos. Madrid: Editorial Gredos. 1983.

Hobson, J. A. (1998). Consciousness, Nueva York: Scientific American Library.

Horgan, J. (1994). ¿Puede explicarse la conciencia? Investigación y Ciencia, noviembre, 105-112.

Horgan, J. (2000). La mente por descubrir. Cómo el cerebro humano se resiste a la replicación, la medicación y la explicación. Barcelona: Editorial Paidós.

Hume, D. (1748). Investigación sobre el entendimiento humano. Santafé de Bogotá: Grupo editorial Norma. 1992.

Humphrey, N. (1992). Una historia de la mente. La evolución y el nacimiento de la conciencia. Barcelona: Gedisa editorial. 1995.

Husserl, E. (1913). Ideas relativas a una fenomenología pura y una filosofía fenomenológica I. Introducción general a la fenomenología pura. México: FCE. 1985.

Husserl, E. (1928) Lecciones de fenomenología de la conciencia interna del tiempo. Madrid: Editorial Trotta. 2002.

Husserl, E. (1907). La idea de la fenomenología. México: FCE. 1982.

Huxley, H. T. (1866). In Elementary physiology. Nueva York: The McMillan company. 1917.

Ionta, S., Perruchoud, D., Draganski, B., y Blanke, O. (2012). Body context and posture affect mental imagery of hands. PloS one, 7, 3, e34382. https://doi.org/10.1371/journal.pone.0034382

Jackendoff, R. (1987). Consciousness and the Computational Mind. Cambridge: The MIT Press.

Jackson, F. C. (1982). Epiphenomenal Qualia. Philosophical Quarterly, 32, 127–36.

Jaffe, K. (2012). ¿Qué es la ciencia? Una visión evolutiva. España: Editorial Académica Española.

James, W. (1897). La voluntad de creer. Barcelona: Marbot Ediciones. 2009.

James, W. (1909). Un universo pluralista. Filosofía de la experiencia. Buenos Aires: Cactus. 2009.

James, W. (1904). Does Consciousness Exist? Journal of Philosophy, Psychology, and Scientific Methods. 1. pp. 477-491.

James, W. (1907). Pragmatismo. Un nuevo nombre para viejas formas de pensar. Madrid: Alianza Editorial. 2000.

James, W. (1904). ¿Existe la conciencia? Santiago de Chile: Editorial Tácitas. 2017.

James, W. (1890). Principios de psicología. México: Fondo de Cultura Económica. 1989.

Jarvis, T, J. (1985). The Trolley Problem. Yale Law Journal. 94 (6): 1395–1415. doi:10.2307/796133. JSTOR 796133

Jaynes, J. (1976). El origen de la conciencia en la ruptura de la mente bicameral. México: Fondo de Cultura Económica, México, 2009.

Johnson-Laird, P. N. (1983). Mental Models: Towards a cognitive science of language, inference, and consciousness. Cambridge: Cambridge University Press.

Johnson-Laird, P. N. (1983). A computational analysis of consciousness, Cognition and Brain Theory, 6, (4), 499-508.

Johnson-Laird, P. N. (1988). The Computer and the Mind: An Introduction to Cognitive Science. Cambridge: Harvard University Press.

Joynt, J. R. (1981). Are two heads better than one? Behavioral and Brain Sciences, 4,108-109 DOI:10.1017/S0140525X0000786X

Jung, C, G. (1934/1954). Arquetipos e inconsciente colectivo. Barcelona: Paidós. 1970.

Jung, C.G. (1944). Los complejos y el inconsciente. Madrid: Alianza editorial. 2013.

Jung, C.G. (1952). La interpretación de la naturaleza y la psique. La sincronicidad como un principio de conexión acausal. Barcelona: Paidós. 1964.

Jurgens, H., Peitgen, H.O., y Saupe, D. (1990). The language of fractals. Scientific American.

Kahneman, D. (2011). Pensar rápido, pensar despacio. Madrid: Editorial Debate. 2012.

Kandel, E. R; Schwartz, J. H. & Jessel, T. M. (2001). Manual de Neurociencia. Madrid: McGraw-Hill.

Kandel, E. R. (2019). La nueva biología de la mente. Barcelona: Paidós.

Kant, I. (1787). Crítica de la razón pura. Madrid. Alfaguara. 1978.

Kim, J. (1993). Supervenience and mind. Selected philosophical essays. Nueva York: Cambridge University Press.

Kim, J. (2000). Mind in a physical world. An essay on the mind-body problem and mental causation. Cambridge: The MIT Press.

King, J. & Pribram, K. H. (eds.) (1995). Scale in Conscious Experience. Is the Brain too Important to be Left to Specialists to Study? Mahwah: Lawrence Erlbaum.

King, C. (2003). Chaos, quantum-transactions and consciousness. A biophysical model intentional mind, NeuroQuantology, 1, (1), 129-162.

Kinsbourne, M. (1980). Brain-based limitations on the mind. En: R. W. Rieber (ed.). Body and Mind. Nueva York: Academic Press.

Kriegel, U. (2009). Teorías de la conciencia. Praxis Filosófica, Universidad del Valle, Colombia. Julio-diciembre, 29,179-187.

Krishnamurti, J. (1967). La conciencia fragmentada. Buenos Aires: Editorial Kier.

Krishnamurti, J. (1991). El arte de escuchar. Obras completas años 1933-1967. Buenos Aires: Editorial Kier.

Kuhn, T, S. (1962). La estructura de las revoluciones científicas. México Fondo de Cultura Económica. 1971.

Simon, V, M. (2002). Orígenes y evolución de la conciencia. En: Sanjuán, Cela Conde, J. La profecía de Darwin. Barcelona: Ars Médica.

Koch, C. (2004). The Quest for Consciousness. A Neurobiologicàl Approach. Englewood, Colorado: Roberts and Company Publishers.

Koch, C. (2012). Consciousness. Confessions of a Romantic Reductionist. Cambridge: The MIT Press.

Koch, C. (2019). The feeling of life itself. Why consciousness is widespread but can't be computed. Cambridge: The MIT Press.

Koch, C. & Greenfield, S. (2007) ¿Cómo surge la conciencia?, Investigación y ciencia, 375, pp. 50-57.

Köhler, W.

Laberge, S. & Rheingold, H. (1990). Explorando los sueños lúcidos. Barcelona: Arkano Books. 2014

Laberge, S. (2009). Lucid dreaming. BoulderSounds True.Inc.

Lacasa, P. & Villuendas, D. (1988). Acción y representación en el niño: Interacción social y aprendizaje. Madrid: Centro de Publicaciones del Ministerio de Educación y Ciencia (C.I.D.E).

Lama Anagarika, Govinda, (1973). Foundations of Tibetan Mysticism. Nueva York: Samuel Weiser.

Lakoff. G, & Johnson, M. (1980). Metaphors we live by. Chicago: University of Chicago Press.

Lashley, K. S. (1950). In search of the engram. En: Society for Experimental Biology, Physiological mechanisms in animal behavior. (Society's Symposium IV.) (pp. 454–482). Academic Press.

Lavelle, L. (2005). Acerca del tiempo y la eternidad. La dialéctica del eterno presente. Valparaíso: Ediciones Universitarias de Valparaíso.

Leibniz, G. W. (1720). La monadología. Madrid: Biblioteca económica filosófica. 1889.

Lezak, M. D. (2004). Neuropsychological assessment. Oxford: Oxford University Press.

Levine, J. (1983). Materialism and qualia: The explanatory gap, Pacific Philosophical Quarterly, 64, (4), 354-361.

Levine, J. (1993). On leaving out what it's like. En M. Davies & G. Humphreys (eds.), Consciousness: Psychological and Philosophical Essays, Oxford: Blackwell, pp.121-136.

Levine, J. (1994). Out of the closet: A qualophile confronts qualophobia, Philosophical Topics, 22, (1-2),107-126.

Levine, J. (2007). Anti-materialist arguments and influential replies. En M. Velmans y S. Schneider (eds.), The Blackwell Companion to Consciousness, Oxford: Blackwell, pp. 371-380.

Lewis, C. I. (1929). Mind and the World Order. Outline of a Theory of Knowledge. Nueva York: Dover Publications.

Libet, B. (1965). Cortical activation in conscious and unconscious experience, Perspectives in Biology and Medicine. 9, (1), 77-86.

Libet, B. (1999). Do we have free will? En Libet, B; Freeman, A; y Sutherland; K. (eds.). The Volitional Brain: Towards a Neuroscience of Free Will. Exeter: Imprint Academic. 47-58.

Libet, B; Curtis A. G; Elwood W, W; & Pearl, K, D. (1983). Time of conscious intention to act in relation to onset of cerebral activity (readiness potential): The unconscious initiation of a freely voluntary act, Brain, 106, (3), 623-642.

Llinás, R, R. (2002). El cerebro y el mito del yo. El papel de las neuronas en el pensamiento y el comportamiento humanos. Bogotá: Editorial Norma.

Llinás, R., R; Ribary, U; Contreras, D. & Pedroarena, C. (1998). The neural basis for consciousness, Phil. Trans. R. Soc. Lond. B, 353,1841,1849.

Lycan, W. G. (1987). Consciousness. Cambridge: Bradford Books/The MIT Press.

Lycan, W. G. (1996). Consciousness and Experience. Cambridge: Bradford Books/The MIT Press.

Lycan, W. G. (2006). Consciousness and qualia can be reduced. pp. 189-201. En: R. J. Stainton (ed.), Contemporary debates in cognitive science. Malden: Blackwell Publishing.

Locke, J. (1690). Ensayo sobre el entendimiento humano. De las ideas en general, y de su origen. México: Fondo de Cultura Económica. 1956.

Lotze, H. (1856). Microcosmus: an essay concerning man and his relation to the world. Edimburgo: Morrison and GIBB. Vol. 2 (1). 1885.

Luria, A.R. (1973). The working brain: An introduction to neuropsychology. Nueva York: Basic Books.

Luria, A.R. (1974). Los procesos cognitivos: Análisis socio-histórico. Barcelona: Fontanella. 1980.

Luria, A.R. (1980). Higher cortical functions in man. Nueva York: Basic Books.

Luria, A.R. (1982). Language and cognition. Nueva York: Wiley-Interscience.

Mackie, K., Devane, W. A., & Hille, B. (1993). Anandamide, an endogenous cannabinoid, inhibits calcium currents as a partial agonist in N18 neuroblastoma cells. Molecular pharmacology, 44, 3, 498–503.

Mac Cormac, E. y Stamenov, M. I. (eds.) (1996). Fractals of Brain, Fractals of Mind. En Search of a Symmetry Bond. Amsterdam y Filadelfia: John Benjamins.

Mac Cormac, E. R. & McKinney, C. J. (1998). Chaos: a mathematics for heart and mind. North Carolina: Medical Journal, 59, (3) (Mayo/Junio), 161-165.

McDocwell, J. (1994). Mind and World. Cambridge: Harvard University Press.

McFadden, J. (2020). Integrating information in the brain's EM field: the cemi field theory of consciousness, Neuroscience of Consciousness, 1, 2020, niaa016. 1-13.

McGinn, C. (1989). Can We Solve the Mind-Body Problem? Mind, V. XCVIII, 391, (98), 349–366, https://doi.org/10.1093/mind/XCVIII.391.349.

McGinn, C. (1982). The Character of Mind: An Introduction to the Philosophy of Mind. Nueva York: Oxford University Press. 1996.

McGinn, C. (1991). The Problem of Consciousness: Essays Toward a Resolution. Oxford: Blackwell.

McGinn, C. (1993). Problems in Philosophy: The Limits of Inquiry. Oxford: Blackwell.

McGinn, C. (1999). The mysterious flame. Conscious minds in a material world. Nueva York: Basic Books.

McGinn, C. (2002) The Making of a Philosopher. My Journey Through Twentieth-Century Philosophy. Nueva York: Harper y Collins.

McGinn, C. (2004). Consciousness and its Objects. Nueva York: Oxford University Press.

MacKay, D. M. (1978). What Determines my Choice? En Buser, P. A. y Rougeul, B, A. (eds.). Cerebral Correlates of Conscious Experience. Amsterdam.

McNorgan C. (2012). A meta-analytic review of multisensory imagery identifies the neural correlates of modality-specific and modality-general imagery. Frontiers in human neuroscience, 6, 285.

https://doi.org/10.3389/fnhum.2012.00285

Malcolm, N. (1965). Scientific materialism and the identity theory. Dialogue, 3,115-125.

Martín Ramírez, J. (1978). El cerebro humano y el electrónico. JANO Medicina, 356, 56-60.

Martínez, V.L. (1992). El problema de la conciencia, Contextos, 19, 233-262.

Maturana, H, & Varela, F. (2003). El árbol del conocimiento: las bases biológicas del entendimiento humano. Buenos Aires: Grupo Editorial Lumen.

Matthew, W. (2018). Por qué dormimos. La nueva ciencia del sueño. Madrid: Capitán Swing Libros. 2020.

Matveikova, I. (2011). Inteligencia digestiva. Una visión holística de tu segundo cerebro. Buenos Aires: El Ateneo. Maudsley, H. (1880). Fisiológica del espíritu. Madrid: Saturnino Calleja.

Marx, K. & Engels, F. (1845). La Ideología Alemana, Barcelona: Ediciones pueblos unidos Montevideo y Ediciones Grijalbo. 1974. Se publicó en 1932 y fue escrito entre 1845 y 1846.

Marx, K. (1847). Miseria de la filosofía. Madrid: Editorial Edaf. 2002.

Marx, K. (1859). Una contribución a la crítica de la economía política. México: Siglo XXI editores. 1980.

Maureira, F. & Serey, D. (2011). Las bases neurales y los qualia de la conciencia, Revista Chilena de Neuropsicología, 6, (2), 71-75.

Melo Florián, A. (2011). Cerebro, mente y conciencia. Un enfoque multidisciplinario. Internet Medical Publishing.

Merleau-Ponty, M. 1945. Fenomenología de la percepción. México: Editorial Planeta Mexicana. 1993.

Metzinger, T. (ed.) (2000). Neural correlates of consciousness. Cambridge: The MIT Press.

Michel, B. S. (2009). En busca de la comunidad. Facilitación de procesos de integración y crecimiento personal en la organización. México: Trillas.

Mill, J, S. (1950). Philosophy of scientific method. Nueva York: Hafner publishing. 1963.

Milner, A.D. & Goodale, M.A. (1993). Visual pathways to perception and action. En Hicks, T.P.; Molotchnikoff S. y Ono; T. (Eds.). Progress in Brain Research, 95, pp. 317-337). Amsterdam: Elsevier.

Milner, A.D, Perrett, D.I, Johnston, R.S, Benson, P.J, Jordan, T.R, Heeley, D.W, Bettucci, D, Mortara, F, Mutani, R, Terazzi, E. & Davidson, D.L.W. (1991). Perception and action in visual form agnosia, Brain, 114, 405 -428.

Minsky, M. A. & Papert, S. (1969), Perceptrons. Cambridge: The MIT Press.

Moscovici, S. (1961). El psicoanálisis, su imagen y su público. Buenos Aires: Huemul S. A. 1979.

Mora, F. (2001). El reloj de la sabiduría. Tiempos y espacios en el cerebro humano. Madrid: Alianza editorial. 2008.

Morin, E. (1974). El paradigma perdido. Barcelona: Kairós.

Morin, E. (1977). El Método I. La naturaleza de la naturaleza. Madrid: Catedra. 1981.

Morin, E. (1986). El método III. El conocimiento del conocimiento. Madrid: Cátedra. 1988.

Morin, E. (1990). Introducción al pensamiento complejo. Gedisa Editorial.

Morsella, E. (2005). The function of phenomenal states: Supramodular interaction theory. Psychological Review 112:1000–21.

Morsella, E. & Bargh, J. A. (2011). Unconscious action tendencies: Sources of "un-integrated" action. In: The handbook of social neuroscience, ed. Cacioppo, J. T. & Decety, J. 335–47. Oxford University Press.

Morsella, E., Godwin, C., Jantz, T., Krieger, S., & Gazzaley, A. (2016). Homing in on consciousness in the nervous system: An action-based synthesis. Behavioral and Brain Sciences, 39, E168. doi:10.1017/S0140525X15000643

Moruzzi, G. & Magoun, H. W. (1949). Brain Stem Reticular Formation and Activation of the EEG, Electroencephalography and Clinical Neurophysiology, 1, (4), 455-473.

Nagel, T. (1979). What is it like to be a bat? The Philosophical Review, 83, 435-450.

Nelkin, N. (1996). Consciousness and the origins of thought. Nueva York: Cambridge University Press.

Nelkin, N. (1996). "Subjectivity". En S. Guttenplan (ed.). A Companion to the Philosophy of Mind. Cambridge: Blackwell.

Némedi D. (1995). Collective Consciousness, Morphology, and Collective Representations: Durkheim's Sociology of Knowledge, 1894–1900, Sociological Perspectives, 38, (1), 41-56.

Newell, A., Shaw, J. C., & Simon, H. A. (1958). Elements of a theory of human problem solving, Psychological Review, 65, (3), 151–166.

Newell, A., Shaw, J. C., & Simon, H. A. (1962). The processes of creative thinking. En: H. E. Gruber, G. Terrell, y M. Wertheimer (Eds.), Contemporary approaches to creative thinking. A symposium held at the University of Colorado, pp. 63–119. Atherton Press.

Nietzsche, F. (1883). Así habló Zaratrustra. Madrid. Alianza Editorial. 1997.

Nietzsche, F. (1882). La Gaya ciencia. Barcelona. Editorial Planeta. 2019.

Noë, A. & Thompson, E. (2004). Are there neural correlates of consciousness? Journal of Consciousness Studies, 11, 1, 3-28.

Nørretranders, T. (1998). The user illusion. Cutting consciousness down to size. Nueva York: Penguin Group.

O'Regan, K, J. & Noë, A. (2001). What It is like to see. A Sensorio motor. Theory of Perceptual Experience, Synthese,129, (1), 79-103.

O'Regan, K. J. (2011). Why Red Doesn't Sound Like a Bell. Understanding the feel of consciousness. Oxford: Oxford University Press.

Ortega y Gasset, J. (1940). Ideas y creencias. Madrid: Espasa Calpe.

Ortega y Gasset, J. (1966). El espectador. Madrid: Espasa Calpe. Tomo V y VI.

Panksepp, J. & Biven, L. (2012). The archaeology of mind. Neuroevolutionary Origins of Human Emotions. Nueva York: Norton and Company.

Pawlik, K. (1998). The neuropsychology of consciousness: The mind-body problem re-addressed, International Journal of Psychology, 33, (3), 185-189.

Peacocke, C. (1992). A Study of Concepts. Cambridge: The MIT Press.

Peacocke, C. (2001). Does Perception Have a Nonconceptual Content? The Journal of Philosophy, 98, 5, 239-264.

Pelgrims B, Michaux N., Olivier E., & Andres M. (2011). Contribution of the primary motor cortex to motor imagery: a subthreshold TMS Study. Hum Brain Mapp, 32,1471-82.

Penfield, W. & Wolstenholme, G. (1958). Neurological basis of behavior. Nueva York-Londres: J & Churchill Ltd.

Penfield, W. (1978). The Mystery of the Mind. A Critical Study of Consciousness and the Human Brain. Princeton: Princeton University Press.

Penrose, R. 1989. La mente nueva del emperador. En torno a la cibernética, la mente y las leyes de la física. México: Fondo de Cultura Económica. 1996.

Penrose, R. (1996). Las sombras de la mente. Hacia una compresión científica de la consciencia. Barcelona: Editorial Crítica.

Pérez, A, M. (2011). El mito del cerebro creador. Cuerpo, conducta y cultura. Madrid: Alianza editorial.

Pérez, D.I. (2007). ¿La conciencia? ¿Qué es eso? Estudios de Psicología, 28, 2. 1-14.

Perry, R. B. (1904). Conceptions and misconceptions of consciousness, Psychological Review, 11, (4-5), 282–296.

Peterson, J.B. (1999). Mapas de sentidos. La arquitectura de la creencia. Barcelona: Ariel. 2020.

Piaget, J. (1967). Biología y conocimiento. Ensayo sobre las relaciones entre las regulaciones orgánicas y los procesos cognoscitivos. México: Siglo XXI Editores. 1969.

Piaget, J. (1974). La Toma de Conciencia (1976). Madrid: Ediciones Morata. 1976.

Piaget, J. (1975). La equilibración de las estructuras cognitivas. Problema central del desarrollo. México: Siglo XXI editores. 1998.

Pines, M. (2003). Social Brain and Social Group: How Mirroring Connects People, Group Analysis, 36, (4), 507-513.

Pinillos, J. L. (1969). La mente humana: Madrid: Salvat editores.

Pinillos, J. L. (1978). Lo físico y lo mental. Madrid: Fundación Juan March.

Pinillos, J. L. (1983). Las funciones de la conciencia. Madrid: Real Academia de Ciencias Morales y Políticas.

Pinker, S. (1994). El instinto del lenguaje. Madrid: Alianza Editorial. 1996.

Pinker, S. (1997). Cómo funciona la mente. Barcelona: Ediciones Destino.

Pinker, S. (2002). La tabla rasa. La negación moderna de la naturaleza humana. Barcelona: Paidós. 2003.

Pitkänen, M. (2003). TGD (topological geometrodynamics) inspired theory of consciousness, NeuroQuantology, 1, (1), 68-93.

Pitkänen, M. (2010). TGD Inspired Theory of Consciousness. Journal of consciousness exploration and Research, 1, (2).

Place, U. T. (1956). Is consciousness a brain process? British Journal of Psychology, 47 (1), 44-50.

Pol Droit, R. (2001). 101 Experiencias de filosofía cotidiana. México: Fondo de cultura económica.

Pöppel, E. (1977). Introduction. Relating perceptual phenomena to neuronal mechanisms, Neurosciences Research Program Bulletin, 15, 323-326.

Popper, K, R. & Eccles, J. (1977). El yo y su cerebro. Barcelona: Editorial Labor. 1993.

Popper, R, K. (1994). El cuerpo y la mente. Barcelona: Paidós. 1997.

Posner, M.I. & Petersen, S.E. (1990). The attention system of the human brain. Annual Review of Neuroscience, 13, 25-42.

Posner, M. I., & Rothbart, M. K. (1992). Attentional mechanisms and conscious experience. En: D. Milner y M. Rugg (Eds.), The Neuropsychology of Consciousness (pp. 91-112). Nueva York: Academic Press.

Posner, M.I., & Raichle, M. E. (1994). Images of Mind. Nueva York: Scientific American Library.

Poznanski, R.P. & Col. (2019). Theorizing how the brain encodes consciousness based on negentropic entanglement. Journal of Integrative Neuroscience, 18, (1),1-10.

Pratt, J. B. (1922). Matter and spirit. A study of mind and body in their relation to the spiritual life. Londres: George Allen y Unwin LTD.

Pribram, K, H. (1971). Languages of the brain. Experimental paradoxes and principles in neuropsychology. California: Brooks/Cole publishing company.

Pribram, K, H. (1971). The realization of mind. Synthese, 22, 313-322.

Pribram, K, H, & Ramírez, J. M. (1980). Cerebro, mente y holograma. Barcelona. Alhambra.

Pribram, K, H, & Ramírez, J.M. (1981). El funcionamiento holonómico del cerebro. Bogota: Revista Latinoamericana de Psicología, 13, (2), 187- 221.

Pribram, K, H, & Ramírez, J. M. (1995). Cerebro y conciencia. Madrid: Ediciones Días de Santos.

Pribram, KH. (1999). Brain and the composition of conscious experience. Of deep and surface structure; frames of reference; episode and executive; models and monitors. Journal of Consciousness Studies, 6, (5), mayo, 19-42.

Pribram, K, H. (1999). Quantum holography: Is it relevant to brain function? Information Sciences, 115, (1-4), 97-102.

Price, H.H., "Some Considerations About Belief" (1934-35). En Griffiths, A. P. (ed.). (1967). Knowledge and Belief, Oxford: Oxford University Press. pp. 41-59.

Putnam, H. (1967). La naturaleza de los estados mentales. Cuadernos de Crítica (15). México: UNAM- Instituto de Investigaciones Filosóficas. 1981.

Ramachandran, V.S & Hirstein, W. (1997). Three Laws of Qualia: What Neurology Tells Us about the Biological Functions of Consciousness, Qualia and the Self.Journal of Consciousness Studies, 4, pp. 429-458.

Ramachandran, V. S. & Blakeslee, S. (1998). Fantasmas en el cerebro. Madrid: Debate. 1999.

Ramachandran, V. S. (2008). Los laberintos del cerebro. Barcelona: La liebre de marzo.

Ramachandran, V. S. (2011). Lo que el cerebro nos dice. Los misterios de la mente humana al descubierto. Barcelona: Paidós. 2012.

Reinhold, K, L. (1789). Versuch einer neuen Theorie des menschlichen Vorstellungsvermögens (Ensayo de una nueva teoría de la facultad de representación humana). Praga: Widtmann y Mauke.

Rinck, F., Rouby, C., & Bensafi, M. (2009). Which format for odor images? Chemical Senses, 34(1), 11-13.

Rivas, N, M. (2008). Procesos cognitivos y aprendizaje significativo. Madrid: Subdirección General de Inspección Educativa de la Viceconsejería de Organización Educativa de la Comunidad de Madrid.

Rodríguez, M. la conciencia y la acción. Observaciones sobre el concepto de persona. (2000). En Chacón, F y Rodríguez, G. (eds.), Pensando la mente. Perspectivas en filosofía y psicología. Madrid: Biblioteca Nueva, pp. 167-194.

Rosenthal, R., & Jacobson, L. (1968). Pygmalion in the Classroom: Teacher Expectation and Pupils' Intellectual Development. Urbano Rev 3, 16-20.

Rorty. R. (1982). Consequences of pragmatism. Minneapolis: University of Minnesota Press.

Rorty. R. (1979). Philosophy and the mirror of nature. Princeton: Princeton University Press.

Rose, S. (2012). Al rescate de la memoria. En: Brockman, J. (Ed.) (2012). Mente. Los principales científicos exploran el cerebro, la memoria, la personalidad y el concepto de felicidad. Barcelona: Crítica S.L. p.p. 64-77.

Rosenthal, D. M. (1986). Two concepts of consciousness. Philosophical Studies, 49, (3), 329-359.

Rosenthal, D. M. (1990). A theory of consciousness. First issued as Report 40. Center for Interdisciplinary Research (ZiF). Alemania: Universitat Bielefeld.

Rosenthal, D. M. (2005). Consciousness and mind. New York: Oxford University Press.

Rosenthal, D. M. (2000). Metacognition and Higher-Order Thoughts, Consciousness and Cognition, 9, 231-242.

Rozo, A, J. (2007). El problema de la conciencia. El aporte de una visión estratégica en el siglo XXI, Avances en Psicología Latinoamericana. Universidad del Rosario. Bogotá: 25, (2), 163-178.

Ryle, G. (1949). El Concepto de lo Mental. Barcelona: Paidós Ibérica. 2005.

Sacks, O. (2017). El río de la conciencia. Barcelona: Anagrama. 2019.

Sanfélix, Vidarte, V. (1995). Percepción. En: La mente humana (p. 333-352). Madrid: Trotta.

Sapolsky, R. (2017). Compórtate. La biología que hay detrás de nuestros mejores y peores comportamientos. Madrid: Capitán Swing. 2019.

Tomás de Aquino. (1252-1260). Cuestiones disputadas sobre el mal. Pamplona: EUNSA.

Sartre, J.P. (1943). El ser y la nada. Buenos Aires. Editorial Lozada. 1966.

Schneider, S. & Velmans, M. (2017). The Blackwell Companion to Consciousness. Oxford: John Wiley & Sons Ltd.

Schnider, A. (2008). The confabulating mind. How the brain creates reality. Oxford: Oxford University Press. 2018.

Schrödinger, I. (1958). Mente y materia. Conferencias Tarner leídas en el Trinity College, Cambridge, en octubre de 1956. Epublibre. 2016.

Schopenhauer, A. (1819). El mundo como voluntad y representación. Madrid: Trotta. 2004.

Searle, J.R. (1982). Mentes y cerebros sin programas. En: Filosofía de la mente y ciencia cognitiva. Barcelona: Paidós. 1995.

Searle, J.R. (1983). Intencionalidad. Un ensayo en la filosofía de la mente. Madrid: Tecnos. 1992.

Searle, J.R. (1984). Mentes y cerebros sin programas. En: Rabossi, E. (compilador). (1995). Filosofía de la mente y ciencia cognitiva. Barcelona: Paidós. 1995.

Searle, J.R. (1992). El redescubrimiento de la mente. Barcelona: Editorial Crítica. 1996.

Searle, J.R. (1997). El misterio de la conciencia. Barcelona: Ediciones Paidós. 2000.

Searle, J.R. (2002). Consciousness and language. Nueva York: Cambridge University Press.

Searle, J. R. (2003). Situar de nuevo la conciencia en el cerebro. En: La naturaleza de la Conciencia. Cerebro, mente y lenguaje. Barcelona: Paidós. 2008.

Searle R. J. (2004). La mente. Una breve introducción. Bogotá: Grupo Editorial Norma. 2006.

Searle, J. (2017). Biological Naturalism. En Schneider, S. y Velmans, M. (eds.), The Blackwell Companion to Consciousness. Oxford: John Wiley & Sons Ltd. pp.328-336.

Séneca. Cuestiones naturales. Madrid: Consejo superior de investigaciones científicas. 1979.

Schelling, F, W, J. (1800). Sistema de idealismo trascendental. Barcelona: Anthropos. 1988.

Sherrington, Ch. (1906). The integrative action of the nervous system. Nueva York: Charles Scribner's sons.

Sherrington, Ch. (1940). El Hombre y su naturaleza. Argentina: Ediciones Orbis. 1985.

Shorojova, E. V. (1961). El problema de la conciencia. México: Editorial Grijalbo. 1963

Sigman, M. (2015). La vida secreta de la mente. Nuestro cerebro cuando decidimos, sentimos y pensamos. Madrid: Debate.

Simón, V, M. (2001). El ego, la conciencia y las emociones: un modelo interactivo, Psicothema, 13, 2, 205-213. [fecha de Consulta 2 de marzo de 2022]. ISSN: 0214-9915.

Stepanenko-Gutiérrez, Pedro. (2011). Conciencia y pensamientos de nivel superior. Península, 6(2), 13-26. Recuperado en 03 de septiembre de 2021.

Skidelsky, L. (2016). Representaciones mentales: donde la filosofía de la mente y la filosofía de la ciencia cognitiva se equivocaron. Buenos Aires: Editorial Universitaria de Buenos Aires.

Skinner, B.F. (1938). La conducta de los organismos. Barcelona: Fontanella. 1975.

Skinner, B.F. (1974). Sobre el conductismo. México: Editorial Planeta Mexicana. 1994.

Smart, J. J. C. (1991). Sensations and brain processes. En Rosenthal, R. (Ed.). The nature of mind. NuevaYork: Oxford University Press.

Sperry, R.W., Zaidel, E. y Zaidel, D. (1979). Self-recognition and social awareness in the disconnected minor hemisphere. Neuropsychologia, 17,153-166.

Solms, M. & Turnbull, O. (2002). El cerebro y el mundo interior. Una introducción a la neurociencia de la experiencia subjetiva. México: Fondo de Cultura Económica. 2004.

Spinoza, B. (1677). Ética. Tratado teológico-político. México: Editorial Porrúa. 2007.

Strong, CH, A. (1920). The origin of consciousness. An attempt to conceive the mind as a product of evolution. Nueva York: The Macmillan company.

Stuss, D, T; Benson, D, F; Clermont, R; Della Malva, C, L; Kaplan, E. F., & Weir, W, S. (1986). Language functioning after bilateral prefrontal leukotomy, Brain and language, 28, (1), 66-70.

Taine, H. (1870). La inteligencia. Madrid: Daniel Jorro editor. Bibliteca científico filosófica. Tomo I. 1904.

Thagard, P. (2005). La mente. Introducción a las ciencias cognitivas. Buenos Aires: Katz Editores. 2008.

Teilhard de Chardin, P. (1957). El fenómeno humano. Madrid: Taurus ediciones. 1967. (Este ensayo fue redactado en París en mayo de 1925)

Teilhard de Chardin, P. (1959). El porvenir del Hombre. Madrid: Taurus ediciones. 1973.

Teilhard de Chardin, P. (1976). El corazón de la materia. Santander: Sal Terrae. 2002.

Thompson, E. & Varela, F. (2001). Radical embodiment: neural Dynamic and consciousness. Trends in Cognitive Science, 5, (10), 418-425.

Tranel, D. & A. R. Damasio (1985). Knowledge without awareness: An autonomic index of facial recognition by prosopagnosics, Science, 228, 1453-1454.

Tononi, G. y Koch, C. (2008). The neural correlates of consciousness. An update. En: The year in cognitive neuroscience. Annals of the New York Academy of Sciences,1124, 239-261.

Torres, M. (2006) ¡El genio! La especie humana creadora. Madrid: Biblioteca nueva.

Tulving, E. (2002). Chronoesthesia: conscious awareness of subjective time. En Stuss DT, Knight R, (eds.) Principles of frontal lobe function. Nueva York: Oxford University Press. pp 311-325.

Tye, M. (1995). Ten Problems of Consciousness. Cambridge: The MIT Press.

Tye, M. (2017). Philosophical problems of consciousness. En Schneider, S. y Velmans, M. (eds.), The Blackwell Companion to Consciousness. Oxford: John Wiley & Sons Ltd. 17-31.

Uexküll, J, J. (1920). Cartas biológicas a una dama. Buenos Aires: Catus. 2014.

Underwood, G, & Stevens, R. (eds.). (1980-1982). Aspects of consciousness (vol. 1,2 y 3), Londres: Academic Press.

van der Meulen, M., Allali, G., Rieger, S. W., Assal, F., y Vuilleumier, P. (2014). The influence of individual motor imagery ability on cerebral recruitment during gait imagery, Human brain mapping, 35, 2, 455–470. https://doi.org/10.1002/hbm.22192

Van Gelder, T. (1990). Compositionality. A Connectionist variation on a classical theme, Cognitive Science, 14, 355-384.

Van Gulick, R. (1988). A functionalist plea for self-consciousness. Philosophical Review, 97, 149-88.

Varela, F.; Thompson, E., & Rosch. E. (1992). De cuerpo presente. Barcelona: Gedisa Editorial.

Varela, F. & Hayward, J.W. (1997). Un puente para dos miradas. Santiago de Chile. Dolmen Ediciones.

Varela, F. J. (1996). Neurophenomenology: A methodological remedy for the hard problem, Journal of Consciousness Studies, 3, (4), 330-349.

Varela, F. (2000). El fenómeno de la vida. Buenos Aires: Deriva Editorial. 2015.

Varela, F. (2009). Dormir, soñar, morir. Madrid: Gaia Ediciones.

Velmans, M. (2009). How to define consciousness-and how not to define consciousness. Journal of Consciousness Studies, 16(5),139-156.

Villoro, L. (1982). Creer, saber, conocer. México: Siglo XXI Editores.

Vitiello, G. (2003). Quantum dissipation and information. A route to consciousness modeling, NeuroQuantology, 1, (2), 266-279.

Vygotsky, L. S. (1931). El desarrollo de los procesos psicológicos superiors. Barcelona: Crítica. 1979.

Vygotsky, L. S. (1934). Pensamiento y lenguaje. Barcelona: Paidós. 1995.

Vygotsky, L. S. (1930). Sobre los sistemas psicológicos. En Obras Escogidas I. Madrid: Visor. 1995.

Walling, P. T. & Hicks, K. N. (2003). Dimensions of consciousness, Baylor University Medical Center Proceedings, 16, (2), 162–166.

Watson, J. (1961). El conductismo. Buenos Aires: Ediciones Paidós.

Weick, K, E. (1979). "Educational Administration as Loosely Coupled Systems", Administrative Science Quarterly, 21 (1), 1-19.

Wegner, D, M. (2002). The illusion of conscious will. Cambridge: The MIT Press.

Wernicke, C. (1900). Grundriss der Psychiatrie in klinischen Vorlesungen. Leipzig: Verlag von Georg Thieme.

Whewell, W. (1840). The philosophy of the inductive sciences. Londres: John W. Parker West Strand. Vol. 1.

Whewell, W. (1840). The philosophy of the inductive sciences. Londres: John W. Parker West Strand. Vol. 2.

Wider, K. V. (1997) The Bodily Nature of Consciousness. Sartre and contemporary philosophy of mind. Ithaca: Cornell University Press.

Williams, J. (2005). Learning without awareness, Studies in second language acquisition, 27, (2), 269-304.

Willson, R. A. (2004). Boundaries of mind. The individual in the fragile sciences. Cambridge: Cambridge University Press.

Wilber, K. (1979). La conciencia sin fronteras. Aproximaciones de Oriente y Occidente al crecimiento personal. Barcelona: Kairós. 1985.

Wilber, K. (Ed.) (1986). El paradigma holográfico. Una exploración en las fronteras de la ciencia. Barcelona: Kairós.

Wilber, K. (1990). El espectro de la conciencia. Barcelona: Kairós.

Wilkes, K. V. (1984). Is Consciousness Important? British Journal for The Philosophy of Science, 35(3), 223-243. DOI: 10.1093/bjps/35.3.223

Wittgenstein, L. (1948). Investigaciones filosóficas. Barcelona: Instituto de Investigaciones Filosóficas de la Universidad Nacional Autónoma de México. Editorial Crítica.1988.

Wundt, W. (1874). Grundzuge der physiologischen psychologie. Leipzig. Verlag von Wilhelm Engelmann

Wundt, W. (1886). Elements de psychologie physiologique. Paris. Ancienne librairie germer baillière et.

Wundt, W. (1896). Compendio de psicología. Madrid: La España moderna.

Zahavi, D. (1999). Self-Awareness and Alterity. Evanston, Illinois: Northwestern University Press.

Índice temático del libro

Para dar un panorama del contenido de los tres Tomos de este libro, se presenta a continuación una serie de temas desarrollados, mismos que, igualmente, ayudarán a localizar aspectos de interés específico.

Tomo I La conciencia en comunidad: Incursión por conceptos y pensamientos
Desarrollo comunitario ¿Teoría o Praxis?
Metodologías participativas utilizadas para trabajar con comunidades.
Lógica de la planeación participativa y el desarrollo comunitario.
Al intervenir en la construcción de una planeación participativa.
La conciencia vista desde distintos cristales
Consciencia y sus múltiples significados
Más allá de un concepto de conciencia
Para qué preguntarse sobre la conciencia
Dando cuerpo a la conciencia
Las creencias conscientes
La conciencia funciona
¿Qué se ve por dentro de uno?
El Yo y la conciencia
Se prende y apaga la conciencia
Conciencia intencionada
Beneficios de tener conciencia
Conciencia sin inconsciente
Colectivo como respuesta consciente
Senderos de la conciencia
Descripción del modelo de la espiral de la Conciencia-Praxis

Sugerencias para ejecutar al momento de terminar la visita en la comunidad

¿Qué debe evitar un promotor al trabajar en la comunidad?

El facilitador o promotor analiza problemas, no resuelve problemas, para ello...

El promotor como negociador de un asunto debe ser...

Lugares probables de trabajo y cómo adaptarse

Bases éticas del promotor comunitario

Diferencias y semejanzas entre promotor comunitario y promotor sustentable

Funciones del promotor

Para qué trabajo y el juzgar del promotor

No puede ir a trabajar o participar porque...

Situaciones que permiten participar en el trabajo comunitario

Empatía y el trabajo comunitario

¿Qué se necesita para tener empatía en una situación de trabajo comunitario?

Participación comunitaria lúdica e integral

El promotor facilita el interés por participar al...

¿Cuáles son los asuntos para tomar en cuenta en una participación social?

El promotor se incorpora para conocerla mejor y generar confianza, para ello...

El promotor para detonar una participación social requiere...

Elementos para planear un ejercicio

Participación social efectiva en la comunidad

Participación social es cuando alguien...

¿Qué te dice, pero al mismo tiempo no quiere decir la comunidad?

¿Qué experiencias podrían tener quienes van a participar?

Tácticas manipuladoras o evasivas durante las dinámicas de trabajo comunitario

Tipos de actitudes de quienes llegan a la actividad o reunión

Los participantes llegan al evento o reunión porque...

¿Cómo informar a la gente sobre un evento o actividad?

Detalles en la logística para realizar una actividad o proyecto

El promotor ante el líder debe...

Factores por considerar para crear o fortalecer una participación comunitaria

¿Qué información se necesita para facilitar una actividad comunitaria?

Situaciones inesperadas antes y durante la actividad o proyecto

Posibles estados de ánimo y de salud biológica durante la participación social

Evaluación de acciones en el Plan
El facilitador comprende la evaluación comunitaria cuando va más allá de…
Evaluación de las actividades de inversión social en las comunidades
Efectividad integral de las acciones en la comunidad
Autoevaluación del facilitador
El informe en el plan de acción comunitario

Temáticas incluidas en los Anexos
Tomo II
Qué es evaluar ¿Para qué se evalúa? ¿Qué se evalúa? ¿Con qué se evalúa?
Entendidos e implícitos de la idea de comunidad
Entendidos e implícitos que manejan algunos facilitadores y organizadores
Entendidos e implícitos de quién patrocina el trabajo en las comunidades
Entendidos e implícitos con relación con las autoridades y la comunidad
Bases para considerar el apoyo o inicio de procesos de organización comunitaria
El enfoque de perspectiva de género en las actividades comunitarias
¿Qué se necesita para una comunicación asertiva?
Algunos temas generales para el desarrollo ambiental comunitario
Propuesta de Reglas de convivencia
Propuesta de algunas áreas de desempeño con sus temas o subtemas
¿Qué es el Informe de Sustentabilidad o Memoria de Materialidad?
Caracterización de la Familia
Frases que nos hacen pobres
Temas pueden apoyar a diversas investigaciones
Evaluación general de materiales didácticos para trabajo comunitario
Tomo III
Cómo determinar un impacto socioambiental en una comunidad
Preguntología
Cuadro sinóptico comunitario
Mi Felicidad en la Comunidad
Asuntos comunitarios y la vulnerabilidad
Evaluación de vulnerabilidades en la comunidad
Materiales para apoyar el trabajo comunitario
Las evaluaciones se hacen Antes, Durante y Después

Notas finales: La otra cara del Sol. Comentarios, bibliografía y complementos

· · · ·

[I]

Las experiencias son entendidas como aquellos episodios que están en la memoria y se procesan como parte del aprendizaje individual y colectivo; pueden clasificarse en fuertes, inmediatas, globales, relacionales, cotidianas, intensas, trascendentales, espirituales, religiosas, entre otras; la tipología dependerá de la perspectiva académica, la metodología y el objeto de estudio.

[ii]

Desde otra perspectiva, Frans Geilfus propone una especie de caja de herramientas para trabajar con la comunidad, cada parte se expone como un ejercicio, didácticamente explica que se integran con una serie de subdivisiones, y serán utilizadas a partir de cuestionamientos, para ir seleccionando las herramientas que se necesitan. Comienzan con la descripción de cuatro tipos de herramientas participativas: técnicas de dinámicas de grupos, de visualización, de entrevista y comunicación, y de observación de campo.

Se agrupan en cuatro momentos de aplicación: herramientas para el diagnóstico participativo, para el análisis y la determinación de posibles soluciones, para la planeación y ejecución de acciones, y para el monitoreo y la evaluación. (Geilfus, 1998).

[iii]

En este libro, el término <proceso> se conceptualiza como una serie de etapas, ya sean lineales u otro tipo de orden sucesivo y relacional, diseñadas/estructuradas para revelar un cambio. También se aborda como una lógica descriptiva de eventos que han sido planificados o que se derivan de alguna causa. Estos eventos indican cambios, aunque no necesariamente son estáticos, no mantienen su intensidad y espacio de manera constante, y tampoco son permanentes en su estructura y relaciones.

[iv]

A pesar de que, en la práctica, no todos los miembros de una comunidad son conscientes de las acciones comunitarias, tampoco cuentan con la información emocional-racional suficiente para tomar decisiones informadas. Aunque lo ideal sería que todos estuvieran plenamente informados y comprometidos, esto podría conducir a una visión homogeneizadora que no refleje la diversidad mental inherente a una comunidad.

[v]

De manera complementaria, se expresan otras preguntas que los esposos William Biddle y Loureide Biddle formularon, para que el lector siga reflexionando y con tiempo las resuelva:

• • • •

<table>
<tr><td>¿Cómo darse cuenta si se enfrenta la misma esclerosis de las arterias en el procedimiento y la práctica, cuando el desarrollo comunitario se convierte también en un campo de identidad propia?</td></tr>
<tr><td>¿Qué diferencia hay entre el desarrollo de la comunidad como mejoramiento de las condiciones locales, pero también como desarrollo personal de la gente?</td></tr>
<tr><td>¿Cómo percibir si funcionará el proceso para toda la gente?</td></tr>
<tr><td>¿Qué se puede decir de los grupos transitorios?</td></tr>
<tr><td>¿Qué hace usted si la gente se vuelve en contra de la institución que lo emplea?</td></tr>
<tr><td>¿Qué se debe hacer si la gente decide perpetrar actos inmorales o antisociales?</td></tr>
<tr><td>¿Qué hace usted cuando los problemas que interesan a la gente son puramente personales?</td></tr>
<tr><td>¿Cómo iniciar un proceso social si no hay alguna crisis que le sirva de acicate?</td></tr>
<tr><td>¿Cómo sabe usted cuándo la gente está preparada para iniciar un proceso de desarrollo comunitario?</td></tr>
<tr><td>¿Cómo descubrir a las personas que utilizan este proceso como medio para fines políticos personales o su prominencia?</td></tr>
</table>

(BIDDLE & BIDDLE, 1977, págs. 250, 301-305)

[vi]

Aquí se pueden revisar todas las resoluciones pertinentes de la ONU:

En esa década (años 50) predominó un enfoque economicista del desarrollo, incidiendo en el crecimiento económico de los estados nación (países). Su fracaso fue imponer un modelo uniforme para países con tamaño poblacional, organización social y política muy dispar, además, la lucha de poder de las principales naciones capitalistas fue coincidente, todas ellas querían coordinar los programas de <desarrollo> y distribución de fondos económicos como parte de las Naciones Unidas. Esta óptica propició que los proyectos de desarrollo comunitario, además de este enfoque, impulsaran mucho más este tipo de visión hacia la población rural (75%) la cual predominaba en la mayoría de los países de esa época.

[vii]

Con sinónimos como: desarrollo de la comunidad, organización de la comunidad, organización comunitaria, desarrollo sustentable comunitario, entre otros.

[viii]

El enfoque del desarrollo local era lograr procesos en la comunidad para fomentar su riqueza, a través de la movilización de recursos humanos, apoyos financieros y uso de los recursos naturales, con el propósito de generar bienes y mejorar servicios, principalmente a favor del <individuo> o familias. Desde esta lógica institucional, las autoridades locales o el sector privado invitaban a participar a la comunidad en general, asimismo realizaban la promoción y ejecución de los programas.

[ix]

El desarrollo comunal, visto desde las instancias internacionales y los Estados-nación, es una visión difundida que parte del supuesto de que se cambiarán las condiciones de vida comunitarias, y para ello se requiere adaptarse a los sistemas económicos y sociales exitosos, regularmente anglosajones o europeos. Para lograrlo, se parte de que *hay problemas y para resolverlos existen programas institucionales que deben incorporarse a la comunidad, porque ayudarán a que se obtenga un bienestar social.* El riesgo de seguir lo anterior es la dependencia de las comunidades y el paternalismo hacia las instituciones gubernamentales, sin que haya un cambio profundo y estructural. Esta visión se ha mantenido a lo largo de los años, con diferentes discursos y estrategias para mantenerla.

[x]

La promoción humana se basa en la realidad vivida de los comunitarios y en la recuperación de su cotidianidad. Provoca una reflexión y una relación de compromiso con otros, que quieren participar desde fuera de la comunidad. Su visión participativa se enfoca en desarrollar procesos para mejorar las condiciones de vida de los comunitarios, de lo ecológico, económico, social, cultural y político. Existen varias tendencias de la promoción humana... hacia el asistencialismo, hacia lo educativo, hacia lo participativo y hacia la resistencia social (activa o pasiva).

Esta variedad del desarrollo comunitario tiene un vínculo con la propuesta del argentino Natalio Kisnerman, quien señala que es necesario para este proceso: la asesoría técnica, el apoyo gubernamental, disponibilidad de recursos y sobre todo la organización, para que funcione el trabajo. En este sentido, propone:

"La promoción comunitaria es un proceso de capacitación democrática, en la cual los hombres analizan sus problemas, buscan soluciones e intervienen en las decisiones que les afectan, lo que desarrolla la conciencia de sus cualidades, potencialidades y posibilidades y les permite asumir la responsabilidad de su propio desarrollo individual y colectivo."

(Kisnerman & Colaboradores, 1983, pág. 69)

[xi]

La promoción sociocultural es el:

"*conjunto eje de programas, actividades o acciones tendientes a ser trabajadas con la participación de la comunidad, con el fin de producir transformaciones en los niveles de vida de esta, incorporando no solo las variables del desarrollo material, sino también aquellas que permiten expresiones sociales y culturales.*"

(Follari, 1994)

[xii]

La animación sociocultural tiene como propósito el bienestar y cambio social de la población que participa, para lograrlo se requiere que haya involucramiento en los procesos sociales, principalmente que se dé una participación a partir de los aspectos culturales, políticos e ideológicos.

[xiii]

Se entiende como organización de la comunidad cuando el trabajo planeado para apoyar a los grupos sociales alcanza un propósito, a partir de las acciones basadas en objetivos y metas. Se recomienda revisar el trabajo de: Ware, Caroline. 1963. *Estudio de la comunidad. Cómo averiguar recursos. Cómo organizar esfuerzos*. Humanitas. Buenos Aires.

Esta autora, de gran influencia en Latinoamérica, define que la organización comunitaria es un proceso de adaptación y cambio que el pueblo desea, la cual debe enfocarse al bienestar de todos los comunitarios con acciones conscientes y colaborativas. Dentro de sus aportes más reconocidos están los métodos de intervención y las estrategias para la organización de la comunidad, como bases para el desarrollo comunitario.

"*La organización de la comunidad, el medio de promover el mejoramiento general y el alcance de objetivos específicos. Su propósito es lograr que los recursos de la comunidad llenen las necesidades del pueblo, estimulando la iniciativa del mayor número de personas, por medio de su participación voluntaria y responsable. Todo programa de organización de la comunidad trata de echar raíces en la vida comunal y de florecer ininterrumpidamente en actividades espontáneas.*"

Hay una ampliación de esta visión en otra publicación. Ware, Caroline. 1954. Organización de la comunidad para el Bienestar Social. Unión Panamericana. Washington.

Otro autor importante es el canadiense Murray Ross, quien asentó el tema como se lee en su libro: "*Organización de la Comunidad es el proceso mediante el cual una comunidad identifica sus necesidades y objetivos, los ordena o jerarquiza, desarrolla la confianza y el deseo de realizar algo ante ellos, procura los recursos (internos o externos) para tratarlos, emprende la acción al respecto y desarrolla las actitudes y prácticas de cooperación y colaboración dentro de la comunidad*"

(Ross, 1955, pág. 239)

[xiv]

En el libro de Ander-Egg existe una cronología desde 1921 (Edward Lindeman) sobre el uso del término desarrollo comunitario. En su obra describe a otros autores de manera secuencial hasta llegar a 1953, cuando las Naciones Unidas proponen una definición general, que se consensó en 1958.

(Ander-Egg,1987)

[xv]

En su libro incluye el tema titulado "Significado y alcance del concepto de desarrollo de la comunidad", en él Ezequiel Ander-Egg hace un recorrido histórico de la práctica del desarrollo de la comunidad, desde 1952 hasta 1972.

(Ander-Egg, Metodología y práctica del desarrollo de la comunidad, 1987)

También conviene revisar la introducción del libro de Gómez Jara, que amplía esta historia del desarrollo de la comunidad. (Gómez, 1986, págs. 7-14)

[xvi]

De manera genérica, la Organización de las Naciones Unidas (ONU) menciona que el desarrollo es un:

"Proceso destinado a crear condiciones de progreso económico y social para toda la comunidad, con la participación activa de esta, y la mayor confianza posible en su iniciativa". Como se constata en las Resoluciones de la ONU de 1951 a 1955, se inicia oficialmente el desarrollo comunitario, desde la intervención de las Naciones en temas de seguridad, economía y tecnología.

[xvii]

Actualmente, en la Organización de las Naciones Unidas para la Agricultura y la Alimentación (FAO) el desarrollo comunitario se basa en los Modos de Vida Sustentable. Estos se obtienen al: a) centrarse en la población, a trabajar, b) responder a sus necesidades, c) ser participativos, d) abarcar con acciones con diversos aspectos de manera simultáneamente, e) hacer equipo con más instancias, f) ser dinámico y cumplir que sea sostenible tanto lo económica, institucional, como en lo social y ambientalmente. La FAO tiene varios programas especialmente enfocados al ámbito rural, hacia una agricultura familiar, la seguridad alimentaria y acceso a los alimentos de la canasta básica de los mismos, además, de proyectos sobre la gestión sostenible de recursos naturales y gestión de riesgos de desastres y resiliencia. Asimismo, promueven que en su ejecución haya diagnósticos, seguimientos y evaluación participativa.

[xviii]

Muchas de las políticas y sus acciones se han venido dando desde mediados de los años cincuenta, como por ejemplo los asuntos de mal nutrición, salud pública, vivienda, campañas y reformas educativas, equidad, fomento de cooperativas, economía doméstica, saneamiento rural, desarrollo de servicios públicos. Se pueden consultar en los objetivos del desarrollo, elaborados como guías para las políticas públicas internacionales y nacionales.

Sería interesante realizar un comparativo de resultados a lo largo de los años, cómo inició en los cincuenta con las propuestas del Consejo Económico y Social de la ONU, y qué discurso hay en el presente en relación con el desarrollo, qué cambios se han dado en el <desarrollo de la comunidad> comenzando con la propuesta conocida como *El progreso social mediante el desarrollo de la comunidad*. Otra idea sería comparar los objetivos de los años setenta, según la *Estrategia Internacional del Desarrollo* (Resolución No.2626 de la Asamblea General de la ONU) y los que hay hoy en día, a partir de los: *Objetivos del desarrollo sostenible* (Resolución 70/1 de la Asamblea General de la ONU) o sencillamente elaborar un balance de la efectividad de estos.

[xix]

Esta lista es solo para mostrar algunos autores de origen europeo y norteamericano, que han contribuido en la conceptualización del desarrollo comunitario.

- Álvarez, A. R. (2003). The lane report. Defining the field of community organization in 1939. . Vol. 11 (1). Journal of community practice, 11(1).

-Dunham, A. (1958). Community Welfare Organization . Nueva York: Thomas y Crowell Company.

- Forum, (1961. del 14-19 de mayo). National conference on social welfare. Minneapolis. 14-19 de mayo. Nueva York: Columbia University Press.

- Harper, E. B., & Dunham, A. (1959). 1959 Community Organisation in Action. Nueva York: Association Press.

- Lane, P. R. (1939). Proceedings of the national conference of social work. Select papers. Sixty sixth annual conference.18-24 de Junio. Buffalo, Nueva York.

- Lindeman, C. E. (1924). Social discovery; an approach to the study of functional groups. Nueva York: Republic Publishing Company.

- Murray, G. R. (1955). Community Organization. Nueva York: Harper and Row Publishers.

- Parsons, T. (1968). La estructura de la acción social. Madrid: Ediciones Guadarrama.

- Quintana, C. J. (1986). Fundamentos de animación sociocultural. Madrid: Narcea.

- Ross, M. G. (1967). Community Organisation. Nueva York: Harper and Row.

- Sanderson, D., & Polson , A. (1939). Rural Community Organization. Nueva York: John Wiley and Sons, Inc.

- Steiner, J. F. (1928). The American community in action. Nueva York: Henry holt and Co.

[xx]

A lo largo de los años ha habido diferentes historias en Latinoamérica, desde la reproducción del desarrollo comunitario visto con un enfoque institucional hacia las comunidades, pero también a partir de los años 60 hubo otra perspectiva, la cual se ocupó de conocer más a fondo la dinámica de las comunidades y creó técnicas e instrumentos que apoyaron a la gente a mejorar su situación o transformar sus propias habilidades y capacidades, con el fin de lograr cambios de bien común en el interior de las organizaciones sociales.

Muchos de estos proyectos, los auspiciaron organismos internacionales, otros fueron hechos por investigaciones universitarias, y pocos los realizaron grupos civiles. Algunos personajes que han escrito y propuesto metodologías, con base en su experiencia y el análisis de otros trabajos son: Ezequiel Ander-Egg, Teresa Porzecanski, Maritza Montero, Enrique Oteiza, Paulo Freire, Natalio Kisnerman, Francisco Aurelio Gómez Jara. Otros más que han trabajado en Latinoamérica, aunque se formaron fuera de la región son: Marco Marchioni, Caroline Ware, Anton de Schutter, Albert Meister, Frans Geilfus. La mayoría citados en este libro.

[xxi]

Este modelo neoliberal en la economía mundial se basa en la globalización, la privatización, la liberalización (desregulación) y la competencia universal.

[xxii]

Se puede consultar la obra de Gudynas, E., & Evia, G. (1991). La praxis por la vida. Introducción a las metodologías de la ecología social. Montevideo: CIPFE, CLAES. NORDAN.

[xxiii]

Es un movimiento social iniciado en la década de los setenta, enfocado en la educación y el cambio social de la comunidad; el objetivo que lo ha guiado hasta hoy es el lograr una práctica social con procesos de formación integral, basados en las necesidades de las personas y sus relaciones sociales en la vida cotidiana; su trabajo colectivo ha resaltado la memoria histórica colectiva y la identidad cultural. Se fundamenta en el reconocimiento de la existencia de saberes populares y la práctica social real de los participantes para transformar el medio sociocultural desde un enfoque unificador y dialógico. Para una mayor panorámica histórica, conceptual y metodológica se puede consultar el artículo: Mejía, M. R. (2014). La Educación Popular: Una construcción colectiva desde el Sur y desde abajo. Archivos Analíticos de Políticas Educativas. No. 22 (62)

[xxiv]

Teresa Porzecanski define este concepto, a través de características que debe tener el desarrollo comunitario como son: el carácter participativo de grupos comunitarios, el objetivo encaminado a diversos niveles del bienestar social y mejoramiento colectivo de las condiciones de vida, la colaboración con todos los sectores sociales y una visión totalizante para concebir y realizar acciones.

[xxv]

La desruralización es un proceso de cambio demográfico y de servicios con una tendencia hacia la visión urbanizadora. Este proceso múltiple no ha sido asumido por los gobiernos y empresas como un tema prioritario para atender, más bien hay una tendencia o inercia de basarse en los poderes sociales y económicos concentrados en modelos de urbanización de lo rural y de los ambientes naturales. Esta visión contiene una constante confusión de creer que todo lo rural es agrario y la calidad de vida debería parecerse a la urbana.

Algunas implicaciones para reflexionar sobre estos modelos de "desarrollo" son: a) la desertización del campo con efectos en la propia productividad y movilización de productos, b) la producción de alimentos limitada a las modas y al control de mercados poco variados (por ejemplo, el manejo de las bolsas financieras con relación a productos agropecuarios), c) los servicios públicos cada día son más centralizados, lo que provoca movilización social constante principalmente de la población vulnerable y por ende aumento de la contaminación.

A la par de lo anterior, se da la desestructuración social por la movilización de personas del campo a zonas urbanas para subsistir, con sistemas de horarios rotatorios, sin consideraciones de género. Una consecuencia más, que es evidente, se puede apreciar con la fragmentación de las relaciones sociales, debido a infraestructuras y centralización de los servicios, mismos que fueron pensados en el ahorro y los beneficios económicos institucionales.

De la mano de todos estos cambios, está la transculturación con impactos como ha sido la pérdida de tradiciones y saberes; de manera colateral, igualmente con la misma importancia, se tienen otras secuelas, por ejemplo, la desaparición de la masa y diversidad vegetal, en detrimento de la diversidad animal y el aumento del deterioro en suelos y cuerpos de agua, entre otros asuntos.

[xxvi]

La variedad de metodologías enfocadas hacia el desarrollo comunitario, se han utilizado en diversos proyectos, algunas veces usando un solo método de trabajo, y en otras mezclando varias de manera ecléctica.

La diversidad de formas de abordar el trabajo comunitario con métodos, técnicas e instrumentos proporciona una riqueza y complejidad, pero al mismo tiempo se corre el riesgo de utilizar sistemas y enfoques sin un impacto real. Otras veces, mantienen las bases de sistemas socioeconómicos depredadores que implantan programas para su beneficio, los que venden la idea "de que habrá progreso", o bien estas herramientas de trabajo comunitario solo se utilizan porque es la moda académica o es impuesta por alguna institución que la avala, justificando que ya se realizó en otros sitios donde se atienden temas de organización, planificación, aplicación de servicios de bienestar y atención a relaciones dentro de la comunidad.

Asimismo se han incorporado metodologías a partir del trabajo de las propias comunidades o se realiza como parte de un proceso de intervención institucional: Todo lo anterior requiere un sentido de autocrítica e innovación en el tratamiento y abordaje del desarrollo comunitario.

[xxvii]

En 1969 León E. Rosemberg y Lawrence Posner evaluaron los programas de USAID para apoyar a países en desarrollo; en el diagnóstico se encontró que principalmente los recursos de ayuda externa se utilizaban sin fines claros y sin analizar debidamente los fondos económicos y el aporte al desarrollo social que tenían que generar. Por este motivo se diseñó un mecanismo de proyectos para el desarrollo social conocido actualmente como Marco Lógico, mismo que, los organismos de cooperación y de financiamiento internacional, los gobiernos de Estado y las consultoras utilizan actualmente, para evaluar sus actividades a partir de la gestión por resultados.

Se ha usado como una metodología que ayuda a diseñar y planear proyectos o programas, mediante una secuencia de cinco pasos de análisis (involucrados, problemas, objetivos, alternativas y una matriz integradora); en conjunto este proceso da información suficiente para tomar decisiones sobre la concepción, el diseño, la ejecución, el seguimiento de desempeño y la evaluación de un proyecto.

Antes de utilizarla, conviene reflexionar que no tiene mecanismos de participación social (aunque podrían incluirse) para la obtención y manejo de la información. Su lógica lineal la vuelve poco flexible ante la complejidad multicultural, dinámica histórica y la diversidad de experiencias de las comunidades, especialmente porque no permite incluir nuevas opciones, aspectos cualitativos o cambios consensados (objetivos, tiempos) que puedan generarse sobre la marcha en un proyecto comunitario. Sería deseable que se aplique junto con otras metodologías, de manera integral.

Lo anterior puede complementarse metodológicamente con las propuestas que se dan en este libro.

[xxviii]

Es un diagnóstico rápido, participativo que Eberhard Schnelle creó, basado en un mecanismo de moderación grupal, que busca un nivel de involucramiento de los participantes de un grupo. La manera de trabajar es que previamente a la reunión con el grupo, se plantee qué se quiere investigar o buscar para lograr soluciones colectivas. Con el uso de tarjetas, con colores y formas diferentes y la facilidad de preguntas concretas, se van visualizando componentes específicos en relación con la situación que se planteó inicialmente con el grupo, puede ser un asunto o problema, o conocer sus opiniones o estrategias.

El valor de las opiniones y aportaciones de los participantes es equitativo, ya que tiene el mismo peso en el momento de presentarlo ante todos; el grupo tiene siempre a la vista la información que se va generando; posteriormente en un sentido de apropiación se integran todas las aportaciones y se analizan, después es ajustada la información colectiva para obtener una propuesta como grupo de trabajo.

[xxix]

Podría aumentar la lista si se incluyen metodologías como: Diagnóstico Rural Participativo, Diagnóstico Rural Rápido, Rapid Assesment Procedures, Evaluación Rural Participativa, entre otras.

[xxx]

Para reforzar esta idea, Sergio Michel ofrece los conceptos desde su visión de círculos de aprendizaje interpersonal:

"El diálogo es un poderoso recurso capaz de trascender las profundas diferencias inevitables entre los seres humanos miembros de una pareja, de una familia, y de una organización cualquiera". Michel, Barbosa, Sergio. 2009. En busca de la comunidad. Facilitación de procesos de integración y crecimiento personal en la organización. Trillas. México. p.143.

[xxxi]

En relación con el tiempo y la planeación, se precisará su diversidad como un tema importante, tanto para la ejecución de una acción, como para analizar o plantear la programación ejecutiva de un proyecto. Para ello es recomendable diferenciar los distintos tiempos: el inmanente o psicológico de los comunitarios, el tiempo cultural y el oficial.

[xxxii]

La idea de medir es un acto mental o un proceso operativo con un resultado de tipo numérico. Se asignan números a los objetos-sujetos basados en reglas o acuerdos determinados, con el propósito de representar cantidades o grados de una propiedad de los objetos o sujetos, éstos son en sí una característica observable que se expresa en términos de conceptos. Implica establecer metódicamente una correspondencia, y hacer una adecuación entre el concepto y la cifra o el valor numérico, con el fin de producir datos empíricos obtenidos de la realidad y poder ordenarlos, o para establecer una unidad de comparación.

[xxxiii]

El concepto de "inteligencia" sigue en evolución epistémica, hay algunos atavismos por superar como es zoocentrismo, antropocentrismo y cerebrocentrismo, sin embargo, se vislumbran nuevas áreas de conocimiento que crecerán como es la inteligencia vegetal y la inteligencia animal, hay muchos retos ideológicos, metodológicos y teóricos por descubrir en estos temas. Además de ir detallando y explicando funcionalmente las inteligencias desde aspectos medulares como son los sentidos, la comunicación, la respuesta al estrés ambiental y el daño, la simbiosis, la toma de decisiones, la adaptación puntual y evolutiva, la memoria, las funciones cognitivas, la conciencia, la atención y la alerta.

A manera tentativa se propone la siguiente definición, que lejos de acotar, es enunciativa para abordar de manera general la idea de inteligencia, al mismo tiempo se vuelve una idea provocativa para indagar más.

"La inteligencia en la naturaleza se refiere a la capacidad de los seres vivos, tanto plantas, como animales, para percibir, adaptarse y responder eficazmente a su entorno. Esto incluye la resolución de problemas, la elaboración de destrezas especializadas, la toma de decisiones en situaciones adversas o novedosas, y la adaptación para pervivir en un entorno en constante cambio. Esta inteligencia se manifiesta como una habilidad de aprender a interactuar en contextos/circunstancias diversas, basándose en las necesidades de los propios seres vivos y en las condiciones cambiantes del entorno.

A través de su propia inteligencia, los seres vivos pueden formar y anticipar estrategias de solución en situaciones que enfrentan, tanto en su realidad, como en la de otros organismos. Esto les permite sobrevivir y tener éxito en diversos mundos en constante cambio y con numerosos desafíos y oportunidades. La inteligencia en los seres de la naturaleza refleja la sorprendente diversidad de adaptaciones y respuestas que han evolucionado a lo largo del tiempo para optimizar la supervivencia y la reproducción en una amplia variedad de condiciones ambientales."

[xxxiv]

Se acentúa la palabra <estadío>, debido al uso procesual que se le va a dar en este texto, para diferenciarla de la palabra <estadio> como un espacio o estructura que puede contener algo.

[xxxv]

De preferencia que sean preguntas inteligentes que lleven a... nuevas preguntas. Donde las preguntas sean dudas que suenen y resuenen en la cabeza. Se espera que las preguntas sean una forma de confirmar una sospecha que desea ser revelada. Las preguntas podrían llevar a reflexiones que generan certezas, dudas y nuevamente... más preguntas.

[xxxvi]

Lo único seguro es que todo cambia constantemente, aun percibiendo un momento de pertenencia al mundo inmediato, por lo tanto, es posible estar consciente de que solo ahora mismo se tiene lo que se tiene. Estas aseveraciones invitan a aceptar que cada uno es por lo que descubre, interpreta y aprende; aun así, lo que se cree tener es efímero y perecedero, como quien ahora mismo está leyendo estas letras conjugadas, con el fin de atrapar ideas en un breve instante. Se vive en la ilusión de una existencia individual, aunque conscientemente es sabido que se es parte de la realidad inconmensurable, impredecible, y, sobre todo, perpetua y cambiante, la cual se mueve en distintas cadencias.

Vivir buscando, en y fuera de uno, la coherencia, la estabilidad y la linealidad de lo que acontece/piensa/hace/dice, podría atrapar al individuo (facilitador o comunitarios) entre las paredes del pasado, presente, futuro y, quedar inertes en la incertidumbre. Según la historia de vida y preferencias, se carga de un lado o al otro, de manera consciente y no conscientemente, se vive la mayoría del tiempo, desde un solo lado, con tal de no perder la conexión y la congruencia, aceptando un existir perecedero, que es solo un instante indeterminado, el cual imaginariamente se trata de alargar, asimismo, se amplía y alternan todas las experiencias conscientes, para poder decir <estoy vivo hasta ahora>, aun sabiendo en el fondo, que como humanos, se han creado artífices de paredes para percibir el eterno cambio.

Definitivamente, el pasado ya fue, solo queda el presente al cual se puede optar al aceptar lo que sucedió y que se es producto de ello, igualmente, se tejen recuerdos para mantener la idea de un origen de algo, de esta manera, se puede construir, con imaginación, un puente en el cual, a través de él, se vivencie el proceso entre lo que se es (aquí y ahora) y lo que se quiere ser (futuro).

Desde esta perspectiva de necesidad por una coherencia, linealidad y dimensionalidad para explicar y comunicar lo que se vive, se puede construir una Visión de Futuro, siendo una elección hacia lo indeterminado, lo cual estará cimentado en lo que fue y se tiene presente, por lo tanto, será una narración muy propia, donde se describan y dinamicen diversos escenarios posibles; al realizarla surgirán conocimientos e imágenes entretejidas, que podrán considerarse como parte de la toma de decisiones sobre qué rumbo y qué pasos cada uno dará por la vida, como individuo y como parte de un colectivo.

Estos escenarios diversificados a partir de deseos, análisis, emociones e interrelaciones serán parte de la elección que llevará a decidir desde lo individual y colectivamente, y, por ende, habrá acciones transformantes; al tener conocimiento consciente de la visión de futuro cada uno se percatará que no es el mismo, porque hay una participación activa para esculpir una parte del destino.

[xxxvii]

Ser consciente es la capacidad de percepción de uno mismo objetivamente, sin dejar de ser subjetivo.

Estar y ser consciente para David Chalmers (1995) lo denominó como "el problema blando" o fácil. ¿Cómo discierne el sujeto entre un estímulo sensorial y otro y reacciona según lo pertinente?, y "el problema duro" de la conciencia, ¿cómo los procesos físicos del cerebro dan lugar a la conciencia? Tema que se verá más adelante.

[xxxviii]

Al mencionar "expandir la conciencia" no se refiere a un término de plasticidad de la materia, bajo la creencia que la conciencia es solo un producto de lo físico-material, lo que se propone es explicarlo desde el entendimiento de la interconexión con los otros sistemas biológicos del cuerpo del individuo y con otros seres vivos, así como de la capacidad de generar o descubrir otros conocimientos, los cuales podrán ser percibidos, conscientes y comprendidos como parte del aprendizaje y adaptación constante.

[xxxix]

Es importante precisar que se pueden dar diferentes definiciones, aunque en este trabajo se trata de dar elementos para conceptualizar lo que se conoce como <conciencia>, para David Chalmers (1996, pág. 28) toma en cuenta las acepciones que son utilizadas en la literatura científica y filosófica, al respecto comenta:

"El término "conciencia" es ambiguo, ya que refiere a una variedad de fenómenos distintos. A veces se utiliza para hacer referencia a una capacidad cognitiva, tal como la capacidad de hacer introspección o de informar sobre los propios estados mentales. A veces se utiliza como sinónimo de "vigilia". Otras veces está estrechamente ligado a nuestra capacidad de concentrar la atención o de controlar voluntariamente nuestra conducta. A veces "ser consciente de algo" se reduce a lo mismo que "saber acerca de algo". Todos estos son usos aceptados del término, pero todos ellos seleccionan fenómenos distintos del tema que estoy analizando, fenómenos que son significativamente menos difíciles de explicar"

Para ampliar el criterio de definición de la conciencia, se puede consultar el libro *Filosofía de la psicología,* (Bunge y Ardila, 1988, págs. 249-252), donde presentan ocho definiciones, diferenciando entre percatación y conciencia, asimismo evitando el uso de otros estados mentales como es la atención, intención, intencionalidad. Al respecto resumen diciendo:

"La conciencia es un tipo muy especial de conocimiento que parece ser prerrogativa exclusiva de los mamíferos altamente evolucionados" (1988, pág. 253).

[xl]

Con este término "experiencia" se pueden tratar varios aspectos: la experiencia como una capacidad/habilidad o como un conocimiento producto de un suceso que vive o aprende el individuo. A manera de acercamiento a la idea de experiencia, se enuncia lo siguiente.

La experiencia es un proceso unitario de conocer/reconocer algo, interno o externo al cuerpo, ya sean hechos o fenómenos (datos e información) que se dan en el propio individuo y/o en su entorno; dicho conocer es aprehendido en un definido evento, con el fin de acercarse, mantenerse o alejarse en/de una parte de la realidad, para ello interviene una interrelación de posibles procesos mentales como son la memoria, emociones, la atención, la conciencia, así como otras capacidades mentales, tales como, la imaginación e inteligencias; por lo tanto, las experiencias generan en sí conocimientos, además, de vivencias compuestas de sensaciones, emociones, intuiciones y, acciones intelectivas y fisiológicas.

[xli]

Pinillos (1983, pág. 19-20) explica estos cuatro campos semánticos de la siguiente manera. - 1) ciencia común de muchos (conciencia moral y compartir el mismo tipo de experiencia); 2) estado anímico en el cual se tiene noticia de alguna cosa, o se es consabido de ella (acto psicológico de darse cuenta o tener noticia de algo); 3) interior del hombre, intimidad (autoconciencia o conciencia refleja); 4) doctrina, esto es, saber, (el saber con qué dejamos de ignorar).

[xlii]

Rozo cita a Ballin en su libro de la siguiente manera: Ballin, D. (1984). El concepto de la conciencia. México: Fondo de Cultura Económica. pp.18-19.

[xliii]

En esta misma obra se presenta más información de la visión sobre la conciencia entre un científico y un filósofo, quienes debaten sobre el tema de la mente, además, de una sección específica sobre la conciencia, (Changeux y Ricoeur, 1998, pág. 72).

Changeux:

"La conciencia es una función psicológica de tal manera global que parece difícil descifrar sus arquitecturas funcionales. Sin embargo, todos se esfuerzan por definir sus rasgos regulares, perfectamente enterados del contexto global al que se integran."

Ricoeur:

"A mi parecer, se trata de algo psíquico muy construido lo que relaciona usted con un neuronal legítimamente construido, porque es regla misma de la ciencia de usted edificar la arquitectura neuronal sobre la base de las neuronas y de las sinapsis."

[xliv]

A manera de ejemplo para encontrar información especializada sobre conciencia, el lector puede consultar más información en libros y revistas, a continuación se presentan algunas: Journal of consciousness studies (fundada en 1994 como resultado del congreso sobre ciencia y conciencia en Albuquerque, Nuevo México y en la Universidad de Arizona), Interdisciplinary Journal of research on consciousness, Psyche, Journal of cognitive neuroscience, Philosophy and phenomenological research, Journal of behavioral and brain science, Journal of the theory of social behavior, Journal of experimental psychology, The American journal of psychiatry, Australasian journal of philosophy, The journal of neuroscience, Journal of philosophy, International journal of psychology, British journal of psychology, International journal of philosophical studies, International Journal of neuroscience, British journal for the philosophy of science, Interdisciplinary journal of nonlinear science, The journal of neuroscience, The Noetic Journal, Journal of consciousness exploration and research, NeuroQuantology, Cognitive Science, Apeiron, Revista de filosofía, Revista conciencia social. También se puede indagar sobre trabajos de investigación realizados en instituciones como: Institute of noetic sciences, National institute of neurological disorders and stroke, Centre for cognitive neuroscience, Center for consciousness studies, Center for cognitive studies, Center for interdisciplinary research, Center for psychedelic and consciousness research, Cognitive Science Society, Asociación latinoamericana para la formación y enseñanza de la psicología, Centro de investigación de la sintergia y la consciencia.

[xlv]

Diría David Bohm en su libro <Sobre el diálogo>, (2015, pág. 111) >:
"El observador, pues, es el que selecciona, recopila y agrupa la información relevante y la organiza en una imagen dotada de significado." Esta obra se recomienda leer como parte de la formación en trabajo comunitario.

[xlvi]

Al mencionar neurociencias, se debe reconocer que es una área de investigación amplia, abarca varias disciplinas que, de manera conjunta y separada, han estudiado aspectos específicos sobre la conciencia, como es el caso de la neuroquímica, psicofarmacología, psicofisiología, endocrinología, neurología, neuroanatomía, neurolingüística, electroencefalografía, neurotecnología, neurofisiología, neurodidáctica, neurociencia cognitiva, psiconeuroinmunología, asimismo, desde la psicología han desarrollado una serie de hipótesis y experimentos, como en la psicología cognitiva, psicoanalista, sistémica y en la psicología social.

Cabe mencionar que, otras disciplinas sociales igualmente se han interesado en este tema, como es la antropología y sociología; en el caso tecnológico/científico están los interesados en la inteligencia artificial, la física cuántica, e igualmente es importante recordar, que este interés se ha dado desde la filosofía analítica y filosofía de la mente donde se han desarrollado importantes aportaciones teóricas y paradigmáticas.

[xlvii]

En este caso para Francis Crick, 1990 junto con su colaborador Christof Koch (1990 y 1992), como parte de sus investigaciones, buscaron en qué parte del cerebro podría estar la conciencia y los otros estados mentales, así como qué neuronas son las responsables de esas actividades, a esta relación le llaman correlatos neuronales, por ejemplo comenta:
"La idea más sencilla sería la de que se da consciencia cuando algunas componentes de este conjunto especial de neuronas se disparan con una tasa muy alta (por ejemplo, entre los 400 y los 500 hertzios) o cuando el disparo se mantiene durante un tiempo razonablemente largo...Este fenómeno concreto de punto ciego nos dice poco más sobre la localización de las neuronas de la consciencia que lo que nos diría un ejemplo cualquiera de neuronas que se disparan ante una información visual." (Crick, 1990, págs. 258 y 276)

Uno de sus principales objetivos fue promover la investigación para entender y explicar la conciencia a través de cómo funcionan los correlatos neuronales (Koch, 2012).

[xlviii]

En este sentido de misterio, Edelman y Tononi en su libro *El universo de la conciencia*. Cómo la materia se conviette en imaginación, (2000, pág. 4) afirman que:

"La conciencia ha sido a un tiempo misterio y fuente de misterio. Pese a ser uno de los principales objetos de estudio de la filosofía, hasta hace poco tiempo no había sido admitida en la familia de los objetos científicos susceptibles de investigación experimental. Las razones de esta tardía aceptación son obvias: Aunque todas las teorías científicas presuponen la conciencia, y aunque la sensación consciente y la percepción son necesarias para su aplicación, los medios para la investigación científica de la propia conciencia no han estado a nuestro alcance hasta hace poco tiempo."

[xlix]

En esta geografía del cuerpo su comprensión se podría ampliar a menos que se incursione en otras teorías cuánticas, por ejemplo, la teoría de las supercuerdas, la cual propone que hay nueve u once dimensiones, además del tiempo. Jacobo (Grinberg, 1991, págs. 23-24) basa parte de su teoría sintérgica (<sintergia> neologismo derivado de las palabras síntesis y energía) con relación a esta teoría de supercuerdas y el Lattice, donde se explica cómo se realiza la transformación de la actividad cerebral en experiencia sensible, al respecto señala:

"En ella se postula que por debajo de la existencia de las partículas elementales se encuentra una realidad común formada por ultramicroscópicas "Cuerdas" todas ellas similares entre sí, pero que interactúan en formas diferentes dando lugar (según el tipo de interacción de que se trate) a cada una de las partículas y las familias de partículas elementales. La Teoría Sintérgica sostiene que por debajo de la realidad de las Super-Cuerdas existe otro nivel aún menos diferenciado del cual surgen las Super-Cuerdas y éste es el de la Lattice con todas las características que he descrito."

[l]

Menciona Terrence Deacon (2011, pág. 23) que este misterio de la conciencia es igual que, el tan buscado origen de la vida. También se pueden agregar otros misterios como es el origen del Universo y de la materia.

[li]

Idea <nudo del mundo> está basada en la propuesta por Schopenhauer, A. (1813) sobre la cuádruple raíz del principio de razón suficiente. Capítulo 7, §42. Madrid: Editorial Gredos. 1981. Lo que menciona en el siguiente párrafo, tiene afinidad con la dificultad que se tiene científicamente de explicar la conciencia:

"Ahora bien, la identidad del sujeto volente con el sujeto cognoscente, por medio de la cual (y, por cierto, necesariamente) la palabra «Yo» incluye y designa a ambos, es el nudo del mundo, y, por tanto, inexplicable. Pues para nosotros solo son concebibles las relaciones de los objetos: pero entre éstos, solo pueden dos constituir uno cuando son partes de un todo. Aquí, por el contrario, donde se habla del sujeto,

ya no valen las reglas del conocimiento de los objetos, y una identidad real del cognoscente con lo conocido como volente, esto es, del sujeto con el objeto, es dada inmediatamente."

[lii]

Con respecto a los problemas, David Bohm (1996, pág. 54) destaca:

"Podríamos afirmar, sin temor a equivocarnos, que la práctica totalidad de los problemas de la especie humana se originan en la ausencia de propiocepción del pensamiento. Es precisamente por ello que el pensamiento crea constantemente «problemas» y luego trata de resolverlos, aunque, en tal caso, no hace más que empeorarlos porque no se percata de que es él mismo quien los está originando y de que, cuanto más piensa, más problemas crea, porque no se da cuenta de lo que hace."

[liii]

Como se verá a lo largo del tema de conciencia, los diversos autores presentan sus trabajos basados en teorías dualistas, monistas, fisicalistas, representacionales, cognitivas, neurales, cuánticas. Aunque también como menciona Kriegel (2009) se pueden dividir en ficistas y antifiscistas, así como, reduccionistas y no reduccionistas.

[liv]

Joseph Levine propone el término "brecha explicativa" (1983, pág. 357) el cual es usado dentro de las investigaciones en neurociencias y filosofía de la mente relacionados con la conciencia; el autocritica que hay una dificultad de comunicación y de objetividad, por ejemplo, en el entendimiento de cómo la conciencia podría depender de un sustrato físico, existen brechas (vacíos) explicativas, pero harían falta conocimientos, conceptos y palabras que logren puntos en común, con el fin de lograr cubrir o saltar esa <brecha> se requerirá el trabajo científico que se viene realizando, aunque como comenta el autor, puede haber en los trabajos científicos vacíos explicativos.

Este tema de la brecha explicativa es analizado ampliamente en el artículo: Arias, D.A. (2018). La brecha explicativa y la jerga de la concebibilidad, THÉMATA. Revista de Filosofía, 57, 173-190.

[lv]

Para este autor el problema difícil es lograr saber cómo un sistema físico del cerebro (materia física) tiene experiencias subjetivas y propias (no físicas), siendo complicado analizarlas desde la persona que las vivencia.

[lvi]

John Searle considera como un problema los qualia, dice que hay una confusión por ser subjetivos y como objeto de estudio es objetivo, por lo que el reto es trabajar lo subjetivo desde lo objetivo. Otro problema es la confusión al tratar de manera indistinta la conciencia desde su ontología o partir de la epistemología, para él la experiencia consciente individual es ontológicamente subjetiva, porque es personal e intransferible. Desde la epistemología la conciencia se considera un fenómeno observable, por lo tanto, es objetiva.

[lvii]

Este tema como problema, mente-cuerpo, ha sido abordado desde la perspectiva filosófico-científica dualista y monista, por ejemplo hay algunos autores emblemáticos, algunos bajo el dualismo hacen su explicación (Descartes; Bergson; Chalmers), desde el paralelismo psicofísico (Leibniz), así como del epifenomenalismo o dualista fisicalista (Huxley), y el dualismo interaccionista (Descartes; Eccles; Popper), asimismo se ha analizado el problema desde el monismo, como es el monismo neutro (Spinoza); el idealismo de (Hegel), el materialismo eliminativo o conductismo filosófico (Angell; Watson y Skinner, Churchland), el conductismo lógico (Ryle), el materialismo fisicalista o teoría de la identidad (Place y Smart; Feigl; Crack), el funcionalismo (Putnam; Lewis; Fodor), el materialismo reduccionista (Armstrong), el materialismo no reductivo (Davidson), el materialismo cartesiano (Dennet expone a quienes siguen creyendo que hay un sitio y un proceso preciso en el cerebro donde se realiza la conciencia), y a partir del emergentismo (Searle; Bunge). No se trata de seguir con el afán (a veces obsesivo) de clasificar todo y por todo, solo es ejemplificar que este problema ha sido abordado desde distintas formas de pensamiento.

[lviii]

Los correlatos neurales, también llamados correlatos cerebrales, son patrones de la actividad cerebral que sirven para explicar una correspondencia con las experiencias conscientes y otros estados mentales; de acuerdo con los neurocientíficos es la manera de localizar y conocer las causas de estos estados. Es una aproximación para conocer y explicar más sobre la conciencia, aunque sigue faltando información sobre los procesos físicos que dan origen a las experiencias subjetivas, sobre todo sigue estando ambiguo el objeto de estudio que se busca, es decir la conciencia, al utilizar este tipo de correlatos.

[lix]

Al respecto, Ken Wilber (1990, pág. 20) menciona:

"Nuestra expectativa de que, si la conciencia es un espectro, entonces la comunicación entre los investigadores orientales y occidentales sería difícil, debido a que unos y otros trabajan en un nivel vibratorio distinto, es exactamente lo que ocurre en la actualidad."

[lx]

El conexionismo explica que los fenómenos de la mente, como son las acciones conscientes y comportamientos, son procesos que emergen de redes constituidas por unidades sencillas interconectadas, por ejemplo, las redes neuronales biológicas y artificiales.

[lxi]

El paralelismo psicofísico propone que los fenómenos mentales y el cuerpo no interactúan (solo coexisten), sino que transcurren de manera paralela, jamás se trastocan, para cada fenómeno mental existe un fenómeno físico que le corresponde (su correlato físico en el cerebro); aunque hay algunos fenómenos físicos que no tienen correlato mental, por ejemplo, la circulación de la sangre y respirar. Excluye cualquier interacción causal entre la mente y el cuerpo.

[lxii]

El interaccionismo considera que los fenómenos físicos y mentales (incluida la conciencia) interaccionan, se influencian uno con otro; hay fenómenos físicos consecuencia (principio de causalidad) de los mentales y, viceversa. Hay fenómenos mentales que causan fenómenos físicos, por ejemplo, el mal humor o un ataque de ansiedad.

[lxiii]

El epifenomenismo considera que la conciencia es un subproducto de la actividad cerebral, en general se basa en que la mente es producto del cuerpo. La conciencia no tiene una función específica para el cerebro ni influye en los procesos fisiológicos. El mundo es solo lo físico-material, por lo tanto, es semejante al reduccionismo materialista. Esta propuesta la inició Charles Monnet en el siglo XVIII. También el epifenomenismo es considerado como aquellos acontecimientos mentales causados por fenómenos físicos en el cerebro, pero sin afectarlo.

[lxiv]

El emergentismo considera la aparición de la actividad consciente como un fenómeno cualitativamente nuevo, el cual está relacionado con otros procesos cerebrales, además, de su interacción con lo socioambiental; tiene propiedades físicas y de conocimientos que van más allá (no reducibles) de donde emergieron (evolución del cerebro), es decir, el cerebro es considerado como materia que influye en la conciencia, pero ésta tiene su propia estructura y leyes de funcionamiento; este paradigma científico y filosófico asegura que es en sí el resultado de la selección natural biológica.

La visión del emergentismo con relación a la conciencia tiene gran popularidad entre los neurofisiólogos y los filósofos, Karl Popper lo explicó a partir de su teoría de los tres mundos y la teoría de la selección natural (Ch, Darwin), en su propuesta menciona que no es posible explicar la conciencia a partir de un reduccionismo donde para entenderla (al igual que el lenguaje) se parta de la base del entendimiento de los niveles de estructura de la materia (Mundo 1), es decir iniciar de los inferiores como subpartículas, átomos, moléculas, células, hasta niveles más complejos como son los tejidos, por lo tanto, para evitarlo propone que en el Mundo 2, donde están los estados mentales, incluida la conciencia, será imposible entender la actividad consciente si no se considera como una emergencia (sistema con propiedades que son más que la suma de sus partes) y así evitar su entendimiento a partir de conocer las reacciones y procesos de cada estrato estructural de la materia (Mundo 3).

Al respecto Popper (1977, pág. 492) manifiesta:

"Algunas personas han encontrado increíble e incomprensible la idea de la emergencia de la conciencia. Es un milagro, aunque puede que no sea un milagro mayor que el que podamos despertar por la mañana y podamos recrear la plena autoconciencia más o menos a partir de la nada. Frente a ello, se podría decir que el proceso de despertar consiste en establecer un nexo, en nuestro cerebro, con los recuerdos de períodos anteriores, lo cual es más comprensible que la creación de la conciencia de la nada o, en cualquier caso, de nada del tipo de la memoria."

Hay hasta ahora se han presentado tres grandes divisiones con relación al origen de la conciencia, 1) unos dicen que es físico, pero falta más información para entenderla; 2) otros que no es física, pero provino de lo físico; 3) otros que proviene de los fenómenos físicos generados por el cerebro, pero no es física o al menos no desde la visión clásica.

[lxv]

El pampsiquismo es un término que es usado por algunas doctrinas filosóficas para explicar que la realidad se constituye por propiedades y atributos mentales y es de algún modo anímica, por lo tanto, las cosas vivas y no vivas son solo manifestaciones (propiedades y atributos) de la mente. En el caso de la conciencia, es considerada como un fenómeno universal donde todos en conjunto (realidad) conforman un todo consciente. Hay autores que solo consideran a los seres vivos sin conciencia y con conciencia (información integrada) y otros literatos dicen que la conciencia se encuentra en todas las cosas.

[lxvi]

Para E.V: Shorojova (1961, págs. 9, 16 y 32) la conciencia es:

"...la propiedad de la materia altamente organizada que refleja la realidad objetiva. Esa materia altamente organizada es el cerebro humano." Más adelante en su libro titulado *El problema de la conciencia*, comenta: *"Al concebir la conciencia como una forma específicamente humana de reflejo de la realidad, partimos de la solución materialista dialéctica del problema fundamental de la filosofía: el de las relaciones entre la conciencia y la materia... El problema de la naturaleza de la conciencia puede ser resuelto siempre que se diluciden las relaciones entre la conciencia y el mundo exterior, siempre que se definan las interrelaciones de lo material) lo ideal, de lo físico y lo psíquico... El objeto, el fenómeno del mundo exterior, existe al margen e independientemente de la conciencia. El hombre siente y piensa porque percibe los estímulos exteriores. Cualesquiera que sean los pensamientos que surjan de la mente del hombre, no serán más que imágenes de los objetos y fenómenos de la realidad objetiva, su reflejo más o menos exacto."*

[lxvii]

En el materialismo mecanicista se considera a la conciencia como una propiedad de la materia organizada, como producto de la casualidad física.

[lxviii]

"I believe that 'consciousness,' when once it has evaporated to this estate of pure diaphaneity, is on the point of disappearing altogether. It is the name of a nonentity, and has no right to a place among first principles. Those who still cling to it are clinging to a mere echo, the faint rumor left behind by the disappearing 'soul' upon the air of philosophy"

-James, W. (1904). "Does Consciousness Exist?". Journal of philosophy, psychology, and scientific methods 1. 477.

[lxix]

De acuerdo con Pinillos (1983, pág. 35) con relación a lo subjetivo dice: *"Comenzaremos por recordar que lo consciente es subjetivo no porque acontezca dentro del organismo o en el interior del cerebro, no porque tenga lugar debajo de la piel, sino precisamente porque es el resultado de una operación gnoseológica que ejecuta un sujeto apto para ella."*

Como complemento a lo anterior, (Kaulino, 2021, pág.3) señala que el campo de los estudios críticos de la subjetividad como un proceso histórico, social, cultural responde a criterios tales como:

"1. La subjetividad como perspectiva de primera persona es un punto de vista que incluye un cuerpo y posiciones conscientes e inconscientes. 2. El punto de vista de la primera persona es también un punto de movimiento y de acción. 3. La subjetividad es social y política y se inscribe en contextos culturales e históricos cuya comprensión requiere operar con categorías como clase social, género y etnia y sus interseccionalidades. 4. La subjetividad se encarna en contextos de poder. 5. La subjetivación es un proceso de producción de subjetividades funcional al gobierno de las poblaciones en sociedades modernas; tal proceso opera mediante diversos tipos de intervenciones políticas, económicas, culturales y corporales. 6. La subjetividad es activa, reflexiva, resistente, en flujo, única, y específica de alguien que vive su propia vida. 7. La subjetividad es una unidad diferenciada en subjetividad epistémica, ética y estética. 8. Los investigadores en el campo de estudios críticos de la subjetividad deben ser reflexivos acerca de su posición sociocultural e histórica que investigan en los distintos contextos de poder. 9. Los estudios críticos de la subjetividad deben ser críticos acerca de sus categorías, teorías y metodologías en tanto producciones socioculturales e históricas elaboradas en contextos de poder. 10. Por último, los estudios críticos de la subjetividad pueden operar a partir de múltiples ontologías, con teorías y metodologías que sean compatibles con los principios descritos anteriormente."

[lxx]

La visión naturalista tiene su historia desde los griegos, luego toma auge en la época renacentista, después a mediados del siglo IXI con el naturalismo enciclopédico o moderno, el cual tiene como particularidad, fusionar la reflexión filosófica con la investigación científica; de manera común esos pensamientos eran conocidos como naturalistas, un ejemplo de ello es el evolucionista que desarrollaban médicos, geólogos, químicos, físicos, entre otros. Su propuesta se basa en considerar a la Naturaleza (formada de la totalidad de realidades, siendo todo lo real natural y viceversa, con relación al tiempo, fue considerado como un sistema espaciotemporal-causal) como la base principal de sus estudios, a través de conceptos que consideran las relaciones de interdependencia y la causalidad. Su propuesta excluye al mecanicismo y dualismo.

Un ejemplo que inició este movimiento, aun actual, ha sido tratar el tema de la mente, como es el caso de los autores John Dewey (1893) y Roy Wood Sellars (1927), pero no es sino hasta mediados del siglo XX que hubo un apogeo en el tema, muchas de sus ideas fueron retomadas por autores como Ernest Nagel, quien influyó en posteriores trabajos científicos, así como en otros dedicados a la filosofía de la ciencia. Para hacer ciencia, según Nagel, se requiere de leyes y teorías (critica a las ciencias sociales, por no tener métodos que cumplan con la idea de conocimiento científico de esa época), con poder explicativo y capacidad para producir pronósticos precisos y confiables, y para lograrlo se requiere de una investigación objetiva. Nagel, E. (1961). La Estructura de la Ciencia. Buenos Aires: Paidós. 1974.

Una de las líneas de investigación sobre la mente a nivel mundial ha sido trabajado bajo la idea naturalista, donde las ciencias cognitivas han sido las que más han aportado, por un lado, están los que consideran lo mental como autónomo e irreductible y, por otra parte, quienes dicen que la mente fenoménica debe tratarse desde una teoría representacional, la cual puede ser conceptualista - Toda representación es conceptual- (McDowell, 1994) y no conceptualista -no todos los estados mentales representacionales tienen contenido conceptual- (Evans, 1982; Peacocke, 1992 y 2001).

[lxxi]

La conciencia de acceso o psicológica es un tipo de control directo con el cual se puede explicar la causalidad de los razonamientos y la conducta, este tipo de conciencia no es fenoménica, sino algorítmica y funcional, con la capacidad de explicar las experiencias cualitativas. Ned Block (1995) propone que, este tipo conciencia funciona por una *promiscuidad inferencial* donde es capaz de controlar racionalmente las acciones, aprovechando la información para uso como guía, y sus contenidos representacionales pueden ser empleados por otros procesos. La conciencia de acceso son actitudes proposicionales como son las creencias, deseos y pensamientos, las cuales se pueden verbalizar y comunicar.

En el caso de la conciencia fenomenal es equivalente a la experiencia subjetiva, es un concepto elusivo, parte de sensaciones, sentimientos y percepciones, así también empíricamente se pueden incluir pensamientos, deseos y emociones.

[lxxii]

Francisco Varela (1996, pág.330) define la neurofenomenología como:

"*Neuro-phenomenology is the name I am using here to designate a quest to marry modern cognitive science and a disciplined approach to human experience, thus placing myself in the lineage of the continental tradition of phenomenology.*" Esta propuesta se basa en los métodos observacionales y la descripción de la experiencia consciente, así como en modelos teóricos dinámicos de este tipo de experiencia. El mismo Varela en una entrevista comenta: "*Ésta es la razón de que hable de neurofenomenología. La parte <neuro> te da un conocimiento fundamental de cómo funciona el cerebro, pero no te da la parte <feno>. Esta última requiere tanto esta encarnación en un cuerpo como el acceso en primera persona para informar de cómo se siente. Y es la combinación de estas dos la que lo conseguirá.*" (Blackmore, 2005, pág. 308)

[lxxiii]

Para Antonio Damasio la conciencia central consiste en pensarse y sentirse como un individuo que está en el proceso de conocer su propia existencia y la de otros en el aquí y el ahora. En el caso de la conciencia ampliada, es una experiencia del pasado y del futuro, que cambia constantemente, la cual genera representaciones reales o mentales que orientan la actuación del organismo.

[lxxiv]

Si el lector quiere tener una lectura completa donde se incluye la biografía y las principales aportaciones de los representantes más constantes de la filosofía de la mente y de los científicos teóricos de mediados del siglo XX a la fecha, está el libro de Andrea Eugenio Cavanna y Andrea Nani (2014), quienes hacen una compilación muy completa con autores filósofos como son David Chalmers, Paul y Patricia Churchland, Tim Crane, Donald Davidson, Daniel Dennett, Jerry Fodor, Jaegwon Kim, William Lycan, Colin McGinn, Thomas Nagel, Alva Noë, Hilary Putnam, David Rosenthal, John Searle y Karl Popper. Autores científicos como Bernard Baars, Francis Crick, Christof Koch, Antonio Damasio, Stanislas Dehaene, Merlin Donald, John Eccles, Gerald Edelman, Nicholas Humphrey, Julian Jaynes, Benjamin Libet, John Kevin O'Regan, Roger Penrose, Stuart Hameroff, Giulio Tononi, Max Velmans, Semir Zeki; aunque es una obra muy interesante por el esfuerzo de recopilación y síntesis, idealmente este tipo de obras se deberían extender más e incluir a otros autores de gran importancia, como son... José Luis Pinillos, Francisco Varela, Mario Bunge, Rodolfo Llinás, Jacobo Grinberg-Zylberbaum, Jesús Martín Ramírez, Ezequiel Morsella, David Premack, Tor Nørretranders, Susan Greenfield, William Calvin, Thomas Metzinger, Guy Woodruff, Maxwell Bennett, Ned Joel Block, Bernard Baars, Paul MacLean, Owen Flanagan, Eric Kandel, Oliver, Sacks, Alexander Luria, Wilder Penfield, Karl Pribram, Michael Gazzaniga, Gilbert Ryle, Sémir Zéki, Paul Natorp, Joseph Levine, David Armstrong, Jean-Pierre Changeux, Paul Ricoeur, Terrence Deacon, Steven Pinker, Peter Carruthers, Vilayanur Ramachandran, Karl Popper, entre otros. Por supuesto, también sería muy interesante incluir autores como Hermann von

Helmholtz, Wilhelm Wundt, Wilhelm Dilthey, Henri Bergson, Johann Friedrich Herbart, William James y David Armstrong.

[lxxv]

Los pensamientos pueden entenderse de manera general como el conjunto de ideas través de los procesos de análisis y síntesis.

estructuradas producto del pensar a través de la observación, la relación, la clasificación, el ordenamiento y la comparación, a

[lxxvi]

Cuando se refiere la conducta no se está considerando como una respuesta producto de la causalidad estimular. También es importante aclarar que puede haber conductas conscientes y no conscientes.

[lxxvii]

Jaak Panksepp y Lucy Biven (2012) en su libro *Arqueología de la mente*, proponen que los sistemas básicos afectivos han evolucionado en muchas especies mamíferas, incluida el humano; estas emociones/sentimientos se encuentran como parte de las funciones del sistema límbico subcortical, los autores proponen que hay siete sistemas básicos afectivos: buscar/expectante, miedo/ansiedad, rabia/enojo, cuidar/criar, desear/excitación sexual, pánico/dolor/tristeza, jugar/ alegría social.

Abajo se presentan otros trabajos importantes para revisar sobre la evolución de la conciencia en los mamíferos, con especial atención a la relación de su complejidad cerebral y las circunvoluciones de la corteza, tanto en lo fisiológico, como anatómico. El lector podría revisar los siguientes trabajos:

a) Oakley, D. A. (1983). The varieties of memory. A phylogenetic approach. En A. Mays, (ed.). Memory in animals and humans. Wokingham: Van Nostrand Reinhold.

b) Oakley, D. A. (1985). Cognition and imagery in animals. En: Oakley, D (ed.). Brain and Mind. Londres: Methuen.

c) Donald, M. (1993). Origins of the modern mind. Three stages in the evolution of culture and cognition. Harvard: Harvard University Press.

d) Clark, A. (1997). Estar ahí. Cerebro, cuerpo y mundo en la nueva ciencia cognitiva. Barcelona: Paidós. 1999.

El tener un cerebro complejo no quiere decir que por ende esas especies tienen conciencia, esto e vuelve más interesante al darse cuenta que hay otras especies invertebradas como las abejas y otros insectos, las cuales cumplen con las funciones y propiedades descritas sobre qué es conciencia. La comparación por analogía es una herramienta, pero no puede ser la única para decidir quién tiene o no conciencia; mucho menos partir de una conciencia antropocéntrica.

Igualmente, como parte del reconocimiento de que otras especies tienen procesos mentales, se puede revisar el libro de Christof Koch (2019) *The Feeling of Life Itself* en el capítulo Conciencia animal; y también la obra de Daniel Dennett (1996), *Tipos de mentes. Hacia una comprensión de la conciencia*, en el cual a lo largo de la obra (especialmente en los capítulos "¿Qué tipos de mente existen?, y "Nuestra mente y otras mentes") va presentando distintos conceptos y argumentos para distinguir (desde su punto de vista) quién sí y quién no de los seres vivos tienen mente.

[lxxviii]

Señalaría John Locke (1690) en el § 4 del capítulo -De las ideas-:

"Las operaciones de nuestra mente, el otro origen de las ideas. Pero, en segundo lugar, la otra fuente de donde la experiencia provee de ideas al entendimiento es la percepción de las operaciones interiores de nuestra propia mente al estar ocupada en las ideas que tiene; las cuales operaciones, cuando el alma reflexiona sobre ellas y las considera, proveen al entendimiento de otra serie de ideas que no podrían haberse derivado de cosas externas: tales las ideas de percepción, de pensar, de dudar, de creer, de razonar, de conocer, de querer, y de todas las diferentes actividades de nuestras propias mentes, de las cuales, puesto que tenemos de ellas conciencia y que podemos observarlas en nosotros mismos, recibimos en nuestro entendimiento ideas tan distintas como recibimos de los cuerpos que afectan a nuestros sentidos."

En los § 16 y 17 del capítulo de -De la identidad y de la diversidad-, *"El tener conciencia es lo que hace que una persona sea la misma.", "El sí mismo depende de su tener conciencia".*

[lxxix]

Leibniz distingue percepción como un concepto para estudiar al ser en su existencia y realidad (ontológico), y la apercepción como un concepto psicológico de cómo se construye y relaciona el conocimiento (epistemológico).

§ 14. *"El estado transitorio que envuelve y representa una multitud en la unidad o en la sustancia simple no es sino eso que llamamos Percepción, que debemos distinguir de la apercepción o de la conciencia, como luego quedará de manifiesto. Y precisamente en este punto los cartesianos han caído en un grave error, por no haber tenido en cuenta para nada las percepciones de las que no nos apercibimos."*

§ 16. *"Nosotros mismos experimentamos una multitud en la sustancia simple, cuando descubrimos que el más mínimo pensamiento del que somos conscientes envuelve una variedad en el objeto."*

§ 17. *"Hay que reconocer, por otra parte, que la percepción y lo que de ella depende resultan inexplicables por razones mecánicas, esto es, por medio de las figuras y de los movimientos. Porque, imaginémonos que haya una máquina cuya estructura la haga pensar, sentir y tener percepción; se la podrá concebir agrandada, conservando las mismas proporciones, de tal manera que podamos entrar en ella como en un molino."*

§ 19. *"Si se quiere llamar Alma a todo lo que tiene percepciones y apetitos en el sentido general que acabamos de explicar, entonces todas las sustancias simples o Mónadas creadas podrían llamarse Almas; pero como el sentimiento es algo más que una simple percepción, estoy de acuerdo en que basta el nombre general de Mónadas y de Entelequias para las sustancias simples que solo gocen de eso, y en que se llamen Almas solamente aquellas cuya percepción es más distinta y va acompañada de memoria."*

[lxxx]

Intuición es un tipo de conocimiento que se evidencia de manera inmediata luego de haber percibido consciente o no conscientemente algo; ese conocimiento es producto de una introspección y aprendizaje de experiencias, así como de aprendizajes de percepción del medio circundante.

Este conocimiento está en la memoria y se expresa o marca una alerta como parte del autocuidado y autoprotección del individuo, como consecuencia del reconocimiento de una situación específica, la cual provoca una reacción emocional y fisiológica; este proceso se da sin que haya una previa intervención de razonamientos, después ese momento de comprensión, podría elaborarse una decisión conjuntando los procesos racional, emocional, atención y de consciencia.

La intuición puede estar influenciada por los prejuicios y creencias, por lo que sería conveniente considerarla junto con otras fuentes de información y de ese modo, a medida que hay más conocimiento consciente de la intuición, se puede aprender a considerarla de manera más efectiva.

[lxxxi]

Cabe mencionar con relación al tema del desarrollo de "teorías de la mente", que existen diversas versiones sobre el tema, que vale la pena distinguir para no confundir su objetivo; si bien hay una relación, sus objetivos son diferentes. Hay quienes proponen aspectos teóricos basados en el fenómeno mental, que no ha sido demostrable, pero hay muchísimas afirmaciones que le dan sustento, por otra parte, hay quienes hacen teorema de la mente, a partir de la proposición de la mente como un suceso o un fenómeno, el cual está determinado por axiomas monistas y dualistas, los cuales tienen marcos conceptuales y criterios lógicos concretos.

Están, por ejemplo, algunos representantes de las teorías cognitivas. Por cuestiones de espacio solo se cita a los autores y el año de publicación. Putnam, H, W. (1967). Posner, M. I. y Snyder, C. R. R. (1975). Premack D, Woodruff G. (1978). Premack, D., y Woodruff, G. (1978). Norman, D, A. y Shallice, T. (1980). Trevarthen, C. (1982). McGinn, C. (1982/1996). Fodor, J. A. (1983). Johnson-Laird, P, N. (1983). Baron-Cohen, S., Leslie, A. M y Frith, U. (1985). Leslie, A, M. (1987). Jackendoff, R. (1987). Baars, B. J. (1988). Perner, J. (1991). Dennett, D, C. (1991). Karmiloff-Smith; A. (1994). Gallese, V y Goldman, A. (1998). Gordon, R. (1999). Cleeremans, A. (2008) Josephs, L., y McLeod, B, A. (2014).

Ejemplos de autores con teorías filosóficas, epistemológicas y representacionales. Lewis, C. I. (1929). Place, U. T. (1956). Feigl, H. (1958 y 1981). Von Neumann, J. (1958). Anscombe, G. E. M. (1965). Lewis, D. (1966). Block, N. (1996 y 2002). Hintikka, K, J, J. (1969). Armstrong, D. M. (1978). Searle, J. R. (1980-1997) Kraut, R. (1982). Peacocke, C. (1983). Lycan, W. G. (1987). Penrose, R. (1989). Harman, G. (1990). Shoemaker, S. (1994). Dretske, F. I. (1995). Tye, M. (1995). Thau, M. (2002). Kriegel, U. y Williford, K. (eds.) (2006). Kriegel, U. (2007). Brown, R, Glazebrook, J, F. y Baianu, I, C. (2007).

Ejemplos de autores con teorías neurocientíficas. Luria, A, R. (1962). Changeux, J-P. (1983). Humphrey, N, K. (1983). Llinás, R, R. (1987 y 1990). Edelman, G, M. (1987 y 1989). Gazzaniga, M. S. (1988 y 2005). Churchland, P. S. y Sejnowski, T, J. (1988 y 1992). Crick, F. H. C., y Koch, C. (1990). Zeki, S. (1993). Denton, D, A. (1993 y 2009). Varela, F. J. (1996-2001). Ramachandran, V, S, y Hirstein, W. (1997). Ramachandran, V, S, y Blakeslee, S. (1998). Bartels y Zeki (1998). Lamme, V, A, F. y Roelfsema, P, R. (2000). Dehaene, S. y Naccache, L. (2001). Thompson, E. y Varela, F, J. (2001). Miller, G. A. (2003). Dehaene, S. y Changeux, J-P. (2004). Milner, A. D. y Goodale, M. A. (1993). Damasio, A, R. (2010). Damasio, A, R. y Carvalho, G, B. (2013).

[lxxxii]

Desde otra perspectiva, Penrose (1989, pág. 18) se basa en que la mente no realiza actividades computables ni algorítmicas, pero sí, como sugerencia, un cierto tipo de computación cuántica, al respecto comenta:

"Estoy pensando en que en algún momento en el futuro pueda desarrollarse una teoría acertada de la conciencia —acertada en el sentido de que sea una teoría física coherente y apropiada, elegante y consistente con el resto de los conocimientos físicos, y tal que sus predicciones correspondan exactamente con las afirmaciones de los seres humanos acerca de cuándo o hasta qué punto parecen ellos mismos ser conscientes— y que esta teoría pueda tener implicaciones sobre la supuesta conciencia de nuestra computadora. Se podría incluso imaginar un "detector de conciencias", construido según los principios de esta teoría, que fuera completamente fiable frente a sujetos humanos pero que diera resultados diferentes a los de una prueba de Turing en el caso de una computadora."

Igualmente, desde la perspectiva dualista mente-cuerpo, Humphrey (1992) en su libro *Una historia de la mente*, expone una serie de ideas para construir una teoría de la conciencia, la cual debe tener criterios lógicos y científicos, así como para satisfacer ciertos criterios retóricos o dialécticos.

[lxxxiii]

De una manera sencilla y exacta Max Velmans (Blackmore, 2005, pág. 318) explica el reduccionismo en términos relacionados con la conciencia:

"Mira, la conciencia es algo muy inefable y misterioso; no podemos hacer encajar eso en una concepción científico-naturalista del mundo, o sea que tenemos que demostrar de un modo u otro, sea como sea, que esta inefable entidad consciente no es nada más que un estado o una función del cerebro"

[lxxxiv]

Griffin, D. R. (1984). El pensamiento de los animales. Barcelona: Ariel. 1985.

Igualmente, revisar las obras "The Architecture of the Mind" y "Human and animal minds" de Peter Carruthers (2006 y 2019).

[lxxxv]

Se entiende aquí que <analizar> es el estudio profundo, minucioso y detallado de algo por conocer, ya sea de manera estática o en movimiento, aclarando que, no necesariamente, se usará la técnica de descomponer en sus partes ese algo que se investiga.

[lxxxvi]

Steven Pinker hace un análisis amplio del tema Tabla Rasa, la define como:

"...la idea de que la mente humana carece de una estructura inherente y que la sociedad y nosotros mismos podemos escribir en ella a voluntad."

El autor propone las diversas implicaciones de esta idea a partir de ser "aceptada" como una teoría de la naturaleza humana en la vida intelectual moderna. El autor hace una historia de cómo evolucionó el concepto, los fines políticos y sociales que ha tenido, las diversas maneras de explicar y justificar las invasiones con fines de obtención de recursos, así como las maneras de como la investigación científica ha sido afectada y permeada con una forma de pensar basada en la moral judeocristiana. Por ejemplo, hay neurocientíficos que proponen la plasticidad neuronal, la cual se reconfigura con cada experiencia y con cada aprendizaje (Davison 2003), estos investigadores amplían sus comentarios y conclusiones basados en lo que a continuación propone Steven Pinker (2002, págs. 16 y 90):

"Según esta tendencia, la corteza cerebral —la materia gris convoluta responsable de la percepción, el pensamiento, el lenguaje y la memoria— es una sustancia proteica que la estructura y las exigencias del entorno pueden configurar de forma casi ilimitada. La tabla rasa se convierte en una tabla plástica."

[lxxxvii]

Desde 1818 ya se están realizando estudios sobre los fenómenos sensoriales subjetivos, como puede revisarse el trabajo de Johannes Evangelista Purkinje, por ejemplo, su publicación de 1832 *Commentatio de examine physiologico organi visus et systematis cutanei.*

[lxxxviii]

Entiéndase como subjetividad a la experiencia particular vivenciada en el mundo interior de cada individuo, por lo tanto, es intransferible, singular y única, la cual se construye con los procesos mentales y sus representaciones, asimismo, con acciones/conductas basadas en intereses, creencias y deseos. En cierto momento, llega a ser también parte del fundamento (no su contrario) de la objetividad en el proceso de conocer el mundo o la realidad de las cosas, con unas existencias más allá de los propios individuos que los observan o experimentan. En la subjetividad el individuo experimenta su mundo con una o más perspectivas, es el protagonista del acontecer que está vivenciando, y solo él conoce y reconoce qué está sucediendo, es decir llega a ser consciente de que está teniendo conciencia de algo. Para Norton Nelkin (1996) hay al menos tres sentidos diferentes de subjetividad. 1) como punto de vista (subjetividad epistémica), 2) como origen de la voluntad (subjetividad volitiva) y, 3) como cualidad fenomenológica (subjetividad epistémica ligada a la ontología del sujeto en tanto tal). Al entender «subjetivo» en este tercer sentido, se nos presenta con claridad el modo en que la conciencia, como fenómeno subjetivo, se contrapone en el planteamiento contemporáneo del problema de la conciencia con los tipos de fenómenos ontológicamente objetivos de los que han venido ocupándose las ciencias naturales. ¿Qué pasaría si en lugar de tener la experiencia subjetiva, hubiera una respuesta automática de manera constante?

[lxxxix]

"Aunque no haya acontecimientos nuevos e imprevistos, y la información sea la misma de siempre, la existencia de la disonancia es, sin lugar a duda, algo que pasa todos los días. Hay pocas cosas que sean completamente blancas o negras; pocas situaciones tienen perfiles suficientemente claros como para que las opiniones y las conductas no sean, hasta cierto punto, una mezcla de contradicciones."

León Festinger (1957, pág.14)

El autor menciona que para reducir las disonancias hay que cambiar la cognición (conocimientos, creencias, opiniones) modificando, aunque sea poco, las acciones, variar el conocimiento que se tiene, se puede eliminar uno de los elementos cognoscitivos en contradicción o desacuerdo; aun sabiendo lo que sucede el individuo podría continuar con su práctica disonante y tendrá conciencia de ella; su mantenimiento dependerá de la magnitud, cantidad y grados de disonancia, esto lleva a una autojustificación de actos.

Al entender el concepto de disonancia se facilitará el trabajo comunitario, ya que se podrá observar la tensión o desarmonía que puede haber, de manera individual y colectiva, en especial con relación a la comunidad y su sistema de ideas, pensamientos, emociones, sentimientos y creencias, donde persisten dos conocimientos que quizá están en conflicto o su comportamiento se contrapone a determinadas creencias, lo cual impacta en sus actitudes.

[xc]

Antonio Damasio (2003, pág. 192) con relación a las acciones, afirma:

"Las buenas acciones son las que, al tiempo que producen un bien al individuo a través de los apetitos y emociones naturales, no causan daño a otros individuos. El precepto es inequívoco. Una acción

Los qualia es un concepto teórico que explica ciertas cualidades intrínsecas que posiblemente se dan en un estado experiencial, por supuesto hay una serie de variables por considerar, por supuesto forma parte del cuerpo y de los procesamientos de información, pero también son cualidades subjetivas de las experiencias individuales (sabor, temperatura, olor, textura) que se perciben de manera completa (todo) y no en partes, por ejemplo, no todos los individuos perciben igual y tiene sus sentidos en las mismas condiciones, al respecto puede suceder que se está enfermo, privado de un sentido sensorial, igualmente hay que tomar en cuenta el aprendizaje de cada uno y su influencia al estar en percepción.

Para (Lewis, 1929, pág. 121) los qualia constituyen las características cualitativas y subjetivas de la experiencia directamente intuidas. En ese mismo sentido, Jackson (1982) comenta que son rasgos cualitativos de sensaciones corporales y experiencias perceptuales (pueden ser al creer, valorar, extrañar, oler, dudar, doler, entre otros).

Sería ingenuo creer que solo a través del conocimiento de las neurociencias, puede haber una explicación de lo que se ve, se siente, se hace, se piensa o se dialoga; habría que cuestionarse sobre qué pasa cuando hay un reconocimiento que se está dando en un amanecer en el mar, donde se perciben colores, formas, texturas y olores, así todos esos estados mentales, en función compleja e integrada hacen que el individuo se sienta en paz; desde esa experiencia subjetiva y cualitativa, las qualia serían una propiedad del proceso de conciencia, los cuales podrían utilizarse como parte de una investigación para saber cuáles son las causas de la excitación del sistema neuronal que originó eso llamado <paz>.

Con los qualia se puede integrar lo que es y lo que no es de lo que se percibe, de esta manera no se tiene que gastar energía en describir todo el tiempo lo que se está percibiendo; es una estrategia que forma parte de la percepción, evolutivamente es una adaptación de las experiencias sensoriales, en la organización y ejecución de conductas de los individuos en situaciones conocidas (fenómenos) y de las que jamás se han dado. Hay también autores que niegan la existencia de los qualia como son Maxwell Bennett y Peter Hacker (2007).

Ramachandran y Hirstein (1997) presentan tres leyes de los qualia, 1) son irrevocables, 2) son sensaciones subjetivas individuales, 3) deben existir por un tiempo suficiente. Esto implicaría un mecanismo de memoria.

Las qualia como una propuesta filosófica ha sido analizada por muchos quienes se han enfocado en la filosofía de la mente, tal es el caso de Daniel Dennett (1991), él considera que los qualia se dan en la mente creada por el cerebro de manera causal y con intencionalidad; hay una subjetividad que tiene sustento genético, experiencial por aprendizajes, es relativo si se considera que se da en otras especies vivas, por lo tanto, esa cualidad no podría ser definida como única, ni para el mismo individuo, tampoco es posible que se comparta entre individuos, su evolución se dará a nivel individuo y especie como parte de las funciones de representación de la mente sobre objetos y sujetos, por lo tanto, es una propiedad disposicional y no un epifenómeno. Para este autor la filosofía de la mente se engloba en dos grandes áreas de estudio, la conciencia fenoménica y la intencionalidad.

Retomando lo anterior, con la diversidad de propuestas sobre qué son los qualia, estos se pueden distinguir al tratarse algunos estados mentales como son las sensaciones, percepciones y la emocionalidad, asimismo al darse la experiencia consciente.

[xcii]

Al respecto, Rodolfo Llinás (2002, pág. 21) comenta:

"Los estados mentales conscientes pertenece a una clase de estados funcionales del cerebro en los que se generan imágenes cognitivas sensomotoras, incluyendo la autoconciencia. Al hablar de imágenes sensomotoras, no solo me refiero a las visuales, sino a la conjunción o enlace de toda información sensorial capaz de producir un estado que pueda resultar en una acción.", al respecto, desde otra óptica, Milner y Goodale (1993), demostraron que el sistema motor humano usa información visual no consciente para funcionar.

[xciii]

La conciencia fenoménica es una propiedad de la mente que se da tal cual se manifiesta, es y ya; puede ser diferente al objeto verdadero o a la realidad que subsiste con o sin individuo, es decir, podría ser un conocimiento consciente equivocado, aparente, y pudiera inducir al error. Se puede compartir de manera cualitativa esta experiencia, aunque muchas de ellas son exclusivas en cada individuo.

Según N. Block (1995, pág. 1), el concepto de conciencia (tanto académico, como coloquial) es, en el fondo, la combinación de diferentes conceptos, desde este sentido la conciencia es un concepto híbrido, donde se dan varias "conciencias". La conciencia fenomenal se da cuando hay una experiencia en primera persona.

Al respecto, como complemento a lo anterior, Diana Pérez (2007, pág. 6) expone:

"Parece claro que cierto tipo de términos mentalistas refieren a estados de conciencia fenoménica, como ver, oler, saborear, tener dolor, etcétera. También algunos términos de emoción parecen referir a estados de conciencia fenoménica, como miedo o asco, aunque no está tan claro con otros términos de emoción como odio o envidia."

[xciv]

Se entiende como <emociones> (siglos atrás conocidos como pasiones sensibles) todas aquellas expresiones y reacciones corporales y mentales, inmediatas e interactivas, las cuales llevan o evitan una serie de situaciones de gratificación, aprendizaje, desagrado, actuación (con o sin sentido), asimismo para esconder o mostrar información consciente. Estas respuestas complejas ayudan a ajustar/estabilizar, adaptar y mantener experiencias, se dan en lapsos cortos de tiempo, con la posibilidad de expandirse temporalmente en -sentimientos- mismos que requieren primordialmente de información de la memoria para mantenerse y actualizarse según las circunstancias.

La intensidad de las emociones es variable dependiendo del individuo y las situaciones presentes, pasadas y anticipatorias, lo que lleva a modular las significaciones del mundo sobre: el poder, dilemas, cognición, control, protección, trascendencia, placer, desagrado, entre otros.

Las emociones son procesos interactivos y espontáneos que se pueden clasificar en básicas, complejas, en cadena y relacionadas con el tiempo, también pueden clasificarse por procesos de conciencia de información, de interpretación perceptual, de relaciones introspectivas, situacionales y de comunicación.

Son parte del conocimiento generado por los estados mentales y la interacción corpórea. Contribuyen como parte del individuo en temas de protección, aprendizaje, conservación de la energía, alostasis/homeostasis, así como en la preparación del cuerpo para actuar y responder ante estímulos conocidos o desconocidos (fisicoquímicos, socioambientales e introspectivos) que pudieran desestabilizar al individuo.

Se originan de manera innata o por aprendizajes, se manifiestan en ciertas condiciones sociales, detonación de instintos, cambios fisiológicos, heridas, enfermedades, por imitación, por ciertos pensamientos, igualmente por inercia de otras emociones, en la representación de recuerdos y como consecuencia de la percatación de un conocimiento consciente.

Las emociones se detectan/explican por su a) temporalidad, b) energía, c) frecuencia, d) en sus expresiones a través del cuerpo, e) por las reacciones a partir de sensaciones que se dan en otros seres vivos, así como, f) por su nivel de intensidad.

Hay emociones que comparten todos los seres humanos, pero hay otras que se modifican o se dan de manera particular según la cultura. Las diferencias de las emociones por tipo de civilización se basan en el lenguaje, formas de organización social, historia, contexto, adaptación a circunstancias, significados de los objetos y situaciones e interpretación de la percepción de su mundo. Por lo tanto, el estudio de las emociones es transdisciplinar, donde resaltan disciplinas como la antropología, sociología, neurociencia, psicología y la filosofía.

Las emociones llevan a actos individuales y colectivos concretos, es decir, a desencadenamientos de respuestas corporales y mentales que se dan por distintos motivos, por ejemplo, 1) al reaccionar a estímulos por pensamientos anticipatorios, 2) al haber una desestabilización del sistema senso-emocional, así también, 3) debido a la interacción de la información de la memoria, durante un proceso intelectivo, de la misma manera, 4) por inseguridad/peligro para el cuerpo, al comparar una imagen mental o idea establecida con otra, la cual llega a desestabilizar o fortalecer, esto sucede debido a que, se crean o imaginan episodios en una narración, igualmente, 5) al confrontar expectativas y/o esperanzas, 6) al tener una reflexión, así como, 7) cuando se da una comunicación para algo específico, por ejemplo, por problemas de una enfermedad, otros motivos son también 8) por activación de un acto o instinto de sobrevivencia y, 9) como consecuencia de un razonamiento recurrente o rumiante.

[xcv]

Este proceso de pensar se da cuando el individuo se considera incluido en la realidad como parte de su mundo, y hay un interés, ya sea para describir, innovar, explicar e integrar.

Como complemento a lo anterior, los autores Carretero y Asensio (2011, pág. 14), dicen que es:

"...un conjunto de actividades mentales u operaciones intelectuales, como razonar, hacer abstracciones, generalizar, etc., cuyas finalidades son, entre otras, resolver problemas, tomar decisiones y representarse la realidad externa."

Carretero, M., & Asensio, M. (Eds.), (2011). Psicología del pensamiento. Madrid: Alianza Editorial

[xcvi]

Desde este sentido integral, se puede explicar que el conjunto de habilidades, capacidades, actitudes y de estados mentales, son funcionales para que los individuos logren ajustarse, regularse, arriesgarse, calmarse, hacer comparaciones, convivir, desarrollar su creatividad, tener un crecimiento biológico, asimismo, sirven para defender, descansar y expandir los límites biológicos e intelectuales; del mismo modo las personas las utilizan para conseguir, huir, imaginar, dar mantenimiento, meditar, mitigar, negociar, prevenir, producir ideas, jugar y realizar actividades de recreación, así como para la reproducción biológica, reproducción ideológica, seguridad, sublimación espiritual y supervivencia.

Todo lo anterior, son situaciones comunes que suceden con diversos propósitos y motivos enfocados a evitar o encontrar experiencias de agrado, dolor, placer, displacer, muerte; además, su complejidad sucede con o sin toma de decisiones, intereses, recuerdos o voluntades; esta multiplicidad de procesos siguen sucediendo en cada individuo de la especie humana, tal vez porque ha sido funcional su estrategia como un ser vivo adaptable, el cual busca y procura constantemente tener certeza, coherencia, continuidad, equilibrio, estabilidad, flujo, hábitos, homeostasis, homogeneidad, igualdad, orden, rutina y tranquilidad.

[xcvii]

La sobrevivencia debe considerarse como una estrategia de conservación de la vida, con el propósito de evitar perder su existencia debido a situaciones difíciles o peligrosas, aunado a esto, se requiere considerarla como una serie de habilidades que permiten mantener/alostasis el biosistema del individuo/especie de manera integral, considerando en sí asuntos emocionales, cognitivos y, relacionales social y ambientalmente.

[xcviii]

En caso de considerar explicar el origen y la existencia de la conciencia desde la visión del emergentismo, sería recomendable tomar en cuenta diferentes características (Arshinov y Fuchs, 2003), como son el sinergismo, novedad, irreductibilidad, impredecibilidad, coherencia/correlación e historicidad. Utilizando esta propuesta se pueden entender las perspectivas de los autores que tratan la conciencia desde la acusación, supervivencia y desde el epifenomenismo.

Arshinov, V. y Fuchs, C. (Eds.). (2003). Emergence, causality, self-organization. Moscú: NIA-Priroda.

Con relación a este tema de la conciencia como un producto/fenómeno emergente del cerebro, propuesto por varios autores (entre ellos Sperry y Eccles), a continuación es explicado de manera sencilla por Pribram y Martín Ramírez (1980, pág. 115 y 116) quienes comentan:

"La teoría de la emergencia, según he oído en sus variadas formulaciones, viene para explicar de algún modo esas propiedades de un universo material que se presentan bajo un aspecto en alguna manera inmaterial... Para entender el origen de la organización de la conciencia empleamos procedimientos reductivos que nos conducen a la estructura cerebral, de igual modo que para entender la organización del cerebro empleamos un procedimiento también reductivo que nos lleva a la estructura de la conciencia. Y, ¿quién se atreverá a afirmar que unas de estas reducciones son más importantes que las otras? o ¿quién pretende que esas reducciones aporten una visión panorámica total de las realidades que llamamos «cerebro» o «conciencia»?"

[xcix]

"Los epifenómenos son meros subproductos, pero como tales son productos con numerosos efectos en el mundo...se definen por no tener ningún efecto sobre el mundo físico."

-Dennett, D. (1995). La conciencia explicada. Barcelona: Ediciones Paidós. p.413 y 414.

Con relación a este tema, Henry Maudsley (1880. pág. 32) comentó:

"Es necesario recordar la importantísima. verdad de que la conciencia y el espíritu no son una misma cosa; la conciencia no es el espíritu, sino que es un fenómeno concomitante de sus operaciones. Voy á exponer una opinión que tal vez parecerá extravagante, pero que en mi concepto no es muy difícil de comprender: un hombre no sería peor máquina intelectual sin la conciencia que con ella."

También puede revisarse el artículo *Les objections au monisme* de Félix Le Dantec (1906) en Revue Philosophique de la France et de l'Étranger, Presses Universitaires de France, págs. 260-282.

El autor explica los fenómenos fisiológicos de los animales y la posibilidad de compararlos a través de su misma naturaleza, incluidos los epifenómenos de la conciencia como una individualidad de síntesis psíquica.

[c]

Steven Pinker para explicar cómo funciona la mente, parte de una estructura con visión computacional:

"...la mente es un sistema de órganos de computación, diseñado por la selección natural para resolver aquellos tipos de problemas con los que se enfrentaron nuestros antepasados en su modo de vida como cazadores-recolectores; en particular, el conocimiento y el manejo de objetos, animales, plantas y otros individuos de la misma especie. El índice de contenidos de este enunciado se puede descomponer en varias afirmaciones. La mente es lo que el cerebro hace, y cabría añadir que, específicamente, el cerebro procesa información y pensar es un modo de computar. La mente se halla organizada en módulos u órganos mentales, cada uno de los cuales tiene un diseño especializado que le hace ser un experto en un ámbito concreto de la interacción con el mundo." (Pinker, 1997, pág. 39)

Sobre la misma línea de pensamiento están los trabajos sobre el cerebro y su interpretación desde una visión computacional, como es el caso de Karl Pribram y Jesús Martín Ramírez (1980, 1981) y Jesús Martín Ramírez (1978), quienes a partir de sus investigaciones proponen que el almacenamiento de información en los cerebros de varias especies funciona holográficamente. Al respecto mencionan (1980, pág. 74):

"Al igual que el ordenador digital, el cerebro funciona analíticamente, procesando los datos en serie, de acuerdo con una serie de programas específicos."

Otros autores describen las actividades del cerebro como mecanismos computacionales, donde sus procesamientos, incluida la conciencia, son la manera de cómo funciona. 1) Johnson-Laird, P. N. (1983). Mental Models, Cambridge: Harvard University Press. 2) Jackendoff, R. (1987). Consciousness and the Computational Mind.

Cambridge: Bradford Books, MIT Press. 3) Crick, F., y Koch, C. (1990). Towards a neurobiological theory of

Consciousness. Seminars Neurosc 2, 263-275.

[ci]

Desde la visión naturalista el origen de la conciencia se ha abordado desde la teoría de la identidad mente-cerebro, los diferentes autores consideran que no es solo una interpretación de un evento neurofisiológico sino un "evento puro" (Globus, 1973; Armstrong, 1980; Smart, 1991), así también desde la corriente teórica del funcionalismo, consideran que hay una relación entre la mente y el cerebro de manera funcional, o como ya fue mencionado más arriba, es una visión computacional de la mente.

Esta propuesta explicativa ha sido refutada por John Searle (1984) con el experimento mental La habitación china y por Roger Penrose (1989) a través de sus trabajos sobre la física cuántica y los procesos neuronales. Por otra parte, habrá que considerar el punto de vista del emergentismo, donde la conciencia y otros estados mentales se explican como un fenómeno emergente, al respecto David Chalmers (1995, págs. 201-202) critica la subjetividad y el papel del conocimiento de las neurociencias, los cuales no son suficientes para tratar el tema, como puede leerse en su trabajo "El verdadero problema de la conciencia es el problema de la experiencia", el autor argumenta su trabajo a partir del concepto de superveniencia o sobreveniencia, donde propone tres principios, a) el principio de coherencia estructural, b) el principio de coherencia estructural, y c) la teoría de la información de doble aspecto, basada en la observación existente entre el isomorfismo y la información fenoménica. Una más de las visiones emergentista se enfoca en las propiedades de los estados mentales, incluidos los conscientes, los cuales dependen de los estados cerebrales y de otros órganos del cuerpo.

Al respecto de esta visión naturalista, puede revisarse el artículo de John Searle (2017), Biological Naturalism, en el cual propone cuatro características para desarrollar: a) Los estados conscientes, mismos que son definidos como cualitativos en el sentido de que hay un estado consciente particular; b) los estados conscientes también son ontológicamente subjetivos en el sentido de que solo existen como algo experimentado por un sujeto humano o animal; c) en cualquier momento de la vida consciente, todos los estados conscientes son experimentados por el individuo, como parte de una solo campo de conciencia unificada; d) la mayoría de los estados conscientes, aunque no todos, son intencionales, en este sentido, desde el sentido filosófico, están relacionados a los objetos mentales y sus situaciones. Con estos preceptos se puede explicar la irreductibilidad de la conciencia y su pertenencia al mundo real. Igualmente, la conciencia tiene una base de procesos neuronales, por lo tanto, los estados conscientes se llevan a cabo en el cerebro con un funcionamiento causal.

[cii]

La siguiente bibliografía contiene diferentes propuestas de la biosemántica.

-Barbieri, M. (2003). The organic codes. An introduction to semantic biology. Cambridge: Cambridge University Press.

-Barbieri, M. (Ed). (2008). Introduction to Biosemiotics. The New Biological Synthesis.

-Favareau, D. (2010). Essential Readings in Biosemiotics. Anthology and Commentary. Nueva York: Springer.

-Brentari, C (2011). Jakob von Uexküll. The Discovery of the Umwelt between Biosemiotics and Theoretical Biology. Nueva York: Springer.Pattee. H, H y Rączaszek-Leonardi, J. (2012). Laws, language and life. Nueva York: Springer.

-Cimatti, F. (2018). A Biosemiotic Ontology. Nueva York: Springer.

[ciii]

Daniel Dennett (1996, pág. 188) hace una extensa explicación con relación a los -conceptos- desde la perspectiva humana y lo que sería en otras especies, al respecto sostiene:

"Los conceptos son cosas de nuestro mundo porque nosotros disponemos de lenguaje. Un oso polar es apto en relación con la nieve como no lo es un león, de modo que en cierto sentido el oso polar tiene un concepto del que carece el león: un concepto de nieve. Pero no hay mamífero carente de lenguaje que pueda tener el concepto de nieve que nosotros tenemos porque los mamíferos carentes de lenguaje no tienen manera de ponderar la nieve «en general» o «en sí»."

[civ]

Es la capacidad cognitiva de reconocer información previamente aprendida/interpretada a través de los sentidos.

[cv]

Las habilidades se entienden como la capacidad para realizar algo con facilidad; se aprenden, entrenan y adquieren con la experiencia; con ellas se controla/manejan las emociones y la manera en que se reacciona ante éstas. Los tipos que hay son. - sociales, afectivas, cognitivas, para operaciones mentales, en la ejecución de actividades motrices coordinativas, en las relaciones interpersonales e intrapersonales.

También pueden clasificarse operativamente para toma de decisiones, en la creación de un pensamiento crítico, el manejo de emociones, de problemas y conflictos, para una comunicación asertiva, un autoconocimiento y tener empatía. Las habilidades ayudan al individuo a atender asuntos de fuerza, equilibrio corporal, velocidad de reflejos, control y precisión de movimientos.

[cvi]

La autoconciencia o conciencia introspectiva se da cuando el individuo tiene un concepto del Yo y puede pensar en sí mismo, a partir de tener una estructura psicológica. Tiene un carácter pre reflexivo y una experiencia consciente. Es innata y aprendida. Va creando y recreando sus propios relatos.

Es un acto consciente que solo llega hasta ciertos niveles de conocimiento propio, es decir no llega a detalles como los procesos microscópicos del proceso y actos de conciencia, para ello se tendría que remitir a otro individuo para estudiar tales niveles de detalle, por ejemplo, la actividad neuronal, y aun así todavía no se sabría si desde esa manera metodológica se está entendiendo la conciencia. Al respecto sobre este tema, (Bunge y Ardila 1988, pág. 251) afirman:

"Un sujeto es consciente de sí mismo solo si tiene conciencia de sus propias percepciones y pensamientos tal como ocurren en él mismo."

[cvii]

Las personas con pensamiento dualista relacionado a cuerpo/cerebro-mente, consideran que son dos sustancias diferentes que coexisten, mientras los que apoyan el monismo piensan que es una sola entidad el cerebro y la mente, es decir, es solo una sustancia el ser humano. De acuerdo con Mario Bunge (1980, pág. 24) como ya fue mencionado:

"Hay dos tipos de soluciones al problema de mente cerebro, el monismo psicofísico y el dualismo psicofísico"

[cviii]

La acumulación de conocimiento como parte de la evolución cultural acumulativa es un tema necesario de considerar, aunque no el único, al respecto se puede consultar a Michael Tomasello (1999, pág. 18):

"Lo más importante es que la evolución cultural acumulativa asegura que la ontogenia cognitiva humana tenga lugar en un entorno de artefactos y prácticas sociales continuamente renovados, que en todo momento representen toda la sabiduría colectiva de todo el grupo social, desde el principio hasta el fin de la historia cultural."

Tomasello, M. (1999). Los orígenes culturales de la cognición humana. Buenos Aires. Amorrortu editores. 2003.

[cix]

En estas prácticas se utilizan drogas, estimulación eléctrica, respiraciones, ejercicios físicos, entre otros.

[cx]

Existen otros estados de conciencia alterada o estados superiores de conciencia, por ejemplo, el orgasmo (Davidson, 1980), ofuscación, confusión y delirio.

[cxi]

Alostasis es la regulación de los procesos fisiológicos corporales complejos, mediante una respuesta sistémica adaptativa, con la cual se mantiene la estabilidad fisiológica del individuo a través de un cambio constante en su vida. Ver trabajos de—-McEwen y colaboradores, 2004, 2011 y 2012, y de Logan y Barksdale, 2008.

-Logan, J. G., & Barksdale, D. J. (2008). Allostasis and allostatic load: expanding the discourse on stress and cardiovascular disease. Journal of clinical nursing, 17(7b), 201-208. Doi: 10.1111/j.1365-2702.2008.02347.x

-McEwen, B. S. (2004). Protection and damage from Acute and Chronic Stress. Allostasis and Allostasis Overload and Relevance to the Pathophysiology of Psychiatric Disorders. Annals New York Academic of Sciences, 1032, 1 - 7. Doi: 10.1196/annals.1314.001

-McEwen, B. S., & Gianaros, P. J. (2011). Stress- and Allostasis-Induced Brain Plasticity. Annual Review of Medicine, 62, 431-445. Doi: 10.1146/annurev-med-052209-100430

-McEwen, B. S., Nasveld, P., Palmer, M., & Anderson, R. (2012). Allostatic Load. A Review of the Literature. Australia: Department of Veteran´s Affairs.

[cxii]

Salutogénesis es la capacidad de re-crear el mantenimiento y realce de la salud y bienestar en sí mismo, desde un continuo salud- enfermedad. A través de la comprensibilidad (componente cognitivo), la manejabilidad (componente instrumental o de comportamiento), la significatividad (componente motivacional). La emotividad (componente emocional). Es un tema que requiere más apoyo para investigar este paradigma de la salud. La salutogénesis puede aplicarse a diferentes niveles, desde el individual hasta el comunitario, puede ayudar a las personas a desarrollar resiliencia y a enfrentar los desafíos de la vida y podría ayudar a las comunidades a crear entornos más saludables, ya que es un enfoque que se basa en las fortalezas y capacidades de los individuos y las comunidades.

Antonovsky, A. (1979). Health, Stress and Coping. San Francisco: Jossey-Bass.

[cxiii]

El soliloquio es una forma de diálogo -comunicación coherente- con uno mismo que se hace consciente en un vaivén de pensamientos y emociones, donde la capacidad del lenguaje juega un papel primordial. Los soliloquios pueden revelar los pensamientos, emociones y motivaciones de una forma que no sería posible de otra manera.

[cxiv]

Desde otra perspectiva James Bissett Pratt (1922, págs. 14-16 y 116) propone en su libro *Materia y Espíritu*, que la conciencia es un efecto de las acciones del cerebro "*es siempre un resultado, nunca una causa*", comenta que cada estado psíquico está completamente determinado por un estado cerebral. También explica que la conciencia no fue creada sino desarrollada evolutivamente a través de la acción de la Selección Natural debido a que es un beneficio sobre el comportamiento del organismo. Desde su visión conductista afirma que la: "*Conciencia, en fin, no es más que un nombre para aquellos objetos hacia los que un organismo está reaccionando en el momento dado.*"

[cxv]

Asimismo, se puede revisar el libro de Solms y Turnbull (2002) titulado *El cerebro y el mundo interior*. Una introducción a la neurociencia de la experiencia subjetiva.

[cxvi]

La propiedad psicológica está relacionada y se explica a partir de la causalidad y/o explicación de la conducta (Chalmers, 1996, págs. 35-36), la cual tiene un contenido representativo racional y emocional, pudiera existir una actitud proposicional, es decir, el individuo tiene la posibilidad de adoptar una determinada actitud ante una situación y así decidir creer, desear, dudar, un ejemplo sería, *creo que seguiré trabajando en la comunidad porque es una manera más segura de vivir; otra sería, los comunitarios deseamos cambiar la forma de organización social para tener mayor estabilidad social.*

Tanto la propiedad fenoménica y la psicológica pueden o no estar relacionadas, una puede ayudar a explicar a la otra, no es que sean dos tipos de conciencias; son dos maneras de abordar el problema, aunque cabría una tercera que concilie a ambas. Se puede revisar la nota final XV sobre lo fenoménico y así entender la diferencia entra ambas ideas.

[cxvii]

En el caso de las funciones vitales, éstas son permanentes, tienen su autonomía, pero igualmente se relacionan con los procesos mentales, aunque evolutivamente su prioridad ha sido siempre la estrategia de sobrevivencia, por ejemplo, la digestión, la frecuencia cardíaca, la respiración y la presión arterial. Con base en lo anterior, considerando a la conciencia como una función vital ¿Será estratégico para el individuo/especie generar de manera constante estados de conciencia? En sí el tener conocimiento consciente permite aprender, crecer y desarrollar nuevas habilidades y talentos, igualmente contribuye al establecimiento de relaciones significativas, lo que conlleva a una adaptación a los cambios.

[cxviii]

El proceso de conciencia en algún momento forma parte de los procesos cognitivos, es decir una parte de lo cognitivo se "convierte" en consciente. Esto mismo sucede con los procesos emocionales.

[cxix]

También puede especificarse que hay situaciones en que el individuo no tiene conciencia debido a problemas en las regiones corticales del cerebro, relacionadas a la tarea cognitiva. Menciona Michael Gazzaniga:

"Si sufre daños en un área sensorial primaria, la persona deja de tener conciencia de la percepción sensorial. Si el daño afecta a la, corteza auditiva, deja de tener conciencia de oír sonidos, pero sigue respondiendo a ellos."

-Gazzaniga, M. (2010). Qué nos hace humanos. Barcelona: Paidós. p. 37

[cxx]

Para Bunge y Ardila consideran las funciones superiores como parte de la evolución biológica:

"Estas funciones mentales se denominan "superiores" porque son las más complejas de todas, y porque son propias de los animales más avanzados del árbol filogenético. Y se les llama "funciones", y más precisamente "funciones específicas", porque son procesos que tienen lugar en subsistemas especiales del cerebro, del mismo modo que el respirar es la función específica de los pulmones." (1988, pág. 197).

Con relación a las funciones básicas, tanto conductuales, como mentales explican las funciones básicas cuando mencionan que:

"Colocamos el movimiento, el sentimiento, la sensación, la atención y la memoria entre las funciones básicas, porque son propias de los animales dotados de sistema nervioso, incluso de los invertebrados." (1988, pág. 177)

Otra lectura que explica la conciencia como un orden superior emergente que no puede reducirse es el trabajo de Deacon (2011, pág. 525).

[cxxi]

Desde otra perspectiva, el mundo perceptual de cada individuo no es continuo, solo es un mecanismo/capacidad de estabilidad de los procesos mentales y fisiológicos del cuerpo para crear experiencias y así crear representaciones del mundo, ante la interacción con una realidad, a la que pertenece, la cual es trascendente, se manifiesta y a la vez rebasa/contiene las capacidades físicas/mentales y dimensionales en cada instante.

[cxxii]

El vaivén de lo subjetivo a lo objetivo, requiere de dar elementos suficientes por lo menos de parte de la objetividad, para evitar la supremacía de la objetividad que le han dado por su carácter racional, por lo que a continuación se presenta la propuesta que hace Max Velmans (Blackmore, 2005, pág. 321) al respecto en la entrevista que le hace Susan Blackmore comenta cuatro aspectos muy interesantes para reflexionar: 1) la objetividad desde la ciencia se da al hacer observaciones validadas intersubjetivamente; 2) evitar ser apasionado y ciego por un tema y considerarlo como lo verdadero, por lo que será mejor enfocarse en la verdad del conocimiento y diferenciarlo del propio deseo; 3) hacer procedimientos lo suficientemente explícitos y detallados, con métodos lo suficientemente claros para que sean reproducibles; por último, 4) tener objetividad al hacer una observación, independientemente de las experiencias del observador/espectador.

[cxxiii]

Hay algunos autores neurocientíficos que consideran al sueño como un estado funcional, en el cual no hay conciencia, pero como dice Rodolfo Llinás (2002, pág. 22):

"Sin embargo, considero que el estado cerebral global conocido como roñar es también un estado cognoscitivo, aunque no lo es con relación a la realidad externa coexistente, dado que no está modulado por los sentidos." Por otra parte, Stephen Laberge considera a los sueños, especialmente los lúcidos, como momento donde hay experiencias conscientes, comenta que: *"...soñar es una organización particular de la conciencia."* (Laberge, 2009, pág. 19)

[cxxiv]

Las acciones instintivas solo se conocen al instante de que se manifiestan de forma específica, ya sea con comportamientos y/o ciertos aprendizajes, los cuales no fueron adquiridos como parte del desarrollo biológico-social, sino son innatos, es decir es información que se encuentra genéticamente en el individuo y no se había expresado.

Se dan de manera "automática" y específica, generando acciones y conocimientos que no han sido memorizados ni conscientes previamente; algunos instintos son parecidos a los aprendidos durante la vida, por ejemplo, el miedo a algo, la paternidad, el lenguaje, los celos, el uso de cosas, adaptación a climas, la afectividad, pero, en cualquier caso, se intuyen como propios e inmediatamente forman parte de otros procesos biológicos.

Este proceso de reacción es realmente complejo y adaptativo, puede enfocarse hacia la sobrevivencia, la reproducción, el placer, la creatividad, las relaciones sociales y habilidades de introspección. Inicia con distintos detonantes -no mecánicos- con cambios muy evidentes, un ejemplo es cuando llega un momento específico y detona "algo" en el individuo, después se produce un cambio fisiológico/somático y se generan secuencialmente acciones y comportamientos determinados.

No se provocan directamente por algo externo, aunque algunas veces influyen el ambiente social y/o natural. En otras ocasiones, por situaciones particulares o porque se "activa" un reloj biológico, sucede que fisiológica y anatómicamente se llevan a cabo acciones instintivas; ya sea suceda por primera vez o no, sencillamente se dan los instintos como si hubiesen sido programados, pudiéndose explicar a partir de los genes/herencia que se expresa y desencadena, inmediatamente en procesos instintivos.

[cxxv]

Daniel Gilbert en su libro de manera reiterada menciona que se debe tener cuidado con la información proveniente de la memoria. Al respecto se cita un párrafo donde resume el tema

"Ya hemos visto que el cerebro hace un uso bastante amplio del truco de rellenar los vacíos en la información cuando recuerda el pasado o imagina el futuro, y la expresión <rellenar> evoca la imagen de un agujero (en una pared o un diente, por ejemplo) que se tapa con algún material (argamasa o amalgama, respectivamente). Pues resulta que cuando el cerebro rellena los agujeros de sus descripciones del ayer y el mañana, suele utilizar un material llamado <hoy>." "La memoria no es una secretaria sumisa que toma nota de nuestras experiencias, sino una sofisticada correctora que marca y archiva los elementos clave de una experiencia y luego utiliza esos elementos para reescribir la historia cada vez que la releemos." (Gilbert, 2006, págs. 133 y 217)

[cxxvi]

En este análisis del mundo desde la visión cuántica, David Bohm (1980, págs. 111 y 117) comenta con respecto a la totalidad no dividida y el abandono a ciertos lenguajes de la física clásica y de su análisis del mundo en partes relativamente autónomas:

"...el instrumento de observación no puede separarse de aquello que es observado... Esto significa que no podemos forzar siempre la teoría para que se ajuste a aquellos hechos que coinciden con los órdenes generales de descripción comúnmente aceptados, sino que también debemos estar dispuestos, cuando sea necesario, a aceptar cambios en lo que se entiende por hechos, cambios que pueden ser requeridos por la asimilación de tales hechos en nuevas nociones teóricas de orden."

[cxxvii]

Para Jean Piaget, la acción es cualquier modificación que el sujeto impone al objeto. Esto sucede cuando el sujeto asimila un objeto a sus esquemas (actividades físicas e interiorizadas) y actúa sobre él.

[cxxviii]

La psicología experimental, desde sus inicios como disciplina a finales del siglo XIX, ha sido considerada como la ciencia de los fenómenos de la conciencia.

[cxxix]

Las situaciones internas/externas en las investigaciones son consideradas como dos conciencias a partir del Yo, conciencia de mí mismo y la que se da con relación a lo que está fuera del cuerpo.

[cxxx]

En esta publicación se puede visualizar el crecimiento de los dispositivos electrónicos. Forti V., Baldé, C.P., Kuehr R., Bel, G. (2020). The Global E-waste Monitor. Quantities, flows and the circular economy potential. United Nations University (UNU)/United Nations Institute for Training and Research (UNITAR) – co-hosted SCYCLE Programme, International Telecommunication Union (ITU) & International Solid Waste Association (ISWA), Bonn/Geneva/Rotterdam.

Instituto Nacional de Estadística y Geografía (INEGI). (2023). Encuesta nacional sobre disponibilidad y uso de tecnologías de la información en los hogares (ENDUTIH) 2022. Comunicado de prensa 367/23, 19 de junio de 2023, pp. 1/22.

[cxxxi]

El lector si llega a interesarse en el tema de la inteligencia vegetal, para empezar puede revisar la siguiente bibliografía.

Ares, R. (2019). La conducta de las plantas. Etología botánica. Argentina: Vázquez Mazzini Editores.

Chamovitz, D. (2012). What a Plant Knows. New York: Scientific American.

Erice, A. S. (2015). La invención del reino vegetal: Historias sobre plantas y la inteligencia humana. Barcelona: Editorial Ariel.

Mancuso, S. & Viola, A. (2015). Sensibilidad e inteligencia en el mundo vegetal. España: Galaxia Gutenberg.

Mancuso, S. & Petrini, C. (2015). Biodiversos. España: Galaxia Gutenberg.

Mancuso, S. (2019). El increíble viaje de las plantas. España: Galaxia Gutenberg.

Mancuso, S. (2020). La nación de las plantas. España: Galaxia Gutenberg.

Mancuso, S. (2021). La planta del mundo. España: Galaxia Gutenberg.

Mancuso, S. (2023). La tribu de los árboles. España: Galaxia Gutenberg.

Mescher, M, C & Morales, C. (2015). The Role of Plant Sensory Perception in Plant–Animal Interactions. Journal of Experimental Botany 66: 425–433.

Tassin, J. (2018). Pensar como un árbol. Barcelona: Plataforma Editorial.

Tompkins, P. & Bird, Ch. (1974). The secret life of plants. Nueva York: Avon.

Trewavas, A. (2005). Plant intelligence. Die Naturwissenschaften. 92. 401-13. 10.1007/s00114-005-0014-9.

Trewavas, A. (2014). Plant Behavior and Intelligence. Lóndres: Oxford University Press.

[cxxxii]

En el materialismo eliminativo se parte de que la mente no existe, por lo tanto, no tiene por qué ser explicada, mucho menos ser considerados los estados mentales con sus propiedades cualitativas.

[cxxxiii]

Sería conveniente que el facilitador y los comunitarios pudieran realizar estas pruebas psicológicas, como parte suplementaria a los ejercicios que se presentan en los siguientes temas de este libro.

[cxxxiv]

Cabe mencionar que la intuición, como ya fue dicho arriba en el tema <Más allá de un concepto de conciencia>, forma parte de los procesos mentales al igual que la conciencia, es considerada aquí como lo expresa Heidegger (1925, pág. 71):

"Intuición quiere decir simple y directa aprehensión de lo que se encuentra dado corporalmente, tal como ello mismo se muestra. En este concepto, en primer lugar, no se prejuzga si la percepción sensorial es la única y más originaria manera del intuir."

Heidegger, M. (1925). Prolegómenos para una historia del concepto tiempo. Madrid. Alianza Editorial. 2006.

La intuición es conocimiento propio, el cual no se considerada común, no hay familiarización con este, pero se da una emoción de confianza indicando que sirve. La intuición surge en el individuo cuando su razonamiento está en duda, lógica tamborilea y hay necesidad de atender algo. Con esta aclaración queda clara la diferencia, para no confundir la conciencia con la intuición, asunto que Strong en (1920, págs. 121-122) había diferenciado.

[cxxxv]

Sin aludir al teatro cartesiano de Daniel Dennett, 1991, quien propone que en algún lugar del cerebro/mente confluye y sucede la conciencia.

[cxxxvi]

"Las actividades psíquicas que nos lleva a inferir que, frente a nosotros, en cierto lugar, hay un determinado objeto con un específico carácter, generalmente no son actividades conscientes, sino inconscientes. Este resultado equivale a una conclusión (o inferencia), a tal punto que, la acción observada sobre nuestros sentidos, nos da la capacidad para crearnos una idea de la posible causa de esta acción; aunque, de hecho, invariablemente solo las estimulaciones nerviosas, es decir, las acciones, son percibidas directamente, pero jamás los mismos objetos externos." (Helmholtz, pág. 80)

[cxxxvii]

Proponen que hay tres tipos de estructuras conceptuales. – 1) las metáforas de orientación, 2) las metáforas ontológicas y 3) las metáforas estructurales.

[cxxxviii]

Con relación a las imágenes mentales, las capacidades de cada individuo son diferentes para construirlas, mantenerlas y analizarlas, además, varían con relación a los colores, contornos e intensidad con que se ven, incluso hay que considerar otros factores que le dan la variabilidad sobre el tipo y calidad de las imágenes mentales, por ejemplo la situaciones o circunstancias del individuo, su salud, interacciones sociales, experiencias previas, estímulos perceptuales, desarrollo de su memoria y creatividad, entre otras.

Estas imágenes son representaciones bi y tridimensionales, son actos descriptivos y de interpretación de cosas vivas y no vivas, dinámicas o estáticas; no son clones de la realidad, se asemejan, pero muchas veces contienen una simbología específica, una carga de emocionalidad, una funcionalidad por lo que no necesariamente requieren ser nítidas o perfectas a lo previamente percibido, sin embargo, también se considera en esta capacidad que, las imágenes son producto de la imaginación/creatividad innata, aprendida y provocada por neuroquímicos (los cuales pueden dar alucinaciones o también entrar en estados de conciencia alterada, para ser preciso con el término sería, en estados mentales alterados).

Al respecto, Hameroff (Blackmore, 2005, págs.171 y 174) comenta que los estados de conciencia alterada se producen cuando el individuo se introduce más en la fase cuántica subconsciente:

"Pienso que esto es exactamente lo que ocurre, la conciencia baila en la frontera entre el mundo cuántico y el mundo clásico"

Por otra parte, no se trata de solo mirar internamente imágenes, sino cómo estás logran conectarse a distintos procesos mentales y dinamizar acciones/conductas, asimismo ser retroalimentadas por acciones externas que está viviendo el individuo.

Con respecto a este tema, Daniel Dennett (1969, pág. 178) sostiene que:

"El *concepto de imagen mental debe ser siempre limitado de diversas maneras: Las imágenes mentales se hallan en un espacio diferente, no tienen dimensiones, son subjetivas, son intencionales, o incluso, en fin, precisamente cuasi imágenes.*"

[cxxxix]

En su obra David Chalmers (1996, pág. 25) explica:

"*La experiencia consciente es, al mismo tiempo, lo más familiar del mundo y lo más misterioso. De ninguna otra cosa tenemos un conocimiento más directo que de la conciencia, pero no es claro en absoluto cómo reconciliarla con todo el resto de lo que sabemos. ¿Por qué existe? ¿Qué hace? ¿Cómo puede surgir a partir de la grumosa materia gris? Conocemos a la conciencia de una forma mucho más íntima de lo que conocemos al resto del mundo, pero comprendemos a este último mucho mejor de lo que comprendemos a la conciencia.*"

[cxl]

La autoconciencia se entiende de acuerdo con Pilar Lacasa y Dolores Villuendas (1988, pág. 38) quienes hacen una caracterización en tres puntos:

"*a) Un proceso por el cual el sujeto construye representaciones de sí mismo como alguien distinto de los objetos y de otros sujetos, pero capaz de interactuar con ellos, así como de tomar conciencia de su actividad con la ayuda del contexto social. b) Estas representaciones que el sujeto construye sobre si y su propia actividad contribuyen al control de su propia conducta. c) En estos procesos, es decir, en la construcción de representaciones conscientes sobre uno mismo y en el control que estas ejercen sobre la conducta, el lenguaje y otros sistemas simbólicos de representación desempeñan un papel fundamental.*"

Jean Piaget afirma desde su teoría del desarrollo cognitivo que la autoconsciencia en los humanos empieza aproximadamente a los siete/ocho años.

De manera general, la autoconsciencia es un atributo que permite la conciencia de uno mismo y la percepción de la posición de uno en su entorno.

Al respecto, Bunge y Ardila (1988, pág. 260) comentan que:

"*La conciencia de sí mismo es parte de nuestros conocimientos de nosotros mismos, y es particularmente útil en la conducta social.*"

Para Hegel la autoconciencia es el autodesarrollo y la auto culminación; en cambio, para Fichte era el reconocimiento de sí mismo y la conciencia de su propio Yo.

Por otra parte, Shorojova (1961, pág. 251) desde su visión materialista dialéctico considera que:

"*Toda autoconciencia es conciencia, pero la conciencia no se reduce a autoconciencia. La conciencia como reflejo racional del mundo en su movimiento y desarrollo puede realizarse sin que el hombre sea consciente de ese proceso de reflejo. El individuo puede reflejar de un modo adecuado los fenómenos, conocerlos, reaccionar correctamente ante ellos, comprender su sentido, es decir, tener conciencia de esos fenómenos, pero no tener conciencia de sí mismo, como sujeto cognoscente de su actividad en respuesta a los estímulos, es decir, no comprenderlos. El hombre puede tener pensamientos, sentimientos e impulsos que no comprende, aunque provocan su actividad, aunque reacciona a los fenómenos que se reflejan en esos pensamientos y sentimientos. Todo eso demuestra que la conciencia y la autoconciencia no son una y la misma cosa. La autoconciencia es la forma superior de conciencia; para que se origine y se desarrolle se precisa determinado nivel de conciencia."*

Será otra línea de investigación indagar sobre la autoconsciencia como un proceso parecido a la conciencia relacionada a los otros estados mentales, por lo tanto, implicará metodologías distintas, considerando tanto la evolución personal, cultural, ecológica y en otro plano, la de cada especie. Al respecto Petra Stoerig en una entrevista que le hicieron argumenta:

"Creo que no puede ser porque seamos tan soberbiamente autoconscientes, porque nuestra autoconsciencia es bastante pobre comparada con nuestro conocimiento del mundo. Creo que se trata, si acaso, de protección de una fragilidad más que de protección de algo que realmente tenemos a espuertas" (Blackmore, 2005, pág. 301)

[cxli]

<Estados de conciencia> es un término con muchas connotaciones y aplicaciones, desde finales del siglo XIX su uso ha sido cuestionado, por ejemplo, William James en 1870 comentó:

"Las expresiones "afección del alma", "modificación del ego", son de manejo difícil, como lo es "estado de conciencia", e implícitamente afirman teorías que no es bueno indicar en la terminología mientras no hayan sido analizadas y aprobadas abiertamente."

Han pasado más de ciento cincuenta años y todavía hay controversia. ¿Será que es necesario crear un lenguaje ad hoc sobre lo relacionado con lo mental?

[cxlii]

Ramachandran (1998, pág. 307) explica al Yo social con un ejemplo muy claro:

"Si usted duda de la realidad del yo social, plantéese la siguiente situación: imagine que hizo algo de lo que se siente muy avergonzado y que existen pruebas de ello (cartas de amor y fotografías polaroid de una aventura ilícita). Supongamos además que padece una enfermedad mortal y le quedan solo dos meses de vida. Usted sabe que cuando muera vendrá gente a revisar todas sus pertenencias y descubrirán su secreto. ¿Intentará borrar las huellas a toda costa? Si la respuesta es sí, podríamos preguntar: ¿para qué molestarse? Al fin y al cabo, usted ya no estará y ¿qué importa lo que piense de uno la gente cuando uno ya está muerto? Este sencillo experimento mental da a entender que el concepto del yo social y su reputación no es una mera invención abstracta. Al contrario: está tan profundamente arraigado en nosotros que queremos protegerlo incluso después de la muerte."

[cxliii]

Goldberg (2001, pág. 141) comenta: *"...la conclusión profética de Kraepelin ha sido confirmada por la neurociencia moderna. La esquizofrenia es en gran medida una enfermedad del lóbulo frontal."*

[cxliv]

En caso de que el lector esté interesado en temas de trastornos de la conciencia asociados a daños en áreas específicas del cerebro, se puede consultar el artículo Dimond, S. J. (1976). Brain circuits for consciousness, Brain, Behavior and Evolution. 13, 376-395. Asimismo, los libros de Milgard, E. R. (1977). Divided consciousness. Múltiple Controls in human thought and action. Nueva York. Wiley. y de Greenfield, S. A. (2000). The prívate life o f the brain. Londres: Penguin.

[cxlv]

Hasta el momento no se han puesto de acuerdo los profesionales que estudian la mente, los neurocientíficos, psicólogos y los filósofos, no solo es por la falta de compartir un lenguaje común, uso de instrumentos y metodologías, también lo es por sus bases teóricas y sus interpretaciones, desde esta visión Maxwell Bennett y Peter Hacker (2007, pág. 68) comentan:

"Es comprensible que los neurocientíficos estén ansiosos por comunicar los conocimientos sobre el funcionamiento del cerebro que han alcanzado durante las últimas décadas, y por compartir con el público culto la pasión que sienten por su objeto de estudio. Así lo demuestra la avalancha de libros escritos por numerosos miembros distinguidos de la profesión. Pero cuando hablan del pensamiento y el razonamiento del cerebro, de que uno de sus hemisferios sabe algo de lo que no informa al otro, de que el cerebro toma decisiones sin que la persona lo sepa, de imágenes mentales que rotan en el espacio mental, etc., los neurocientíficos están fomentando una forma de mistificación, cultivando una neuromitología deplorable en todos los sentidos."

[cxlvi]

Cabe recordar que igualmente hay otras formas de pensamiento que abordan el tema, como es el caso del materialismo dialéctico bajo la visión marxista, como ejemplo puede revisarse el trabajo de Ekaterina Vasilievna Shorojova (1961, pág. 238), quien en su libro *El problema de la conciencia* expone:

"La filosofía marxista niega la división de la conciencia en dos principios: activo y pasivo. Considera que el conocimiento constituye un proceso único. Para caracterizar científicamente la conciencia no es preciso anteponer entre sí sus diversos elementos, sino analizar el contenido de los fenómenos de la conciencia que reflejan el mundo exterior. La diferencia entre los elementos de la conciencia no consiste en que unos son activos y otros pasivos, sino en el hecho de que se reflejan en ellos distintos aspectos de la realidad objetiva."

[cxlvii]

La rivalidad binocular consiste en el momento que a los ojos de un individuo humano se le muestran distintas imágenes, las cuales compiten por la dominancia y permanencia. Esto mismo se extrapola a las experiencias conscientes, en el caso de que fueran dos o más habría una competencia.

[cxlviii]

Vilayanur Ramachandran propone que una manera de conocer a la conciencia es a través de algunas enfermedades, por ejemplo, señala:

"De hecho, podríamos considerar el autismo básicamente como un trastorno de la conciencia de la propia identidad, en cuyo caso los estudios sobre este trastorno pueden ayudarnos a entender la naturaleza de la conciencia propiamente dicha." (2011, pág. 152).

De manera paralela este autor como mucho otros interesados en el estudio de la conciencia desde las neurociencias, esperan resolver el problema difícil, ya que quieren aplicarlo a pacientes con lesiones cerebrales o con problemas mentales, por ejemplo dice Ramachandran, en casos como la hiperempatía (2011, pág. 129), síndrome de Cotard (2011, pág. 269), prosopognosia, síndrome de Capgras, síndrome de negligencia (2008, pág. 22) u otros casos no clasificados como enfermedad, pero que están relacionados con la percepción como es la sinestesia y la anosognosia (personas que niegan su parálisis en alguna parte del cuerpo e incluso afirman que no son suyas).

Igualmente, algunos psicólogos cognitivos parten del supuesto de que pueden conocerse más sobre la conciencia (localizada y producto del cerebro) a través de conocer cuando se da su ausencia, se interrumpe o existen enfermedades que la modifican, un ejemplo de ese pensamiento lo expone Kevin O'Regan (2011, pág. 270):

"Lo que necesitamos ahora es una descripción de los componentes y los procesos que interactúan en el cerebro para producir la experiencia de la conciencia. Podemos aprender muchísimo acerca de esos mecanismos si analizarnos qué ocurre cuando no funcionan, de modo que comenzaremos con un repaso de lo que sucede cuando no estamos conscientes."

En cuanto a lo anterior, hay otros casos clínicos etiquetados de alteración global como son trastornos de la conciencia, por ejemplo, la hipervigilia, obnubilación, estupor, confusión y delirium, coma, entre otros, además, de los conocidos como de restricción de la conciencia, entre ellos la conducta automática, amnesia proscritica, ausencia de delirium, disminución del nivel atencional y desorientación tempo-espacial, impulsiones, hipoidentificación, automatismos, autoscopía, negligencia espacial, paramnesia reduplicativa, síndrome de Capgras, síndrome de Frégoli, entre otros.

[cxlix]

Paul MacLean afirma desde la visión evolutiva el cerebro que hay tres tipos (Cerebro Triuno): 1) el cerebro reptil (Instintivo), 2) el límbico (Emocional - Reactivo) y 3) el neocórtex (Cerebro Pensante - Creativo).

MacLean, Paul D. (1973), A Triune Concept of the Brain and Behavior. Ontario: University of Toronto Press.

Los tres cerebros están relacionados y sincronizados.

[cl]

Hay quienes afirman que el libre albedrío es una virtud propia del humano y otros lo niegan, algunos refutan que sea una capacidad para hacer cualquier cosa, pero que hay una voluntad individual; también proponen que la experiencia de actuar libremente está ligada directamente al Yo; aunque, por otro lado, hay autores quienes dicen que es voluntad divina; por ejemplo, desde lo moral, como dice san Agustín: "*...es una posibilidad de elegir entre el bien o el mal*"; también hay quienes objetan rotundamente el libre albedrío, ya sea usando argumentos o experimentos. Este tema hay que revisarlo desde distintas dimensiones y paradigmas, por ejemplo, los fisicalistas afirmarán que no existe porque siempre hay una causa (determinismo) que está (en el cerebro) generando las acciones o comportamientos. Asimismo, hay propuestas que enmarcan el tema como parte de los procesos mentales, donde se crea una ilusión de que hay voluntad, con o sin intencionalidad, por lo que el incluir el tema de la autoconciencia, lo hace más complejo, pero permite comprender más sobre este, aunque no siempre que hay libre albedrio, existe conciencia que lo acompañe.

Para Spinoza (1677) no existe el libre albedrío, en su Proposición 35 en Escolio, menciona un ejemplo claro y conciso:

"*...los hombres se engañan al creerse libres; y el motivo de esta opinión es que tienen conciencia de sus acciones, pero ignoran las causas por las cuales son determinados; por consiguiente, lo que constituye su idea de la libertad, es que no conocen causa alguna de sus acciones.· Dicen que las acciones humanas dependen de la voluntad, y estas son palabras de que no tienen idea alguna, porque todos ignoran lo que es la voluntad, y cómo puede mover el cuerpo.*"

Desde esa misma visión se pueden revisar los experimentos científicos de Benjamín Libet (1965 y 1999), conocidos como el medio segundo de Libet; de la misma manera, son interesantes los planteamientos de la voluntad consciente en el trabajo de Daniel Wegner (2002), quien explica que la experiencia de la voluntad consciente no solo se da en la mente, e igualmente en el cuerpo.

De manera complementaria, Ned Block señala:

"*El problema del libre albedrío estriba en que es a la vez compatible e incompatible con el determinismo, y al mismo tiempo es incompatible con el determinismo e incompatible con el indeterminismo. Es incompatible con el determinismo por las razones habituales, y es incompatible con el indeterminismo porque el mero azar no nos hace libres: si todas nuestras acciones tuviesen lugar por azar, no seríamos libres.*" (Blackmore, 2005, pág. 49)

El cuestionarse qué es el libre albedrío lleva inmediatamente a resaltar la cosmovisión de cada individuo, por lo que las respuestas son variadas, justificadas o no siempre hay momentos de reflexión al tocar el tema, por ejemplo, al preguntarle Susan Blackmore qué piensa del tema a Christof Koch, su respuesta fue la siguiente:

"El libre albedrío en el sentido metafísico implica en realidad que hay acción sin ningún precedente físico. Pero, como científicos, o incluso como personas razonables, sabemos que éste no puede ser el caso. Siempre tiene que haber precedentes físicos. Así que lo único que puedo decir es que soy libre en el sentido de que no eres tú quien determina mis acciones; no es una fuerza ciega o el destino; es mi educación, y mis genes, y mis preferencias y deseos." (Blackmore, 2005, pág. 182-183)

[cli]

Acerca de esto, Goldberg (2001, pág. 41) afirma:

"Esto lleva a la provocativa proposición de que la evolución de la conciencia, la máxima expresión del cerebro desarrollado, corre paralela a la evolución de la corteza prefrontal. En realidad, los experimentos han demostrado que el concepto de «yo», que se estima un atributo crítico de la mente consciente, aparece solo en los grandes simios. Y solo en los grandes simios es donde la corteza prefrontal asume un lugar principal en el cerebro."

[clii]

Los siguientes trabajos son un ejemplo de las primeras investigaciones con humanos para incursionar en el tema del cerebro dividido y las unidades de conciencia. Pasaron 97 años después de los trabajos de Gustav Fritsch y Eduard Hitzig, así como de François-Franck, quienes hicieron trabajos similares con perros, hasta que fue permitido y posible hacerlo con personas.

-Gazzaniga, M., Bogen, J., y Sperry, R. (1967). Dyspraxia following division of the cerebral commissures. Archives of Neurology. 16(6). pp. 606–612.

-Sperry, R. W. (1968). Hemisphere deconnection and unity in conscious awareness. American Psychologist. 23(10). pp. 723–733.

-Sperry, R.W., Gazzaniga, M.S. y Bogen, J.E. (1969). Interhemispheric relationships. The neocortical commissures; syndromes of hemisphere disconnection. En P.J. Vinken y G.W. Bruyn (eds.). Handbook of Clinical Neurology, Nueva York: Wiley, pp. 273-290.

-Gazzaniga, M. S. (1967). The Split-brain in man. Scientific American. 217(2). pp. 24–29.

-Sperry, R.W. (1974). Lateral specialization in the surgically separated hemispheres. En F.O. Schmitt y F.G. Worden (eds.), The Neuro sciences. 3rd Study Program, Cambridge: MIT Press, pp. 5-19.

-Sperry, R.W. (1982). Some effects of disconnecting the cerebral hemispheres. Science. 217,1223-1226.

-Gazzaniga, M. S. (1975). Review of the Split-brain. Journal of Neurology. 209(2). pp. 75–79.

Cabe mencionar que, Roger Wolcott Sperry como pionero de estos trabajos, también tenía su propia idea de la conciencia, al respecto Michael Gazzaniga comenta:

"Sperry, por ejemplo, solía mantener que la conciencia es una propiedad emergente de la interacción espacio-temporal del sistema neuronal que está al servicio del fenómeno."

-Gazzaniga, M. S. (2015). Relatos desde los dos lados del cerebro. Barcelona: Paidós. p. 391.

[cliii]

Con relación al tema de la conciencia como función mental, Mauro Torres (2006, pág. 282) sostiene:

"Ni «lo» inconsciente, ni «lo» consciente, enfatizamos, son sustantivos autónomos, funciones psicológicas independientes. Por esta razón es que los investigadores no han podido «descubrir» la conciencia en el cerebro, porque sencillamente no existe como tal: son todas las funciones racionales y verbales las que tienen la capacidad de ser conscientes."

[cliv]

Steven Pinker da su propia versión de inteligencia y la acota a la solución de problemas:

"La inteligencia, por lo tanto, es aquella capacidad de alcanzar metas superando obstáculos mediante decisiones que se basan en reglas racionales (es decir, que obedecen a la verdad)." (Pinker, 1997, pág. 93)

En la Quinta parte de este libro se presenta más información sobre el concepto de inteligencias múltiples.

[clv]

En este punto algunos autores (por ejemplo, Daniel Dennett y Norton Nelkin) critican a John Searle por considerar la subjetividad ontológica como una vía para tener conciencia, ya que no consideran que sea suficiente el alcance del conocimiento de primera mano que se da y que haya una apercepción directa, es decir una conciencia de la percepción. En este sentido analítico, se puede revisar el trabajo de Asier Arias (2013), donde hace una explicación y análisis completo del trabajo de Searle.

Los críticos de John Searle comentan su contraargumento, basado en un funcionalismo (las propiedades de los estados mentales son constituidas por sus relaciones funcionales), donde dicen que hay estados mentales intencionales no perceptuales, los cuales incluso son perceptibles, pero que probablemente no impliquen que haya fenómenos, así también, que debe haber una disociabilidad de los estados mentales, por ejemplo, en la apercepción y la experiencia fenoménica.

[clvi]

Con relación a este punto William James escribió:

"Indudablemente que el mundo es uno, si lo miras de cierta forma; pero indudablemente que es múltiple, si lo miras de otra."

-James, W. (2000). Pragmatismo. Un nuevo nombre para viejas formas de pensar. Madrid: Alianza Editorial. p.61.

[clvii]

La <necesidad> es entendida para este trabajo como una propiedad del individuo para generar acciones con la finalidad de existir, le son de utilidad y prácticas para lograr algo posible o absolutamente indispensable, ya sea porque hace falta, hay una limitación o una búsqueda, igualmente porque se requiere un cambio, o son vitales para -hacer o decir- en la vida cotidiana.

Hay necesidades consideradas materiales, espirituales, de orden y las enfocadas para atender asuntos, en particular hacia la identidad, libertad, felicidad, entre otras. De manera general se dividen en dos, las reales que son originadas por alguna situación derivada de una causa o de un efecto, por ejemplo, las biológicas; también hay necesidades ideales producto de lo cognoscible y emocional.

Tanto la ideal, como la real pueden influirse mutuamente según las interacciones (de importancia, cantidad e intensidad) e historia de vida del individuo. Las necesidades son innatas, asimismo son causa y consecuencia de una interacción de consigo mismo y con su ambiente natural y social.

Un ejemplo como parte de este tema, es cuando se detecta que hace falta algo en nosotros, a veces es específico, en otras hay que indagar más, pero persiste esa sensación de necesidad de algo; después se convierte cognitivamente en una imagen/idea estructurada la cual se identifica y sobresale como un tipo de conocimiento (conciencia), dándosele el nombre de <necesidad>; se generan pensamientos y emociones enfocados al deseo de obtener ese algo faltante o para hacer un cambio; al unísono se da una búsqueda física, con movimientos corporales, y se da una atención la cual se mantiene hasta que es satisfecho o inhibido lo que se detectó, todo ello con el fin de compensar y equilibrar la vida del individuo.

[clviii]

Skidelsky (2016, pág. 142) señala al respecto de los -contenidos intencionales- los cuales analiza detalladamente en su libro *Representaciones mentales: donde la filosofía de la mente y la filosofía de la ciencia cognitiva se equivocaron*:

"En cambio, el contenido intencional caracteriza los estados intencionales en función de una interpretación intencional que se especifica en términos que aluden a objetos en el entorno del individuo. La persona tiene acceso a dicho contenido, que participa en el pensamiento y la acción y, por tanto, es contenido significativo para el individuo."

[clix]

La causalidad se entiende aquí como la explicación de la existencia de los acontecimientos, manifestaciones, fenómenos y procesos, tanto fisiológicos, comportamentales, como mentales, los cuales son entendidos desde su múltiple relación de lo que los origina, sus causas y consecuencias. La importancia de este término radica en su uso para marcar la diferencia de paradigma sobre la teorización de la mente; un ejemplo de su importancia se puede ver en el trabajo de Arias (2018, pág. 192) quien señala:

"La conciencia sería pues reductible e irreductible: podemos redefinirla en términos de su substrato causal, aunque ello carecería de sentido, dado que, como dice Searle, la reducción ontológica del calor a movimiento cinético deja sin reducir la experiencia subjetiva del calor del mismo modo que la reducción de la conciencia a fenómenos neurofisiológicos dejaría sin reducir la experiencia consciente."

[clx]

Existen diferentes tipos de resiliencia, la relacionada a biomas/ecosistemas y la que tiene que ver con el desarrollo humano, ya sea de manera individual o social. La tipificación que se ha hecho depende mucho del objeto de estudio o sujetos terapéuticos con quien se trabaja, es decir, una resiliencia individual (por etapas de edad, emocional y fisiológica), colectiva (grupos y ghettos) u organizacional (barrios, colonias, comunidades y sociedad). La diversidad sigue en aumento conforme los intereses por aplicar este concepto operativo, por ejemplo, hay resiliencia: ecológica, neuronal, afectiva, corporal, laboral, corporativa, educativa, artística, grupal, familiar y comunitaria.

En sí, la resiliencia es una capacidad individual y social que crea procesos dinámicos e interrelacionales, por lo tanto, es relativa y dependiente; esta capacidad se genera debido a los impactos determinados por factores internos y externos, su propósito es hacer los cambios para dar la posibilidad de adaptarse/reajustarse y así evitar la vulnerabilidad y el desequilibrio de su estabilidad (físico-química-biológica, emocional y organizacional), la cual les ha permitido sobrevivir a las constantes situaciones y circunstancias de la red de la vida.

[clxi]

"Lo que vemos en la poesía lo volvemos a encontrar en la música, en cuya melodía hemos reconocido la historia íntima de la voluntad consciente de sí misma expresada de forma universal, la vida más secreta, los anhelos, sufrimientos y alegrías, el flujo y reflujo del corazón humano." (Schopenhauer, 1819, § 378)

"Únicamente de esa inmediata recepción nacen las obras auténticas que llevan en sí mismas una vida imperecedera. Precisamente porque la idea es y sigue siendo intuitiva, el artista no es consciente in abstracto del propósito y fin de su obra; no tiene presente un concepto sino una idea: de ahí que no pueda dar cuenta de su obrar: trabaja, como dice la gente, por puro sentimiento y sin conciencia, hasta por instinto." (Schopenhauer, 1819, § 277-278)

[clxii]

Las comunidades virtuales son grupos de personas que se conectan de manera constante u ocasional a través de Internet con el propósito de comunicarse y compartir información, datos, imágenes, videos y audios. Se constituyen con un fin específico, que puede durar poco o mucho tiempo, según los objetivos e interactividad de sus miembros. Los lazos que los unen pueden ser de naturaleza cultural, biológica, intelectual, emocional, técnica o espiritual. Su tamaño puede variar desde unos pocos hasta miles de integrantes.

Su punto de partida común es el uso de artefactos tecnológicos vinculados para comunicarse. A partir de ahí, establecen normas y reglas implícitas o explícitas que regulan el compartir sus intereses comunes y discrepantes. También se organizan socialmente, intercambian ideas y emociones, e interactúan para comercializar y planear acciones.

La diversidad de los miembros trasciende lo local geográficamente. Los miembros pueden decidir tener una referencia física, familiar o vinculada a su historia de vida, o bien prefieren permanecer en privacidad y anonimato.

[clxiii]

Es la capacidad de los seres humanos para percibir, interpretar, reconocer, comprender, actuar, generar conocimiento y aprender con relación a problemas y a la satisfacción de necesidades que tienen, ya sea como pueblo, comunidad, grupo o tribu.

[clxiv]

Para Bunge y Ardila (1988, pág. 235) consideran que:

"La noción de una conciencia colectiva ha intrigado a muchos filósofos, sociólogos y psicólogos durante el último siglo, aunque por cierto se trata de un seudoproblema sin parangón en el desarrollo de la ciencia."

[clxv]

La idea del mundo de los zombis fue utilizada en la filosofía de la mente en los años setenta, como puede leerse en el trabajo de Campbell, (1970). En ese mundo se considera que es posible que existan los zombis, por lo menos su existencia hipotética, es decir, son réplicas de criaturas humanas que carecen de conciencia fenoménica (Chalmers 1996), podría decirse que son dos individuos conviviendo en un mundo, ambos tienen información y comportamientos iguales, tienen los dos estados mentales con contenidos similares, pero uno de ellos carece de conciencia fenoménica. Con este ejemplo se pueden diferenciar las particularidades entre quien tiene y no tiene conciencia.

[clxvi]

Francis Crick no considera la idea de zombi, sino que utiliza el término sonámbulo, comenta al respecto:

"Es una contradicción en los términos. No malgastaría ni un minuto en pesar en ello" (Blackmore, 2005, pág. 107)

[clxvii]

Para Émile Durkheim (1898) los fenómenos sociales eran sistemas de valores, por lo tanto, son ideales, por ejemplo, la religión, la moral, el derecho, la economía, la estética.

[clxviii]

Noosfera, término promovido por Pierre Teilhard de Chardin y acuñado por Édouard Le Roy, ambos autores influenciados por Henri Bergson y Henri Poincaré. Para Teilhard de Chardin a la noosfera la llamó "capa pensante", "colectividad armonizada de conciencias" (1957). Es el espacio-tiempo del planeta Tierra, donde existen tres etapas evolutivas, la geosfera, la biosfera y la noosfera, en ellas los individuos crean de manera particular y colectiva la "mente" (noogénesis), y en conjunto forman una conciencia universal, al respecto menciona el autor (1959, pág. 217) es una:

"...super-evolución del Hombre (individual tanto como colectiva), gracias al esfuerzo armonizado de todos los hombres que trabajan reflexivamente, unánimemente sobre sí mismos".

Así mismo le llamó *"esfera terrestre de la sustancia pensante"* (1959, pág. 195), y en 1976 la *"envoltura pensante de la Tierra"* (pág. 33).

[clxix]

Al respecto, Francisco Mora (2001, pág. 94) afirma:

"El acto de conciencia, pues, es un acto único en el tiempo y en el espacio, comprendido de una única «escena» que no puede separarse en otros componentes. De ahí que nuestra conciencia (general) dependa de una serie de «mecanismos atencionales seriados», como señalaba Crick. Es decir, de una secuencia de actos de conciencia."

[clxx]

Desde las neurociencias la conciencia moral es analizada como una neuroética, diría Patricia Churchland, (2011, pág.192):

"...es un derecho de nacimiento, es una guía de las decisiones morales, que te indica sobre lo que está bien y lo que está mal, si solo escuchamos lo que realmente está diciendo".

Desde la visión neurobiológica explica ciertos comportamientos como es la sociabilidad y la cooperación, con énfasis en los valores morales, los cuales sirven de fundamento a una vida social (excepto si alguien es completamente psicópata), este trabajo está basado, como dice ella, en una plataforma neuronal de conducta moral.

Como un acto reflexivo, al respecto dice:

"Mi contribución a la ciencia de la conducta moral es modesta, puesto que muchas preguntas en el campo de la neurociencia y la genérica conductista siguen todavía sin respuesta. También resulta muy incompleta, ya que se centra en el cerebro, no en la cultura recientemente desarrollada en la que viven los cerebros modernos" (2011, págs.20-21)

La moral no existiría, sino que hubiera conciencia.

[clxxi]

Sigmund Freud llamó "super Yo" a lo que se conoce actualmente como conciencia colectiva. En el caso de Carl Jung menciona que es:

"La conciencia del yo aparece como dependiente de dos factores: primero, de las condiciones de la conciencia colectiva, o sea, de la conciencia social, y segundo, de los arquetipos o dominantes inconscientes colectivos." (Jung, 1959, pág.162.)

[clxxii]

La aptitud es entendida como potencialidades del individuo que al desarrollarse permiten alcanzar un despliegue de capacidades. Su origen es innato, pueden perfeccionarse o mantenerse bajo estímulos y entrenamientos. Hay aptitudes sociales, intelectuales, psicomotoras e inventivas, las cuales están relacionado con aspectos numéricos, verbales, espaciales, asociativos, percepción y pensamientos/razonamientos.

[clxxiii]

Morris Berman (2000), hace una amplia explicación de la evolución del Hombre con relación a la conciencia, indicando aspectos biológicos a considerar, también psicosociales y culturales, que permiten comprender a través de miles de años qué elementos son necesarios en un estudio que él llama la naturaleza de la ontogenia humana (el despertar a la conciencia).

"El Homo sapiens asimiló la actitud vigilante de los animales dentro de su estructura cerebral mucho antes de desarrollar la capacidad de conciencia de sí mismo, y no es probable que entonces la haya perdido. Si juntamos la conciencia de sí mismo con la capacidad de observar alertamente al Otro, al medio ambiente, el resultado será una especie de paradoja, una percepción que conlleva su propia aura... La conciencia de sí mismo no es un proceso lineal, sino que crece a saltos, y la presencia de una identidad esencial con una vida interior reflexiva (algo que no sucede en el resto del reino animal) toma cierto tiempo para estabilizarse. A decir verdad, es un proceso que jamás está realmente terminado." (Berman, 2000, págs. 57 y 58)

[clxxiv]

Desde el siglo IXI hay un interés en tratar de diferenciar al humano del resto de las otras especies, una de tantas es con relación a la <conciencia>. Se ha dicho que quizá haya conciencia en muchos seres vivos, pero la que tiene mayor escala es el Hombre. Otros han separado por reinos de la naturaleza la existencia o no de la conciencia.

Asimismo, desde la visión evolutiva se trata de diferenciar por tipos y grados de las facultades que tienen cada especie, quizá no todas o por lo menos se niega desde la perspectiva general actual. Por ejemplo, Charles Darwin mencionó:

"...un animal cualquiera, dotado de instintos sociales pronunciados, adquiriría inevitablemente un sentido moral ó una conciencia, tan pronto como sus facultades intelectuales se hubiesen desarrollado tan bien, ó casi tan bien como en el hombre... estoy completamente de acuerdo con Agassiz para reconocer que

el perro posee algo que se parece mucho á la conciencia… Si se quiere sostener que ciertas facultades, como la conciencia de sí mismo, la abstracción, son peculiares al hombre, es fácil también que sean resultados accesorios de otras facultades intelectuales muy adelantadas que, á su vez, se originen principalmente del uso continuo de un lenguaje que haya alcanzado un alto grado de desarrollo."

-Darwin, Ch. (1871). El origen del hombre. La selección natural y la sexual. Valencia: F. SEMPERE Y Cª, Editores. (1909). pp.49, 53 y 76.

[clxxv]

Cuando se dice cambio de actitud, tiene varios sentidos, por ejemplo, enfocarse mental y emocionalmente; decidir hacer o tener; poner energía hacia algo concreto; tener ganas de lograrlo; hacerlo y ya; estar seguro de que se puede; unir todo lo que eres y hacerlo para que salga; motivar y animarse para hacerlo; hacer algo que marque la diferencia; aceptar que se quiere un cambio; provocar un cambio, entre otros aspectos que van conformando el sentido de <actitud>.

[clxxvi]

El papel social del facilitador en la comunidad es lo que "debería" hacer y es, muchas veces considerado como un ideal institucional y de la gente comunitaria, además de los giros que pueden darse a partir del tipo proyecto específico que realice, asimismo del diseño del perfil con que se venda socialmente.

ACERCA DEL AUTOR

. . . .

JOSÉ ADRIÁN FIGUEROA Hernández nació en la Ciudad de México, donde su interés por cuestiones relacionadas con la naturaleza y la condición humana lo condujo hacia una sólida formación académica y práctica en áreas como ecología humana, educación ambiental, filosofía y metodología de las ciencias, así como desarrollo y educación comunitaria. Su convicción radica en que la vida misma ha sido su más destacada pedagoga, impartiendo lecciones y forjando su perspectiva a lo largo de los años.

Durante cuatro décadas, ha desempeñado un papel activo en diversos proyectos comunitarios, contribuyendo significativamente a la formación de técnicos y profesionales en instituciones académicas. En el contexto de la presente obra, es con el interés de compartir sus investigaciones teóricas, experiencias, metodologías y reflexiones acumuladas a lo largo de los años con relación a la formación en trabajo comunitario y metodologías de participación social.

Don't miss out!

Visit the website below and you can sign up to receive emails whenever José Adrián Figueroa Hernández publishes a new book. There's no charge and no obligation.

https://books2read.com/r/B-A-EXNEB-YLXDD

BOOKS 2 READ

Connecting independent readers to independent writers.

Did you love *La conciencia en comunidad: Incursión por conceptos y pensamientos*? Then you should read *Cuentos de nostalgia y espantos*[1] by José Adrián Figueroa Hernández!

2

¿Alguna vez has vivido una experiencia que te pareció ilógica, no obstante, te llenó de una sensación inexplicable? Si es así, bienvenido a esta colección de cuentos e historias entrelazadas, es un viaje a través de la nostalgia y la imaginación que te transportará a momentos memorables.

En esta lectura conocerás a personajes entrañables que dejarán huella en tu memoria, explorarás lugares evocadores, los cuales despertarán tus recuerdos y te sumergirás en situaciones que removerán emociones profundas. La lectura te conectará con vivencias de aventuras infantiles con amigos, dilemas adolescentes compartidos y la magia de nuestras creencias forjadas a lo largo de la vida.

Cada cuento impregnado de esperanza e incertidumbre, lo que les da un sabor agridulce que te envolverá al leerlos. Atrévete a revivir el pasado con un toque de melancolía, explorando una textura tejida con caprichosos fragmentos que evocan tus propios recuerdos.

---

1. https://books2read.com/u/bPDv6l

2. https://books2read.com/u/bPDv6l

Also by José Adrián Figueroa Hernández

El poder de la comunidad: Guía para el cambio social consciente
La conciencia en comunidad: Incursión por conceptos y pensamientos

Standalone
Cuentos de nostalgia y espantos